职业活动导向一体化培训教材

汽车空调维修技术

主　编　王会明　黄旭有

中国财富出版社

图书在版编目（CIP）数据

汽车空调维修技术／王会明，黄旭有主编．—北京：中国财富出版社，2015.3
（职业活动导向一体化培训教材）
ISBN 978－7－5047－5526－1

I.①汽…　II.①王…②黄…　III.①汽车空调—车辆修理—职业培训—教材
IV.①U472.41

中国版本图书馆 CIP 数据核字（2015）第 006395 号

策划编辑	寇俊玲		责任印制	何崇杭
责任编辑	王　琳　李彩琴		责任校对	饶莉莉

出版发行	中国财富出版社	
社　　址	北京市丰台区南四环西路 188 号 5 区 20 楼	邮政编码　100070
电　　话	010－52227568（发行部）	010－52227588 转 307（总编室）
	010－68589540（读者服务部）	010－52227588 转 305（质检部）
网　　址	http://www.cfpress.com.cn	
经　　销	新华书店	
印　　刷	北京京都六环印刷厂	
书　　号	ISBN 978－7－5047－5526－1/U・0097	
开　　本	787mm×1092mm　1/16	版　次　2015 年 3 月第 1 版
印　　张	16.75	印　次　2015 年 3 月第 1 次印刷
字　　数	347 千字	定　价　39.80 元

前　言

　　本书是根据汽车维修专业所面向的就业岗位，以就业为导向，职业技能为依据，基于实际维修工作任务，结合教学设备。以汽车底盘检修为主线，按项目、任务驱动形式，教与学、理论与实操相结合的思想进行编写。

　　本书内容包括汽车空调维修基础知识；认识汽车空调；制冷系统故障检修；取暖和配气系统故障检修；汽车手动空调电气控制系统故障检修；汽车自动空调故障检修共六个项目，八个典型工作任务。重点强调按汽车维修企业实际工作过程要求培养学生的职业素质、专业拆卸、检修、安装与调试、常见故障诊断与排除等基本技能。

　　本书特点是取材广泛、内容详细。全书采用大量的图片进行说明，内容通俗易懂，实用性、可读性强。

　　本书可作为高职高专、技工院校、普通高校、远程教育和培训机构汽车空调检修课程教材，也可作为汽车检修从业人员学习参考用书。

　　本书由广东白云工商高级技工学校王会明、黄旭有主编。由于编者水平和经验有限，加之时间紧迫，书中难免有疏漏和错误之处，恳请广大读者和同人批评、指正。

编　者
2015 年 1 月

目　录

项目一 汽车空调维修基础知识

【项目目标】

❖ 能掌握空调维修常用工量具和设备的使用方法
❖ 会正确地使用和选择工量具
❖ 熟悉空调维修作业安全知识
❖ 能理解汽车空调的制冷原理
❖ 熟悉制冷剂的种类和特性

任务一 汽车空调的基础知识

【案例】

一辆 2006 款一汽丰田卡罗拉汽车（手动空调）一年多没使用过空调，发现空调制冷效果不好，进入维修厂进行维修。经检查确认是制冷剂不足。要排除这一故障，需要补充制冷剂。小李接到维修单后不清楚应该加注哪种制冷剂。

【工作任务】

在汽车空调维修中，时常要用到压力表、制冷剂、冷冻机油等，你知道如何正确选用吗？压力表上的温度和压力有何对应关系？你如何解释？

理解汽车空调的基础知识作业任务书（见表 1−1）。

表 1−1　　　　　　　　　　汽车空调的基础知识作业任务书

项　　目	汽车空调基础知识
信息来源	资料、实物、VCD 光盘、教材、PPT 文件
任务目标	1. 收集汽车空调的基础知识相关信息 2. 理解汽车空调的制冷原理 3. 熟悉制冷剂的种类和特性 4. 解释温度和压力的关系
课程任务	1. 区分制冷剂种类 2. 根据老师提供的车辆或设备，判断制冷系统应使用哪一种制冷剂 3. 解释汽车空调的制冷原理

续　表

项　目	汽车空调基础知识
任务要求	1. 独立完成课程任务相关信息的检索 2. 以小组为单位，分工合作完成课程任务，要确保人身和设备安全，严格按操作步骤进行 3. 未经允许不准随意移动车辆或启动发动机

【任务准备】

一、制冷的基础理论

夏天游泳后，我们也会感到稍许凉。这是因为水从人的身体上蒸发时带走人体的热量。同样原理，当我们将酒精涂到手臂上时会感到凉快，因为当它蒸发时，酒精从手臂上带走热量。我们可以使用这些自然现象让物体变凉，例如，让液体蒸发带走物体上的热量。在绝热良好的箱子中，放置一带有开关的容器。容器中放置具有大气温度的液体。当开关打开时，容器内的液体将从箱内部空气带走汽化所必需的热量，变成气体并且溢出。在这时，箱内部空气的温度将变得低于开关打开之前。如图 1 – 1 所示。

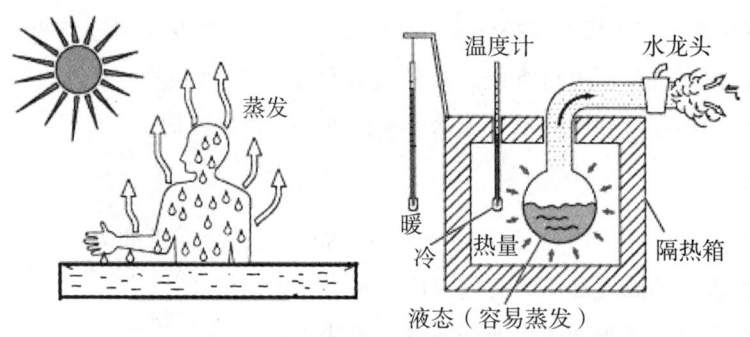

图 1 –1　热量与温度

1. 质量体积与密度

单位重量物质所占有的容积称质量体积，用符号 V 表示。质量体积的单位常取（m^3/kg），即每千克气体所占有的立方米数。

单位容积物质所具有的物质质量称密度，用符号 ρ 表示。气体的密度单位常取（kg/m^3）。显然，质量体积与密度互为倒数。即 $\rho = 1/V$，而 $V = 1/\rho$。

2. 热量

热是物质的一种能量形式。分子热运动所具有的能量即称为热量。当制冷剂被加热变成蒸气或者由蒸气冷却后变成液体，此过程中所吸收或者放出多少的物理量称为热量。

热量的工程制单位采用千卡（英制单位采用英热单位）。一千卡热量是指一千克水温度升高1℃所需的热量。一英热单位是指一磅水温度升高 1 ℉所需的热量。制冷量的单位一般采用瓦或者千瓦（英制单位采用英热单位），在工程单位制中采用千卡/小时作单位。它们之间的相互关系为：

$$1 \text{ kcal/h} = 3.968 \text{ Btu/h}$$

$$1 \text{ Btu/h} = 0.252 \text{ kcal/h}$$

$$1 \text{ kW} = 860 \text{ kcal/h}$$

热从温度高的区域流至温度较低的区域，它可以通过传导、对流、辐射或三种方式的任意组合传递。具体说明见表 1 - 2 所示。

表 1 - 2　　　　　　　　　　　　　　传热方式

传热方式	原　　　理	在汽车空调中的运用
热的传导	热在物质内的直接传递称为热传导，热传导是固体热传递的主要方式，一般金属都是热的良导体	加热芯、蒸发器、冷凝器的热传递
对　流	流体中较热部分和较冷部分之间通过流体循环，流动使温度趋于均匀的过程是对流过程	冬天开暖气时，风从下风口送出，但通过车内空气的对流，很快就能使车内温度上升
热的辐射	物体因自身的温度不断以电磁波的形式发射能量传递热的现象称为热辐射	加热芯、蒸发器、冷凝器的传热方式

3. 显热与潜热

显热是指任何物质在吸热或放热过程中，只发生温度升高或降低的变化而形态不发生变化的这部分热量。潜热是当单位质量的物质在吸热过程中，只是发生了形态变化，如液体变成气体，而温度不发生变化的这部分热量。由液体变成气体的潜热又称蒸发热，制冷循环中主要是利用制冷剂的蒸发潜热而实现制冷的。

4. 物态和物态变化（汽化与凝结）

物态指物质的存在状态。物质有三种存在状态：固态、液态和气态。物质随着本身热量的变化，其形态也会发生变化，如图 1 - 2 所示。

例如：水的物态变化，当水受热至一定的温度会变成水蒸气，同样当水放热至一定的温度会变成冰，如图 1 - 3 所示。

物质从液态转换为气态的现象称为汽化。一千克液体转变为气体需要的热量叫作这种物质的汽化热。不同的物质有不同的汽化热。

物质的汽化过程有两种形式，即蒸发和沸腾。虽然，这两种情况都是物质由液态

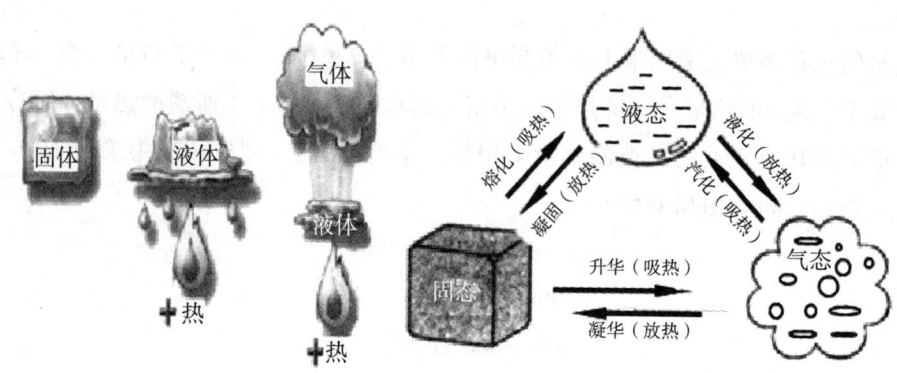

图 1-2　物态变化

变成气态的过程，但是，两者的区别是明显的。一般来说，蒸发在任何压力和任何温度情况下都随时进行着，而且只是局限在表面的液体转变为蒸气，例如，把水泼在地面上，不久地面又会慢慢恢复干燥。而沸腾是在一定压力下只有达到与此压力相对应的一定温度时才能进行，而且从液体内部大量地产生蒸气，例如，水烧开时水面在不断地翻滚，并且从水里面大量地产生蒸气泡。

　　凝结是汽化的相反过程，即当蒸气在一定的压力下冷却到一定温度时，它就会由蒸气状态转变为液体状态，这种冷却过程称为凝结过程。沸腾与凝结过程如图 1-4 所示。

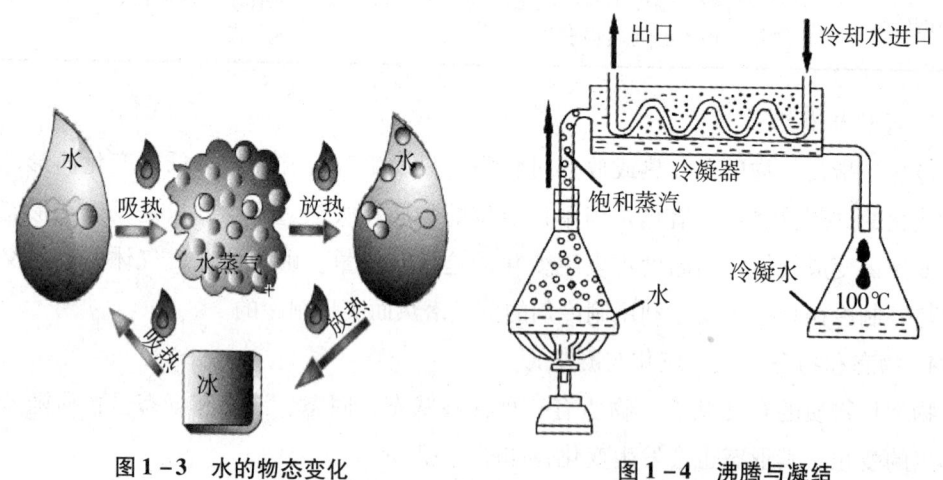

图 1-3　水的物态变化　　　　　图 1-4　沸腾与凝结

　　汽车空调器中的制冷剂与水的汽化一样，也具有这种性质。在蒸发器中制冷剂不断吸收车厢内的热量而使液体变成蒸气，这时，在蒸发器中所进行的是沸腾过程而不是蒸发过程。即当蒸发压力（即蒸发器内压力）一定时，制冷剂液体将在与该蒸发压力相对应的饱和温度下进行吸热后沸腾。

在汽车空调器中，制冷剂在冷凝器中的变化过程需经历一个凝结过程。从压缩机排出的制冷剂蒸气进入冷凝器后被空气所冷却，并凝结成液体。在整个凝结过程中，尽管蒸气还是继续被不断地冷却，但温度始终维持不变（因为冷凝器内压力没有改变）。

5. 温度与压力

（1）温度

温度就是表示物体冷热程度的物理量，常用 T 或 t 表示。温度越高，物体就越热。温度的标定方法有许多种，其中最常见的有三种：

①摄氏温标：以符号 t 表示，单位为℃。摄氏温标是取在标准大气压力下（760mm汞柱，即 $1.01325 \times 105Pa$，$1Pa = 1N/m^2$），冰的熔点为0℃，水的沸点为100℃，把这两定点之间分成100个等份，每一等份间隔为1℃。

②华氏温标：其单位为℉。它是取在标准大气压力下，冰的熔点为32℉，水的沸点为212℉，两定点之间分成180个等份，每一等份间隔为1℉。

③绝对温标：也称热力学温标或开氏温标，以符号 T 表示。单位为K。绝对温度为 −273.15℃。绝对温标的分度间隔与摄氏温标相同，即摄氏温差1℃就是绝对温差1K。绝对零度是低温的极限，能够无限接近，但不可能达到。

三种温标之间的关系为：

摄氏温度℃ = 5/9（华氏温度℉ − 32）

华氏温度℉ = 9/5 × 摄氏温度℃ + 32

绝对温度K = 摄氏温度℃ + 273.15

用来测量温度的仪表称为温度计。测试汽车空调的温度计有玻璃棒温度计、半导体点温计和热电偶温度计。

（2）压力

作用于单位面积上的力称为压力，常用 P 表示。在工程上往往采用（kgf/cm²）作单位，亦称为工程大气压。英、美等国则采用（lb/in²）作为工程上的压力单位。在国际单位制（SI制）中压力的单位是（N/m²），也称为帕斯卡，简称帕（Pa）。

这三种压力单位的换算关系为：

$$1kgf/cm^2 = 14.221bf/in^2$$

$$1lb/in^2（Psi）= 0.07kgf/cm^2$$

$$1Pa = 1.02 \times 10^{-5}kgf/cm^2$$

由于在工程上把 Pa 作为压力的单位太小。有时把 kPa、MPa 作为压力的单位。

$1kPa = 1000Pa$

$1MPa = 10^6Pa$

地球表面包围着一层几百公里厚的空气层，这层厚厚的空气称为大气层，大气的重量对地球表面物体造成的压力称为大气压力，简称大气压。在汽车冷气系统中，制冷剂的压力常用弹簧压力表来测量，测得的数值是制冷剂的压力（又称绝对压力）与大气压力之差值。当制冷剂的压力高于大气压力时，其值称为表压力；当制冷剂的压力低于大气压力时，其值称为真空。绝对压力、大气压力、表压力、真空的相互关系如图1-5所示。

在制冷工程中，表明制冷剂状态参数的压力是指绝对压力。已知表压力，要计算绝对压力时，则将表压力加上大气压力。大气压是随地理气候条件的变化而变化的，在一般的汽车空调运行中，近似地将大气压当作0.1MPa。

制冷系统中最常见的是同时能测表压力与真空度的量程压力表。在工程单位制中，其量程在真空范围内用（毫米汞柱）刻度，在高于大气压时用（千克力/厘米^2）刻度。在国际单位制中，其量程都用（MPa）刻度。

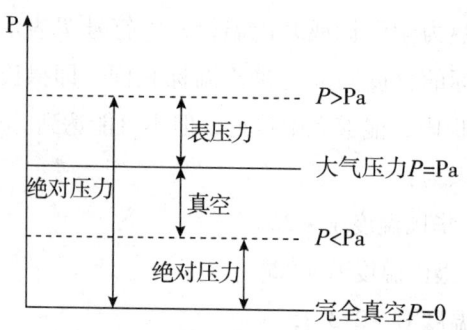

图1-5 绝对压力、大气压力、表压力、真空相互关系

6. 饱和温度和饱和压力

如果对制冷剂加热，则其中的一部分液体就会变成蒸气；反之，如果从制冷剂取出热量，则其中的一部分蒸气又会变成液体（温度不改变）。在制冷剂处于液体和蒸气共存的状态时，液体和蒸气是可以彼此相互转换的。处于这种状态的制冷剂蒸气叫饱和蒸汽，这种状态下的制冷剂液体叫饱和液体。汽化过程中，由饱和液体和饱和蒸气体组成的混合物称为湿饱和蒸汽，简称湿蒸汽。饱和蒸汽的温度叫作饱和温度；饱和蒸汽的压力叫作饱和压力。通常所说的沸点都是指液体在一个大气压下的饱和温度。对于不同的液体，在同一压力下，它的饱和温度也是不同的（见表1-3）。

表 1-3　　　　　　　　　　几种液体在一个标准大气压下的正常沸点

液体名称	沸点/℃	液体名称	沸点/℃
水	100	R22	-40.8
酒精	78	R134a	-26.15
R12	-29.8	R142b	-9.25
氨	-33.4	R123	27.61

作为制冷剂的主要特征之一就是沸点要低，这样才能利用制冷剂液体在低温下汽化吸热来得到低温状态，同时还要求制冷剂在规定的工作温度范围内，其饱和压力不要过高或过低。

饱和蒸汽的温度与压力之间有一定的关系，即压力越高温度也越高，图 1-6 所示是三种常用制冷剂的饱和温度与饱和压力的对应关系曲线。

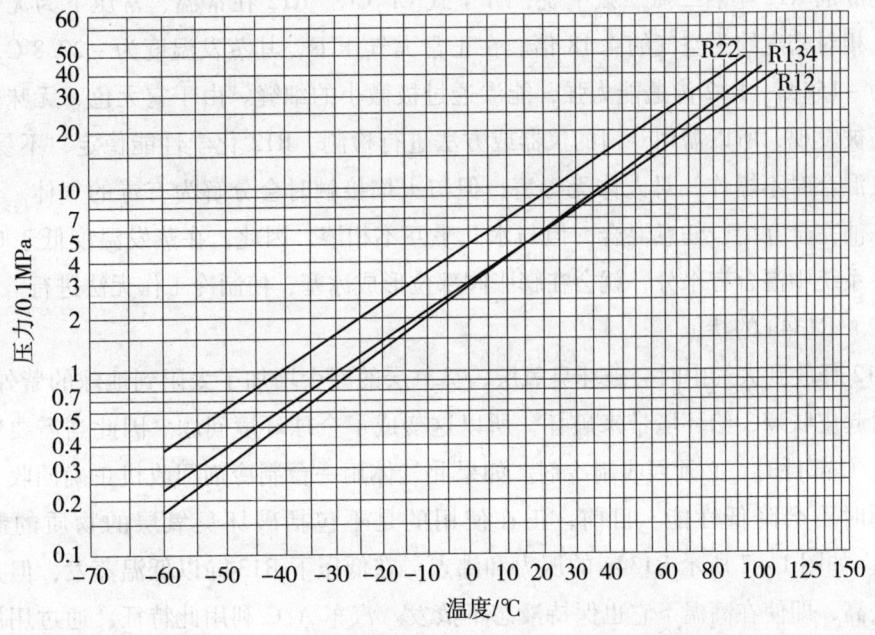

图 1-6　几种制冷剂的饱和温度与饱和压力的对应关系曲线

二、制冷剂

制冷剂是空调系统中的"热载体"，俗称"冷媒"或"雪种"，它可根据空调系统的要求变化状态，实现制冷循环。它蒸发时吸热，液化时则释放它的热量。目前汽车空调系统中常用的制冷剂有 R12、R134a 两种。其中字母"R"是 Refrigerant（制冷剂）的简称。世界各国都统一使用美国制冷工程师协会（ASRE）编制的制冷剂代号系统。

制冷剂的种类很多，十分庞杂。简言之，只要是能进行气液两相转换的物质，均可作为蒸发制冷系统的制冷剂。水（R718）、空气（R729）都算制冷剂。我们所熟知的氟利昂（Freon）只是其中的一个类别。自从有了 ASRE 制冷剂代号系统后，氟利昂这个名称就不再在正式场合中使用了。R134a 及 R12 就是制冷剂标准编号系统中的两种制冷剂。

1. 制冷剂要求的条件

对于汽车 A/C 的制冷剂，要求下列条件：

· 容易蒸发和液化；

· 安全；

· 可靠的稳定性和质量不变。

2. 制冷剂的性能特点

（1）R12 的性能特点

制冷剂 R12 学名二氯二氟甲烷，分子式 CF_2Cl_2。R12 在常温、常压下为无色无味气体，相对密度约为空气的 4.18 倍。在正常大气压下，其蒸发温度为 $-29.8℃$，凝固温度为 $-158℃$。R12 渗透能力强，能渗透过极微小的细缝。由于它无色、无味，渗透时不易被发现，所以需用专门的仪器或方法进行检测。R12 化学性能稳定，不易燃烧，与空气混合时不爆炸，对人体无毒害，但与火焰接触时会分解为有毒的气体。R12 能与冷冻油完全互溶，任意混合，但与水几乎互不相溶，因此，在蒸发温度低于 0℃ 时，若制冷系统中混合有水分，就会在膨胀阀部位形成冰塞，使制冷工作无法进行。

（2）R134a 的特征

R12 释放到大气中时会破坏臭氧层，臭氧层的减少增加了太阳到地球的紫外线量，容易引起皮肤癌，给环境带来破坏，所以这变成了全球环境问题。因此当需要更换和修理 A/C 部件时，必须回收制冷剂。如果此气体用一台制冷剂回收机正确回收，当再次使用时不会降低性能。目前，正在使用的是不包括破坏臭氧层的物质的制冷剂 R134a。如图 1-7 所示 R134a 的压力和沸点。在低压下 R134a 以低温蒸发，但是如果压力变高，即使在高温下它也保持液态不蒸发。汽车 A/C 利用此特征，通过用压缩机加压使它便于液化。例如：把经过压缩机压缩的 70℃（158 ℉）、1.47MPa（15kgf/cm²）的气态制冷剂冷却 12℃ 或 13℃（53.6~55.4 ℉），使制冷剂便于液化。

注意：

· 设计用 R134a 的 A/C 系统与设计用 R12 的 A/C 不兼容，因此要小心，不要弄错制冷剂和压缩机油的品种或将它们混合。

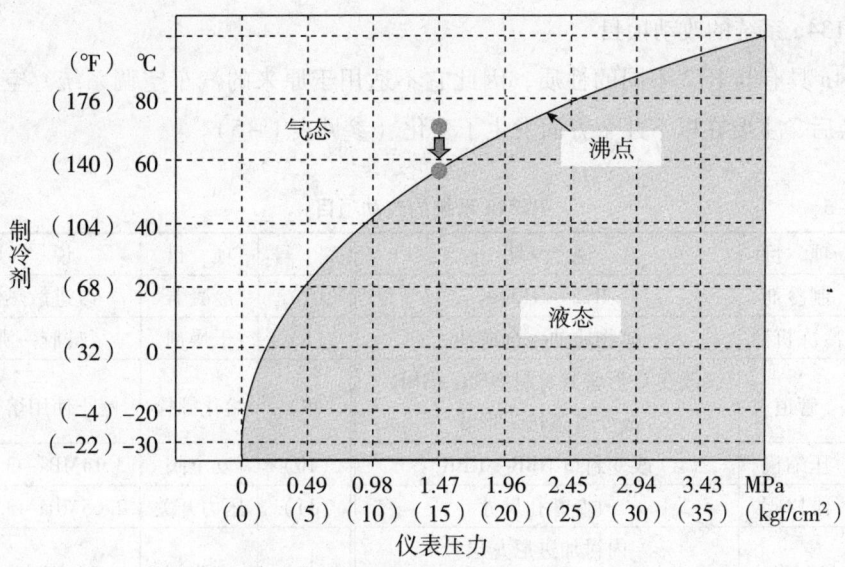

图 1 - 7　R134a 的压力和沸点关系

三、R134a 汽车空调系统

众所周知，R12 会对大气臭氧层带来破坏，因此近年越来越多地被 R134a（四氟乙烷）取代。与 R12 相比，新型制冷剂 R134a 具有不同的物理特征和化学性质，不适用于原来的 R12 汽车空调系统。如果 R134a 被错误地注入 R12 空调系统，将会出现许多问题，如压缩机工作不正常和制冷剂泄漏等。因此，必须对 R12 空调系统作必要的改动。此外还应采取一些措施，以避免误灌制冷剂等类似错误发生。

1. R134a 与 R12 的差别

R134a 与 R12 相比具有以下特征，如表 1 - 4 所示。

表 1 - 4　　　　　　　　　　　　　　R134a 的特性

	表　现	措　施
物理性质	不溶于现用的冷冻机油（使润滑作用减少）	使用新开发的冷冻机油
	溶解现用的密封材料（导致制冷剂泄漏）	使用新的密封材料改变软管材料、改换干燥剂
化学性质	在高温下压力和负荷加大（导致制冷能力下降）	系统匹配，如：改进磁性汽车空调和冷凝器的性能、改动压力开关、膨胀阀、EPR 的设定值
	制冷剂和油不能在原有系统和新系统之间交换	避免不正确的连接和灌注，如：改变连接形状、改变维修阀的形状、改变维修工具
	环境保护	防止制冷剂向大气中释放，如：停止使用熔化螺栓、改用安全阀

2. R134a 系统的改动项目

R134a 具有与 R12 不同的性质，因此它不适用于原来的汽车空调系统。空调系统工质更换后，主要在以下几个方面发生了变化（参见表 1-5）。

表 1-5 R134a 系统的改动项目

编　号	项　目	说　　明	编　号	项　目	说　　明
（1）	制冷剂	R12→R134a	（7）	冷凝器	改进散热性能
（2）	冷冻机油	矿物质油→合成油	（8）	干燥剂	硅胶→沸石
（3）	管道	改变 O 形密封材料 NBR→RBR 改变管道接头形状	（9）	熔化螺栓	停止使用熔化螺栓
（4）	压缩机	改变封口 NBR→RBR	（10）	安全阀	3.14MPa→3.43MPa
（5）	维修阀	改变螺孔尺寸	（11）	压力开关	2.65MPa→3.14MPa
（6）	软管	内衬加进尼龙层 改变软管材料 NBR→CL→IIR	（12）	膨胀阀	改变流动特性

3. 使用新型冷冻机油

在整个空气调节循环过程中，冷冻机油通过与制冷剂融为一体参与循环，并对压缩机产生润滑作用。但是，R12 配用的冷冻机油不能溶于 R134a。如果把这种油用于 R134a 空调系统，将发生液击现象，从而损坏压缩机。因此 R134a 系统必须使用专用的冷冻机油。

4. 使用新型密封材料

硝丁二烯（NBR）被用作 R12 空调系统的管道 O 形垫圈、压缩机边缘部分的密封材料，然而 R134a 能溶解 NBR（造成其膨胀）。为此专门开发了一种叫作 RBR 的橡胶密封材料，用于 R134a 空调系统，如图 1-8 所示。除此之外，用于 R134a 空调系统的 O 形垫圈要比用于 R12 空调系统的厚一些以增强其密封性能。

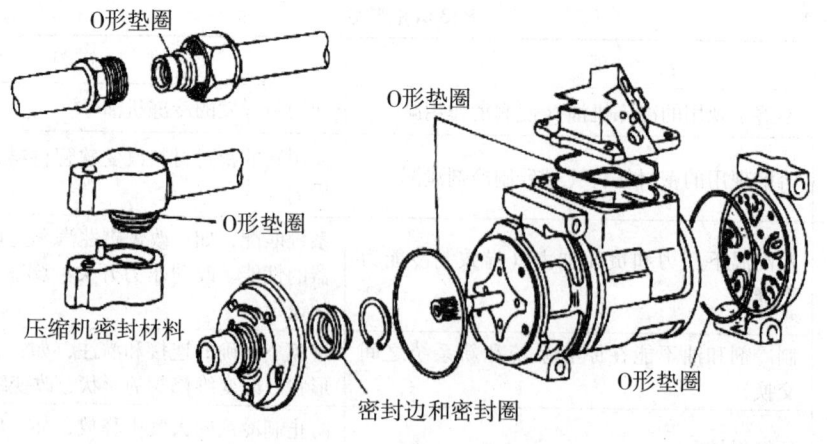

图 1-8　新型 O 形垫圈

5. 改动排出与吸入软管

R134a 系统的排出和吸入软管采用了不同的材料。这种材料与用于 R12 系统的材料相比，具有较高的防渗制冷剂性能和防渗水性能，如图 1-9 所示。

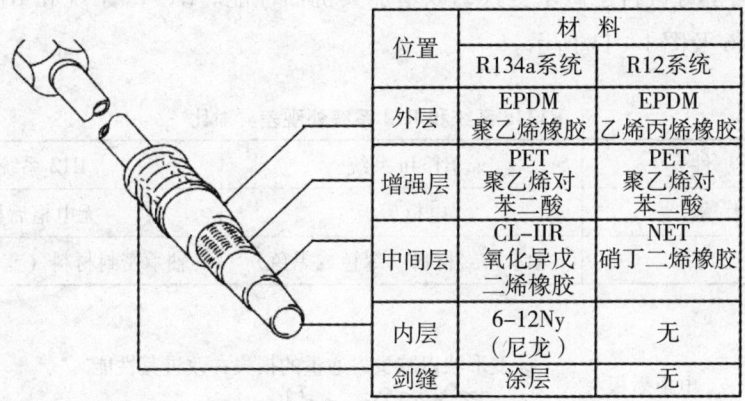

位置	材　料	
	R134a系统	R12系统
外层	EPDM 聚乙烯橡胶	EPDM 乙烯丙烯橡胶
增强层	PET 聚乙烯对苯二酸	PET 聚乙烯对苯二酸
中间层	CL-IIR 氧化异戊二烯橡胶	NET 硝丁二烯橡胶
内层	6-12Ny （尼龙）	无
剑缝	涂层	无

图 1-9　系统软管结构

6. 使用新型干燥剂

用于 R12 空调系统的干燥剂主要是置于接收器/干燥器中的硅胶。但是，由于 R134a 的极性接近于水的极性，使得其同水一起被硅胶吸收，从而造成吸水能力大幅度下降。最终，由于水分在膨胀阀等狭小部位收缩作用，导致不充分制冷。同时，在空调循环过程中产生腐蚀作用。因此，需要使用比过去用量更多的干燥剂才能有效地除去 R134a 系统在调节空气时出现的水分。一种叫作沸石的新型干燥剂被用于 R134a 空调系统，它不吸收 R134a（见图 1-10）。

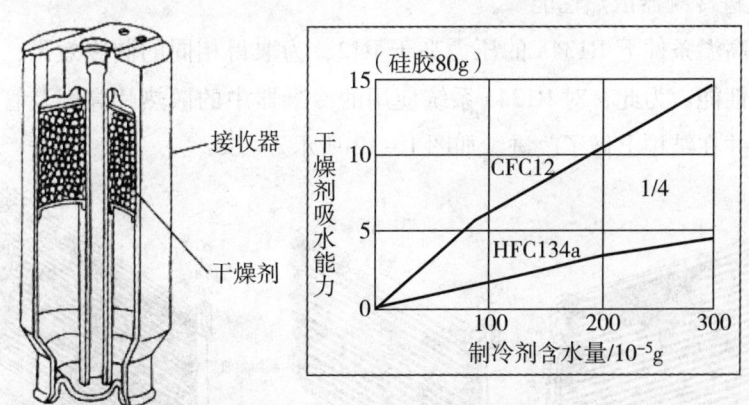

图 1-10　硅胶干燥器吸水性能比较

7. 系统匹配

当压缩温度在高负载同时，R134a 系统的压力将比 R12 的系统的压力高，这样导致冷却能力的下降和压缩机负载的加重。为解决这一矛盾，R134a 系统采取了以下措施：

（1）改进磁性汽车空调性能

由于 R134a 的压力在高温下比 R12 的压力高，压缩需要用更大的力量来压缩制冷剂。通过增加磁性汽车空调的传动力矩，使得 R134a 系统压缩机驱动能力得到提高。同时，转子的密封材料也做了更换，以增加其抗油性能。R134a 系统和 R12 系统外观差异如表 1-6 及图 1-11 所示。

表 1-6	R134a 系统和 R12 系统外观差异对比	
部　件	R134a 系统	R12 系统
压力板	电枢后板	无电枢后板
转　子	轴承密封材料（绿色或黑色）	轴承密封材料（蓝色或棕色）

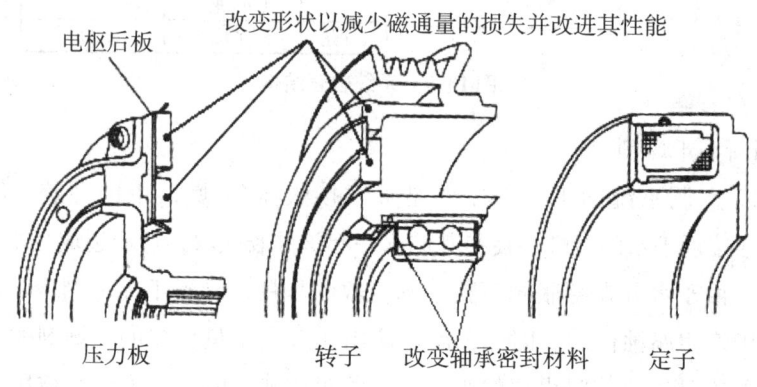

图 1-11　R134a 系统磁性汽车空调

（2）改进冷凝器散热性能

由于在高温条件下 R134a 的压力高于 R12，为取得相同的制冷效果，必须改进冷凝器的散热性能。为此，对 R134a 系统使用的冷凝器中的散热片高度及管壁的厚度均做了调整，并在结构上做了改进。如图 1-12 所示。

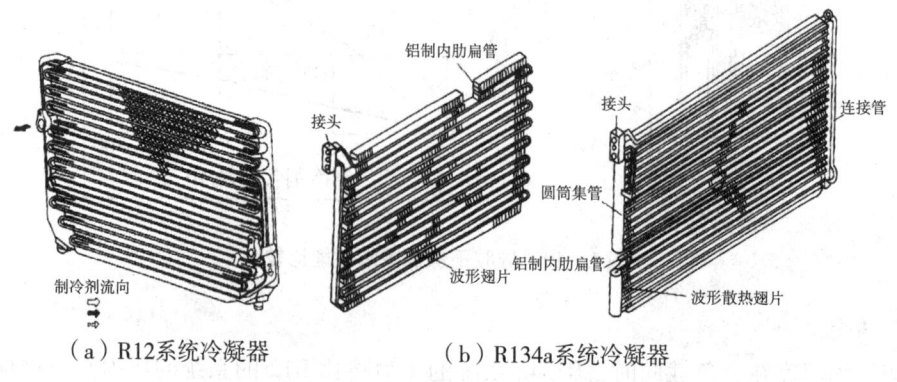

（a）R12 系统冷凝器　　　　（b）R134a 系统冷凝器

图 1-12　R134a、R12 冷凝器

（3）改变压力开关压力值的控制

由于循环过程中 R134a 系统的压力比 R12 系统高，对冷凝器开关进行控制的压力值也做了必要的改动。原 R12 的系统为 2.65MPa，现在 R134a 系统为 3.14MPa，如图1-13 所示。

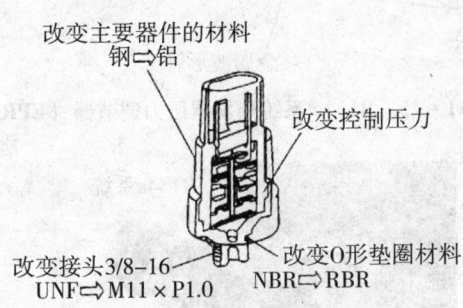

图 1-13　R134a 压力开关

（4）改变膨胀阀流量特征

膨胀阀的开阀特性做了变动，使得 R134a 空调系统制冷能力与 R12 系统一样，如图 1-14 所示。

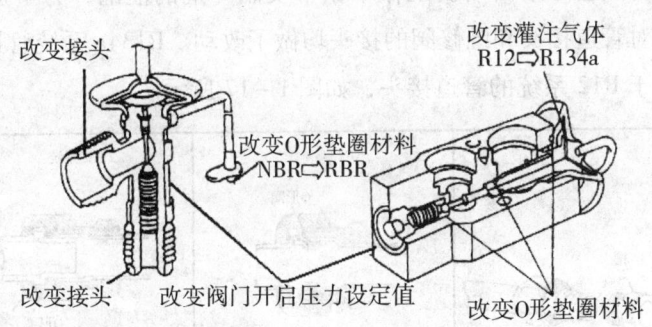

图 1-14　R134a 系统膨胀阀

（5）改变蒸发器压力调节器（EPR）

在 R134a 空调系统中，EPR 的橡胶波形管换成了金属波形管，如图 1-15 所示。

8. 避免不正确的灌注和连接

（1）对维修阀的改动

除了改动维修阀的大小以防止制冷剂的错误灌注之外，维修阀的接头改用一个弹簧耦合型的快速接头（带有检查阀），以大大方便维修操作，如图 1-16 所示。

（2）管道接头形状的改动

如果用于 R12 系统的 R12 制冷剂或 O 形垫圈被错误地用在 R134a 系统造成严重的

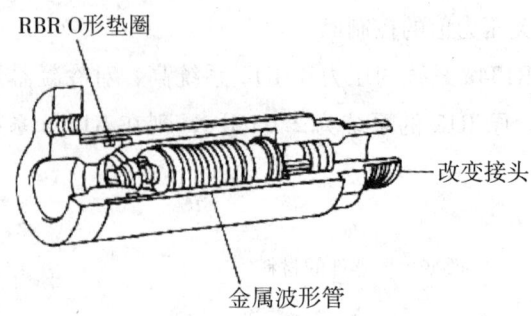

图 1 – 15　R134a 系统蒸发器压力调节器（EPR）

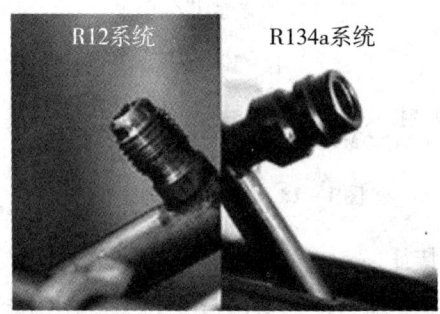

图 1 – 16　R134a、R12 系统维修阀的对比

损害，胀起的密封圈会导致压缩机工作不正常及制冷剂的泄漏，为了避免不正常的灌注和管道连接，对管道接头和维修阀的接头均做了改动。R134a 系统管道接头的两端都带槽，以此区别于 R12 系统的管道接头，如图 1 – 17 所示。

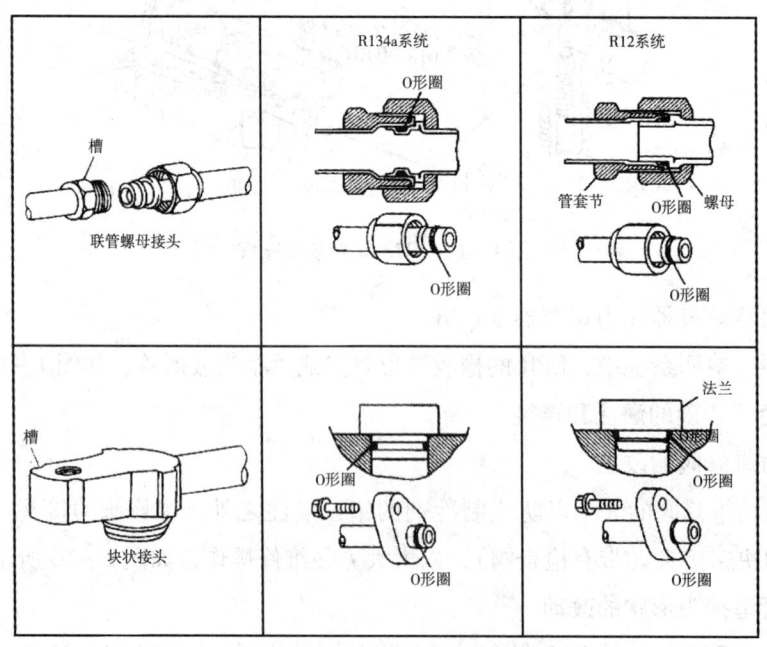

图 1 – 17　管道接头形状的改动

9. 防止制冷剂向大气中释放

在 R12 系统中，当压力特别高时，其配置的熔化螺栓将熔化，将制冷剂释放到外界，以此保护系统。在 R134a 系统中，用一个压力安全阀取代了熔化螺栓。如果压力安全阀已被激发，请不要再次使用它（原厂建议）。在正常情况下，通常由压力开关的开启使压缩机停机。因此，压力安全阀很少需要被激发，如图 1 - 18 所示。

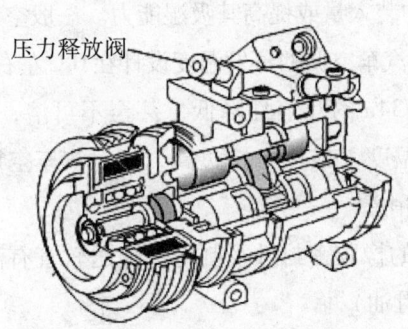

图 1 - 18　R134a 系统压力安全阀

四、冷冻机油

1. 冷冻机油的作用

制冷机使用的润滑油叫作冷冻机油。它具有润滑、密封、冷却、降低压缩机噪声等作用。

2. 冷冻机油的要求

在选择冷冻机油时，必须注意空调压缩机内部冷冻机油所处的状态，如排气温度、排气压力、吸气温度等。概括起来要注意以下几点：

（1）即使溶于制冷剂时，也要有能保持一定油膜的黏度；

（2）与制冷剂、有机材料和金属等在高温或低温下接触也不应起反应，其物理性能及化学性能十分稳定；

（3）在制冷循环的最低温度部位也不应有结晶状的石蜡分离、析出或凝固，从而保持较低的流动点；

（4）含水量极少；

（5）在压缩机排气阀附近的高温部位不应产生积碳、氧化，具有较高的热稳定性。

3. 冷冻机油性能特点

空调系统中所使用的冷冻油（即冷冻机油）在不同的空调系统中（如 R134a、R12）不能混用，对于 R12 空调系统使用的冷冻油一般用国产冷冻油 18 号或 25 号，进口冷冻油一般使用日本 SUNISO3 ~ 5GS。目前 R134a 空调系统中使用的是代号为 PAG

及 ESTER 的冷冻机油，下面对其性能特点进行重点介绍。

4. PAG（聚烃乙二醇）

PAG 是一种人工合成油，它由 C、H 及聚合物链所组成，有两种基本类型，虽已进入实用阶段，但存在以下问题：

（1）具有高吸湿力，易使制冷系统的节流元件（毛细管或膨胀阀）发生"冰堵"，因此要加大系统中干燥剂的装入量或提高其吸湿能力。一般空调系统蒸发温度均在 0℃ 以上，不会出现"冰堵"，而汽车空调的蒸发温度设计在 0℃ 左右，就可能受其影响。

（2）高温下，它与 R134a 的互溶性降低，甚至不可溶，因此要特别注意改善系统的冷凝条件，勿使其冷凝温度（或压力）过高，这对汽车空调尤为重要。

（3）润滑性比矿物油稍差。

（4）对制冷系统现用的橡胶密封件及制冷剂输送软管有渗透作用。

5. ESTER（聚酯类润滑油）

聚酯类润滑油是一种全成多元醇酯，由多元醇酯基油和添加剂配制而成。主要成分是季戊四醇、三甲基丙酮和各种直链或支链型酯酸。

聚酯油与 R134a 互溶性好，与 R11、R12 等制冷剂也互溶，不会出现低温沉积现象。其吸水性比矿物油强，但水分与油是牢固结合的，在膨胀阀处不会结冰。原系统内残留的矿物油等物质对其性能影响不明显。由于在聚酯油中加了添加剂，故其耐磨性能良好。它与聚丁腈橡胶、氧丁橡胶等弹性材料相容性较好，与绝缘材料也有比较好的相容性。

表 1-7 为 PAG 油与 ESTER 油性能比较，从表中可以看出，ESTER 冷冻机油与 R134a 的互溶性比 PAG 冷冻机油与 R134a 的互溶性好。

表 1-7　　　　　　　PAG 冷冻机油与 ESTER 冷冻机油、矿物油性能比较

性能	冷冻油	PAG 油	ESTER 油	矿物油
互溶性	与 R134a	较好	很好	不溶
	与 R12	不溶	很好	很好
	与矿物油	不溶	少量可溶	很好
热稳定性		差		好

五、汽车空调制冷系统的工作原理（制冷剂循环）

1. 制冷原理

液体气化需要吸收热量，而气体液化时则会放出热量，减小或加大压力也可以使

气体液化。根据这一原理，汽车的制冷装置的工作可以分为以下两个过程：过程一，降低压力，使制冷剂从液态变为气态，同时吸收车厢内的热量，即膨胀与蒸发的过程；过程二，将气态的制冷剂加压并冷凝变为液态，使之向车厢外放出热量，即气态制冷剂还原为液态的过程，如图 1-19 所示。

膨胀与蒸发过程：高温高压的液态制冷剂存储在储液罐中，这种液态制冷剂通过膨胀阀特殊作用的小孔流至蒸发器，此时，制冷剂的温度和压力均下降，部分液态的制冷剂转化为蒸气。低温低压的制冷剂流入蒸发器后，进行蒸发，并吸收周围的热量，如图 1-20 所示。

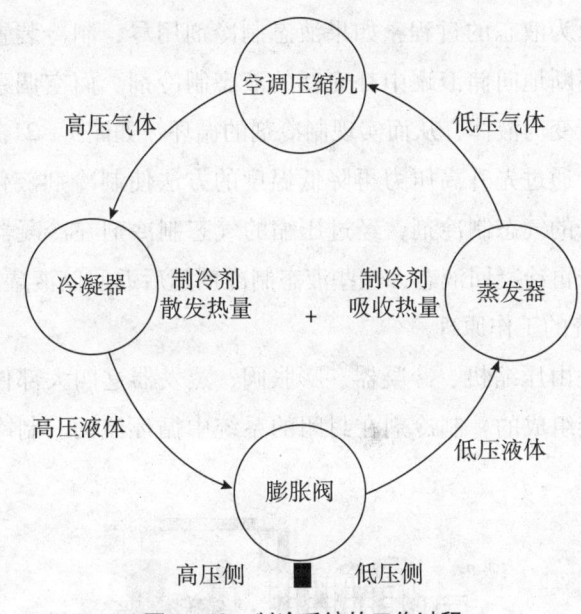

图 1-19 制冷系统的工作过程

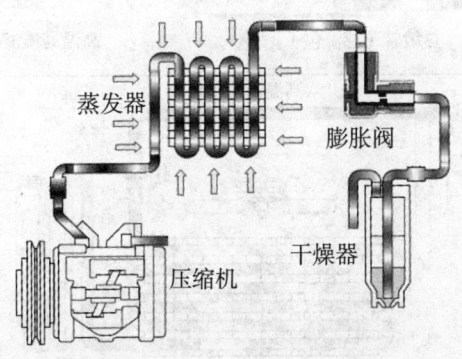

图 1-20 制冷剂膨胀与蒸发的过程

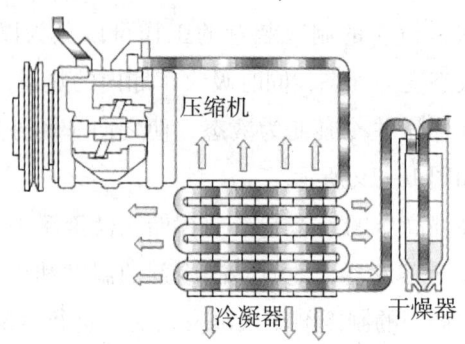

图 1-21　制冷剂冷凝为液态的过程

气态制冷剂还原为液态的过程：如果液态制冷剂用尽，制冷装置便不能起到制冷的作用，这就需要不断地向储液罐中补充新的液态制冷剂。而空调系统使从蒸发器蒸发的气态制冷剂重新变为液体，从而实现制冷剂的循环，如图 1-21 所示。

在空调系统中，通过先升高压力再降低温度的方法使制冷剂液化。压缩机的作用是压缩从蒸发器出来的气态制冷剂，经过压缩的气态制冷剂在冷凝器中将热量释放至周围的空气中，本身再冷凝回液态，这些液态制冷剂随后返回储液罐。

2. 空调制冷系统的工作原理

汽车制冷系统是由压缩机、冷凝器、膨胀阀、蒸发器这四大部件加上一些辅助设备，用管道依次连接组成的。制冷剂在封闭的系统中循环流动。制冷系统的工作过程如图 1-22 所示。

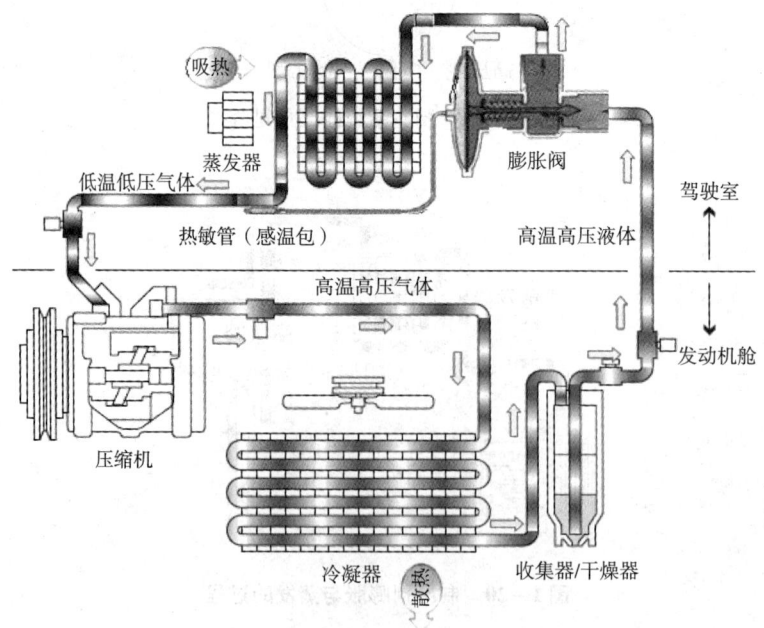

图 1-22　制冷系统的工作原理

压缩机运转时，将蒸发器内的低温、低压制冷剂蒸气吸入气缸，经过压缩后，使高温、高压的蒸气制冷剂排入冷凝器。在冷凝器中高温、高压的制冷剂蒸气与外面的空气进行热交换，放出热量使制冷剂冷凝成高压液体，然后流入干燥贮液器，并过滤流出。过滤后的液体制冷剂流向膨胀阀，经过膨胀阀的节流作用，膨胀阀将液体制冷剂转变成低温、低压气/液混合物，低温、低压气/液混合制冷剂进入蒸发器。在蒸发器里，低温、低压制冷剂液体在蒸发器中沸腾汽化，风机将车厢内热的空气吹入蒸发器，穿过蒸发器芯的热空气流的热量传给制冷剂，车厢内的空气温度降低。在蒸发器中所有的液体变成气态制冷剂然后又进入压缩机进行下一轮循环。

在制冷系统中，压缩机起着压缩和输送制冷剂蒸气的作用，它是整个系统的心脏。膨胀阀对制冷剂起节流降压作用，同时调节进入蒸发器制冷剂液体的流量，它是系统高低压的分界线。蒸发器是输出冷量的设备，制冷剂在其中吸收车内空气的热量实现降温。冷凝器是放出热量的设备，从蒸发器中吸收的热量连同压缩机消耗功能所转化的热量一起从冷凝器让冷却空气带走。压缩机所消耗的功起到了补偿作用，只有消耗了外界的功，制冷剂才能把从车内较低温度的空气中吸取的热量不断地传递到车外较高温度的空气中去，从而达到制冷的目的。

当然，为提高空调系统的可靠性、安全性和舒适性，在系统中还有不少辅助控制元件，而且大型客车空调器比轿车空调器更复杂。

空调制冷系统在汽车空调中的运用：空调制冷剂在制冷系统中的循环过程，其实也是一种气态和液态的变化过程。首先低温低压的制冷剂气体经过压缩机压缩变成高温高压的气态，经过冷凝器散热变成液态，再经过膨胀阀节流降压，变成气态。

【任务实施】

1. 解释温度与压力的关系。
2. 区分制冷剂类型和特性。
3. 解释汽车空调制冷系统的工作原理。
4. 解释 R134a 与 R12 制冷系统的差别。
5. 根据老师提供的车辆或教具（挂图），区分车辆制冷系统的类型。

【任务总结】

要维修或维护汽车制冷系统，汽车维修技师必须熟悉汽车制冷系统基础知识，能区分车辆制冷系统的类型。

检验内容	检验指标	总　评
汽车空调的基础知识	1. 收集温度与压力相关信息 2. 收集制冷剂基础知识 3. 收集冷冻机油相关信息 4. 收集 R134a 与 R12 制冷系统有关信息	
检查任务完成情况	1. 解释温度与压力的关系 2. 区分车辆制冷系统的类型 3. 解释 R134a 与 R12 制冷系统的差别	

任务二　汽车空调与工具、设备的使用

【案例】

2010 年广州洋威修理厂的一名修理工在修理汽车空调时，空调管破裂，高压制冷剂击中左眼，造成眼膜破裂。事故的原因是因为修理工在加注制冷剂时未注意压力表，制冷剂加注过量，压力过高造成空调管破裂。

【工作任务】

在汽车空调维修中，你时常要用到各种工具、检测设备，你知道如何正确使用？作业时应注意哪些事项？汽车空调维修常用工具与设备的使用作业任务书（见表1-8）。

表1-8　　　　　汽车空调维修常用工具与设备的使用作业任务书

项　目	汽车空调基础知识
信息来源	资料、实物、VCD 光盘、教材、PPT 文件
任务目标	1. 收集汽车维修常用工具与设备相关信息 2. 掌握汽车空调维修常用工量具和设备的使用方法 3. 熟知汽车空调维修有关操作规程
课程任务	1. 根据老师提供的设备及工具，指出使用方法和范围 2. 列出在汽车空调维修时可能发生事故的原因 3. 说出汽车空调维修作业时应注意的事项
任务要求	1. 独立完成课程任务相关信息的检索 2. 以小组为单位，分工合作完成课程任务，要确保人身和设备安全，严格按操作步骤进行 3. 未经允许不准随意移动车辆或启动发动机

【任务准备】

一、汽车空调维修常用工具的使用（如表 1-9 所示）

表 1-9 汽车空调维修常用工具及其使用方法

工具类型	使用方法及图示	使用、安全说明
1. 冷媒回收加注机 	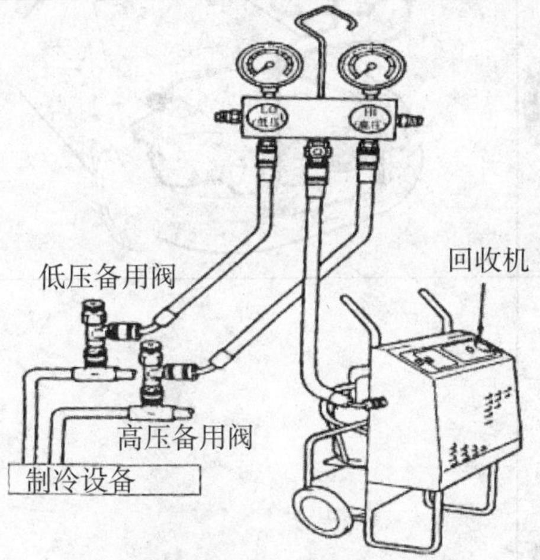 低压备用阀　回收机 高压备用阀 制冷设备	·把回收机上低压管接头和高压管接头连接到待服务车的空调系统中 ·接上电源，打开主电源开关 ·按下回收启动开关，系统开始从车辆上回收 ·当车辆的空调系统真空度下降到 280mmHg，机器自动关闭，指示灯熄灭 ·切断总电源，卸下连接管路
2. 电子检漏仪 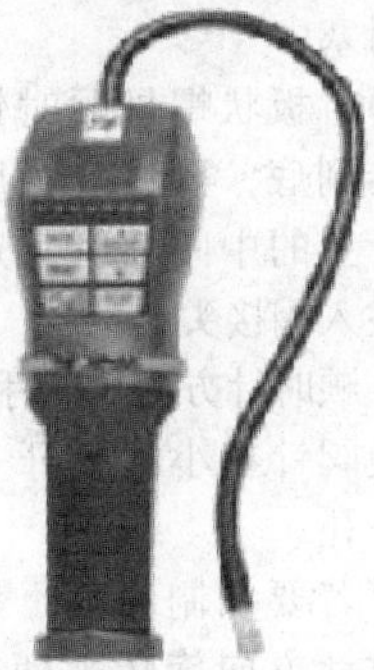	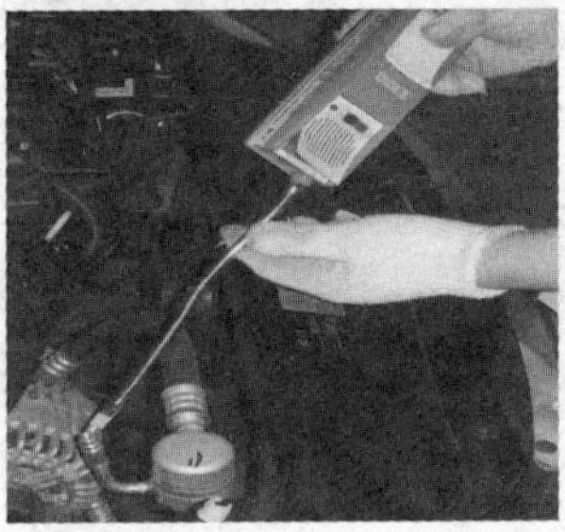	·打开电源开关，将检漏仪的灵敏度调整到合适 ·将检漏仪的探头沿空调制冷系统的管路进行检测。当有渗漏时，泄漏警告灯闪亮同时发出警告信号
3. 真空泵 	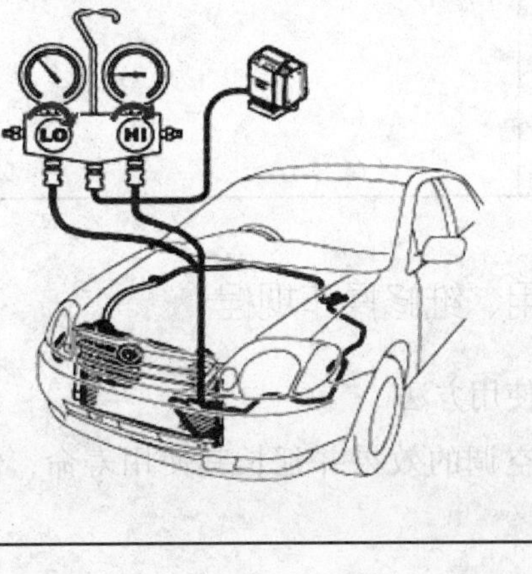	·用于制冷系统抽真空 ·注意：使用时，先按下电源开关，用手试出出气口和进气口，然后连接雪种表 ·将空调压力表的中间管接头接入真空，将空调压力表的高、低压管装入系统的高、低压端，打开压力表高低压侧开关，启动真空泵抽真空

工具类型	使用方法及图示	使用、安全说明
4. 空调压力表 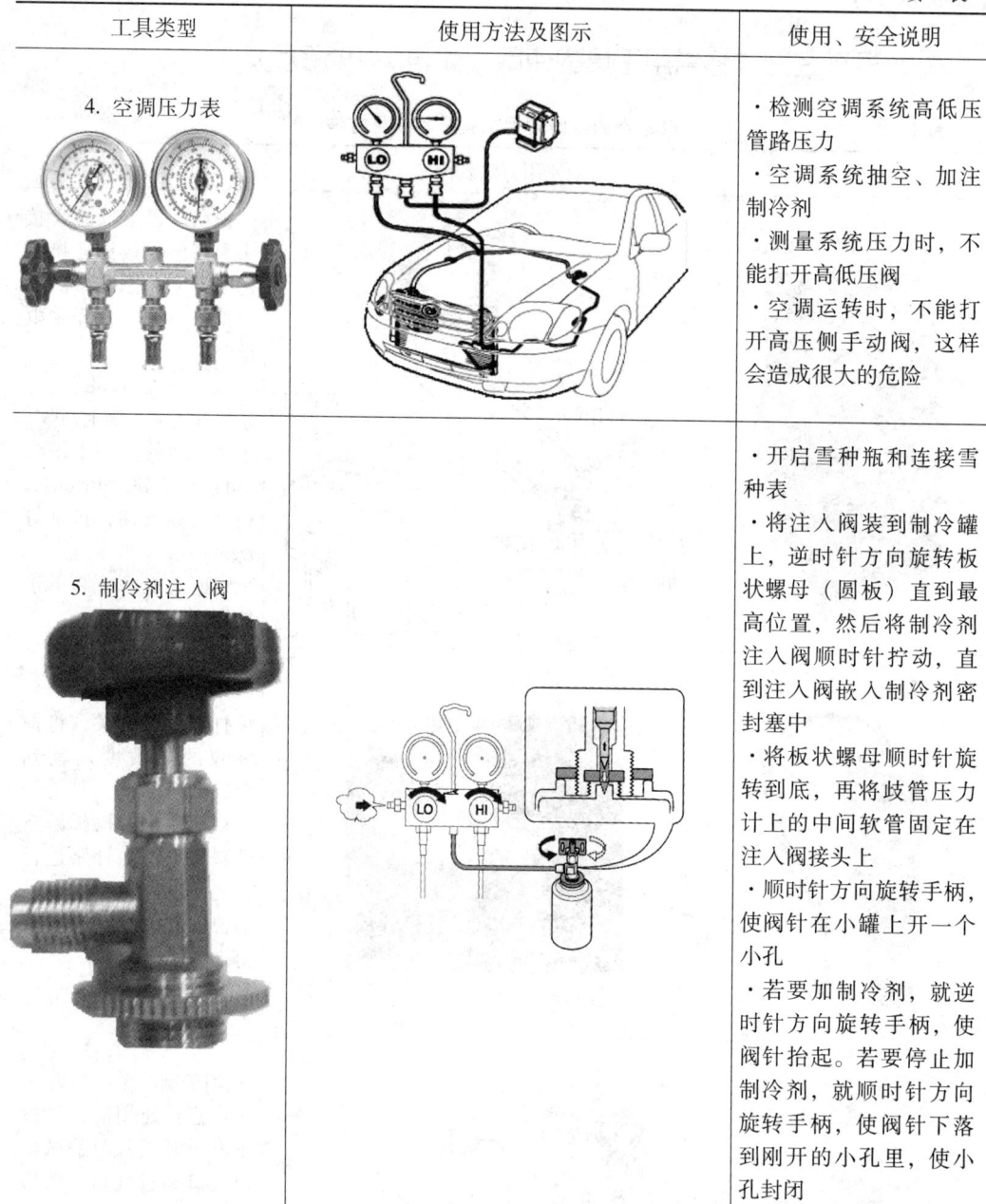		·检测空调系统高低压管路压力 ·空调系统抽空、加注制冷剂 ·测量系统压力时，不能打开高低压阀 ·空调运转时，不能打开高压侧手动阀，这样会造成很大的危险
5. 制冷剂注入阀		·开启雪种瓶和连接雪种表 ·将注入阀装到制冷罐上，逆时针方向旋转板状螺母（圆板）直到最高位置，然后将制冷剂注入阀顺时针拧动，直到注入阀嵌入制冷剂密封塞中 ·将板状螺母顺时针旋转到底，再将歧管压力计上的中间软管固定在注入阀接头上 ·顺时针方向旋转手柄，使阀针在小罐上开一个小孔 ·若要加制冷剂，就逆时针方向旋转手柄，使阀针抬起。若要停止加制冷剂，就顺时针方向旋转手柄，使阀针下落到刚开的小孔里，使小孔封闭

二、汽车空调使用、维修操作规程

1. 汽车空调正确的使用方法

为了充分发挥汽车空调的效果并延长其使用寿命，使用汽车空调时要注意以下事项：

（1）当车速低于 25 km/h 时，应将风速开关置于低速挡位，避免发电量不足和冷气不足。

（2）对于没有车速自动控制装置的汽车空调系统，使用时应先启动发动机，后开汽车空调，以避免启动困难。

（3）汽车若在阳光下停放时间较长，车内很热时，打开汽车空调后，应开一扇玻璃窗，待车内热气排出后再关闭车窗。

（4）夏季汽车停放时，应尽量避免阳光直接照射，以避免增加制冷系统的内压而发生故障。

（5）发动机负荷过大时，应暂时关闭汽车空调，以免因发动机过热影响行驶。

（6）应避免温度开关在最大冷量位置时，而风量却在低风速挡，以防蒸发器上结霜。

（7）在只需要换气不需要冷气时，可只将风机开关打开而不需要开动汽车空调压缩机。

（8）在汽车停驶时使用汽车空调，冷凝器风扇应在启动状态且工作时间不能过长，以免空调冷凝器冷凝压力过高而损坏制冷系统并防止蓄电池过多放电。

（9）汽车空调空气净化器每工作 3 个月应更换一次防臭滤清器。

（10）应定期对冷凝器进行清洗，可用压缩空气或冷水进行冲洗，严禁使用蒸气清洗，以免引起空调冷凝器内压力升高发生故障。

（11）汽车空调的降温效果差时，表明该系统工作不良，应及时关掉汽车空调，并请专业人员对汽车空调系统进行维修。

2. 汽车空调使用的"十禁"

禁忌一：停车开空调休息。有的人为了缓解疲劳，或是在车上等人，便把车停放在马路边，紧闭门窗，打开空调，享受凉爽带来的舒适。更有甚者干脆开着空调躺在车座椅上睡觉。很少有人知道，这种做法是非常危险的。汽车的发动机在工作时，如果气缸中的汽油燃烧不完全，就会产生高浓度的一氧化碳。汽车在行驶时，由于空气通过空调设备产生对流，所以车内一氧化碳的浓度很低。但当车子停驶而空调继续开放，车门窗又密闭时，车内空气不能对流，发动机排出的一氧化碳如果漏进车内，就会逐渐积聚而使其浓度升高，从而使人发生中毒，甚至死亡。

提示：车主最好经常检查发动机盖和底盘是否漏气，当发现车内有废气泄漏时，不宜打开空调，更不要开着空调在车内睡觉，以免发生危险。

禁忌二：开空调在车内吸烟。有些人停车休息或是在车上等人时，打开空调，点上一支烟，似乎是清爽无比。可是因为门窗是紧闭的，烟雾不易排出，便会刺激人的眼睛及呼吸系统。如果将空调通风控制调整到"排出"位置，车厢内的烟雾便可顺利排出车外。

提示：如果非要吸烟，记住一定要将空调通风控制调整到"排出"位置。

禁忌三：随意选择空调温度。有的人为了图凉快，把温度开得很低，似乎感觉很凉。可是这样易使人体的内分泌系统失调，容易患诸如关节炎、肩周炎、感冒等疾病。如果车上有老人或小孩，适宜将温度定在27℃。

提示：正常情况下，车厢内温度与外界温度相差以5~6℃为宜，所以驾驶员调整温度时最好对照一下室外气温。

禁忌四：空调总开在低挡。在车内开空调，一般人都不会开到最大挡，以为那样做会费油，而且风扇的噪声太大，让人心烦。当然这种想法没有错，可是如果你总是这样不开到最大挡，也会生病的。空调在使用的时候，会吸进很多灰尘，形成污垢，时间一长，发生霉变，再通过空调散发至车内，在车上很容易吸入体内，乘员易患病，所以，应经常把空调开到最大挡，通过强劲的风力，把空调内的积垢给吹出来。

提示：每隔一段时间，将空调开到最大挡半小时可以有效杜绝灰尘积聚。

禁忌五：一进车厢就开空调。外面天气热，车厢内更热，一坐进车内，人的第一反应可能就是打开空调，盼凉风驱散热浪。其实，这样不仅制冷效果不好，而且还会增加引擎在初始运转时的压力。所以驾驶员上车后先把所有车窗打开，启动空调的外循环系统，把热气都排出去，等车厢内温度下降之后，再关闭车窗，这个时候再开启空调，并调节到适合温度。

提示：车里很热，上车的第一个动作应该是打开车窗，启动空调的外循环，排出热气。

禁忌六：开启内循环一开到底。空调有一个"循环"按钮，按下这个按钮，车厢内的空气只作内部循环，当门窗全部关闭时空调制冷效率会全部"吸收"，可以节省能源。但是时间长了，车厢内空气会变得越来越混浊，甚至会有缺氧的感觉。内循环系统可以开启，但不能长时间用，空调刚开的时候，最好先用外循环，温度降低后，再切换至内循环，然后每隔一段时间切换一下内、外循环。特别是停车的时候最好切换到"外循环"功能。

提示：记住每隔一段时间切换一下内、外循环。

禁忌七：低速行驶也用空调。低速行驶时如果还使用空调，在行车中遇到交通堵塞，发动机会人为地以较高转速运转，这样做会降低发动机和空调压缩机的使用寿命。所以，低速行驶时最好不要使用空调。

提示：当遇到堵车时，车自然减速，这时记住关闭空调。

禁忌八：进气口附近堆放物品。在空气进气口附近堆放着各种物品，这样会把进气口堵上，空调系统空气流通受阻。

提示：把车厢收拾整洁，特别注意把进气口附近的物品搬走，确保空气流通正常。

禁忌九：空调的风向随意吹。有的人不太注意，开启空调后，任凭空调的风向随意吹，这样做也不对，因为风挡玻璃的温度高，会抵消大部分制冷效果。所以最好选择向上吹，符合冷空气向下沉的规律，风向挡位最好选择吹面挡，调节为风口向上效果最好。

提示：开启空调选择风向口向上吹，这样制冷效果好。

禁忌十：熄火后再关闭空调。停了车后再关闭空调，会导致因潮湿造成霉菌在空调内的大量繁殖，而且，当驾驶员第二天发动车时，会带着空调启动的压力点火，因此这样带来的高负荷会对发动机造成损伤。正确的做法是，开着空调上路，在停车前的几分钟关闭空调的冷气，稍后开启自然风。

提示：开启空调后，快要抵达目的地时要先关闭空调。

3. 汽车空调日常维护保养的注意事项

（1）汽车必须使用专用制冷剂，以及专用冷冻机油。

（2）空调系统必须使用清洁的、干燥的制冷剂和冷冻机油，空调系统中的空气、水分及污物有可能对系统的温度和压力产生不良的影响，如降低制冷效果，导致系统部件损坏、管路阻塞等。

（3）维修时，打开管路的"O"形圈必须更换，并在装配前涂上冷冻机油。

（4）冷冻机油必须使用汽车专用冷冻机油。

（5）打开管路进行检修后必须更换储液罐。

（6）如果制冷系统中没有足够的制冷剂，不要让压缩机工作。如果空调系统中制冷剂不足，则机油润滑不充分，并可能损坏压缩机。所以要避免这种情况。

（7）压缩机工作时不要打开高压气管阀。

①只打开和关闭低压阀。

②如果打开高压阀，则制冷剂反向流动，会引起填充缸破裂。

（8）注意不要给系统内加入过多的制冷剂。如果制冷剂过多，可能会引起制冷不足、燃油经济性差、发动机过热等问题。

（9）不要在没有制冷剂时运行发动机和压缩机。因为不管空调系统是打开或者关闭，压缩机零件都会移动，这样就可能损坏压缩机内部。

4. 使用制冷剂的注意事项

汽车空调制冷剂虽属于安全无毒的制冷剂，但在操作和使用时切不可粗心大意，必须注意下列事项：

（1）装有制冷剂的钢瓶必须经过检验，以确保能承受规定的压力。

（2）装有制冷剂的钢瓶不得受到太阳的直射，不得撞击。

（3）钢瓶上的控制阀常用一个帽盖或铁罩加以保护，使用后须注意把卸下的帽盖或铁罩重新装上，以防搬运中受到碰击而损坏。

（4）当钢瓶中制冷剂用完时，应立即关闭控制阀，以免漏入空气和水分。

（5）制冷剂应避免触及皮肤，更不能触及眼睛；如果液态制冷剂接触到眼睛或皮肤：

①用大量冷水清洗该部位，不要揉擦眼睛或皮肤；

②将干净的凡士林涂抹到皮肤上；

③立即就医并接受专业治疗。

（6）发现制冷剂有大量渗漏时，必须通风换气，否则会引起人的窒息。

（7）在存在着制冷剂蒸气的情况下使用明火会产生有毒的光气。所以卤素灯的使用只能在已通过其他方法检漏后的最终阶段进行，这样比较安全。

（8）不得在密封场所或近明火处搬运制冷剂，更不要加热容器或将其暴露于明火附近。

（9）注意不要使容器坠落或受撞击。

【任务实施】

1. 列出可能发生事故的原因。

2. 简述汽车空调的使用方法。

3. 指出汽车空调维修作业中哪些操作方法是不安全的。

4. 维修常用工具使用，如表 1 – 10 所示。

表 1 – 10　　　　　　　　　　　维修常用工具使用

作业项目	操作步骤	操作要领图示	操作记录
1. 冷媒回收机的使用	（1）熟悉冷媒回收机的结构	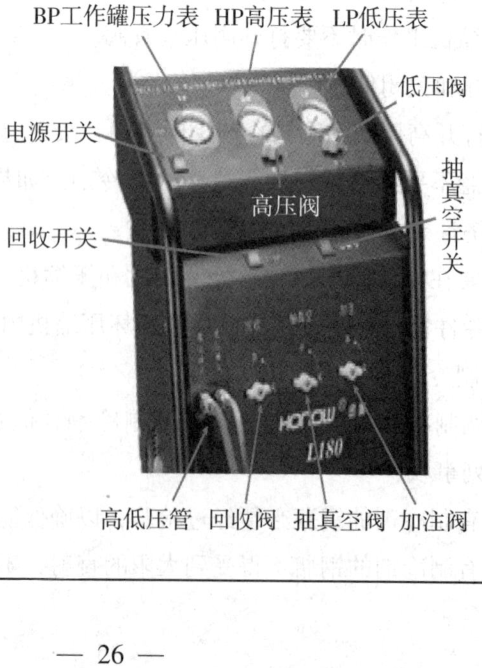 BP工作罐压力表　HP高压表　LP低压表　低压阀　电源开关　高压阀　抽真空开关　回收开关　高低压管　回收阀　抽真空阀　加注阀	完　成　☐ 未完成　☐

续 表

作业项目	操作步骤	操作要领图示	操作记录
1. 冷媒回收机的使用	（2）将冷媒回收机高低压管连接到系统高低压端	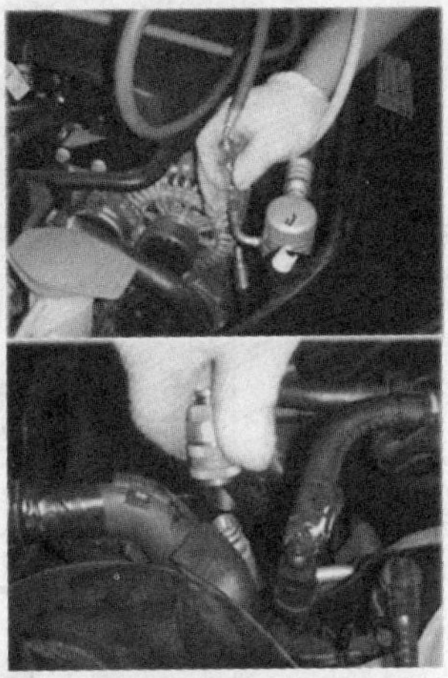	完 成 □ 未完成 □
	（3）连接电源，打开冷媒回收机开关		完 成 □ 未完成 □
	（4）打开高、低压手动阀和回收阀		完 成 □ 未完成 □
	（5）打开制冷剂罐上的回收阀		完 成 □ 未完成 □

作业项目	操作步骤	操作要领图示	操作记录
1. 冷媒回收机的使用	（6）按下回收按钮，开始回收		完 成 □ 未完成 □
	（7）当压力表达到负压，结束回收，关闭阀门和电源开关		完 成 □ 未完成 □
2. 雪种表的使用	（1）雪种表的结构	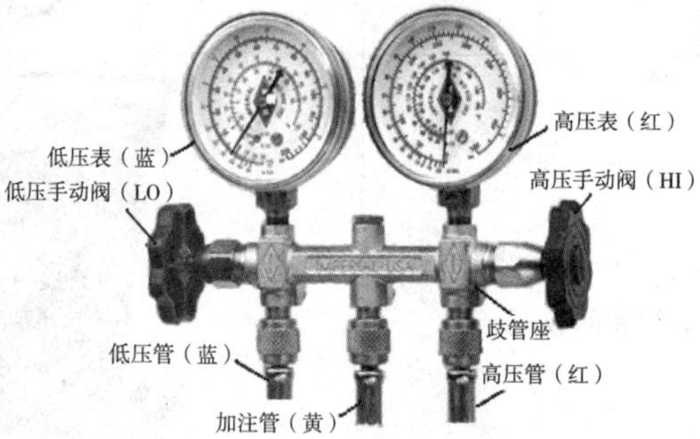	完 成 □ 未完成 □
	（2）雪种表的读数 $1MPa = 9.8kgf/cm^2$ $1psi = 0.07kgf/cm^2$ $100psi = 0.7MPa$	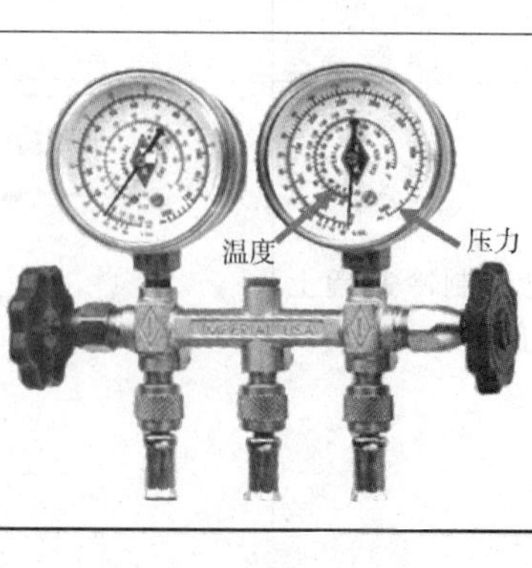	完 成 □ 未完成 □

续　表

作业项目	操作步骤	操作要领图示	操作记录
2. 雪种表的使用	（3）将歧管压力计的高、低压表分别接在压缩机的排气、吸气口的维修阀上	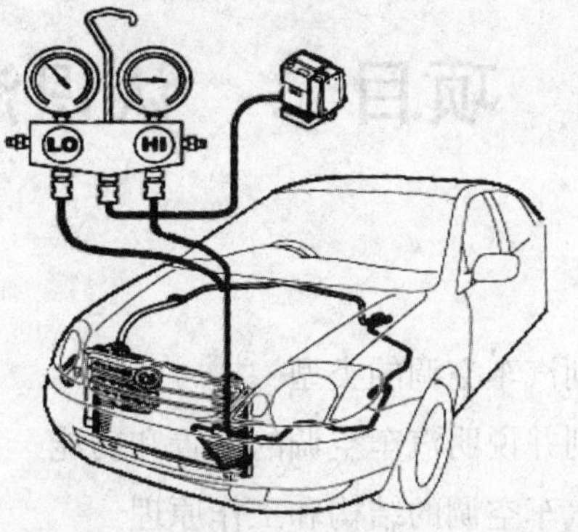	完　成　□ 未完成　□
	（4）启动发动机，读取高、低压表指示压力值	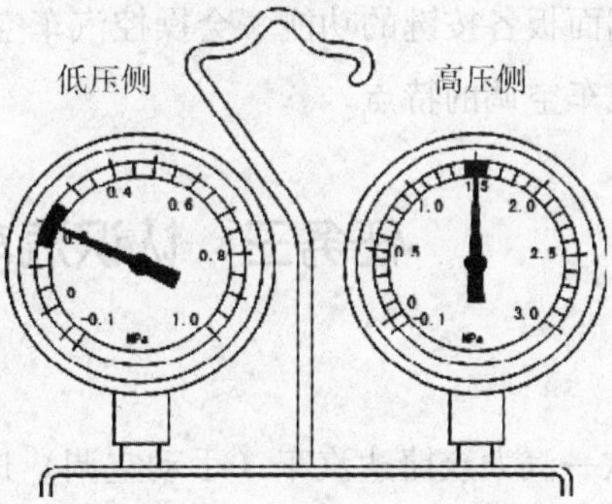 低压侧　　　高压侧 	完　成　□ 未完成　□

【任务总结】

为了确保人身和设备安全，防止事故的发生，汽车维修技师必须熟悉汽车空调维修作业安全基本知识，遵守安全操作规程。熟悉维修工具使用方法能为客户提供更快和高质量的服务。

检验内容	检验指标	总　评
安全注意事项与基本操作规程	1. 收集汽车空调维修作业安全注意事项相关信息 2. 收集汽车空调维修工具使用方法 3. 收集汽车空调维修设备使用方法	
检查任务完成情况	1. 列出可能发生事故的原因 2. 说出维修作业时应注意的事项 3. 说出汽车空调使用方法	

项目二　认识汽车空调

【项目目标】

❖ 能够识别汽车空调的类型
❖ 能够找到并说明汽车空调的位置和功能
❖ 能说明汽车空调的结构和工作原理
❖ 熟知空调面板各按键的功能、会操控汽车空调
❖ 能说出汽车空调的特点

任务三　认识汽车空调

【案例】

一辆 2006 款一汽大众捷达汽车（手动空调）进厂进行维护。小刘接到维修单后不清楚如何维护空调系统，需要维护哪些部位。

【工作任务】

要维护汽车空调系统，首先要收集有关汽车空调的信息，了解汽车空调的结构，熟知空调面板各按键的功能等。

汽车空调维护与调整作业任务书（见表 2-1）。

表 2-1　　　　　　　　　　汽车空调维护与调整作业任务书

项　　目	认识汽车空调
信息来源	资料、实物、VCD 光盘、教材、PPT 文件
任务目标	1. 收集汽车空调相关信息 2. 掌握汽车空调的结构及工作原理 3. 能区分汽车空调的类型 4. 会操作汽车空调面板检查，并按规范进行维修质量检验
课程任务	1. 根据老师提供的车辆或教具（挂图），说出下面所列部件的组成及名称 1）制冷系统 2）加热系统 2. 根据老师提供的车辆或教具（挂图），区分空调的类型 3. 操作汽车空调面板

续　表

项　目	认识汽车空调
任务要求	1. 独立完成课程任务相关信息的检索 2. 制订作业计划 3. 要确保人身和设备安全，严格按操作步骤进行 4. 以小组为单位，分工合作完成课程任务 5. 未经允许不准随意移动车辆或启动发动机

【任务准备】

一、认识汽车空调

1. 空调

空调机控制车内的温度。除了它的制热和制冷控制功能之外，它还起到除湿器的作用。A/C 也有助于除去车窗内表面的诸如霜、冰和冷凝水这一类视觉障碍物。A/C 是用于以下目的的装置。

·温度控制和除湿器

·空气循环控制

·清洁空气过滤器和空气净化器（任选件）

（1）温度控制和除湿器

①加热器

为了加热空气，选定加热器芯作为热交换器。加热器芯吸入发动机加热的发动机冷却液，并使用此热量加热来自送风机的空气，因此冷却液温度变高之前，加热器芯的温度不高。为此，发动机启动后短时间内，加热器芯不起加热作用。图 2-1 所示。

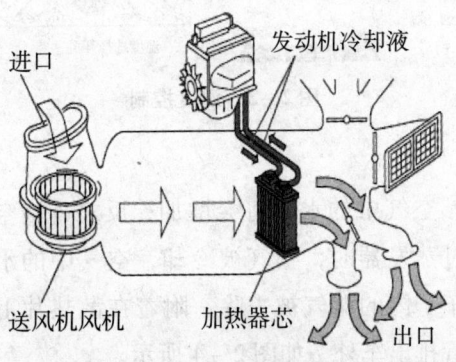

图 2-1　加热器

②制冷系统

为了冷却空气，选定蒸发器作为热交换器。当空调器开关打开时，压缩机开始运行并将制冷剂送到蒸发器。蒸发器被制冷剂冷却，它再冷却来自送风机的空气。加热取决于发动机冷却液的温度，但是制冷操作是独立的，与发动机冷却液温度无关。如图2-2所示。

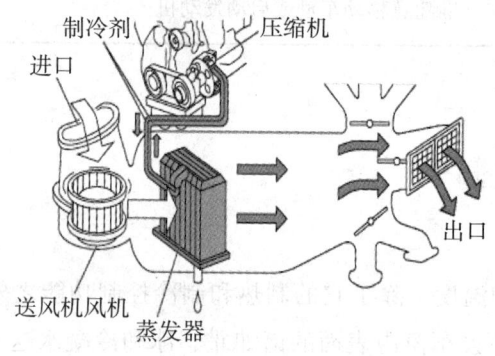

图2-2　制冷系统

③温度控制

汽车空调通过使用加热器芯和蒸发器，并通过调整空气混合挡板和水阀的位置来调节温度。用控制面板上的选择器使空气混合挡板和水阀进行工作。如图2-3所示。

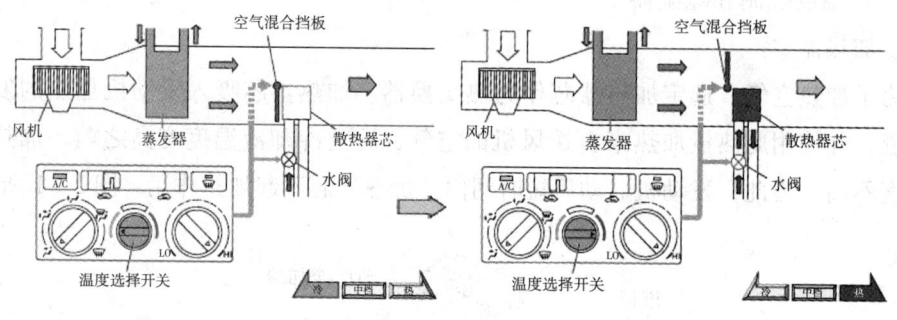

图2-3　温度控制

④除湿器

当空气温度变高时，空气中的水分将会增加；反之，当空气温度变低时，空气中的水分将会减少。当经过蒸发器时，空气被冷却，空气中的水分将冷凝并附着于蒸发器的散热片上。结果，车子内的湿气被去除，附着在散热片上的水变成露水并存在滴水盘中。最后用排水软管排出车外。如图2-4所示。

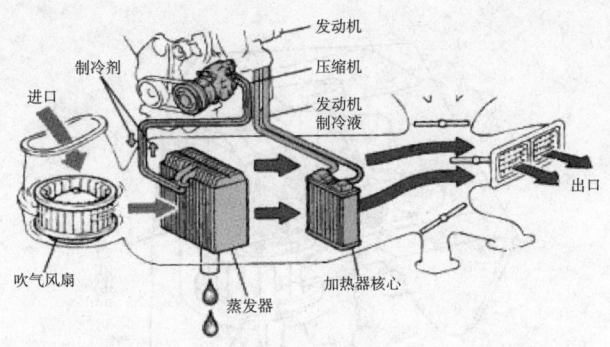

图 2 - 4　除湿

（2）空气循环控制

①自然气流通风器

由车辆运动产生的气压将外部空气吸入车内，这被称为自然气流通风。当车辆移动时，车辆外面的气压在一些地方产生正压，一些地方产生负压。空气入口位于正压处，排风口位于负压处。如图 2 - 5 所示。

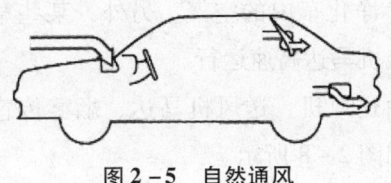

图 2 - 5　自然通风

②强制通风（辅助通风）

在强制通风系统中，使用电动风扇强制空气流过车内。进气口和排气口一般与自然通风的风口在相同位置。一般来说，这类通风系统与诸如加热器或 A/C 等系统一起使用。如图 2 - 6 所示。

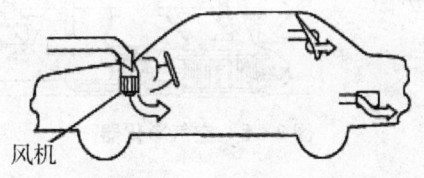

图 2 - 6　强制通风

（3）清洁空气过滤器

①功能：为了净化进气，空调器的进气口装有过滤器。

②更换：当清洁空气过滤器阻塞时，吸入空气困难，导致空调效果差。为了防止这一情况发生，要定期检查和更换清洁空气过滤器。检查或更换空气过滤器的时间取决于车型或运行情况，因此要参考维修计划。如图 2 - 7 所示。

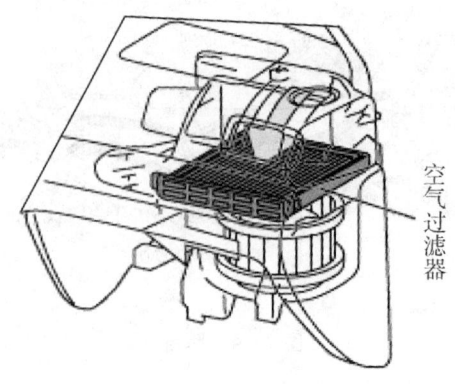

图 2 - 7　清洁空气过滤器

③类型：有两种清洁空气过滤器，一种只除去灰尘，另一种带有活性炭，有除臭作用。

（4）空气净化器

①功能：空气净化器使用送风机马达吸入车内的空气，并通过带有活性炭的过滤器去除香烟烟雾、灰尘等，净化车内的空气。另外，某些车型安装烟雾传感器，它检测香烟烟雾并自动地使送风机马达高速运行。

②结构：空气净化器由送风机、送风机马达、烟雾传感器、放大器、电阻器和带有活性炭的过滤器组成。如图 2 - 8 所示。

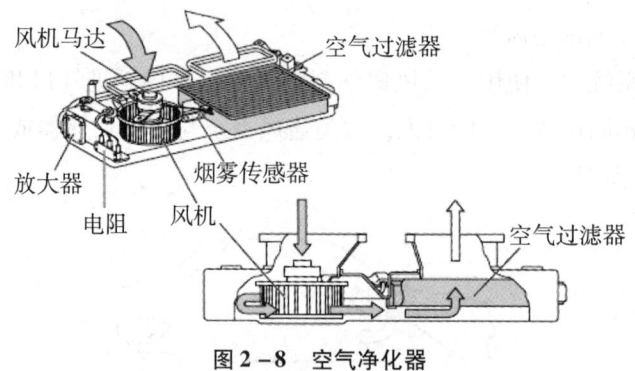

图 2 - 8　空气净化器

2. 控制面板

在汽车 A/C 的控制面板上有许多选择器，分别是进气口选择器、温度选择器、气流（出风口）选择器和送风机速度选择器。如图 2 - 9 所示。

可以通过操作控制盘上的选择器进行进气调节、温度控制和出口切换。进气口风挡执行进气口控制、空气混合挡板执行温度控制、气流挡板执行空气出口控制。这些风挡通过线缆或马达运行。

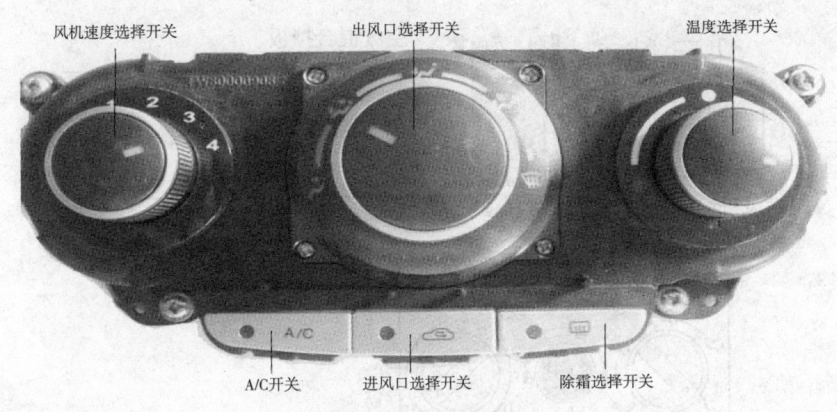

图 2-9 控制面板

选择器的形状根据车型或等级有所不同，但是功能是一样的。

（1）A/C 开关。按下 A/C 开关打开空调，弹起 A/C 开关关闭空调。

（2）风挡（速）开关。风挡（速）开关用来调节送风机的转速。

（3）进风口切换开关。进气口选择器用来执行进气口控制，或是车内循环或是将新鲜的车外空气引入车内（车外循环）。正常使用时，考虑到车内的通风，选择吸入外部空气。当选择吸入外部空气时，进气口风挡打开外部空气吸入口，并关闭内部空气导入口。当外面空气污染时，用选择器切换到内部循环。如图 2-10 所示。

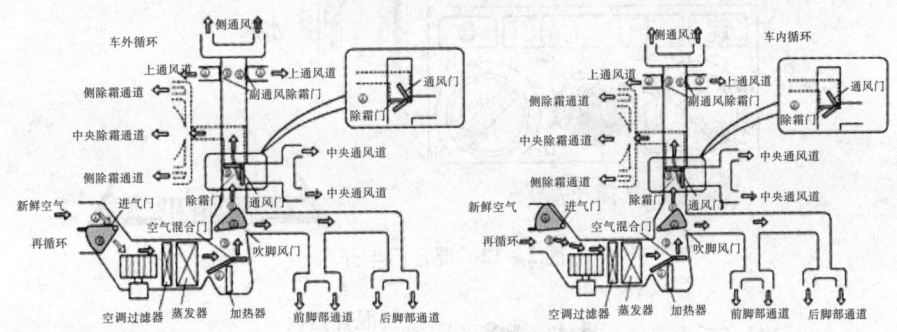

图 2-10 空气循环控制

（4）温度控制开关。它通过移动空气混合风挡，改变经过蒸发器的冷空气与经过加热器芯的热空气的比例来控制温度。

①温度调到最冷时，水阀关闭，混合门移动关闭加热器，风口吹出冷风。如图 2-11 所示。

②温度调到最中间时，水阀打开一半，混合门移动打开一半加热器，风口吹出温度较冷的风。如图 2-12 所示。

③温度调到最热时，水阀全部打开，混合门移动全开加热器，风口吹出暖风。如图 2-13 所示。

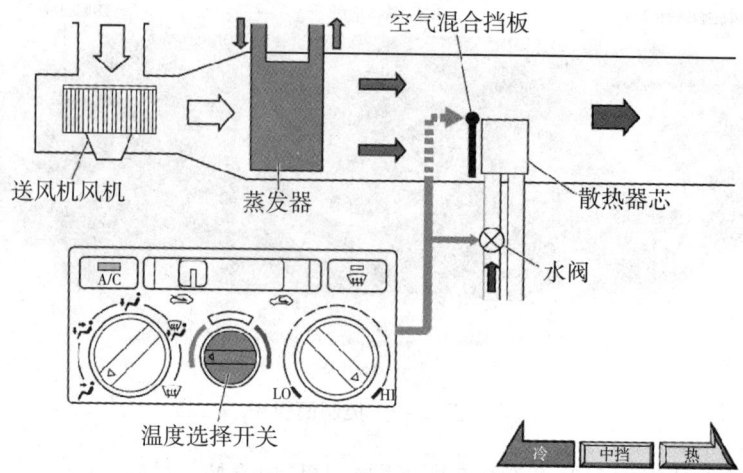

图 2-11　混合门关闭

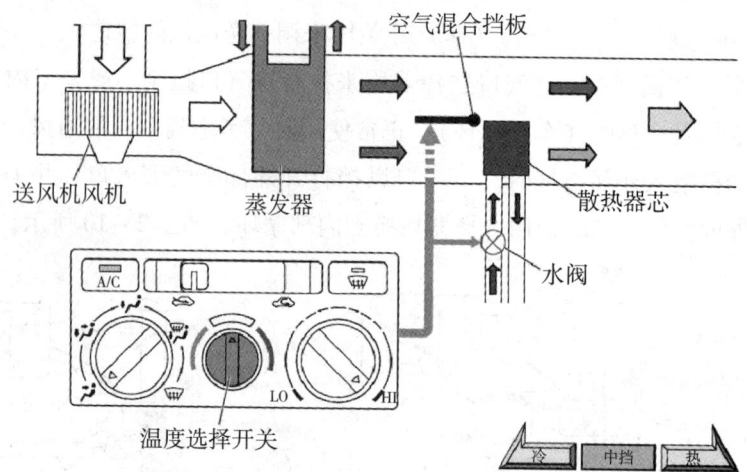

图 2-12　混合门半开

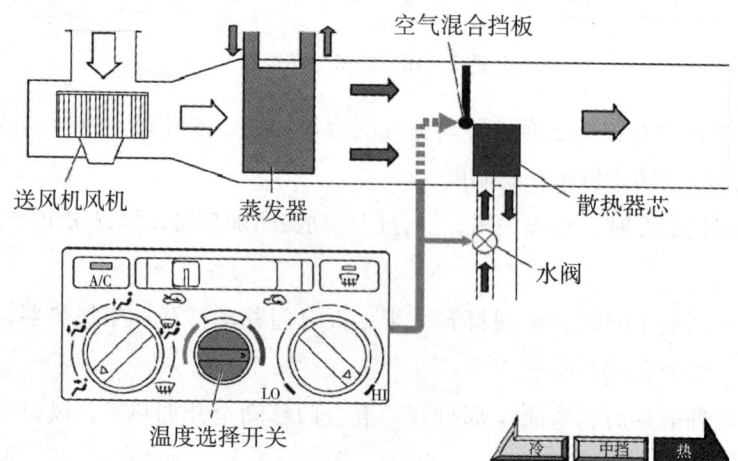

图 2-13　混合门全开

（5）送风模式控制。移动风挡进行出口的切换，有五种模式，具体如下：

· 📱 FACE：吹身体的上半部。如图 2 - 14 所示。

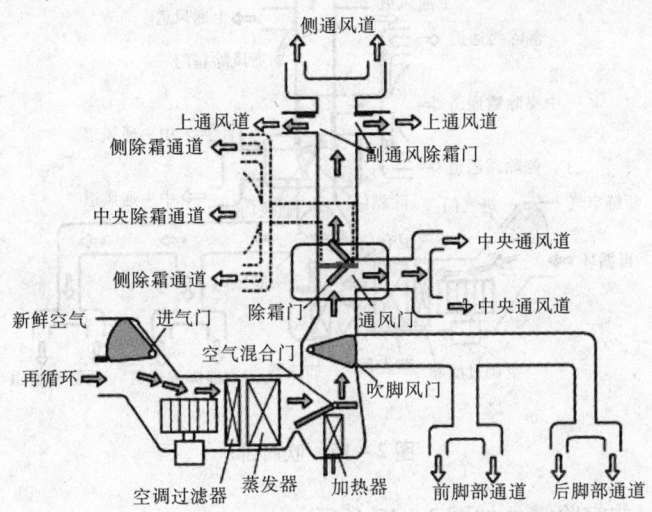

图 2 - 14　吹脸部

· 📱 BI - LEVEL：吹身体的上半部和脚部。如图 2 - 15 所示。

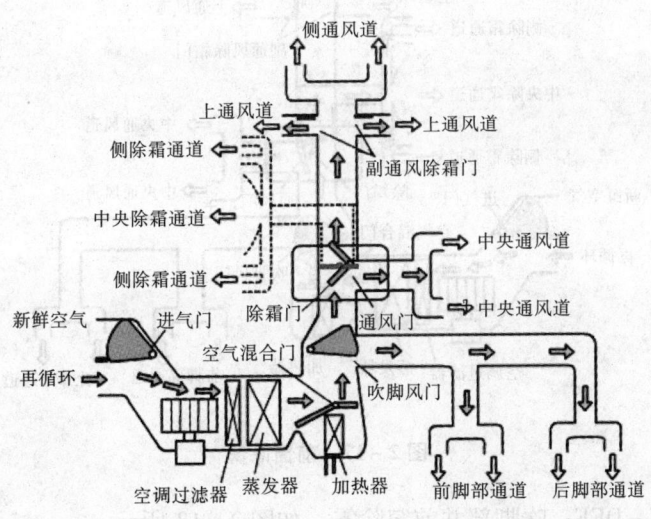

图 2 - 15　吹上半部和脚部

· 📱 FOOT：吹脚部。如图 2 - 16 所示。

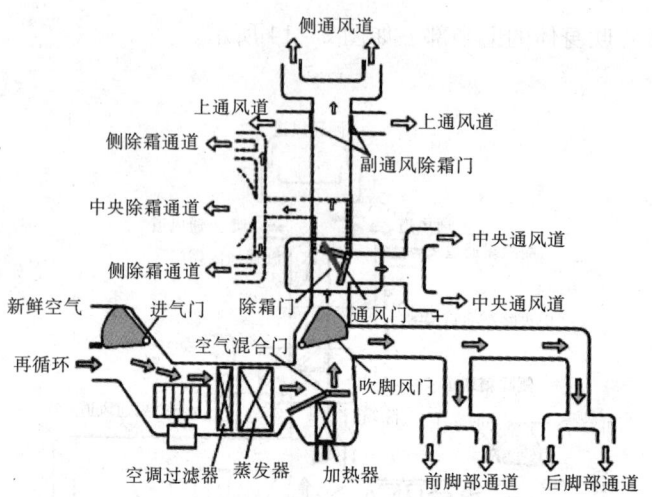

图 2 - 16 吹脚部

· ⌷ DEF：前窗除雾。如图 2 - 17 所示。

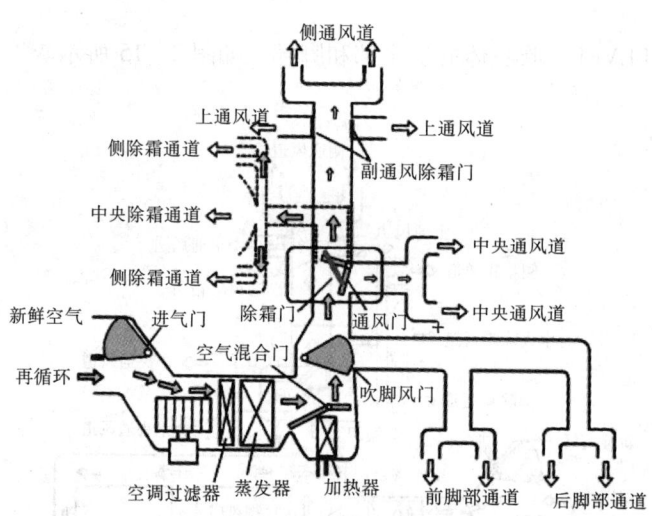

图 2 - 17 前窗除雾

· ⌷ FOOT - DEF：吹脚部并前窗除雾。如图 2 - 18 所示。

（6）风挡操作的类型

①钢索类型

这一类型的结构可使选择器的运动直接操作风挡，结构简单。然而，当线缆滑动情况出现问题并且线缆铺设不好时，选择器的操作可能会变得很困难。如图 2 - 19 所示。

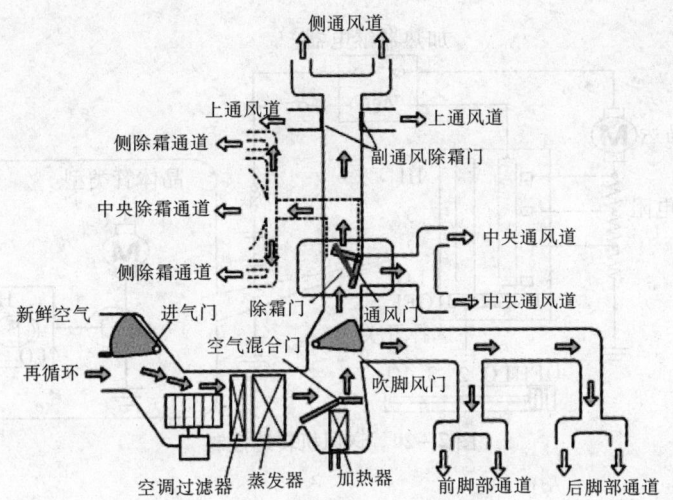

图 2 – 18　吹脚部并前窗除雾

②马达类型

这一类型应用马达操作风挡到恰当的位置，结构复杂。然而可以减少运转中要求的力量，使操作比较容易。如图 2 – 19 所示。

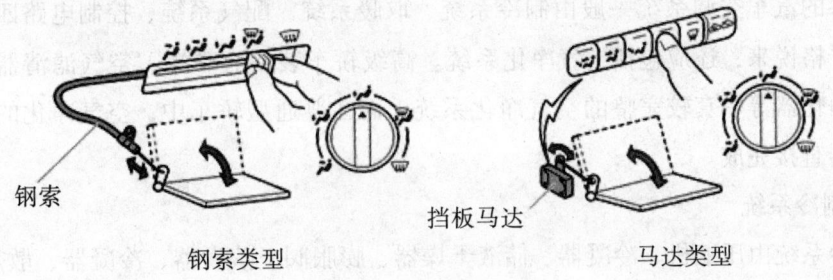

钢索类型　　　　　　　　　　　马达类型

图 2 – 19　风挡操纵方式

（7）送风机转速控制

控制送风机速度是通过调整送风机马达的电流量来控制送风机转速。有两种控制方法：电阻器类型和晶体管类型。

①电阻器类型

使用送风机电阻调整电流量。其结构是两只电阻器串联，通过操作选择器，线路中的阻抗值改变，电流量改变。如图 2 – 20 所示。

当选择器调在"LO"（低）位置时，电流经过所有的电阻。因此，通过马达的电流减少，并且送风机马达转速变低。当选择器调在"3"位置时，电流只经过一只电阻。当选择器调在"HI"位置时，没有电流经过电阻器，因此电流直接通过送风机马达，并且送风机转速变为最高。

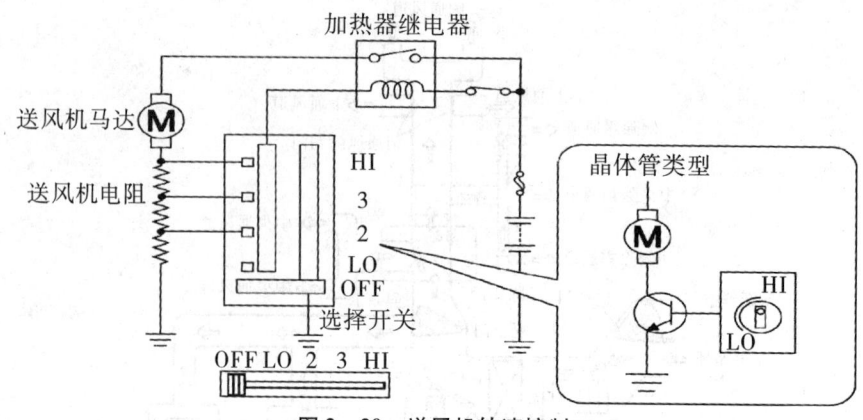

图 2 - 20　送风机转速控制

②晶体管类型

它用功率管调整电流量。与电阻型相比，它可以用更多的挡位控制送风机转速，自动空调机主要用这种类型。如图 2 - 20 所示。

二、汽车空调系统组成

完善的汽车空调系统一般由制冷系统、取暖系统、配气系统、控制电路四大部分组成。严格说来，还应包括空气净化系统。高级轿车装备有碳罐、空气滤清器和静电除尘式净化器等一套较完整的空气净化系统，而在普通型轿车中，空气净化的任务则由蒸发器直接完成。

1. 制冷系统

制冷系统由压缩机、冷凝器、储液干燥器、膨胀阀、蒸发器、冷凝器、散热风扇、制冷管、制冷剂等组成。如图 2 - 21 所示。

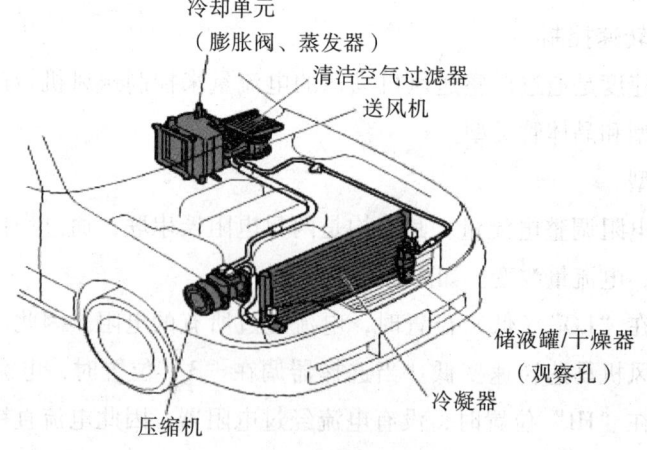

图 2 - 21　制冷系统组成

2. 取暖系统

取暖系统是由加热器、水阀、水管、发动机冷却液组成，如图 2 - 22 所示。

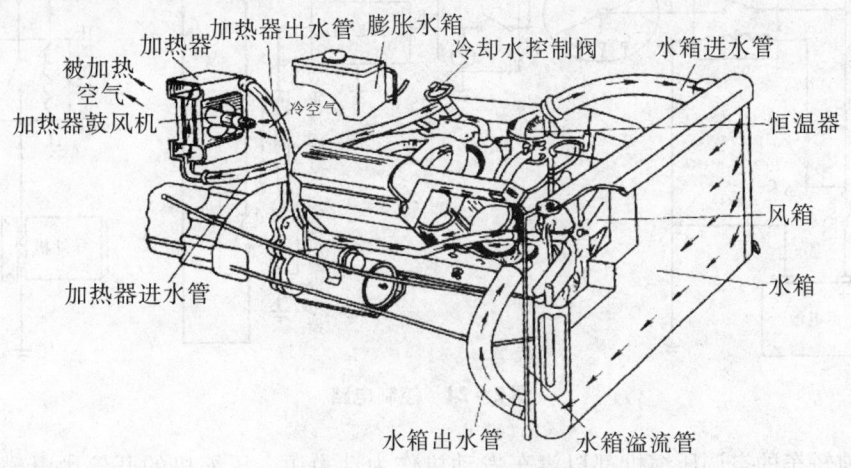

图 2 - 22　汽车余热水暖装置

3. 配气系统

配气系统由进气模式风门、鼓风机、混合气模式风门、气流模式风门、导风管等组成。汽车室内或室外未经调节的空气，经鼓风机作用送至蒸发器或加热器处，此时已被调节成冷空气或暖空气的空气流根据风门模式伺服马达开启角度而流向相应的出风口。如图 2 - 23 所示。

图 2 - 23　配气系统

4. 控制电路

控制电路包括点火开关、A/C 开关、电磁汽车空调、鼓风机开关及调速电阻器、各种温度传感器、制冷剂高低压力开关、温度控制器、送风模式控制装置、各种继电器。近年来不少高级轿车普遍采用了电脑自动控制，大幅度降低了人工调节的麻烦，提高了空调经济性和调节效果。如图 2 - 24 所示。

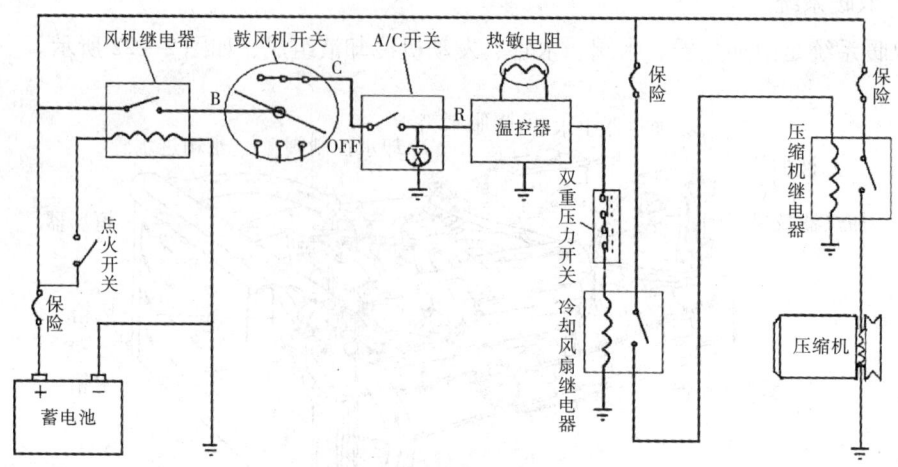

图 2-24　控制电路

目前轿车的空调压缩机都以汽车发动机作为动力源，压缩机的开停由电磁汽车空调动作决定，而电磁汽车空调的工作时机是以各种温度、压力、转速等信号为主要参考数据来决定的。为避免蒸发器表面温度过低，造成表面结霜，影响制冷效果，所以设有温度控制器（恒温器），用蒸发器表面温度作为控制信号控制电磁汽车空调的动作。若压缩机温度过高，会造成高压部分因压力异常升高而损坏，所以设有过热开关或高压压力开关。如果系统制冷剂缺乏，则可能冷冻油也缺乏，压缩机若在这种干摩擦情况下运转，容易损坏，因此系统必须设有低压压力开关，当系统压力过低时会自动切断压缩机的电源。

对于设有电脑控制的空调系统，其压缩机的开停（或水阀的开启度）可满足空调系统处于最经济状态和所要求的各种冷暖状态。为了解决汽车怠速、加速等运行工况时的动力匹配及水箱冷却问题，以往常常采用中止压缩机运行的办法，目前比较多地采用提高怠速转速的办法。

三、汽车空调制冷装置的特点

1. 汽车空调的功能

汽车空调即汽车室内空气调节的简称，它用来调节车内的温度、湿度、气流速度、空气洁净度等，从而为乘员创造清新舒适的车内环境。

（1）调节车内的温度

汽车空调在冬季利用其采暖装置升高车内的温度。轿车和中小型汽车一般以发动机冷却循环水作为暖气的热源，而大型客车则采用独立式加热器作为暖气的热源。在夏季，车内降温则由制冷装置完成，我国大多数汽车空调只具有这种单一功能。

（2）调节车内的湿度

普通汽车空调一般不具备这种功能，只有高级豪华汽车采用的冷暖一体化空调器，才能对车内的湿度进行适量调节。它通过制冷装置冷却、去除空气中的水分，再由取暖装置升温以降低空气的相对湿度。但在汽车上目前还没有安装加湿装置，只能通过打开车窗或通风设施，靠车外新风来调节。

（3）调节车内的空气流速

空气的流速和方向对人体舒适性影响很大。夏季，气流速度稍大，有利于人体散热降温；但过大的风速直接吹到人体上，也会使人感到不舒服。舒适的气流速度一般为 0.25m/s 左右。冬季，风速大了会影响人体保温，因而冬季采暖时气流速度应尽量小一些，一般为 0.15～0.20m/s。根据人体生理特点，头部对冷比较敏感，脚部对热比较敏感，因此，在布置空调出风口时，应采取上冷下暖的方式，即让冷风吹到乘员头部，暖风吹到乘员脚部。

（4）过滤、净化车内的空气

由于车内空间小，乘员密度大，车内极易出现缺氧和二氧化碳浓度过高的情况；汽车发动机废气中的一氧化碳和道路上的粉尘、野外有毒的花粉都容易进入车内，造成车内空气污浊，影响乘员的身体健康，因此必须要求汽车空调具有补充车外新鲜空气、过滤和净化车内空气的功能。一般汽车空调装置上都设有进风门、排风门、空气过滤装置和空气净化装置。

2. 汽车空调的特点

汽车空调是以消耗发动机的动力来调节控制车内的环境的。了解汽车空调特点，有利于汽车空调的使用和维修。汽车空调主要有如下特点：

（1）抗冲击能力强

汽车空调安装在运动中的车辆上，承受剧烈、频繁的震动和冲击，因此汽车空调的各个零部件应有足够的强度和抗震能力，接头牢固并且防漏。汽车空调制冷系统极容易发生制冷剂的泄漏，破坏整个空调系统的工作条件，甚至破坏制冷系统的部件，如压缩机。所以，各部件的连接要牢固，要经常检查系统内制冷剂的量。统计表明，汽车空调因制冷剂泄漏而引起空调的故障约占全部故障的80%，而且泄漏频率很高。

（2）动力源多样

空调系统所需的动力来自发动机。轿车、轻型汽车、中小型客车及工程机械，其空调所需的动力和驱动汽车的动力都来自同一发动机，这种空调系统称为非独立式空调系统；对于大型客车和豪华型大中型客车，由于所需制冷量和暖气量大，一般采用专用发动机驱动制冷压缩机和设置独立的采暖设备，故称之为独立式空调系统。非独立式空调系统会影响汽车的动力性能，但比独立式在设备成本和运行成本上都经济。

汽车安装了非独立式空调后,耗油量平均增加 10% ~20% (和汽车的速度有关),发动机的输出功率减少 10% ~12%。非独立式汽车空调的采暖系统一般利用发动机的冷却水。独立式空调系统则采用独立采暖燃烧器。

(3) 制冷、制热能力强

要求汽车的制冷制热能力强,其原因在于:

①车内乘员密度大,产生热量多,热负荷大,而冬天人体所需的热量也大。

②汽车为了减轻自重,隔热层薄;汽车的门窗多、面积大,所以汽车隔热性能差,热量流失严重。

③汽车在野外工作,直接接受太阳的热、霜雪的冷、风雨的潮湿,环境险恶,千变万化。要使汽车空调能迅速地降温,在最短的时间里达到舒适的环境,要求制冷量特别大。非独立式空调系统,由于汽车发动机的工况变化频繁,所以,制冷系统的制冷剂流量变化大。例如,汽车高速运动时,发动机的转速高达 6000r/min,而在怠速时才 600 ~700r/min,两者相差 10 倍之多,这导致压缩机输送的制冷剂变化大。制冷剂流量变化大,导致汽车空调设计困难,制冷效果不佳,而且会引起压力过高或者压缩机的液击现象而发生事故。

(4) 结构紧凑、质量小

由于汽车本身的特点,要求汽车空调结构紧凑,能在有限的空间进行安装,而且安装了空调后,不至于使汽车增重太多,影响其他性能。现代汽车空调的总质量已经比 20 世纪 60 年代下降了 50%,是原始汽车空调装置质量的 1/4,而制冷能力却比 20 世纪 60 年代增加了 50%。

四、汽车空调的性能指标

1. 汽车空调的热、湿负荷

汽车空调热、湿负荷是确定空调系统送风量和空调设备容量的依据。在车内外热、湿扰量作用下,某一时刻进入车内的热量和湿量称为在该时刻的得热量和得湿量。

汽车室内空调的得热量,主要由太阳辐射热量,汽车室内外温差引起的经车身壳体、玻璃等传入的热量,人体散热量,车内和发动机等设备散出的热量,以及门窗缝隙密封不严、换气、通风等传入的热量构成。

车内得湿量,主要是人员散湿量;另外,车内设备及其他物品也有一定的散湿量。为了消除车内多余热量以维持温度恒定的需要向车内供应的冷量,称为冷负荷。反之,为补充车内耗热量所需向车室内送入的热量,称为热负荷。

为维持车内相对湿度恒定所需消除的多余湿量,称为湿负荷。车内热湿负荷的确定要以一定的车内车外空气计算参数为原始数据。通常用两组计算参数来衡量车内空气状态,即空调基数和空调精度。

空调基数是指在空调区域内需保持的空气温度基数与相对湿度基数。如车内所要求的湿度 25℃ 就是空调基数。

空调精度是指在空调区域内,空气温度和相对湿度允许的波动幅度。如车内温度为 25℃ ±1℃,这里的 1℃ 为室内温度允许波动范围,即空调精度。

任何形式的汽车空调都只能在一定的温、湿度范围内进行调节,调节的范围小,要求汽车空调的精度就高。

2. 汽车空调的舒适性参数

人体舒适感与室内空气温度、室内空气相对湿度、人体附近的空气流速、围护结构内表面及其他物体表面温度有关。此外,它还和人们生活习惯、人体活动、衣着情况以及年龄、性格有关。为了判定一套汽车空调的热舒适性,需要确定汽车空调的车内参数。这些参数主要包括以下几方面:

(1)车内平均温度和车内外温差。根据习惯,在满足人体健康条件下,车内温度基数夏季应尽量提高,冬季应尽量降低。夏季车内每升高 1℃,约减少冷负荷 10%;冬季每降低 1℃,约减少热负荷 12%。一般 28 ~ 29℃ 是感觉舒适与否的分界点。另外,车内外温差不宜太大,否则也会使乘客感受到不舒适。汽车空调车内平均温度推荐值为:夏季 25 ~ 28℃,冬季 15 ~ 18℃;夏季车内外温差宜保持在 5 ~ 7℃ 范围内。冬季车室内外温差也不宜太大,宜保持在 10 ~ 12℃ 范围内,否则会使乘客感觉太冷或太热,下车后易患感冒。

(2)车内空气相对湿度。车内空气相对湿度一般保持在 50% ~ 70% 为宜,超出此范围,人就会感到干燥或闷热。

(3)车内气流速度。车室内气流速度以夏季不超过 0.5m/s,冬季不超过 0.3 ~ 0.35m/s 为宜。

(4)车内新鲜空气换气量。为防止人体缺氧,产生疲劳、头痛和恶心,车内每位乘客所需新鲜空气量应为 20 ~ 30mL/h,二氧化碳浓度(体积)应保持在 0.1% 以下。

(5)车内噪声。降低噪声是改善舒适性的一个重要措施。车内最大噪声应控制在 50dB 以下。

(6)车内降温、升温速率。它是评价舒适性的重要参数之一。在短时间内车内温度下降太快,人体由于不适应会感到不舒服,严重时会引起感冒,考虑到经济因素和人体健康等原因,一般夏季车内的降温速率宜保持在 1.5℃/min 左右,冬季使用发动机冷却水作热源不存在上述问题。

(7)车内温度场分布。温度在垂直方向的不均匀度最好控制在 2℃ 左右,这是由人体各部位对同一温度的感觉不同决定的;而在水平方向的空气温度不均匀度最好控制在 1.5℃ 以内,这是根据汽车空调实验结构综合考虑后决定的。

（8）风口布置位置及出风口风速差值。不舒适感与空气的流动方向和吹风的部位有关，后面吹来的气流比前面吹来的气流更易给乘员带来不适。风口布置位置应尽量避免直吹令人感到不舒服的部位。各处风口风速差不宜超过2m/s。否则会引起车室内温度场、速度场分布不均匀，出现气流旋涡。

五、汽车空调的类型

1. 按驱动方式

（1）独立式：专用一台发动机驱动压缩机，制冷量大，工作稳定，但成本高，体积及重量大，多用于大、中型客车。

（2）非独立式：空调压缩机由汽车发动机驱动，制冷性能受发动机工作影响较大，稳定性差，多用于小型客车和轿车。

2. 按空调性能分

（1）单一功能型：将制冷、供暖、通风系统各自安装、单独操作，互不干涉，多用于大型客车和载货汽车上。

（2）冷暖一体式：制冷、供暖、通风共用鼓风机和风道，在同一控制面板上进行控制，工作时可分为冷暖风分别工作的组合式和冷暖风可同时工作的混合调温式。轿车多用混合调温式。

3. 按调节方式分

（1）手动式：拨动控制板上的功能键对温度、风速、风向进行控制。

（2）电控气动调节：利用真空控制机构，当选好空调功能键时，就能在预定温度内自动控制温度和风量。

4. 按控制方式分

（1）全自动调节：预先设定温度，系统通过传感器信号及预调信号控制调节机构工作，自动调节温度和风量。

（2）微机控制的全自动调节：以微机为控制中心，实现对车内空气环境进行全方位、多功能的最佳控制和调节。

【任务实施】

1. 根据老师提供的车辆或教具（挂图），指出下面所列空调系统部件的位置和功能。

	位置	功用
——冷凝器		
——空调压缩机		
——蒸发器		

2. 根据老师提供的车辆或教具（挂图），区分空调的形式。

	独立式	非独立式	冷暖一体式	手动空调	自动空调
——车辆1					
——车辆2					
——车辆3					

3. 根据老师提供的车辆或教具（挂图），完成面板操作。

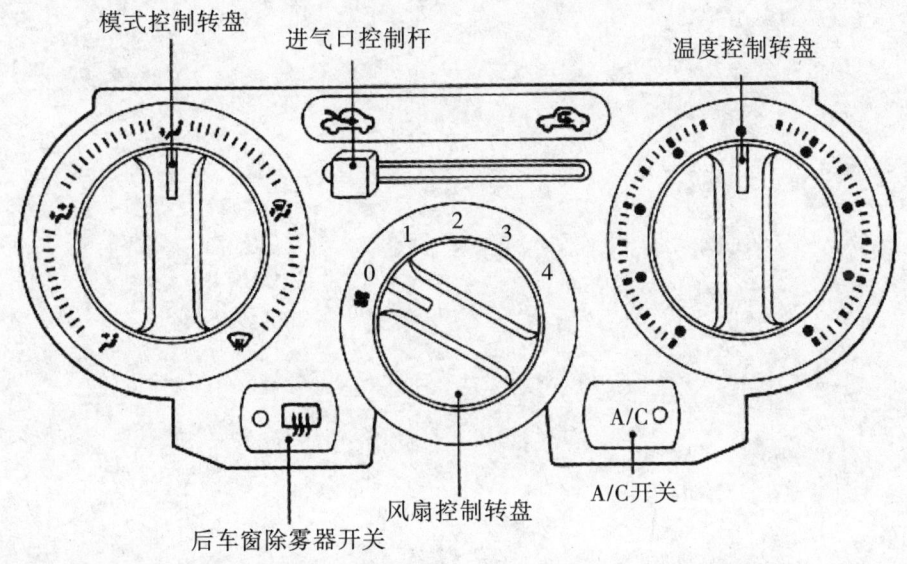

4. 区分下列送风模式。

【任务总结】

通过对汽车空调系统观察、查找有关车辆信息等来掌握汽车空调系统各总成部件结构、功能、安装位置及相互关系，区分车辆空调类型，熟悉空调面板各按键的功能。

检验内容	检验指标	总 评
汽车空调系统组成	1. 收集汽车空调系统相关信息 2. 汽车空调系统的结构、功能、安装位置及关系 3. 空调面板各按键的功能	

检验内容	检验指标	总 评
检查任务完成情况	1. 说出空调系统组成 2. 描述汽车空调系统结构和主要部件的功能，空调面板各按键的功能 3. 区分车辆空调系统类型 4. 能操作空调面板	

项目三　制冷系统故障检修

【项目目标】

❖ 能理解汽车空调制冷系统的结构和工作原理
❖ 会使用压力表检测空调制冷系统压力并根据检测结果分析制冷系统故障原因
❖ 能完成制冷系统的抽空和制冷剂加注操作
❖ 会检修制冷系统主要部件

任务四　制冷系统异响检修

【案例】

一辆 2001 款本田汽车（手动空调）打开空调时，发动机前面部位发出"吱吱"响声，进入维修厂进行维修。根据维修接待和车间检测结果，确认是压缩机烧死不能转动导致皮带打滑。故障原因是电磁离合器不能吸合，压缩机不能工作，驾驶员将压盘焊死，造成发动机一旦工作空调开关在未打开的情况下压缩机也一起工作，而风机、冷凝器风扇未工作，这样系统压力上升过高，压缩机又不能停止工作造成气管破裂，制冷剂完全泄漏，压缩机得不到润滑而烧死。

【工作任务】

要维修汽车空调压缩机，首先要收集有关汽车空调压缩机的信息，了解汽车空调压缩机的结构，熟知其工作原理，会检查压缩机。

汽车空调压缩机维修作业任务书（见表 3 - 1）。

表 3 - 1　　　　　　　　　　　汽车空调压缩机维修作业任务书

项　　目	制冷系统异响检修
信息来源	资料、实物、VCD 光盘、教材、PPT 文件
任务目标	1. 收集汽车空调压缩机相关信息 2. 掌握汽车空调压缩机的结构及工作原理 3. 会汽车空调压缩机维护 4. 会拆装、检修汽车空调压缩机

续　表

项　目	制冷系统异响检修
课程任务	1. 检查压缩机是否工作 2. 根据老师提供的教具或挂图，区分压缩机的类型 3. 空调压缩机拆装、检修
任务要求	1. 独立完成课程任务相关信息的检索 2. 制订作业计划 3. 要确保人身和设备安全，严格按操作步骤进行 4. 以小组为单位，分工合作完成课程任务 5. 未经允许不准随意移动车辆或启动发动机

【任务准备】

一、制冷系统组成

制冷系统由压缩机、冷凝器、储液干燥器、膨胀阀、蒸发器、散热风扇、制冷管、压力开关、制冷剂等组成。如图 3 - 1 所示。

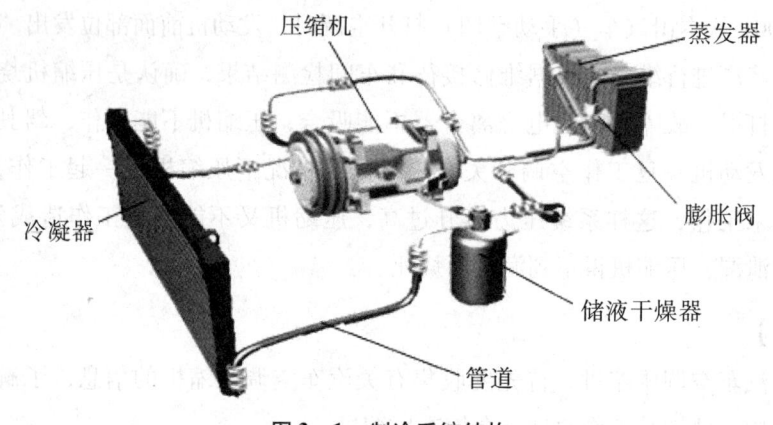

图 3 - 1　制冷系统结构

1. 压缩机：动力部件，压缩制冷剂，使制冷剂在系统中循环。

2. 冷凝器：散热部件，为从压缩机来的高温高压的气态制冷剂散热降温，使其变成液态制冷剂。

3. 储液干燥器：过滤部件，储存制冷剂，干燥水分，过滤杂质。

4. 膨胀阀：节流部件，节流降压，自动调节制冷剂流量，控制制冷剂流量，防止压缩机产生液击和蒸发器过热现象。

5. 蒸发器：吸热部件，制冷剂在此膨胀，并吸收空气的热量。

6. 管道：连接部件，连接制冷系统五大部件形成密封的整体。

二、制冷系统的分类

汽车空调系统分为两类：循环离合器系统和蒸发器压力控制系统。前者压缩机的开、停由压力或温度开关控制；后者是压缩机连续运转。

1. 循环离合器系统

循环离合器孔管系统（CCOT）：该系统常用恒温开关控制，如图 3 - 2 所示。蒸发器温度上升，恒温开关触点闭合，从而接通压缩机电磁离合器至蓄电池电路，压缩机运转，开始制冷。当蒸发器温度下降到一定水平时，恒温开关触点断开，截断离合器电路，压缩机停转，停止制冷，如此往复循环。

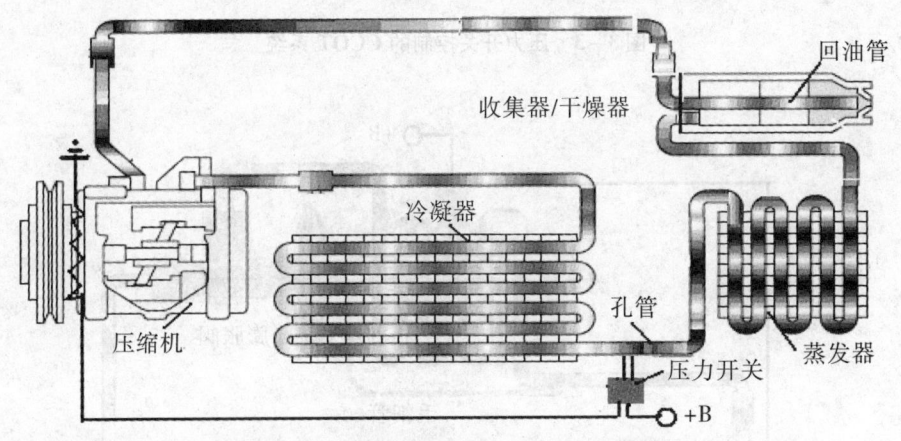

收集器/干燥器　回油管　冷凝器　孔管　压缩机　压力开关　+B　蒸发器

图 3 - 2　恒温开关控制的 CCOT 系统

CCOT 系统也可以用压力开关控制。压力开关安装在集液器上，如图 3 - 3 所示，利用上述开关控制压缩机的开、停，以达到控制制冷系统工作的目的。压力开关内有一膜片，和触点相连，作用于膜片上的压力低到一定值时，触点断开，至离合器的电路被切断，压缩机停转。作用到膜片上的压力高到一定水平时，触点闭合，接通蓄电池至离合器的电路，压缩机运行。

循环离合器膨胀阀系统：循环离合器膨胀阀系统的膨胀阀只能控制过热，不能保证蒸发器不结冰。因此，要装用恒温开关，将其安装在蒸发器上或风箱内，用以控制压缩机的启动和停止，如图 3 - 4 所示。北京切诺基空调就是上述系统，但选用的是 H 型膨胀阀。

2. 蒸发器压力控制系统

蒸发器压力控制系统也称传统温控系统，只要选定空调功能，该系统就能连续运行。

STV 和 POA 系统：用吸气节流阀（STV）或先导阀操作的绝对压力阀（POA）控

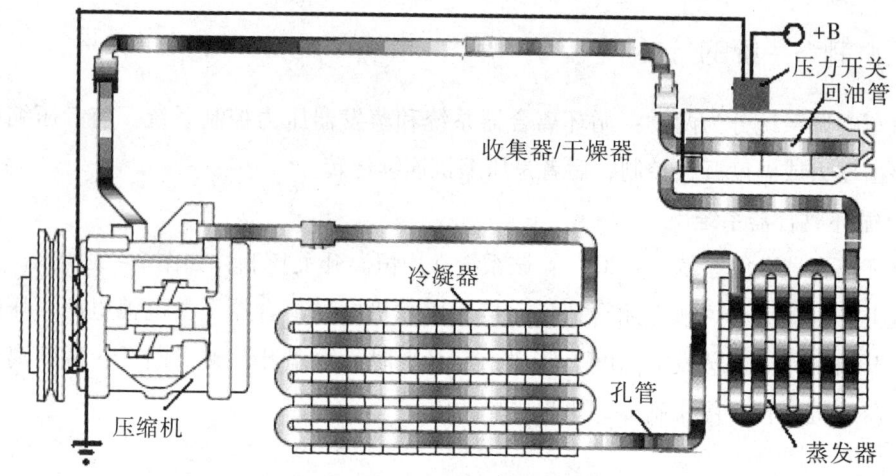

图 3 - 3　压力开关控制的 CCOT 系统

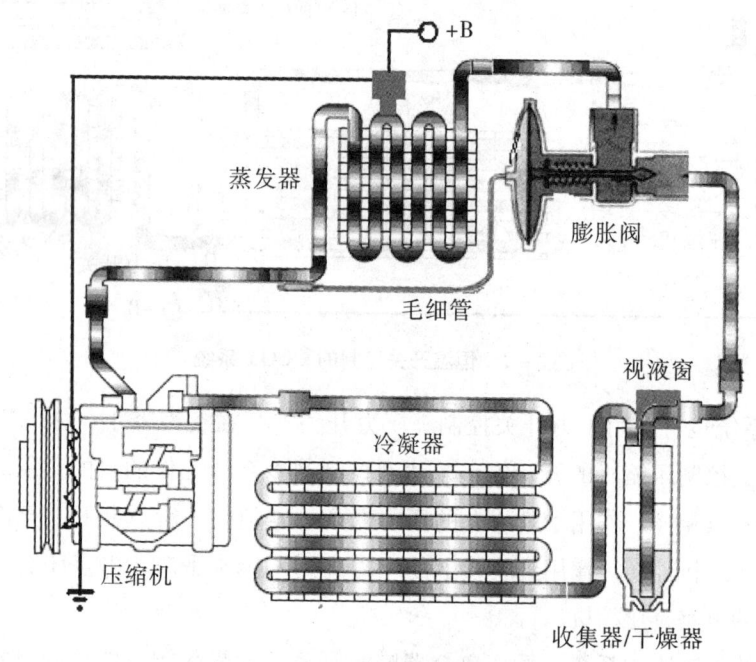

图 3 - 4　用膨胀阀的循环离合器系统

制蒸发器温度，防止其结冰。用膨胀阀作为节流降压装置，储液干燥器安装在高压侧，STV 或 POA 阀安装在低压侧，如图 3 - 5 所示。

　　这两类汽车空调系统都可以装置热力膨胀阀，区别它们的时候，要看低压侧装置。如装有 STV 或 POA 阀，就是蒸发器压力控制系统；如安装有集液器，又用恒温开关或压力开关控制蒸发器温度，就是循环离合器系统。

　　VIR 系统：该系统用阀罐（VIR）控制蒸发器温度，就是把膨胀阀和 POA 阀都集

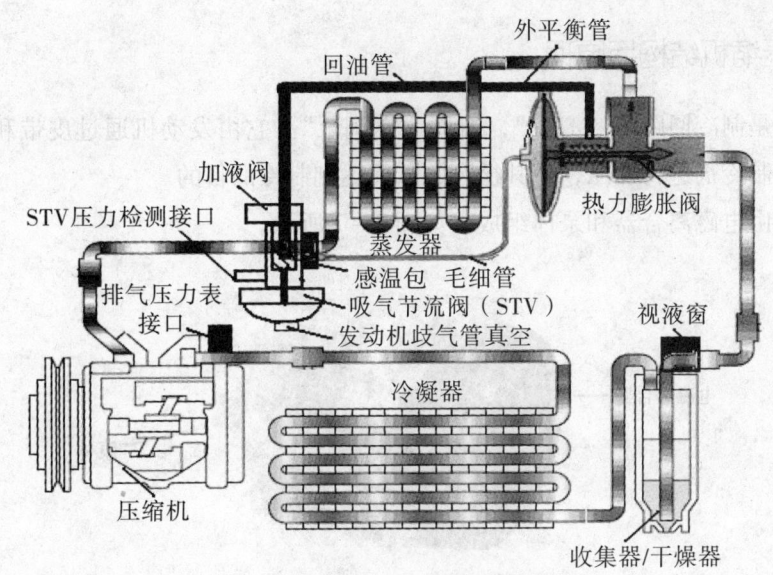

图 3 – 5　STV 蒸发器压力控制系统

中安装在储液干燥器的上部，三者构成一个部件（阀罐），如图 3 – 6 所示。这样既节省管路，又节省空间，而且性能可靠。

图 3 – 6 中 4 根外接软管分别传送高压液态、低压液态、气态制冷剂。长春第一汽车制造厂生产的部分奥迪 100 轿车空调就装用了 VIR 蒸发器压力控制系统。

汽车空调系统的工作原理和部件的构成在大多数车型上是相同的，只是在部件的布置形式上有所不同。空调系统组成部件的功用适用于大多数车型，其基本的维修步骤大致相同。

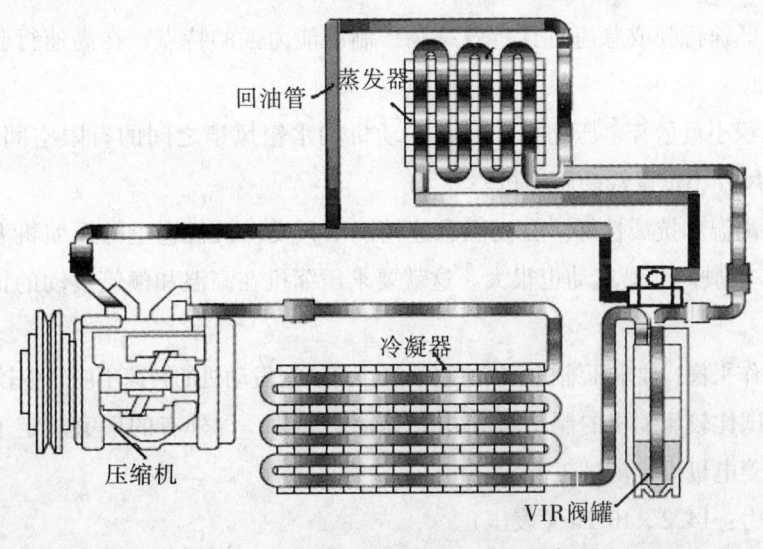

图 3 – 6　VIR 蒸发器压力控制系统

三、压缩机结构与原理

压缩机是制冷回路的"心脏"，俗称"空调泵"。它由发动机通过皮带和电磁离合器驱动，对制冷剂进行加压，使其循环，从而达到制冷的目的。

压缩机由电磁离合器和泵体组成。如图3－7所示。

电磁离合器 ——

—— 泵体

图3－7　空调压缩机

1. 汽车空调压缩机的特殊要求

夏季汽车空调的冷源一般是由机械制冷装置提供的。目前汽车上的制冷方式一般是蒸气压缩式。除大型客车外，制冷系统都是非独立型的，即制冷的动力直接来源于汽车发动机，而不再另加一套动力源。空调压缩机是制冷系统的心脏部件，不断地使制冷剂循环流动，达到制冷的目的。压缩机的性能好坏将直接影响到夏季的空调效果。

由于这种压缩机是在汽车上运行，故在性能方面就与一般用途的压缩机不同，主要有以下四方面的特殊要求：

（1）在低速行驶或怠速时具有效率高，制冷能力强的特点，在高速行驶时又要求输入的功率低。

（2）体积小重量轻。压缩机必须在发动机和水箱风扇之间的有限空间安装固定，有必要采用尺寸小重量轻的压缩机。

（3）耐高温和抗震性好。在高温怠速情况下，发动机机仓里的压缩机温度可高达121℃，汽车行驶时颠簸震动也很大。这就要求压缩机在高温和颠簸震动的情况下也能正常工作。

（4）工作平稳。要求压缩机运转平稳、噪声低，对发动机的转速不应产生较大的影响。

为了测试比较压缩机的制冷量和功耗等性能参数，国外有的厂家规定了测试工况条件，如三菱电机规定测试工况为：

排气压力：$14.2 \times 10^5 Pa$（表压）

冷凝温度：60℃

吸气压力：$2.1 \times 10^5 Pa$（表压）

蒸发温度：0℃

吸气温度：10℃（过热度10℃）

过冷度：5℃

日本工业协会制订的《JIS D1618—86汽车空调机试验方法》中规定，对于整台汽车空调机的名义制冷量是指压缩机转速在1800r/min（相当于40km/h），环境温度为35℃时的冷量。因此，对汽车空调压缩机的要求不同于一般空调压缩机的要求。

2. 汽车空调压缩机的作用与工作过程

（1）汽车空调压缩机的作用

由制冷原理可知，要想制取低温，必须消耗动力。汽车空调压缩机就是发动机向制冷系统做功的部件。它的作用就像人的心脏一样，汽车空调压缩机在制冷回路中，主要有以下三个作用：

①抽吸作用：有了压缩机的抽吸作用，才能使蒸发管内的压力降低，制冷剂才能在低温下沸腾，从而使系统向车厢内排出冷气。

②循环泵作用：制冷剂在系统中需要不断地循环，压缩机就是制冷剂循环的动力来源（故也有人把其称为空调泵）。

③压缩作用：压缩机吸入的是低温低压的制冷剂蒸气，只有经过它的压缩，才能把低温低压的制冷剂蒸气转变为高温高压的制冷剂蒸气。制冷剂蒸气进入冷凝器后才能向外界排出热量。

（2）活塞式压缩机的工作过程

活塞式压缩机对制冷剂蒸气的压缩是由活塞在气缸内改变工作容积来完成的。图3－8表示了活塞式压缩机工作时的四个实际过程中，活塞、曲轴与吸、排气阀动作的相互关系。

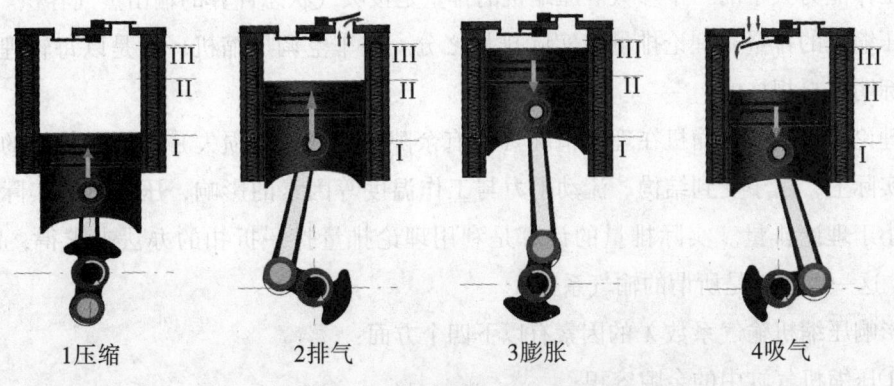

图3－8　活塞式压缩机的工作过程

①压缩过程：当活塞处于最下端位置 Ⅰ （称为下止点或下死点）时，气缸内充满了从蒸发器吸入的低压制冷剂蒸气，吸气过程结束。活塞在曲柄连杆机构的带动下开始向上移动时，吸气阀关闭，气缸的工作容积逐渐减小。密闭在气缸内的蒸气的压力和温度因容积的减小而逐步升高。当活塞向下移动到位置 Ⅱ 时，气缸内的蒸气压力升高到略高于排气管路中的压力，排气阀门便自动打开，开始排气。制冷剂蒸气在气缸内从进气时的低压升高到排气时的高压的过程称为压缩过程。

②排气过程：活塞继续向上运动，气缸内的蒸气压力不再升高，而是不断地经过排气阀向排气管输出，直到活塞运动到最高位置 Ⅲ （称为上止点或上死点）时排气过程结束。蒸气从气缸向排气管输出的过程称为排气过程。

③膨胀过程：当活塞运动到上止点位置时，由于压缩机的结构及制造工艺等原因，活塞顶部与汽阀座之间存在一定的间隙。该间隙所形成的容积称为余隙容积。排气过程结束时，由于余隙的存在，在气缸余隙容积内有一定数量的高压蒸气。当活塞开始向下移动时，排气阀关闭，但吸气管道内的低压蒸气不能立即进入气缸，而是首先将残留在气缸内的高压蒸气因容积的增大而膨胀，使其压力下降，直至气缸内的压力下降到稍低于吸气管道中的压力时为止。活塞位置由 Ⅲ 移动到 Ⅳ 的过程称为膨胀过程。

④吸气过程：当活塞运动到 Ⅳ 位置时，进气阀门自动打开。活塞继续向下运动时，低压蒸气便不断地由蒸发器经吸气管和吸气阀进入气缸，直到活塞到达下止点 Ⅰ 位置时为止。这一过程称为吸气过程。

完成吸气过程后，活塞又从下止点向上止点运动，重新开始压缩过程，如此周而复始，循环不已。压缩机经过压缩、排气、膨胀和吸气四个过程，将蒸发器内的低压蒸气吸入使其压力升高后排入冷凝器，完成抽吸、压缩和泵送制冷剂的作用。

（3）压缩机的排气量及其影响因素

压缩机在单位时间内所输出的蒸气量称为压缩机的输气量，简称排量，是标志压缩机工作能力大小的一个参数。压缩机的排量是按吸气状态计算的输出蒸气容积。

压缩机的排量有理论排量与实际排量之分。汽车空调压缩机一般是以每转理论排量来标明各自规格的。

理论排量是指压缩机在理想情况（没有余隙容积和任何损失）下所能供给的输气量。实际上，由于受到结构、流动阻力与工作温度等因素的影响，压缩机的实际排量总要小于理论排量。实际排量的计算是利用理论排量打一折扣的办法来求得，$V_{实} = \lambda V_{理}$，这一折扣就是所谓的输气系数 λ。

影响压缩机输气系数 λ 的因素有以下四个方面：

①压缩机气缸中的余隙容积；

②进、排阀门的阻力；

③气缸壁与制冷剂之间发生的热交换；

④压缩机的漏气损失。

四、汽车空调压缩机的分类

空调压缩机种类较多，常见的有往复活塞式、旋转式、斜盘式、涡旋式、螺杆式、变容式等。

往复活塞式压缩机的制造工艺较成熟，结构也较简单，维修方便。但不平衡惯性力较大，气流脉动大，因而振动和噪声较大。斜盘式压缩机没有连杆机构，主轴上的惯性力小，结构紧凑，体积小、重量轻。由于是多缸卧式布置，气流脉动减小，振动和噪声也较低。但输气系数、绝热效率较往复活塞式低。例如，在相同的工况下，丰田生产的往复 H102 型压缩机和斜盘式 R62 型压缩机，输气系数分别为 82.15% 和 68.95%，绝热效率分别为 91.143% 和 65.215%。至今汽车上广泛使用的是斜盘式压缩机和往复式压缩机，但最近各种旋转式压缩机越来越多地在汽车空调上得到应用，且有取而代之之势。这是因为：一方面，汽车工业对降低燃料消耗有了更严格的要求，因此对空调压缩机也提出了更高的性能标准；另一方面，铸造工艺和数控切削工艺的精密化使压缩机的复杂形状的关键部件之间间隙小至几微米，加工精度达到了旋转式压缩机所要求的程度。

旋转式压缩机与往复活塞式压缩机比较，有许多优点。如输气系数受冷凝温度影响小，在相同冷量情况下比往复活塞式的体积小重量轻，平衡性好，排气脉冲小，运转平稳等。

旋转式压缩机（包括旋叶式、滚动活塞式、螺杆式、涡旋式）在主轴上只有较小的不平衡质量，气缸内压力变化小，因而作用在旋转式压缩机上的力比作用在活塞式压缩机上的力要小，振动也就小。螺杆式压缩机和涡旋式压缩机由于没有吸、排气阀，气流平稳。旋叶式压缩机和螺杆式压缩机还可进行能量调节。所有这些优点使得它们很适合在汽车上安装。当然，各类旋转式压缩机的加工工艺复杂，精度要求高。这在铸造工艺和数控切削工艺继续精密化情况下是可以达到的。在国外，这些设计制造技术促进了新压缩机的开发和设计改进工作的迅速发展。

目前，投放市场的涡旋式压缩机的容量范围在 1.5 ~ 3.75kW。涡旋式压缩机在轿车空调中显示了其优越性，但是应用于大型客车空调还有很多问题。所以，活塞式压缩机在大型客车空调中仍占主导地位。螺杆式压缩机现已有 7.5kW 容量的小型机生产了。在国外，螺杆式压缩机已有应用于大型客车空调的商品性机组。但由于太小的螺杆式压缩机的加工工艺不容易保证，在汽车空调中全面推广还有一定的困难。

作为汽车空调压缩机，所要求的性能是：提高效率；经久耐用；易损件少；低噪声；低价格；体积小重量轻。

五、往复式压缩机的结构

往复式汽车空调压缩机包括曲轴连杆式、轴向活塞式和径向活塞式压缩机，是靠活塞在缸内运动来压缩制冷剂蒸气的。

1. 曲轴连杆式压缩机

曲轴连杆式压缩机的结构与一般用途的压缩机相同，原理和活塞发动机一样，但转速较高（可达2000r/min以上）。重量相应地轻些，寿命一般较低。图3-9是日本丰田H型压缩机结构图。它采用滚动轴承而阻力小，箱体、连杆、活塞均为铝制，镶有气缸套，整台压缩机的重量（不带电磁离合器）为5.4kg。各部件靠飞溅润滑。

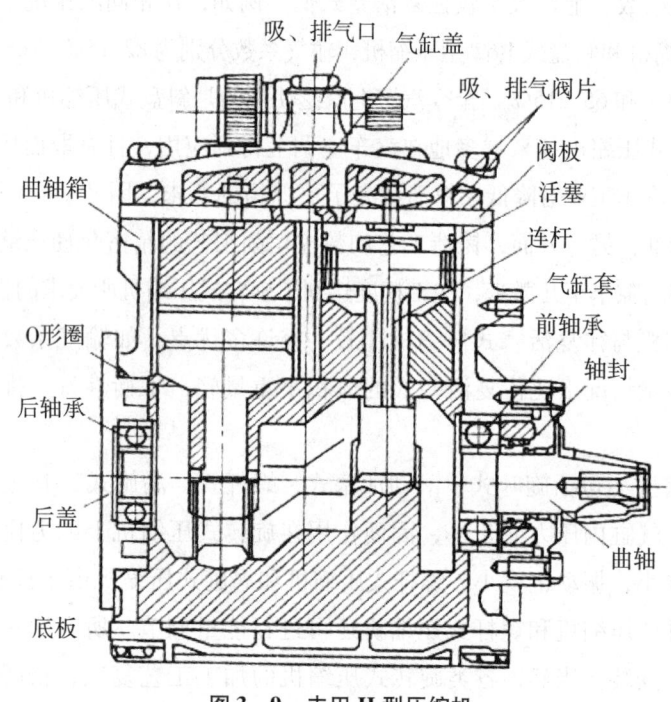

图3-9 丰田H型压缩机

2. 摇板式压缩机

摇板式压缩机的最大优点是工作平稳、结构紧凑、体积小，适用于在车厢空间狭小的车型使用。其材料为铝合金，以减轻汽车自重。如图3-10所示日本三电公司SD系列压缩机则是摇板式压缩机。

摇板式压缩机的工作原理如图3-11所示。各气缸以压缩机轴线为中心布置，活塞和摇板用连杆相连。摇板齿轮中心有一钢球定位，并把摇板支承其上沿圆周方向摆动。摇板的圆周可以沿主轴轴线方向前后移动，但不能绕轴线转动，即摇板上的锥齿轮轮齿只能进出固定锥齿轮相应的齿槽，彼此都不能转动。主轴的一端固定一只端面

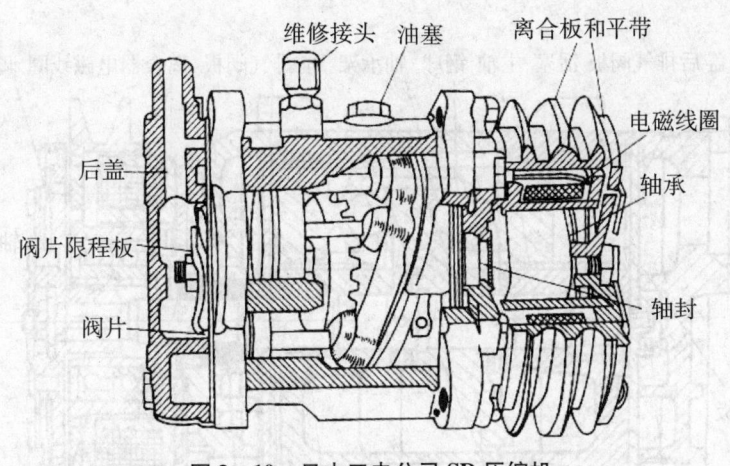

图 3-10 日本三电公司 SD 压缩机

凸轮，凸轮驱动摇板，迫使活塞进行往复循环。工作时，主轴驱动凸轮旋转使摇板圆周沿主轴轴线的方向左右摇摆，当摇板向右摆动时，活塞向右移动进行压缩行程，当摇板向左摆动时，活塞向左移动进行吸气行程。主轴每转动一周，一个气缸便完成上述的压缩、排气、膨胀、吸气的一个循环。一般一个摆盘配有五个活塞，这相应的五个气缸在主轴转动一周时，就有五次排气过程。

该类压缩机与曲轴连杆式压缩机一样，均有进、排气阀片，工作循环也具有压缩、排气、膨胀、吸气四个过程。

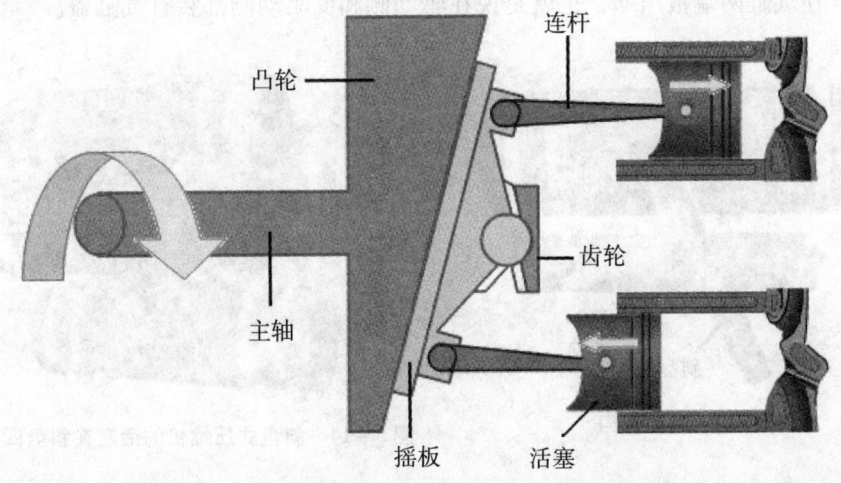

图 3-11 摇板式压缩机的工作原理

3. 斜盘式压缩机

斜盘式压缩机结构紧凑、效率高、性能可靠，采用往复式双头活塞。其主要零件是一根主轴，斜盘用花键和主轴固定在一起。当主轴转动时，带动斜盘转动，依靠斜盘的旋转运动驱动双面活塞作轴向往复运动。总体结构如图 3-12 所示。

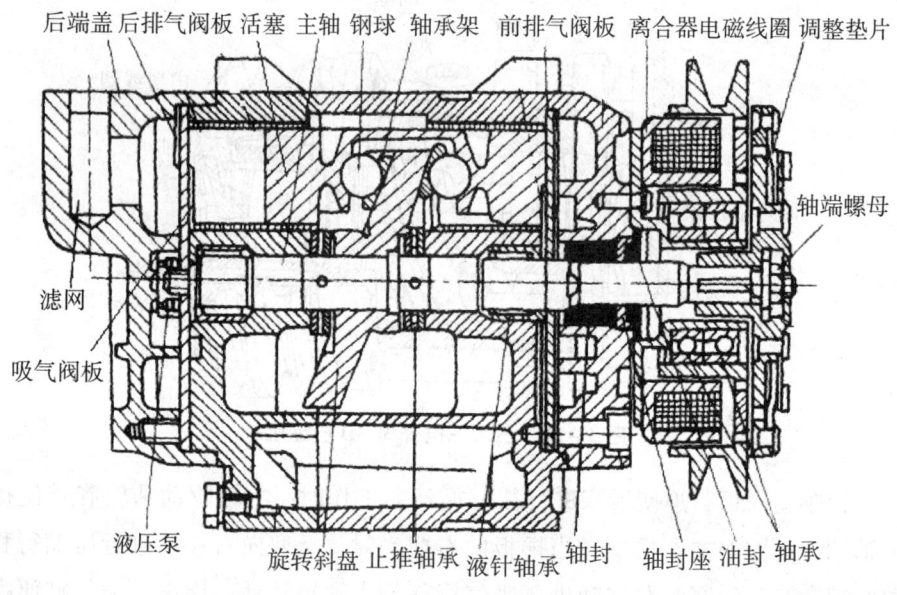

后端盖　后排气阀板　活塞　主轴　钢球　轴承架　前排气阀板　离合器电磁线圈　调整垫片

轴端螺母

滤网

吸气阀板

液压泵　　旋转斜盘　止推轴承　液针轴承　轴封　轴封座　油封　轴承

图 3－12　斜盘式压缩机结构

　　斜盘式压缩机是一种轴向往复式压缩机。目前，它是汽车空调压缩机中使用最为广泛的一种。图 3－13 所示活塞双作用式的斜盘机构，活塞两端都有压缩空间。双作用斜盘式压缩机的活塞在斜盘四周为等距离布置（图 3－14 所示）。由于采用双作用活塞，蒸气在气缸两端被压缩，也就是说在驱动侧和反驱动侧都装有气缸盖。

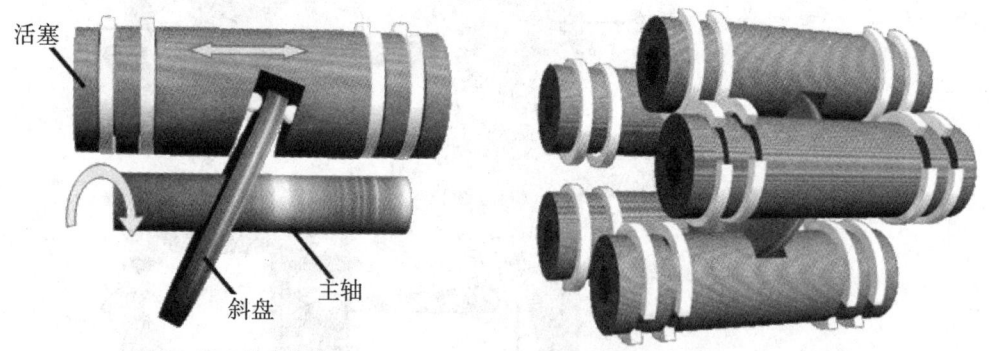

活塞

斜盘　　主轴

图 3－13　斜盘机构

图 3－14　斜盘式压缩机的活塞在斜盘四周布置

　　斜盘式压缩机工作时，斜盘式压缩机的双头活塞在相对的气缸（一左一右）中滑动（图 3－15 所示）。上活塞的一头在左缸压缩蒸气时，另一头在右缸中吸入蒸气；而下活塞的一头在左缸吸入蒸气时，另一头在右缸中压缩蒸气，主轴转动 180° 反向时，上下活塞的作用互相对调。各气缸均装有进、排气门，另有一根排气管，用于连通前后高压腔。双头活塞中间开槽与斜盘装合，因此可由斜盘驱动其沿气缸左右滑动。

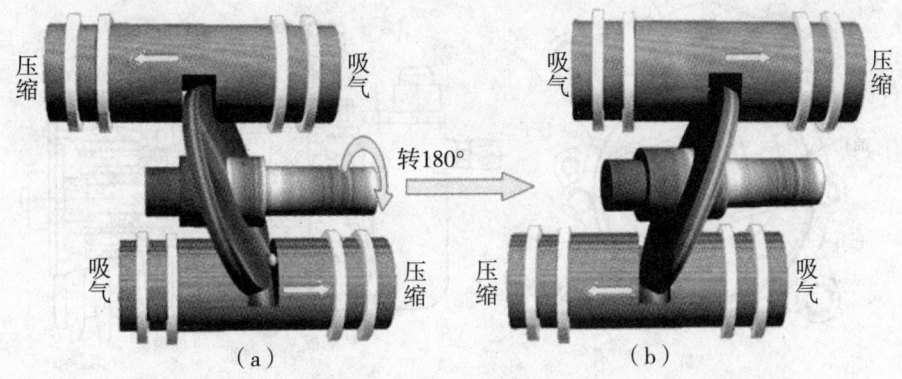

压缩　　　吸气

转180°

吸气　　　压缩

（a）

吸气　　　压缩

压缩　　　吸气

（b）

图 3 – 15　斜盘式压缩机工作过程

六、旋转式压缩机的结构

旋转式空调压缩机包括旋叶式压缩机、滚动活塞式压缩机、螺杆式压缩机、涡旋式压缩机。旋转式压缩机靠回转体旋转运动替代活塞式压缩机活塞的往复运动，以改变气缸的工作容积，从而将一定数量的低压气态制冷剂进行压缩。

1. 旋叶式压缩机

美国约克 VR4912 型旋叶式压缩机的每转排量是 151mL。该压缩机的转子上有狭槽，转子由滚针轴承支承，在圆形气缸内偏心定位。四片滑片在转子的狭槽内滑动。转子外表面和气缸壁之间有一接触线，把吸排气区隔离开。吸气时，转子转动使滑片外伸，同时离开接触线直到吸气容积增加到最大值，然后阀片开始收缩，随转子转动向接触线靠拢，由此来压缩吸入的气体。压缩后的气体通过安装在接触线旁的弹片阀排出。没有吸气阀，因为阀片能完成吸入和压缩制冷剂的作用。排气阀片盖在四个平排着的排气孔上。在压缩腔里装有液体单向阀，以防产生液击。后壳里有一个油分离器，把油与制冷剂气体分离，并提供一个贮油的地方。润滑系统利用在油池和压缩室之间的压力差进行。当主轴转动时，油随即进入叶槽使转子面、滑叶面，滚针轴承和轴封上有一层油膜，再加上吸入的制冷剂蒸气里的油，使滑片与缸壁之间的缝中有油以润滑滑片，如图 3 – 16 所示。

2. 滚动活塞式压缩机

图 3 – 17 是滚动活塞式压缩机的结构图。主要由曲轴、气缸、滚动活塞、排气阀、吸气口、滑片、弹簧等组成。电磁离合器与安装滚动活塞的曲轴相接，平衡重加在曲轴的端面上。气缸固定在轴承座与端板之间。三个弹簧把滑片顶在滚动活塞上。制冷剂中的润滑油被由不锈钢丝格网制成的油分离器分离出来，在壳底部积聚起来，靠压力差再注入各运动部件之间。滚动活塞偏心轮套在曲轴上，由曲轴带动偏心轮在气缸

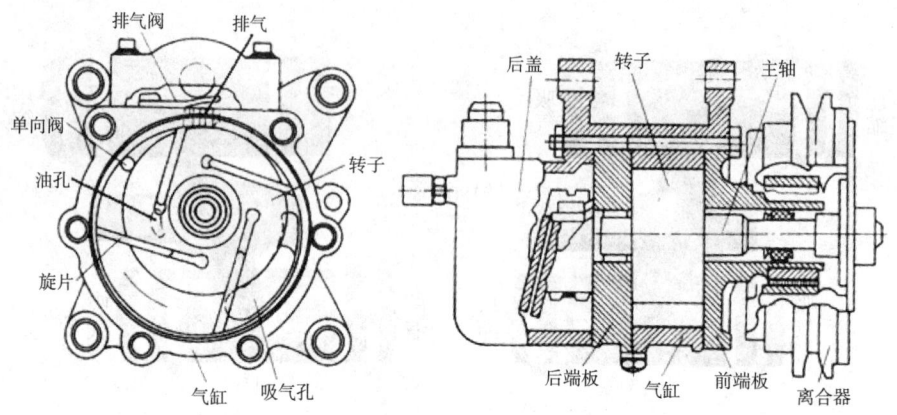

图 3 - 16　美国约克 VR 型旋叶式压缩机结构

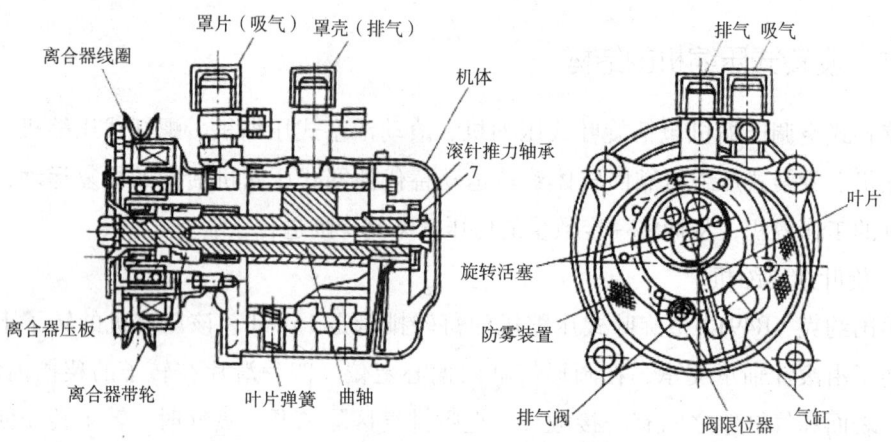

图 3 - 17　滚动活塞式压缩机结构

内绕旋转中心转动。同时，滚动活塞自身绕曲柄销转动。滑片在滑片槽内往复运动，受到弹簧力作用滑片端部与滚动活塞外圆接触。滚动活塞式压缩机不设吸气阀，设有排气阀。

图 3 - 18 表示了滚动活塞式压缩机的工作过程。随着滚动活塞不停转动，吸气腔

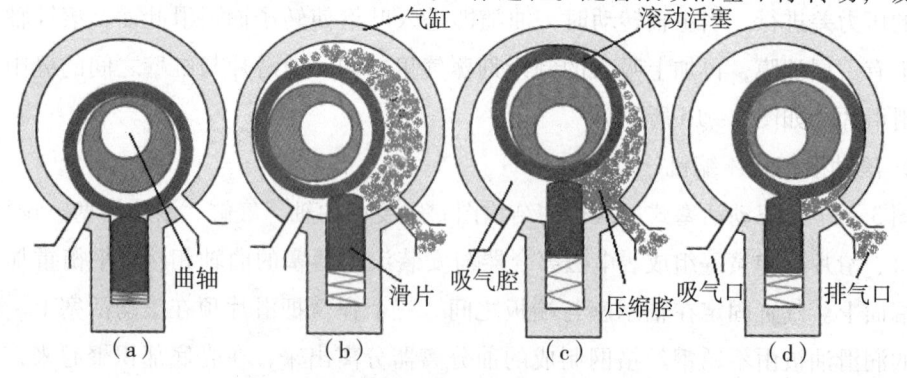

图 3 - 18　滚动活塞式压缩机的工作过程

的容积扩大，制冷剂蒸气从吸气口吸入。同时压缩腔的容积减小，当压力高于排气阀外的压力时，制冷剂蒸气经排气阀排出。

3. 螺杆式压缩机

在较大的制冷机中采用螺杆式压缩机，日本三菱 MSN653 型压缩机如图 3 - 19 所示。该压缩机由一对转子、壳体、油分离器、喷油阀、卸荷阀、止回阀、气体温度传感器和电磁离合器等组成。采用非对称齿形的阳转子，由 6 齿阴转子拖动 4 齿阳转子。喷油阀的工作原理是压差式。为减少在低速时的内部泄漏，必须由喷油阀对转子喷射冷冻机油。为了阻止油进入热交换器和管道，油分离器的效率必须很高。压缩机的工作气缸容积由转子齿槽与气缸体、吸排气端构成。吸气端座和气缸体的壁面上开有吸气口（分轴向吸气口和径向吸气口），排气端和气缸体内壁上也开有排气口，而不像活塞式那样设吸、排气阀。随着转子的旋转，吸、排气口可按需要准确的与转子的齿槽和吸、排气腔连通或隔断，周期性地完成进气、压缩、排气过程。

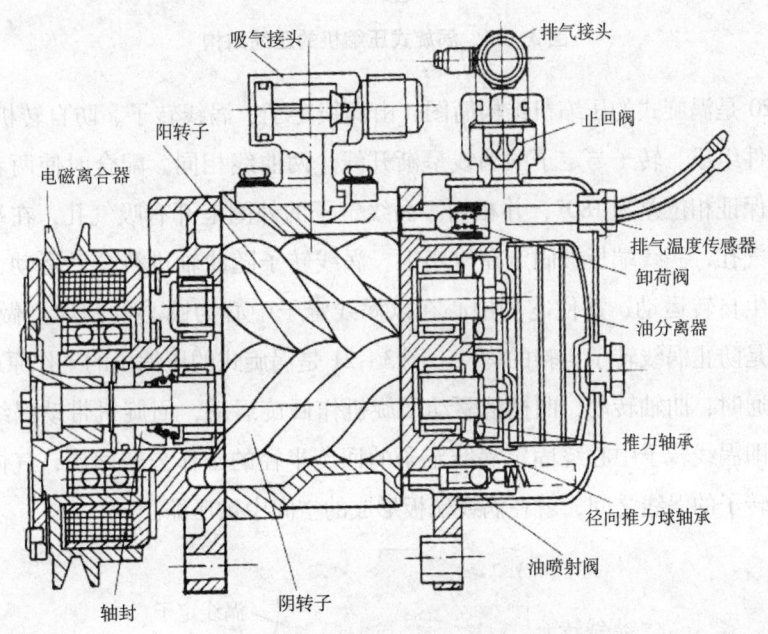

图 3 - 19　三菱 MSN653 型压缩机

4. 涡旋式压缩机

涡旋式压缩机也是一种用于汽车空调的比较新颖的旋转式空调压缩机。涡旋式压缩机的概念首先是由法国的 L. Creux 于 1905 年提出的。日本三电公司在 1983 年推出了用于汽车空调的 TR60 型压缩机。TR60 型涡旋式压缩机的每转理论排量为 60mL，但其容积效率高达 75% ~ 85%，被誉为新一代汽车上的一种创新型的空调用压缩机。

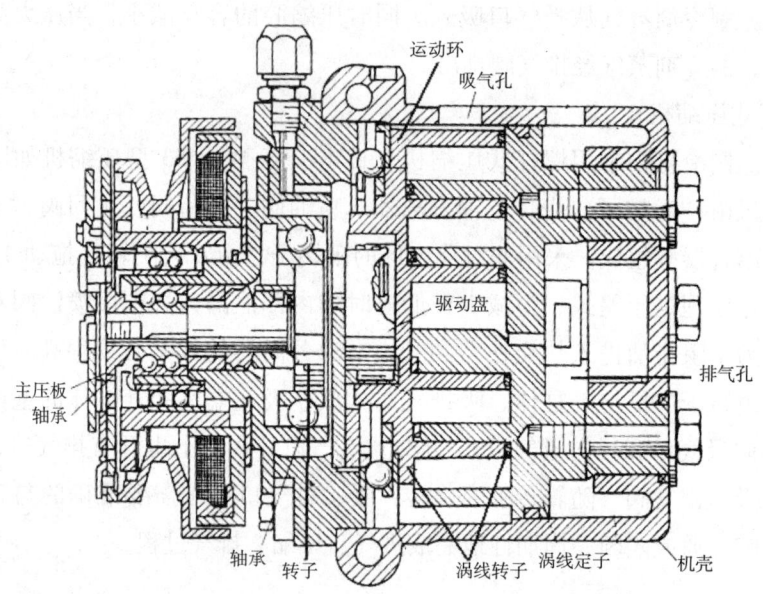

运动环
吸气孔
驱动盘
排气孔
主压板
轴承
轴承　转子　涡线转子　涡线定子　机壳

图 3 – 20　涡旋式压缩机的压缩结构

　　图 3 – 20 是涡旋式的压缩机结构简图，由涡线定子、涡线转子、防自转机构、曲轴、机座五个部件组成。转子与定子的涡线呈渐开线，两曲线相同。配合时使两者中心相距旋转半径，保证相位差为 180°，并相切。涡线定子的外圈上开有吸气孔，在端板的中心部分开有排气孔，涡线端板被固定在机座上。涡线转子随曲轴进行公转运动，在运动中应保持不发生自转运动，并使它的中心在以涡线定子中心为圆心的圆周上做圆周运动。自转防止环是防止涡线转子自转的构件。图 3 – 21 是涡旋式的压缩机的工作原理图，当电磁离合器接通时，曲轴转动，曲柄销驱动回旋机作回旋运动，回旋机带动涡线转子也作回旋运动，即涡线转子中心绕固定涡线定子的回旋半径的圆作公转回旋，气体进入涡线定子与涡线转子的涡线之间，就在涡线端板形成的空间中被压缩。

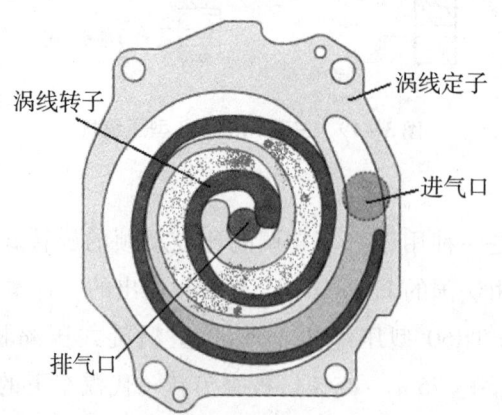

涡线转子
涡线定子
进气口
排气口

图 3 – 21　涡旋式压缩机工作原理

从图 3 - 21 可以看出，涡旋式空调压缩机的工作也分为进气、压缩和排气三个过程。但是在两个涡线槽板所组成的不同空间进行着不同的过程。外侧空间与吸气口相通，始终处于吸气过程；中心部位与排气口相通，始终进行排气过程；上述两空间的中间有两个半月形封闭腔，则一直在进行压缩过程。因此，涡旋式空调压缩机上是连续进气和排气，转矩均衡，振动小。而且封闭啮合线两侧的压力差较小，仅为进、排气压力差的一部分。由于具有四个压缩室，这样压缩过程中制冷剂泄漏就少，容积效率得到了较大的提高。

涡旋式压缩机构造简单，可靠性好。由于不需要吸、排气阀，噪声低。在大的速度范围内均可保持高的容积效率，而且允许气态制冷剂中带有液体。尺寸小，重量轻，很适合小型汽车里的空调器系统使用。当然它的制造精度要求也是比较高的。

七、变排量压缩机

这种压缩机活塞的工作程序可以根据高、低压压力比率而改变。活塞行程的改变直接影响压缩机的压缩比率从而调节制冷剂的输出率，改变制冷效率。在正常工作情况下压缩机持续运转，压缩机离合器不发生离合动作。

1. 电磁阀调节式变排量斜盘式压缩机结构

斜盘式压缩机的旋转斜盘的倾斜度决定了活塞的行程。旋转斜盘的倾斜度取决于腔内压力、活塞顶部和底部的压力以及斜盘前后的弹簧力，变排量斜盘式压缩机的结构如图 3 - 22 所示。

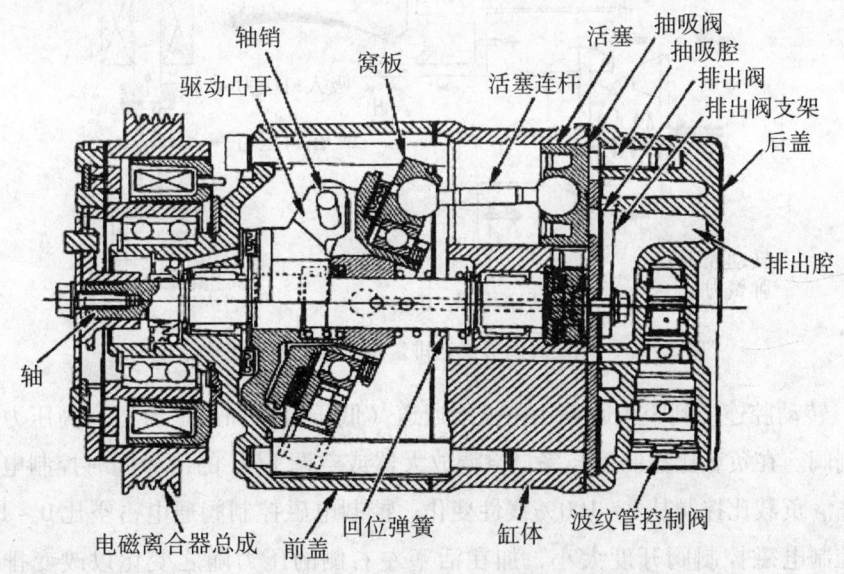

图 3 - 22　变排量斜盘式压缩机结构

2. 电磁阀调节式变排量斜盘式压缩机工作原理

（1）当电磁控制阀关闭时（向电磁线圈通电），产生了不同的压力并使转动腔的压力减小。然后，加在活塞右侧的压力比加在活塞左侧的压力更大，这压缩了弹簧并使斜盘倾斜度增大，增加了活塞行程和排放容量（见图 3 - 23）。

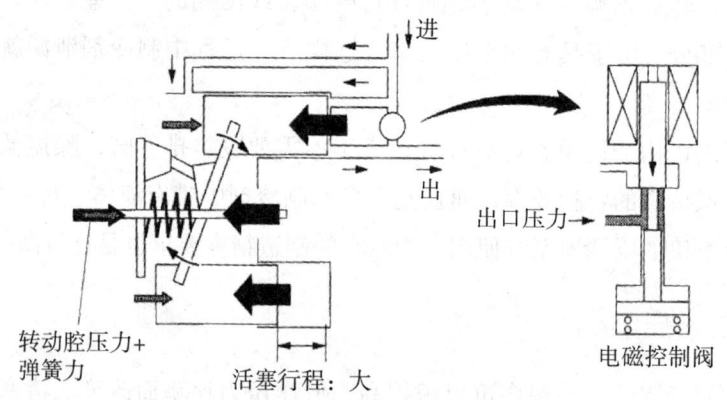

图 3 - 23　电磁阀调节式变排量斜盘式压缩机工作原理

（2）当电磁控制阀打开时（不向电磁线圈通电），吸入口与出口相通，不能产生不同的压力，使加在活塞左侧的压力与加在活塞右侧的压力相等，因而，弹簧伸长并消除了斜盘的倾斜。结果，活塞没有了行程并且排放容量变为 0（见图 3 - 24）。

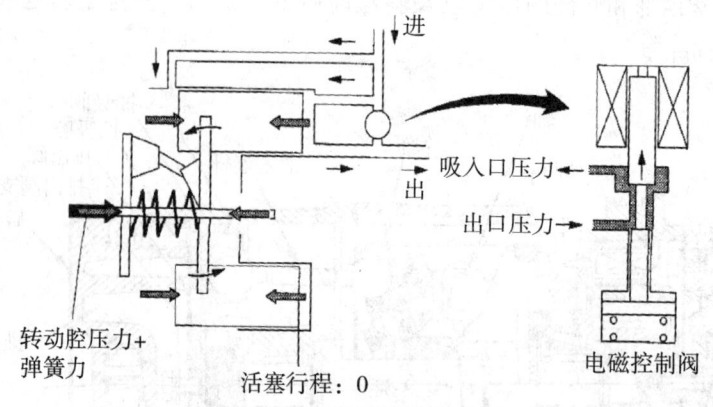

图 3 - 24　电磁阀调节式变排量斜盘式压缩机工作原理

（3）转动腔连接到吸入通道，在吸入通道（低压力）和出口通道（高压力）提供电磁控制阀。在负载比控制下与来自空调放大器或空调 ECU 的信号同时控制电磁控制阀的动作。负载比控制从 0 ~ 100% 线性变化，控制电磁控制阀通电占空比 0 ~ 100% 变化从而控制电磁控制阀开度大小，加在活塞左右侧的压力随之变化以改变排放容量（见图 3 - 25）。

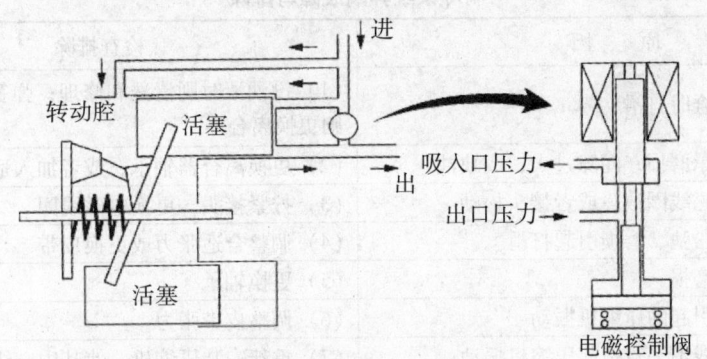

图 3 - 25　电磁阀调节式变排量斜盘式压缩机工作原理

八、电磁离合器

汽车空调系统的压缩机主轴上都装有电磁离合器，其作用是通电或断电时，可以控制压缩机停或开。它是压缩机与带轮之间的连接件，只要发动机在运转，离合器的带轮总是在旋转，只有当电磁线圈通电时。离合器才被吸上而使压缩机工作。而电磁离合器的电源通断由一个温度控制器来控制。

电磁离合器的结构由带轮、压力板、定子及轴承等组成，电磁线圈固定在压缩机壳体上，压力板则被安装在压缩机主轴上，轴承设置在带轮与压缩机的前端壳之间，其装配关系如图 3 - 26 所示。

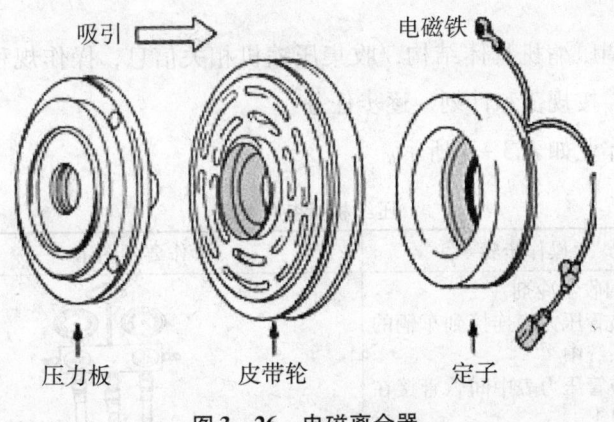

图 3 - 26　电磁离合器

九、制冷系统异响故障与排除

制冷系统异响故障与排除如表 3 - 2 所示。

表 3 - 2   制冷系统异响故障与排除

原　因	检查排除
（1）离合器结合时打滑	（1）没油渍时则清洗和修理；弹簧或卡盘坏了，则更换离合器
（2）离合器轴承磨损，间隙过大，或缺油	（2）更换离合器轴承，或者加入适量润滑脂
（3）离合器电磁线圈故障或者接头松动	（3）拧紧接头，更换电磁线圈
（4）传动皮带松弛、磨损引起打滑	（4）调整合适张力或更换皮带
（5）皮带轴承磨损	（5）更换轴承
（6）皮带过紧引起的压缩机振动	（6）调整皮带张力
（7）带轮中心线不平行引起压缩机振动	（7）重新安装压缩机，使其中心线平行
（8）压缩机安装螺钉松动；支承板松动或破碎	（8）拧紧安装螺钉；更换压缩机支承板
（9）进排气阀片损坏	（9）更换
（10）活塞环磨损	（10）修理或更换压缩机
（11）敲缸	（11）打开高压维修阀检查
（12）风扇叶片变形引起噪声和电机轴承磨损引起叶片和机罩摩擦	（12）维修或更换风扇
（13）冷冻机油过多或过少	（13）排去和加注冷冻机油，保持正确油平面
（14）制冷剂过量引起的高压管振动，压缩机的敲击声	（14）排放制冷剂，直到高压表值正常
（15）制冷剂不足引起蒸发器进口的嘶嘶声	（15）检查有无漏，并修好，加足制冷剂
（16）制冷系统水分过量	（16）更换干燥器，系统再次抽真空，充注制冷剂

【任务实施】

　　首先根据空调压缩机具体结构，收集压缩机相关信息，操作规程，并制订压缩机拆装计划。然后，按规范和计划，逐步任务。

　　压缩机拆装作业如表 3 - 3 所示。

表 3 - 3   压缩机拆装作业表

作业项目	操作步骤	操作要领图示	操作记录
1. 压缩机拆卸	（1）回收制冷剂 ①把歧管压力表连接到车辆的空调系统中 ②把歧管压力表中间软管接在回收机上 ③接上电源，打开主电源开关 ④按下回收机启动开关，系统开始从车辆上回收制冷剂 ⑤打开歧管压力表配套上的手动高压阀和手动低压阀 ⑥回收工作完毕后，切断总电源，卸下连接管路	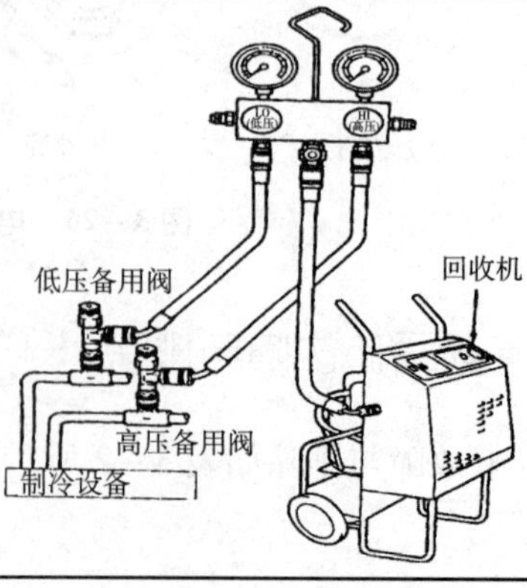 低压备用阀　　　　回收机 高压备用阀 制冷设备	完　成　□ 未完成　□

作业项目	操作步骤	操作要领图示	操作记录
1. 压缩机拆卸	（2）拆卸高低压管		完　成　□ 未完成　□
	（3）松开张紧轮上固定螺栓		完　成　□ 未完成　□
	（4）松开张紧轮调节螺栓，取出压缩机皮带		完　成　□ 未完成　□
	（5）拆卸压缩机固定螺栓，取下压缩机		完　成　□ 未完成　□

作业项目	操作步骤	操作要领图示	操作记录
	（1）拆卸接线部件	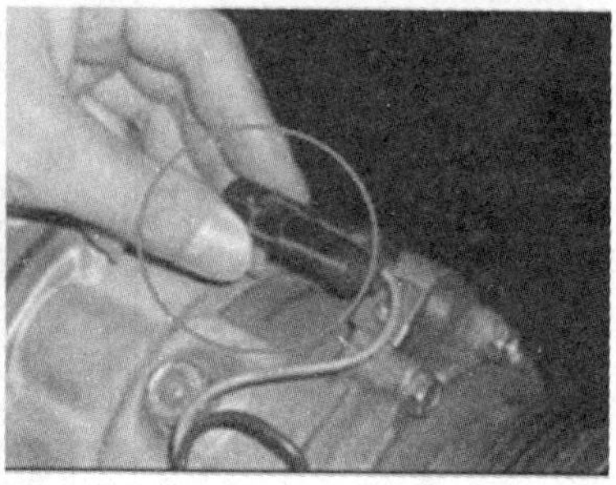	完　成　□ 未完成　□
	（2）拆下压盘 用专用工具和套管扳手，拆开轴的螺母	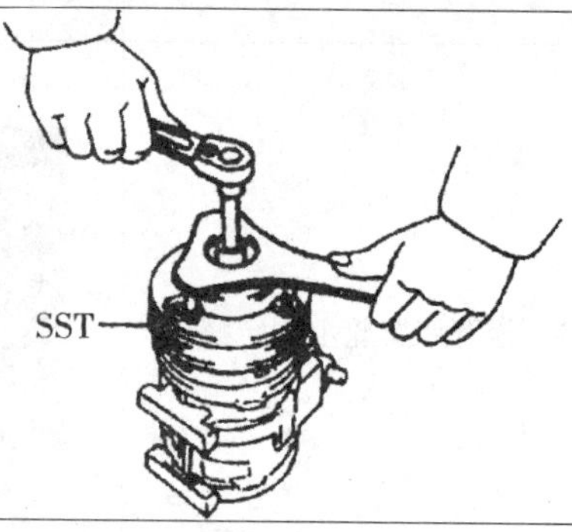 SST	完　成　□ 未完成　□
2. 分解电磁离合器	（3）拆卸吸盘部件 ①将吸盘固定扳手插入吸盘部件孔 ②当用14mm的套筒松动螺母时逆时针旋转中心螺栓，使吸盘固定扳手顶住压缩机轴端，直到吸盘松开 ③用手向上拖动吸盘，使它离开机轴	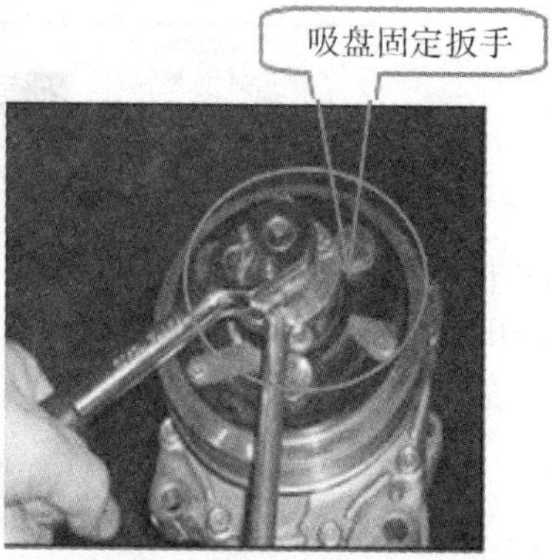 吸盘固定扳手 	完　成　□ 未完成　□
	（4）拆卸皮带轮部件 ①用外卡环钳拆前盖弹性卡环时，不要接触或划伤皮带轮轴承密封盖（绿色或棕色）。同时检查弹性卡环有无扭曲变形和断裂现象，如没有可继续使用，否则应予以更换	 拆去前盖弹性卡环	完　成　□ 未完成　□

作业项目	操作步骤	操作要领图示	操作记录
	②用拉拔器拆去皮带轮。进行中，防止皮带轮与拉拔器脱落。同时检查皮带轮在拆卸中有无硬质磕伤现象及皮带轮轴承密封盖有无损伤现象，如没有可继续使用，否则应予以更换 注：在拆皮带轮部件时，应小心地将工具的两只翼形钉外缘夹牢皮轮带外径。拆弹性卡环时，用手挡在皮轮带上，防止卡环跳出伤人	 用拉拔器拆去皮带轮	
2. 分解电磁离合器	(5) 拆卸线圈部件 ①用外卡环钳拆去线圈弹性卡环 ②拆去电磁线圈	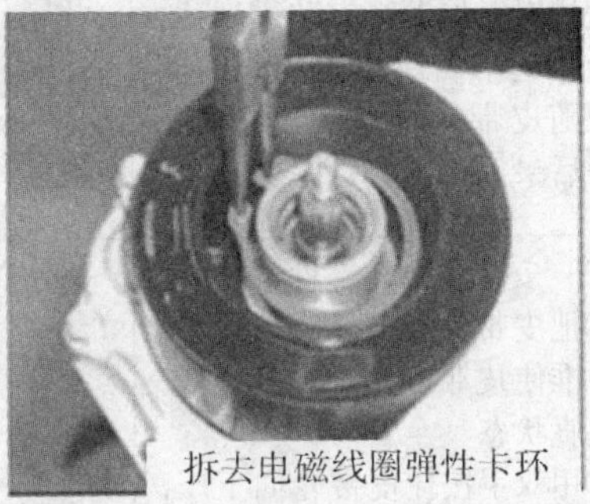 拆去电磁线圈弹性卡环  拆去电磁线圈	完 成 □ 未完成 □
3. 检查电磁离合器	(1) 检查线圈外观有无破损和烧蚀现象 (2) 用万用表测量励磁线圈的电阻，应该在 $3.0 \sim 4.5\Omega$。	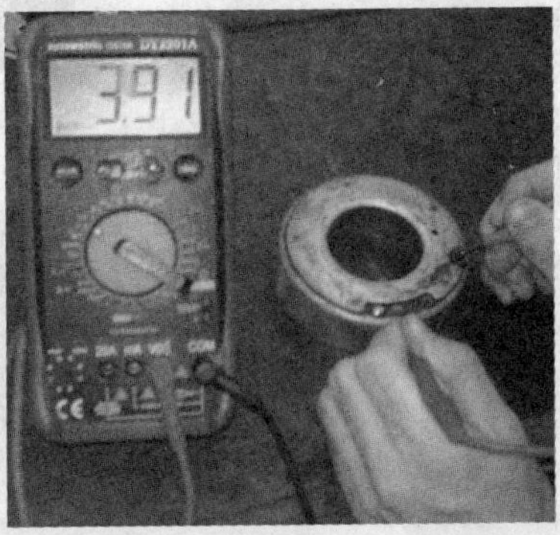	完 成 □ 未完成 □

作业项目	操作步骤	操作要领图示	操作记录
	（1）安装线圈部件 ①往前盖安装线圈，线圈的定位用凸点一定要和前盖的凹陷对齐 注：在安装线圈时，线圈导线应与导线固定器同侧 ②重装卡环，固定线圈。用外卡环钳使之定位 注：a. 如卡环有斜边，安装时卡环应平面朝下 b. 外卡环钳使之定位在前缸盖的卡簧槽内，检查并确认卡簧已准确、完全的进入卡簧槽内，如卡簧安装不到位，会引起卡簧跳出卡槽，线圈跟随皮带轮转动，导线拉断等后果	 电磁线圈定位孔线圈的定位用凸点一定要和前盖的凹陷对齐 安装线圈  安装电磁线圈弹性卡环	完　成　□ 未完成　□
4. 压缩机安装	（2）安装皮带轮部件 ①把皮带轮组件和前盖轮毂对准使皮带轮和轴之间处于垂直状态 ②用双手按住皮带轮向下压，直到坐落在前盖为止；或用橡胶锤轻轻敲打，使皮带轮安装到位。在安装皮带轮的过程中要始终保持皮带轮和轴之间处于垂直状态，避免出现倾斜现象 注：如不能顺利安装，则需要使用手压器工具和皮带轮压入工具 ③再用外卡环钳安装皮带轮弹性卡环，注意不要碰伤轴承防尘盖 注：用外卡簧钳将其定位于前盖安装槽部，装配时不要接触或划伤皮带轮轴承密封盖（绿色或棕色）。皮带轮的安装应在专门的工作台上进行，否则会影响充气阀和/或泄压阀等附件	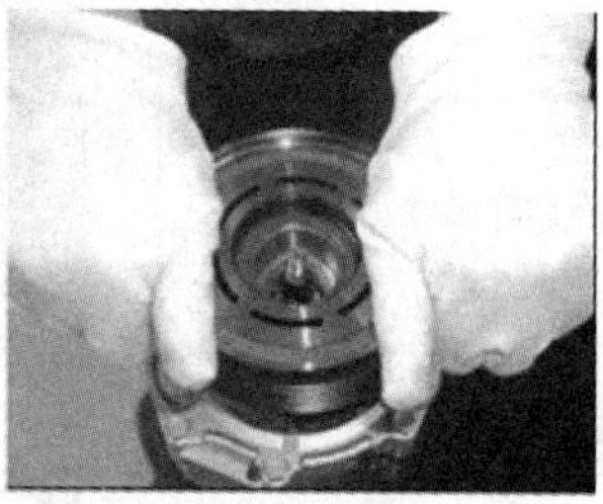 用双手将皮带轮压入 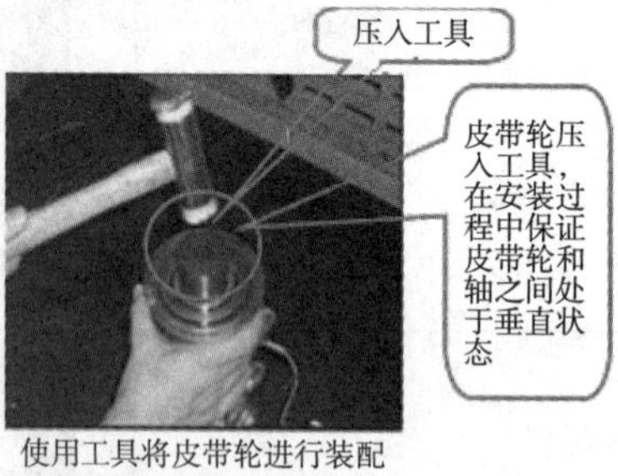 压入工具 皮带轮压入工具，在安装过程中保证皮带轮和轴之间处于垂直状态 使用工具将皮带轮进行装配  安装皮带轮弹性卡环 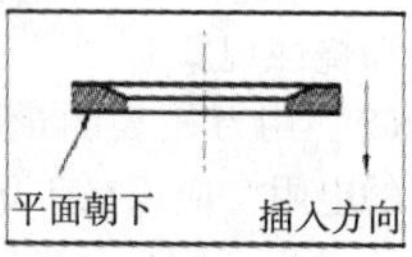 平面朝下　　插入方向 注：安装皮带轮弹性卡环时应注意卡环斜面朝上	完　成　□ 未完成　□

作业项目	操作步骤	操作要领图示	操作记录
	（3）安装吸盘部件 ①安装吸盘到键轴。手工将吸盘沿轴推至吸盘底部碰到调整片，如不能顺利安装，则查看吸盘和键轴相对应位置，然后对齐位置再安装 ②用扭矩扳手拧紧自紧螺母。在这一过程中用吸盘固定扳手防止吸盘的旋转	 安装离合器吸盘  拧紧自紧螺母	完　成　□ 未完成　□
4. 压缩机安装	（4）测量离合器吸盘与皮带轮间的间隙 用塞规检测离合器吸盘与皮带轮间的间隙是否在 0.4～0.8mm 范围内 注：如果间隙超出规定值，压缩机在工作过程中会出现离合器压盘吸合不上或吸合后打滑的现象。如果间隙小于标准值，离合器吸盘和皮带轮间会出现不能分离的现象	 测量离合器间隙	完　成　□ 未完成　□
	（5）安装导线固定器 注：导线固定器钢片应压住导线护套管，以防止损伤导线。如果电源线出现损伤会造成线圈导线直接搭铁	 拧紧导线固定器螺钉	完　成　□ 未完成　□

作业项目	操作步骤	操作要领图示	操作记录
4. 压缩机安装	(6) 维修压缩机的注意事项 ①塞住所有的开口防止水分及外界物质进入 ②拆下压缩机后其存放方式应与车上的安装位置相同 ③更换或修理压缩机时应严格遵照规定加注压缩机润滑剂量 ④保持离合器与皮带轮之间的摩擦面清洁，如果表面脏了沾有润滑剂，就用干净的废布沾稀释剂将它擦干净 ⑤压缩机维修工作完成后，用手转动压缩机轴向两个方向至少各转5圈，这将使压缩机内部的润滑剂均匀分布。装好压缩机后，让发动机怠速运转。同时让压缩机工作1小时 ⑥更换了压缩机电磁离合器后给新件加电压以检查它是否正常工作		完　成　☐ 未完成　☐
5. 就车检查压缩机	(1) 检查离合器轴承部位是否漏油，检查压盘上有没有油的痕迹		完　成　☐ 未完成　☐
	(2) 检查电磁离合器轴承的噪声 ①启动发动机 ②空调关闭时，压缩机部位有没有异常的噪声，如果有异常噪声存在，更换电磁离合器	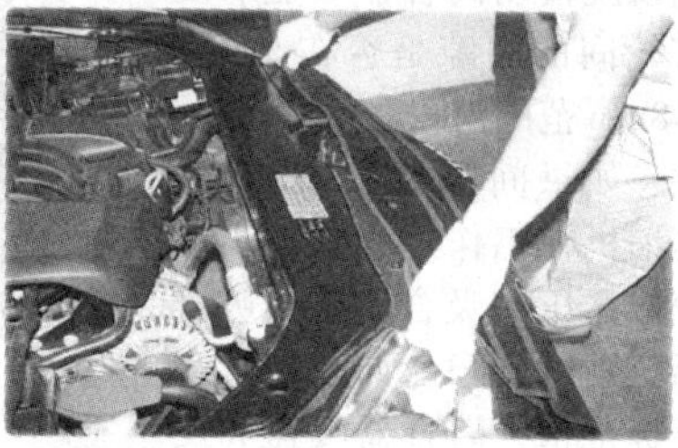	完　成　☐ 未完成　☐
	(3) 检查电磁离合器的吸合动作 ①拆开电磁离合器接头 ②将蓄电池的正极接到电磁离合器的接头上和将负极与车身连接 ③检查电磁离合器的吸合动作，如果没有吸合，更换电磁离合器		完　成　☐ 未完成　☐

作业项目	操作步骤	操作要领图示	操作记录
5. 就车检查压缩机	（4）检查压盘有没有噪声 空调打开时，检查压盘处有没有异常的金属噪声，如果有异常的金属噪声，更换电磁离合器	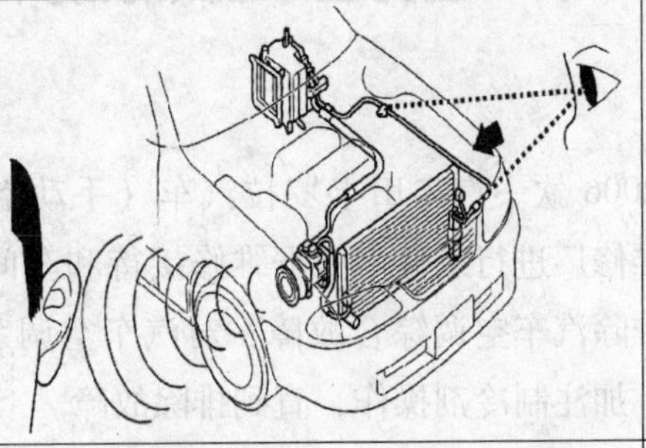	完　成　□ 未完成　□
	（5）检查压缩机皮带 用手扭动压缩机皮带，如果皮带容易扭动变形，说明皮带过松	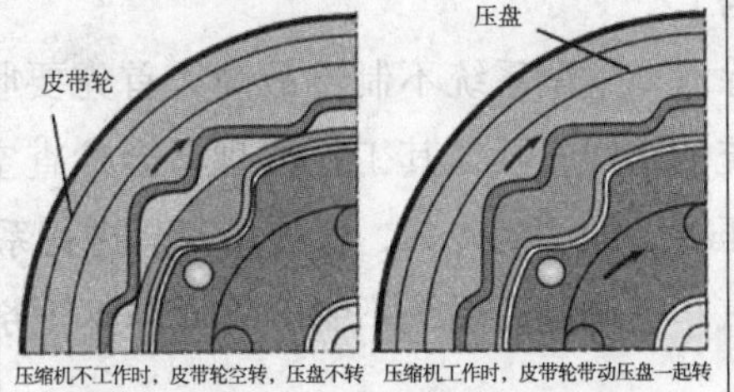 压缩机不工作时，皮带轮空转，压盘不转　压缩机工作时，皮带轮带动压盘一起转	完　成　□ 未完成　□

【任务总结】

收集有关汽车空调压缩机的信息，理解汽车空调压缩机的结构和工作原理，通过汽车空调压缩机外部检查，如漏油、电磁离合器吸合动作的检查等维修作业，完成制冷系统异响故障诊断与排除过程，来学习汽车空调压缩机的结构、工作原理及检查和拆检方法和步骤。

检验内容	检验指标	总　评
空调压缩机结构	1. 收集汽车空调系统相关信息 2. 汽车空调系统的结构、功能、安装位置及关系 3. 汽车空调压缩机的种类	
检查任务完成情况	1. 说出车空调系统组成 2. 描述汽车空调系统结构和主要部件的功能 3. 汽车空调压缩机就车检查 4. 空调压缩机拆检	

任务五　制冷系统不制冷故障检修

【案例】

一辆2006款一汽丰田卡罗拉汽车（手动空调）一年多没使用过空调，发现无冷气，进入维修厂进行维修。根据维修接待和车间检测结果，确认是一个综合故障。为了诊断与排除汽车空调综合故障，对汽车空调系统进行检漏，检查制冷剂量、系统压力、抽空、加注制冷剂操作，直到排除故障。

【工作任务】

要排除汽车空调系统不制冷故障，首先要收集有关汽车空调系统的信息，了解汽车空调系统的结构，熟知其工作原理，会检查空调系统制冷剂量、会使用歧气压力表检测系统压力、加注制冷剂，会使用工具进行系统检漏。

排除汽车空调制冷系统不制冷故障作业任务书（见表3-4）。

表3-4　　　　　　　　排除汽车空调制冷系统不制冷故障作业任务书

项　　目	制冷系统不制冷故障检修
信息来源	资料、实物、VCD 光盘、教材、PPT 文件
任务目标	1. 收集汽车空调制冷系统相关信息 2. 掌握汽车空调制冷系统的结构及工作原理 3. 会检查空调系统制冷剂量 4. 会使用歧气压力表检测系统压力、加注制冷剂 5. 会使用工具进行系统检漏 6. 能根据检测结果分析空调制冷系统不制冷故障原因
课程任务	1. 检查空调系统制冷剂量 2. 利用电子检漏仪进行系统检漏 3. 正确使用雪种表和真空泵对系统进行抽空并加注制冷剂
任务要求	1. 独立完成课程任务相关信息的检索 2. 制订作业计划 3. 要确保人身和设备安全，严格按操作步骤进行 4. 以小组为单位，分工合作完成课程任务 5. 未经允许不准随意移动车辆或启动发动机

【任务准备】

一、冷凝器

冷凝器的作用是将压缩机送来的高温、高压的气态制冷剂进行散热，变成中温、高压的液态制冷剂。冷凝器有三种类型，分别为管片式、管带式和平行流式。

1. 管片式冷凝器

图 3 – 27 为管片式冷凝器结构。它是汽车空调中早期采用的一种冷凝器，制造工艺简单，用胀管法将铝翅片胀紧在紫铜管上，管的端部用 U 形弯头焊接起来，这种冷凝器清理焊接氧化皮较麻烦，而且散热效率较低。

2. 管带式冷凝器

管带式冷凝器结构如图 3 – 28 所示。它一般是将宽度为 22mm、32mm、44mm、48mm 的扁平管弯成蛇管形状，在其中安置散热带（即三角形翅板或其他类型板带），然后进入真空加热炉，将管带间焊好。散热片是复合片，共三片，上下片材料为铝制，并含有硅元素等，中间一片也是铝片，并含有锰元素。将复合片叠合，并与扁管一起预热保温在 570℃，在 650℃ 的真空条件下进行焊接，焊接后用铬酸作防氧化处理，并进行试漏。这种冷凝器的传热效率可比管片式提高 15% ~ 20% 。

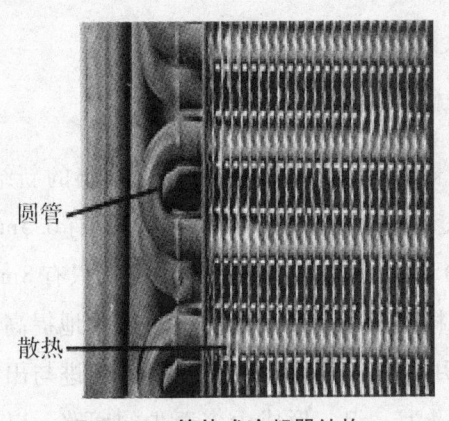

图 3 – 27　管片式冷凝器结构

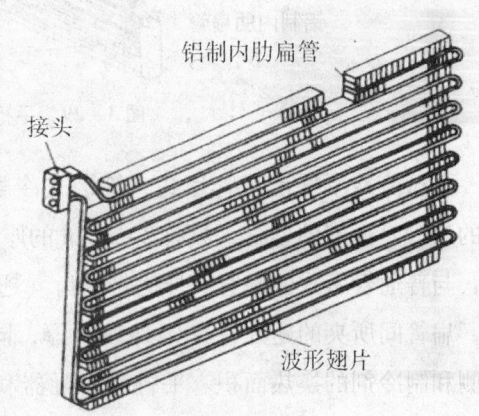

图 3 – 28　管带式冷凝器结构

3. 平行流冷凝器

图 3 – 29 所示为平行流冷凝器结构图，它由圆筒集管、铝制内肋扁管、波形散热翅片及连接管组成。它是专为 R134a 而研制的新结构冷凝器。平行流冷凝器与管带式冷凝器的最大区别是，管带式只有一条扁管自始至终地呈蛇形状弯曲，制冷剂只是在这一条通道中流动而进行热交换；而平行流冷凝器则是在两条集流管间用多条扁管相连，制冷剂在同一时间经多条扁管流通而进行热交换。根据汽车空调冷凝器的换热特点和制冷剂特性，要提高性能一般从以下三个方面考虑：

（1）增加换热面积，提高空气侧和制冷剂侧的换热量。由于发动机室的空间有限，不可能任意加大冷凝器体积，只能在有限的空间内进行改进，尽量向小型轻量化靠拢。

（2）提高冷凝器内工质流体温度和流量分配的均匀度。温度的高低差异会导致工质的密度和黏性不同，从而造成流速不同，影响了换热效率；扁管截面的各个通道孔流量分配不均，同样也会降低换热效率。

（3）降低制冷剂在冷凝器中的压力损失，这样可以减少压缩机耗功。要做到这一点，得要求降低冷凝器的通道阻力，所在结构上必须设法增加通道截面积，提高单位时间内的制冷剂流量和流速。

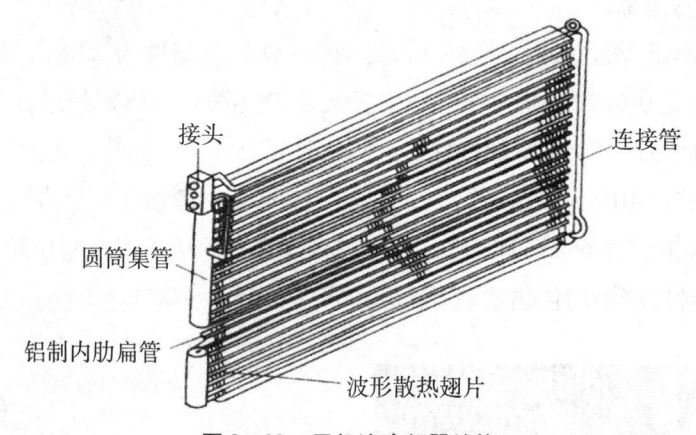

图 3 - 29　平行流冷凝器结构

平行流冷凝器正是管片式、管带式冷凝器所无法解决上述难题而创出的新结构。它的扁管是薄壁的型材，只有 2 ~ 3mm 的厚度，宽度为 16 ~ 25mm，壁厚只有 0.5mm 左右，与普通管带式的扁管一样为带内齿（翅）的多孔断面。扁管间的距离只有 8mm 左右，扁管间所夹的翅片只有 0.145mm 厚，同样也开百叶窗。这些改进极大地提高了空气侧和制冷剂的换热面积。平行流冷凝器利用两侧的圆筒形管进行制冷剂进与出的汇集，并用隔板按最合理的编排，将几条扁管隔为一组，形成由多至少的回路，以便制冷剂在几条扁管组成的回路中流入集流管时，能够在直径 20mm 左右的管内再次混合，使高温与低温的工质、密度低的与密度高的工质一次又一次地混合，产生出温度和密度较均匀的工质，并使其在流向下一回路时能均匀地分流，这样保持匀速地通过有内齿的扁管和有百叶窗的翅片，与空气更好地进行换热。这里面，特别是合理安排的隔板所构成的通路数在工质是气体状态时增加，而在液体时的通路数减少，形成了制冷剂冷凝的最佳通路，从而减少了内容积和制冷剂充注量，也加快了流速，因而能实现冷凝器通道阻力的降低。这种新结构与管带式相比较，其放热性能提高 30% ~ 40%，通路阻力降低 25% ~ 33%，内容积减少 20%，大幅度地提高了其换热性能。

4. 冷凝器检修

（1）冷凝器检查：检查冷凝器的泄漏情况。如果是冷凝器进、出口处出现泄漏，可能是密封圈老化，需要紧固或换密封圈；如果是冷凝器本身泄漏，则应拆下进行修理。

检查冷凝器的外观有无污垢、残渣翅片是否倒伏，如果有则会造成冷凝器散热不良。

用歧管压力表检查冷凝器内部脏堵，如果发现压缩机高压过高，不能正常制冷，冷凝器导管外部有结霜或下部不烫的现象，则说明导管内脏堵或因外部压瘪而堵塞。

（2）冷凝器拆卸

①将制冷系统中制冷剂排出或回收。

②把冷凝器的进、出口连接处连接螺母拆下来，并立即封闭制冷系统两端的管路。

③拧下其紧固螺栓，取出衬垫，拆下冷凝器。

（3）冷凝器维修

①如果仅是外表有积污，杂物塞在冷凝器散热片中，应用水清洗或用压缩空气吹，注意不要损伤冷凝器散热片，如发现散热片倒伏，应加以矫正。

②如果是冷凝器内部脏堵，需要用压缩氮气吹洗，不能用水冲或压缩空气吹洗。如果是冷凝器本身损坏而泄漏，则应拆下进行焊补。

二、蒸发器

蒸发器的作用是吸收热量汽化制冷剂，车内的热空气被风机吹过蒸发器，这样空气中的热量就被制冷剂吸收，从而达到了降温的目的。

汽车厢内的空间小，对空调器尺寸有很大的限制，因此要求空调器（主要是蒸发器）具有制冷效率高、尺寸小、重量轻等特点。汽车空调蒸发器有管片式、管带式、层叠式三种结构。

1. 管片式蒸发器

如图 3–30 所示，管片式蒸发器由铜质或铝质圆管套上铝翅片组成，经胀管工艺使铝翅片与圆管紧密接触，结构较简单，加工方便，但换热效率较差。翅片安装环翻片破裂是生产厂家遇到的大难题，安装贴合不紧或破裂，都会使换热性能变差。

图 3–30　管片式蒸发器结构

2. 管带式蒸发器

如图 3-31 所示，管带式蒸发器由多孔扁管与蛇形散热铝带焊接而成，工艺比管片式的复杂，需采用双面复合铝材（表面覆一层 0.02 ~ 0.09mm 厚的焊药）及多孔扁管材料。这种蒸发器换热效率可比管片式提高 10% 左右。

图 3-31　管带式蒸发器结构

3. 层叠式蒸发器

如图 3-32 所示，层叠式蒸发器由两片冲成复杂形状的铝板叠在一起组成制冷剂通道，每两片通道之间夹有蛇形散热铝带。这种蒸发器也需要双面复合铝材，且焊接要求高，因此，加工难度最大，但换热效率也高，结构也最紧凑。采用 R134a 的汽车空调就应用这种层叠式蒸发器。

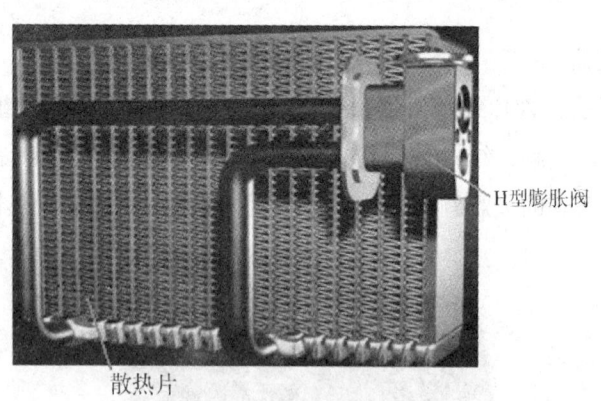

图 3-32　层叠式蒸发器结构

层叠式蒸发器结构曾经历过由双水室向单水室，又由单水室向双水室的几次变化。日本昭和公司为了减轻层叠式蒸发器重量，提高其性能，降低其阻力将单水室改为双水室，然后将形状为交叉和点状纹的焊接通道改成平行流向的直线沟状焊接通道，再将进出口位置从上侧挪至下侧。这些改进减少了偏流现象和通道的阻力，加快了外部凝结水的流动，从而使制冷性能大大提高。这种新结构的蒸发器的性能比管带式的提高 30% 左右。

4. 蒸发器的检修

（1）蒸发器检查

①检查蒸发器外表是否有积污、异味物。

②看蒸发器本身是否损坏。

③检查蒸发器是否泄漏。

④观察排水管是否有水流出，检查里面是否清洁、畅通。

（2）蒸发器拆卸

①拆下蓄电池负极。

②把制冷剂系统进行排空或制冷剂进行回收。

③把蒸发器两端的接头拆下，拿出蒸发器，并立即封住其开口部位和两端系统软管接口。

（3）蒸发器维修

①用高压水或压缩空气清洗蒸发器表面积污、异味物，注意不能用高压蒸气冲洗蒸发器。

②如果发现有泄漏并找出漏点进行焊补。

安装时，注意入口和出口切勿接错，温控元件或感温包要牢固地装在合适的位置，膨胀阀的感温包敷好保温材料。如果是更换新的蒸发器，必须加一定量的冷冻机油。

三、节流膨胀装置和储液器

1. 节流膨胀阀

为了达到最佳的制冷效果，必须控制进入蒸发器的流量，这样才能确保蒸发器内的液态制冷剂得到完全的蒸发。节流膨胀装置能够达到这个目的。汽车空调采用的节流膨胀装置有热力膨胀阀，另外还有 H 型膨胀阀、膨胀节流管以及组合阀等。

（1）热力膨胀阀

①热力膨胀阀的作用

热力膨胀阀是一种节流装置，它是制冷系统中自动调节制冷剂流量的元件，广泛应用于各种空调制冷系统中。热力膨胀阀的工作特性的好坏直接影响整个制冷系统能否正常工作。热力膨胀阀一般有三个作用：

a. 节流降压。它使从冷凝器来的高温、高压液态制冷剂节流降压成为容易蒸发的低温、低压雾状制冷剂，然后进入蒸发器，即分开了制冷剂的高压侧和低压侧。

b. 自动调节制冷剂流量。由于制冷负荷的改变以及压缩机转速的改变，要求流量作相应调节，以保持车室内温度稳定。膨胀阀能自动调节进入蒸发器的流量以满足制冷循环要求。

c. 控制制冷剂流量、防止液击和异常过热发生。膨胀时以感温包作为感温元件控制流量大小，保证蒸发器尾部有一定量的过热度，从而保证蒸发器容积的有效作用，避免液态制冷剂进入压缩机而造成液击现象，同时又能在一定范围内控制过热度。

大多数汽车空调制冷系统在运行过程中，其冷负荷是变化的。如系统刚开始降温时，车内的温度较高，这时就要求将蒸发温度升高，使进入蒸发器的制冷剂流量增大。而当车内温度较低时，冷负荷需要量减少，这时的蒸发温度就应相应地降低，使进入蒸发器的流量减小。因此，热力膨胀阀就是根据系统冷负荷需要量的变化而自动地调节其流量，使制冷系统能正常地工作。

②热力膨胀阀的结构及工作原理

热力膨胀阀分为外平衡和内平衡两种形式。外平衡热力膨胀阀（图 3 - 33（a））的膜片下面的平衡力（制冷剂压力）是通过外接管从蒸发器出口处引来的压力。而内平衡热力膨胀阀（图 3 - 33（b））的膜片下面的制冷剂压力是从阀体内部通道传递来的膨胀阀孔的出口压力。由于两者的平衡压力不同，所以，它们的使用场合也有区别。

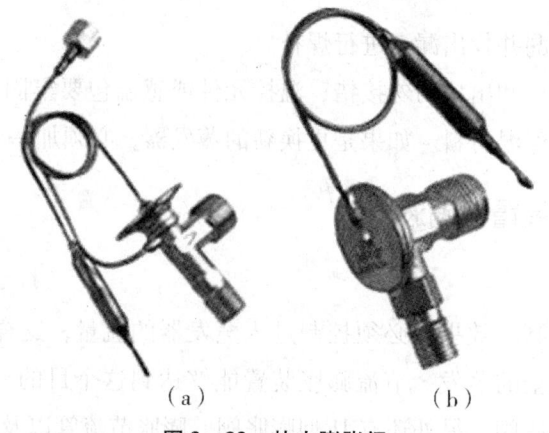

（a）　　　　　　　　（b）

图 3 - 33　热力膨胀阀

a. 内平衡式热力膨胀阀：图 3 - 34 所示为内平衡式热力膨胀阀，主要由阀门、膜盒、膜片、调节弹簧、毛细管（连感温包）等器件组成，有的还在进口处加设了过滤网。膨胀阀安装在蒸发器的进口管上，它的感温包安装在蒸发器的出口管上，感受蒸发器的温度变化而产生热胀冷缩的作用，从而对膜片施加不同的压力，这个压力传到压在阀门的弹簧上使阀门控制通过阀孔道进入蒸发器内的制冷剂量。

图 3 - 34 中 P_f 为感温包感受到的蒸发器出口温度相对应的饱和压力，P_e 为蒸发器出口蒸发压力，P_s 为过热调整弹簧的压力。汽车空调制冷系统处于工作状态，当制冷剂蒸发压力稳定时，感温包内气体压力 P_f 弹簧力 P_s 与蒸发器内制冷剂蒸发压力 P_e 处于

平衡，即 $P_f = P_s + P_e$，阀门这时开度处于静止状态，制冷剂的流量保持稳定，使内平衡式膨胀阀的蒸发器在出口的某一长度部分中制冷剂经常是过热蒸气。蒸发器内的制冷剂的量减少时，制冷剂便提前蒸发，过热部分变长，过热度加大，感温包内的压力随之上升，使阀门的开度加大，增加流入蒸发器的制冷剂的量。反之，当蒸发器内制冷剂量增多时过热部分的长度减少，感温包内的压力降低，阀门的开度变小，制冷剂的流量随之减小。

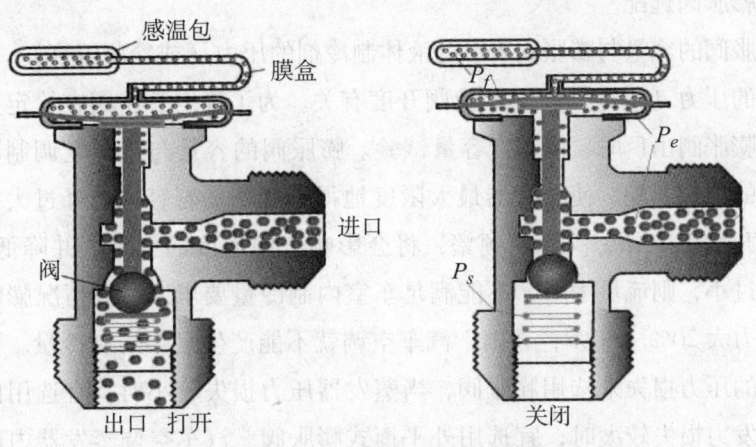

图 3 - 34 内平衡式热力膨胀阀工作原理

b. 外平衡式热力膨胀阀：图 3 - 35 所示为外平衡式热力膨胀阀，主要由热敏管、压力弹簧、膜片、均衡管、膜片室、阀门、毛细管等组成，其安装位置与内平衡式热力膨胀阀相同。

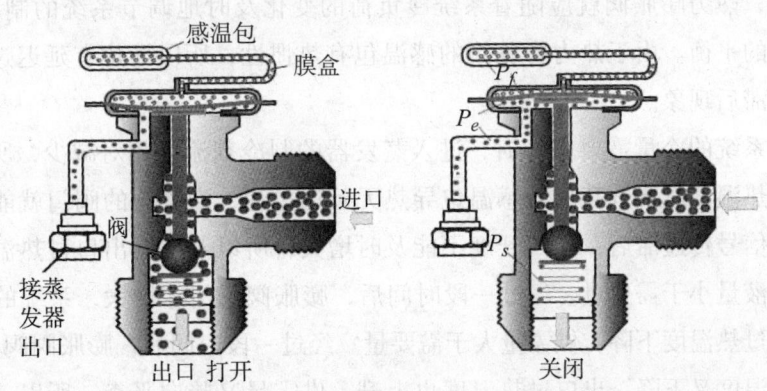

图 3 - 35 外平衡式热力膨胀阀工作原理

当车室内温度处在某一工况时，膨胀阀处在一定开度，P_f、P_e、P_s 应处于平衡状态，即 $P_f = P_s + P_e$，如果车室内温度升高，蒸发器出口过热度增大，则感受温度上升，相应的感应压力 P_f 也增大，这时 $P_f > P_s + P_e$，因此，波纹膜片向下移，推动传动杆使膨胀阀孔开度增大，制冷剂流量增加，制冷量也增大，蒸发器出口过热度相应下降。相反，如果蒸发器出口处过热度降低，则感受温度下降，相应的饱和压力也减小，这时 $P_f < P_s + P_e$，使波纹膜片上移，传动杆也随之上移，膨胀阀的阀孔开度减小，制冷剂流量减小，制冷量也减小，蒸发器出口处过热度也相应上升，满足了蒸发器热负荷变化的需要。由于在蒸发器出口处和膨胀阀波纹膜片下方设有一个外部均压管，所以称此膨胀阀为外平衡式热力膨胀阀。

③热力膨胀阀选配

热力膨胀阀的容量与膨胀阀入口处液体制冷剂的压力（或冷凝温度）、过冷度、出口处制冷剂的压力（或蒸发温度）及阀开度有关。为了确定膨胀阀在给定条件下的制冷量，热力膨胀阀出厂时，需进行容量试验。膨胀阀的容量与汽车空调制冷系统，特别是蒸发器的容量匹配，使蒸发器最大限度地得到利用。若容量选择过大，使膨胀阀经常处在小开度下工作，阀开闭频繁，将会影响车内温度的稳定，并降低阀门寿命；若容量选择过小，则流量太小，不能满足车室内制冷量要求。一般情况膨胀阀容量应比蒸发器能力大 20% ~ 30%；否则，汽车空调就不能产生足够的制冷量。另外，还应根据蒸发器的压力损失来选用膨胀阀，当蒸发器压力损失较小时，宜选用内平衡式膨胀阀；当蒸发力损失较大时，宜选用外平衡式膨胀阀。汽车空调蒸发器内部阻力损失较大，一般应选取用外平衡式膨胀阀。

④热力膨胀阀的工作特性

一个理想的热力膨胀阀在调节系统流量时，应使其进入蒸发器的液体量恰好与蒸发器的蒸发量相等，以缩小蒸发器出口过热度，充分发挥蒸发器的制冷效率。要达到这样的要求，热力膨胀阀就应随着系统冷负荷的变化及时地调节系统的制冷剂流量，以保持供需的平衡。由于热力膨胀阀的感温包有热惯性，所以导热有延迟过程，使信号传递发生滞后现象。

当制冷系统的冷量需要增加时，进入蒸发器的制冷剂流量相对减少，所以，蒸发器的出口过热温度就要升高。若感温包导热无延迟过程，膨胀阀的阀门就能及时得到调整。由于信号传递滞后，阀门开度不能及时增大，所以蒸发器出口过热温度将继续上升，使供液量小于需要量。经过一段时间后，膨胀阀阀门才增大，系统的蒸发温度升高，出口过热温度下降，供需量大于需要量。经过一段时间后，膨胀阀阀门才关小，系统的蒸发温度又下降，出口过热温度也上升，供需量又趋向平衡。所以，一个膨胀阀在工作时，因传递信号的滞后，它的供液量总是在需液量曲线上下波动，两者不能完全吻合，这就是热力膨胀阀的工作特性。

⑤热力膨胀阀的调试

要使每个调节器能正确执行自动调节，都要经过预先调整。热力膨胀阀要在某一工况范围内执行自动调节，也需要在系统调试时对它予以调整。当膨胀阀进行正常运行后，它就能正确自动调节。热力膨胀阀的调整是通过调节杆来调整弹簧的压缩力，即调整膨胀阀的静装配过热度。调整杆向外旋出是放松弹簧。顺时针方向旋转调节杆为进，反时针方向旋转调节杆为出。在系统运行调试时，可以从蒸发压力值的高低来判断膨胀阀调整方向和范围。蒸发压力高于给定值，即膨胀阀的流量偏大，应适当调小；蒸发压力低于给定值，即膨胀阀的流量偏低，应适当增大。调小阀门，需顺时针旋转调节杆，使弹簧压缩力增加，蒸发压力就逐渐下降；调大膨胀阀门则反时针旋转调节杆，减小弹簧压缩力，蒸发压力就上升。

调整膨胀阀时，应在压缩机吸气截止阀上装一只低压表以观察吸气压力变化情况。调整膨胀阀的整定范围一般可分两步进行，开始运行时为粗调，即每调一次可旋车调节杆一圈左右，当制冷系统的工作温度接近给定值而又达不到给定值时，应进行细调，即每调一次可旋转调节杆 $1/2 \sim 1/4$ 圈。由于感温包的传递延迟，每调一次后，应使系统运行数分钟至十几分钟，并观察吸气压力的变化情况来确定下一次的调整方向。总之，膨胀阀的调整是一项比较细致的工作，需要耐心地观察和分析，才能做好膨胀阀的调试工作。

⑥热力膨胀阀的安装

热力膨胀阀安装时应将冷凝器或贮液器出口管的螺纹接头与膨胀阀进口端对正，然后拧上螺母（不要拧得过紧），再将其出口端与蒸发器进口管的螺纹接头对正，拧上几圈，最后用两把扳手分别夹住膨胀阀的进、出口端螺母，均匀用力将其拧紧。安装热力膨胀阀时应注意如下几点：

a. 膨胀阀应安装在蒸发器的入口管上，阀体垂直放置，不宜倾斜安装，更不要颠倒安装。

b. 感温包应安装在蒸发器出口的一段水平的吸气管上，并应远离压缩机吸气口 1.5m 以上，其位置应低于膨胀阀，且感温包要水平放置，以保证感温工质液体始终在感温包中。

c. 感温包同蒸发器接触面锈迹应除尽，阀体应垂直放置，不宜倾斜安装，更不要颠倒安装。

d. 感温包不应安装在吸气管的积液处，否则，感温包就不能感测到真正的过热度。

e. 当吸气管径小于 25mm 时，感温包贴在吸气管的顶部；当吸气管径大于 25mm 时，感温包包扎在水平管的下侧 45°处或者侧面中点处。感温包无论如何不能贴在水平吸气管的底部，以防管子底部因积油等影响感温包的正确感温。

f. 外平衡管应接在感温包安装部位后面 10mm 处，以免制冷发管内的流动阻力使膨胀阀产生误动作。一般外平衡管的连接端口的位置由厂家直接设计好，不能任意调整。

（2）H 型膨胀阀

H 型膨胀阀是一种整体型膨胀阀，它取消了外平衡式膨胀阀的外平衡管和感温包，直接与蒸发器进出口相连。

H 型膨胀阀因其内部通路形同 H 而得名，其结构及工作原理如图 3 - 36 所示。它有四个接口通往空调系统，其中两个接口和普通膨胀阀一样，一个接集储器/干燥器出口，另一个接蒸发器进口。但另外两个接口，一个接蒸发器出口，另一个接压缩机进口。感温包毛细管均由膜片下面的感温元件所取代，感温元件处在进入压缩机的制冷剂气流中。H 型膨胀阀结构紧凑、性能可靠，符合汽车空调的要求。

这种膨胀阀安装在蒸发器的进出管之间，阀上端直接暴露在蒸发器出口工质中，感应温度不受环境影响，也不会因为需要通过毛细管而造成时间滞后，提高了调节灵敏度。由于该膨胀阀无感温包、毛细管和外平衡接管，可免除因汽车颠簸、振动使充注系统断裂外漏以及感温包包扎松动，而影响膨胀阀的正常工作，提高了膨胀阀的抗振性能。

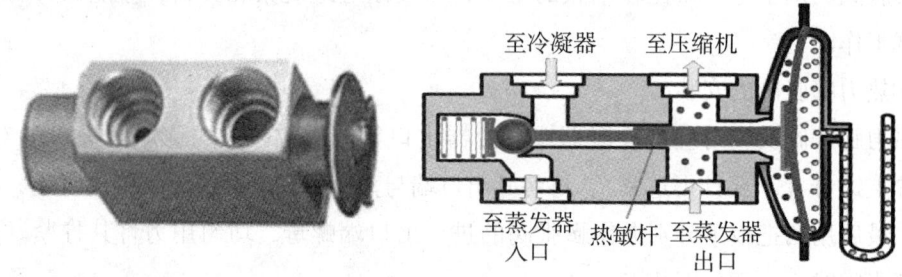

至冷凝器　　至压缩机

至蒸发器入口　　热敏杆　　至蒸发器出口

图 3 - 36　H 型膨胀阀结构与工作原理

（3）膨胀节流管

膨胀节流管是一种固定孔口的节流装置，其两端都装有过滤网，以防堵塞。膨胀节流管直接安装在冷凝器出口和蒸发器进口之间。

由于其不能调节流量，液体制冷剂很可能流出蒸发器而进入压缩机，造成压缩机液击。为此，装有膨胀节流管的系统，必须同时在蒸发器出口和压缩机进口之间安装一个气液分离器，实现液、气分离，避免压缩机发生液击。

膨胀节流管的结构如图 3 - 37 所示。它是一根细铜管，装在一根塑料套管内；塑料套管外环形槽内装有密封圈。因塑料套管连同膨胀节流管都插入了蒸发器进口管中，密封圈就是用来密封塑料套管外径和蒸发器进口管内径间的配合间隙的。膨胀节流管不能维修，坏了只能更换。

由于膨胀节流管没有运动部件，结构简单、成本低、可靠性高，同时节省能耗，在低速运行时制冷效果差一些，美国和日本很多高级轿车都采用这种节流方式。

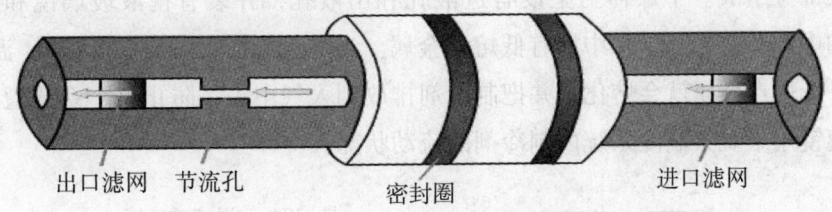

出口滤网　节流孔　　　　密封圈　　　　　　　　进口滤网

图 3 - 37　膨胀节流管

2. 储液器和气液分离器（积累器）

（1）储液器/干燥器

由于汽车空调正常工作时，制冷剂的供应量大于蒸发器的需要量，所以高压侧液态制冷剂有一定的储存量。同时，随着季节的变化，在系统不运行或检修、更换系统内的零件时，可以将系统中的制冷剂收入到高压侧进行储存，以免制冷剂泄漏。因此，在汽车空调制冷系统中，须设置储液器/干燥器。

储液器/干燥器和冷凝器组装在一起，用来临时存储冷凝器液化的制冷剂并进行干燥和过滤处理。其实物如图 3 - 38 所示。

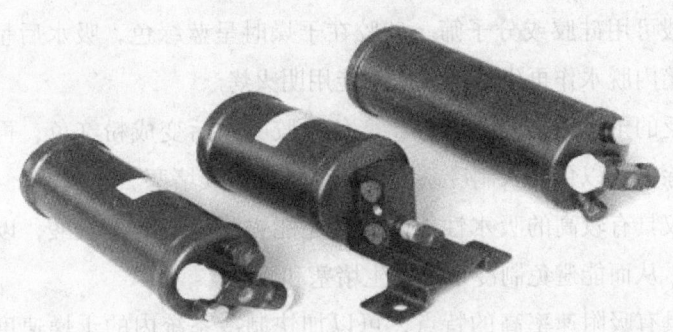

图 3 - 38　储液器/干燥器实物图

①储液器/干燥器的作用：

a. 储存制冷剂：接受从冷凝器来的液体并加以储存，根据蒸发器的需要提供所需制冷剂量。

b. 过滤杂质：将系统中经常会出现的杂质、脏物，如锈迹、污垢、金属粒等过滤掉，这些杂质会损伤压缩机气缸壁和轴承，还会堵塞过滤网和膨胀阀。

c. 吸收湿气：汽车空调制冷系统中湿气要求越少越好，因为湿气会造成"冰塞"并腐蚀系统管道等，使之不能正常工作。

②储液器/干燥器的构造

根据制冷剂循环量的大小，一般小型车（如轿车、小型面包车、卡车等）将干燥过滤装置组装成一体。如图 3 - 39 所示，它由干燥器盖、干燥器体、引出管、过滤部分、干燥部分组成。干燥器盖上设有进液孔和出液孔，并装有视液玻璃镜和易熔塞。易熔塞的中部开有小孔，孔中灌有低熔点金属。当高压侧压力达到2.9MPa、温度达到95℃时，低熔点金属就会熔化，并把制冷剂排放到大气中去，防止整个系统遭受损坏。视液玻璃镜用来观察制冷系统内制冷剂的流动状况。

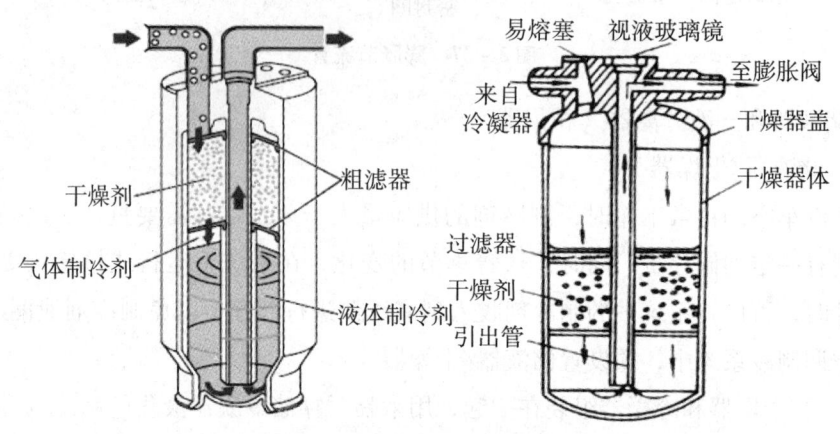

图3-39　储液器/干燥器的结构

干燥剂一般可用硅胶或分子筛。硅胶在干燥时呈蓝绿色，吸水后呈粉红色。用过的硅胶可在烘箱内脱水作再生处理，但不能用明火烤。

使用较广泛的干燥剂是变色硅胶。变色硅胶吸水后变成粉红色，再生处理时应将产生的小颗粒除去，以免滑入制冷系统损坏部件或造成堵塞。

分子筛不仅具有较高的吸水性能，而且还能去除生成的无机酸，以及对油和制冷剂的吸附作用，从而能避免制冷系统发生堵塞和腐蚀。

分子筛还具有吸附速率高的特点，可以加快制冷系统内的干燥速度。它与硅胶一样，可经过再生处理重复使用。目前，汽车空调上主要采用分子筛作为干燥剂，由于R12与R134a的特性不同，分子大小不同，故需采用不同的干燥剂。R12制冷系统一般采用4A-XH-5型分子筛，而R134a制冷系统一般采用XH-7、XH-9型分子筛。

过滤装置一般由多层不同网目的金属过滤网构成，由铜丝布、纱布、药棉等材料填充而成。若发现堵塞，必须拆下滤网，清洗干净后再用。有些不能解体的过滤装置则更换总成。

易熔塞是一种压力保护装置，大多安装在储液器等部件的筒体上。当高压侧压力急剧升高，温度达到95℃以上时，易熔塞内的低熔点合金将自行熔化，释放出制冷剂，以保护制冷系统免受损坏。

大型汽车空调制冷系统的干燥过滤器与储液器是分开的。储液器一般串联在冷凝器和膨胀阀之间。储液器为一桶形钢瓶，钢瓶上设旁通回路的电磁阀接口、截止阀、易熔塞等。干燥过滤器也串联在高压侧。

使用储液器/干燥器时应注意以下几点：

①垂直安装（一般偏斜15°之内），保证出口管将随制冷剂一起循环的冷冻油压出储液器/干燥器，并流回压缩机，且保证出口到膨胀阀的是液态制冷剂，使膨胀阀正常工作。

②进出口不能接错，若接错进出管口，冷冻油就会储存在储液器内，压缩机没有足够的油润滑；同时，其出口还会有气泡，使膨胀阀无法正常工作。

③安装或维修制冷系统时，储液器应该接入系统，防止新干燥剂吸收空气中的水分而破坏其干燥性能。

（2）气液分离器（储液器）

当用膨胀节流管代替膨胀阀时，汽车空调制冷系统要在低压侧（压缩机吸气侧）安装气液分离器。气液分离器的结构如图3-40所示。工作时制冷剂从顶部进入气液分离器，其液态制冷剂沉入底部，而位于顶部的气态制冷剂被吸入压缩机。气液分离器底部的吸气管上有一个小孔，允许少量冷冻油流回压缩机，以保证压缩机的正常润滑。

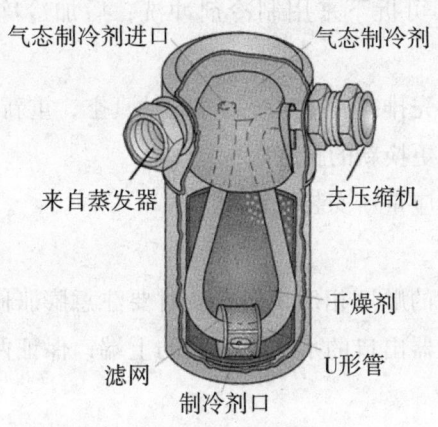

图3-40 气液分离器的结构

气液分离器的作用是留下液态制冷剂，使其在低压区缓慢蒸发，离开气液分离器的只是气态制冷剂，因而起到气液分离、防止压缩机液击的作用。出气管是一根U形管，底部开有润滑油回油小孔，进入出气管的制冷剂必须再经过180°转弯，才能从U形管的另一端（出口）离开气液分离器，这样的两次大转弯只有密度小的气体才能通过，所以保证了制冷剂气液分离。

3. 膨胀阀检修

（1）膨胀阀常见的故障

①膨胀阀开度过大，制冷剂系统中高、低压均高。低压管路有结霜或大量的露水。

②膨胀阀开度过小，制冷剂中高压侧压力高，低压侧压力低，制冷不足。

③膨胀阀入口滤网阻塞。

④膨胀阀的针阀（球阀）与阀口产生黏住、发卡或阀口脏堵。

⑤膨胀阀冰堵。

⑥感温包、毛细管破裂、失效。

⑦感温包位置不当，安装固定不牢。

（2）膨胀阀拆卸

①从恒温开关断开连接插头。

②拆除连接管路，将制冷系统两端封闭，拆下固定螺栓，拆出膨胀阀。

（3）膨胀阀的维修

如果是上述①或②故障，可调整其调节螺栓，顺时针方向拧，内弹簧减弱，开度增大；反之开度小。这里要注意：调整需要专用工具和原厂的一些数据，如没有原厂资料，请不要乱调，否则更换新的膨胀阀；

如果是上述③故障，可拆出清洗，烘干装回；

如果是上述④故障，可拆下来用制冷剂冲洗，后加冷冻机油润滑，也可更换膨胀阀；

如果是上述⑤故障，先排空制冷系统，然后抽真空，重新加注制冷剂；

如果是上述⑥故障，更换新的膨胀阀；

如果是上述⑦故障，应重新安装固定。

（4）膨胀阀的安装

膨胀阀的安装与拆卸的顺序相反，但安装时要注意膨胀阀应垂直安装，不允许倒置，感温包应安装在蒸发器出口的水平管表面的上端，保证两者绑紧并且用隔热防潮胶布包捆好。

4. 贮液干燥器的检修

（1）贮液干燥器检查

①用检漏仪检查贮液干燥器的接头处与易熔塞有无泄漏。

②检查贮液干燥器的外表、观察孔上是否清洁。

③用于感觉贮液干燥器进出口的温度。如果进出口温差很大，甚至出口处出现结霜的现象说明罐中的干燥剂散开，堵塞管路。

④检查膨胀阀，如果膨胀阀出现冰堵，说明制冷系统中有水，贮液干燥剂失效。

（2）贮液干燥器拆卸

①拔掉压力开关的连接插头。

②拆掉连接管路，将制冷系统两端封闭。拆卸固定螺栓，拆下贮液干燥器。

（3）贮液干燥器的维修

如果贮液干燥器两端的连接接头出现泄漏，则应紧固其接头或更换密封圈，无须拆下贮液干燥器。如果是其他故障，则应更换贮液干燥器。

（4）贮液干燥器的安装

贮液干燥器安装按拆卸的相反顺序进行，但要注意以下几点：

①垂直安装。垂直安装是保证出口管将制冷剂一起循环的冷冻机油压出贮液干燥器，循环回流压缩机。

②贮液干燥器在空调系统的安装维修过程中，应该最后一个接入制冷系统中，并且马上抽真空，防止空气进入干燥器。

四、制冷系统维修

提示：

1）在执行需打开制冷剂系统的工作时，请务必戴上防护镜并用清洁的布将接头、阀门和连接处包上。

2）避免吸入空调制冷剂 R134a 和润滑油蒸气和雾。接触这些物质会刺激眼睛、鼻子和咽部。

3）禁止在车装空调管路或部件上或近旁进行焊接或用蒸气进行清洁。

4）工作区一定要通风良好，不靠近火源。

5）在断开制冷系统中的任何接头前，必须排净系统中的制冷剂。

6）无论压力表读数是多少都必须谨慎操作。

7）打开接头时须极其缓慢。

8）如果在松开接头时发现有压力，则按"制冷剂回收和重新加注"操作步骤释放压力。

9）在制冷剂管路打开后，立即用盖帽或胶带封住管路。这样将避免湿气和灰尘进入系统，否则会导致压缩机内部磨损或冷凝器、蒸发器芯、膨胀阀或压缩机进口滤网中的管路堵塞。

1. 制冷系统的检漏

容易出现渗漏的部位主要如图 3 - 41 所示。

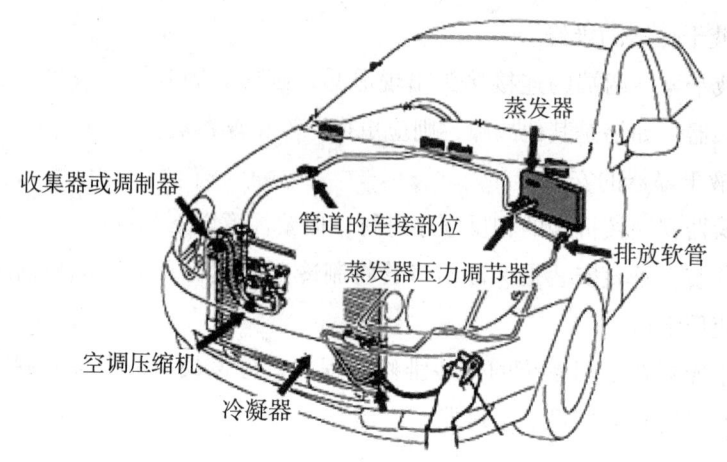

收集器或调制器

管道的连接部位

蒸发器

蒸发器压力调节器

排放软管

空调压缩机

冷凝器

图 3 - 41　制冷剂渗漏的可能部位

2. 检漏方法

检测空调系统泄漏可用气泡检漏、染料溶液检漏、电子检漏仪检漏、荧光检漏仪检漏等方法。

（1）气泡检漏

这是一种在被怀疑渗漏地点外表面涂抹肥皂水，如果有渗漏发生就会产生气泡和泡沫。肥皂水的检查能比较准确地判断故障的部位。气泡检漏的操作方法和步骤如下：

①确定制冷系统中保持一定的压力，如果系统内的压力泄漏完毕，必须对系统进行加压。

②将肥皂水涂抹在疑似发生渗漏的全部接口、接头、配件或控制器处。

③观察漏点处是否有起泡现象，如果有就证明此处存在泄漏的情况。

（2）染料溶液检漏

这种方法是把染料引入空调制冷系统中，如果系统渗漏会在渗漏处的零件上着色，根据这一现象就可准确地判断出渗漏的部位。染料溶液检漏的操作方法和步骤如下：

①歧管和压力表组件按正常方法连接空调制冷系统。冲洗制冷系统，从歧管卸下中央软管，然后用两个 1/4in 扩口管接头，连接 6in 长、1/4in 紫铜管，把染料溶液罐连接到紫铜管上。

②将表组中间软管一端接染料溶液桶。制冷剂罐与软管另一头连接。发动机怠速运行，空调系统调到最大冷风挡，缓慢地打开低压阀使染料溶液流入系统内。

③空调制冷系统加制冷剂至少达到 50% 的容量。空调器运转 15 分钟，然后把空调器和发动机两者都关闭，检查全部接头是否出现有色染料溶液的痕迹。24 小时之后再次进行车辆检查，如果发现渗漏时，按需要进行修理。

（3）电子检漏仪检漏

这种检漏仪可以通过探针吸收任何漏出的制冷剂，如果发现制冷剂，便会发出声响报警或发出闪烁光。电子检漏仪及检漏的操作方法和步骤如下：

①将开关旋转至"ON"位置。

②接通电源开关并预热约5分钟。

③将灵敏度开关拨至"L"（R12）或"H"（R134a）。

④检漏仪灵敏度调好后，将探头放在距测试点3mm处缓慢移动（30mm/s）。如果发出鸣叫声，说明该处有泄漏。

（4）荧光检漏仪检漏

使用的材料及工具：紫外线敏感材料，荧光检漏仪等工具。荧光检漏仪及其操作方法和步骤如下：

①将定量的紫外线敏感染料引入空调系统，空调器运行几分钟让染料在系统内流通。

②用一台紫外线灯照射空调系统中的各个部件。如果存在泄漏，染料就会发光。这种检漏方法能够精确定位微小泄漏处。

3. 空调系统抽真空

对于拆开修理的空调系统或者发现制冷剂太少的空调系统，在加注新的制冷剂之前，必须用真空泵完全排空空调制冷系统内的空气和水分。具体步骤如下：

（1）检查系统中是否还有制冷剂，如果有应该先进行回收。

（2）将歧管压力表的高压表软管接入储液罐上的高压维修阀接头，将低压表软管接入蒸发器至空调压缩机管路上低压维修阀接头上。

（3）将歧管压力表组件的中间管连接至真空泵的"吸气口"，如图3-42所示。

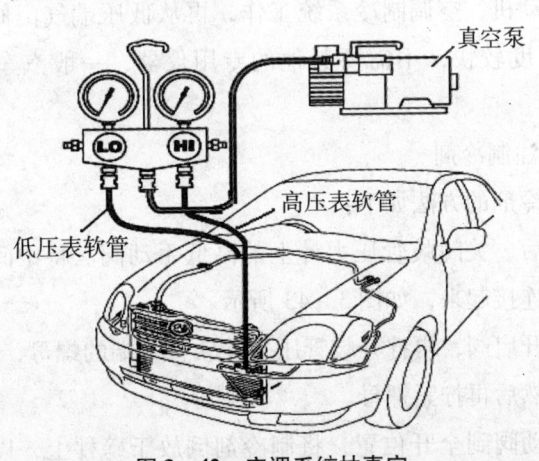

图3-42 空调系统抽真空

（4）连接好管路之后，打开歧管压力表组件的高、低压手动阀。

（5）打开电源开关，启动真空泵，开始给系统抽真空。

（6）连续抽5分钟后，低压表应达到0.03MPa（真空度），高压表略低于零，如果高压表不能低于零刻度，表明系统内有堵塞，应停止，修复后，再抽真空。

（7）真空泵工作15分钟后，低压表指针应在0.01～0.02MPa之间。如果达不到此数值，这时应关闭高、低压手动阀，观察低压表的指针，如果指针上升，说明真空有损失，系统有漏点，停止抽真空，检查泄漏处，修复后才能继续抽真空。

（8）系统压力接近于真空时，关闭高、低压手动阀，保压5～10分钟。如低压表指针不动，则打开高、低压手动阀开启真空泵，继续抽真空，抽真空的时间不得少于30分钟，如时间允许，可再长些。

（9）抽真空结束时，先关闭高、低压手动阀，再关闭真空阀，其目的防止空气进入制冷系统。这样，就可以向系统中加注冷冻机油或充注制冷剂。

4. 加注制冷剂

当制冷系统抽真空达到要求，且经检漏确定制冷系统不存在泄漏部位后，即可向制冷系统充注制冷剂。充注前先确定注入制冷剂的数量，因为充注量过多或过少都会影响空调制冷效果。充注时注意不要混淆R12与R134a系统，一般用R134a制冷剂的空调系统在其管路部件上标有"R134a"或环保空调的字样。

充注制冷剂的方法有三种，第一种是制冷系统的高压端的气门阀充注，称为高压端充注，充入的是制冷剂液体。其特点是安全，快速，但用这种方法时要注意充注时不可开启压缩机（发动机停转），且制冷剂罐要倒立，这种方法最好是用专用的设备充注。第二种是从制冷系统的低压端的气门阀充注，充入的是制冷剂气体，其特点是充注速度慢，可在系统补充制冷剂的情况下使用。第三种是先从高压端气门阀充注一定量制冷剂后，启动发动机，空调制冷系统工作，再从低压端气门阀吸入制冷剂，这种方法充注制冷剂的速度较快，不需要其他的专用仪器，一般汽车修理厂都采用这种方法。

（1）从高压端充注制冷剂

从高压端充注制冷剂的方法如下：

①当系统抽真空后，关闭歧管压力计上的高低手动阀。将中间的软管的一端与制冷剂罐注入阀的接头连接起来，如图3-43所示。

②打开制冷剂罐开启阀，再拧开歧管压力计软管一端的螺母，让气体溢出几分钟，把管内的空气赶走，然后再拧紧螺母。

③拧开高压侧手动阀到全开位置，将制冷剂倒放于磅秤上，以便从高压侧充注液态制冷剂，控制制冷剂的加入量。

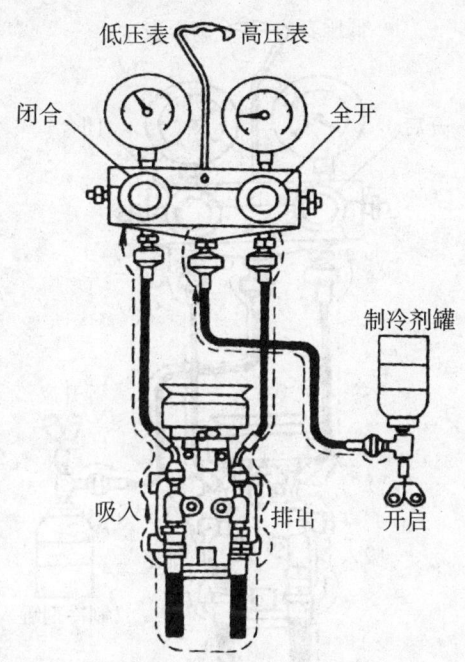

图 3 - 43　从高压端充注制冷剂

④从高压侧注入规定量的液态制冷剂后，关闭制冷剂罐上的开启阀及歧管压力计上的高压手动阀，然后将仪表卸下。这里应注意，从高压端向系统注制冷剂时，发动机处于不动状态，不可以打开歧管压力表的低压手动阀，以防液击。

（2）从低压端充注制冷剂

通过歧管压力计上的低压手动阀，可向制冷系统的低压侧充注气态制冷剂，其步骤如下：

①如图 3 - 44 所示，将中间软管的一端与制冷剂罐的注入阀的接头相连。

②打开制冷剂罐的注入阀，拧松中间软管靠近歧管压力表一端的螺母，直到听见制冷剂蒸气流动的声音，然后拧紧螺母。其目的是排出中间管内的空气。

③打开低压手动阀，让制冷剂进入系统 3 ~ 5 分钟，以防止压缩机第一次开动时，润滑油被抽走，使压缩机出现卡住或其他故障。

④启动发动机，打开空调 A/C 开关，把风扇调至 "HI" 挡，发动机转速保持在 1250 ~ 1500r/min。

⑤如果加入的速度较慢时，可以把小制冷剂罐放热水中加热，以提高其加注速度。注入制冷剂足量时，关闭低压手动阀，观察制冷剂流过观察孔时的情况，如果无气泡流过，检查高、低压力表值，在 25℃ 时，若制冷剂是 R12，高压表值应为 1.3 ~ 1.4MPa，低压为 0.1 ~ 0.12MPa；制冷剂为 R134，高压表应为 1.4 ~ 1.5MPa，低压 0.12 ~ 0.14MPa。气温高于或低于 25℃ 时，在其上下浮动。若制冷系统内制冷剂基本达

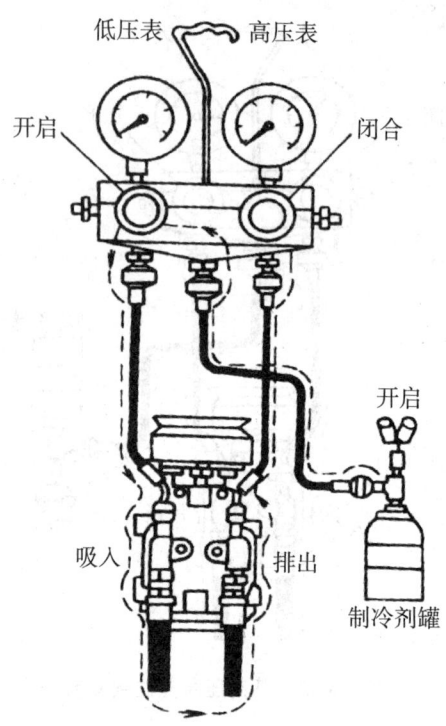

低压表　　　　高压表

开启　　　　　　　　　　　闭合

开启

吸入　　　　排出

制冷剂罐

图3－44　从低压端充注制冷剂

到需求，则关闭制冷剂罐，停止空调器和发动机工作。

（3）从高压端注入液态制冷剂，再从低压端补足制冷剂量从高压端注入液态制冷剂，再从低压端补足制冷剂量，具体步骤如下：

①从高压端注入制冷剂液体同从高压端充注制冷剂的①～②步骤相同。

②从高压侧注入液态制冷剂一段时间后，制冷剂罐重量不再下降，而系统中制冷剂还不足，则关闭高压手动阀，将制冷剂罐竖立。

③启动发动机，转速保持在 1250～1500r/min，打开空调 A/C 开关，风扇开到最大挡，并打开低压手动阀，让气态制冷剂进入系统的低压端。

④若进气速度慢，则可以把制冷剂罐放入热水加热，加快进气速度。

⑤从磅秤、视液镜、高低压力表中检查制冷剂量，其方法同上述检查方法一致。加足量后，关闭制冷剂罐，然后关闭低压手动阀，停止空调器工作，停止发动机运转。

5. 加注冷冻机油

通常汽车空调制冷系统的冷冻机油消耗很少，可每两年更换一次，每次应按规定数量加注（一般压缩机的铭牌上会标注机油的型号和数量，参见表3－5）。加注时一定要使用同一牌号冷冻机油，不同牌号的冷冻机油混用会生成沉淀物。同时，R12 和 R134a 制冷系统使用的冷冻机油不同，因此，冷冻机油不能混用。

表3-5 几种车型的冷冻机油量

汽车制造厂家	压缩机型号	冷冻机油充注量（mL）
马自达	ES200	60
三菱	6F308HB	2000
	22306S	350
日产	DKP-12D	190
日野	6C-500	1700~1900
	6C-300	1500
中国北方——Neoplan	FK4	2600
丰田	6D152A	350
	6E17l	280

制冷系统若泄漏很慢，对冷冻机油泄漏影响不大。若系统内制冷剂泄漏很快，冷冻机油也会很快泄漏。汽车空调压缩机是高速运转装置，其工作是否正常，取决于冷冻机油是否充分，但过多的冷冻机油也会影响制冷效果。当更换压缩机和制冷系统某一部件时，需要向制冷系统补充一定量的冷冻机油，补充量见表3-6。

表3-6 更换部件时的冷冻机油补充量

更换的零部件	冷冻机油补充量（mL）	更换的零部件	冷冻机油补充量（mL）
冷凝器	40~50	制冷系统管道	10~20
蒸发器	40~50	储液干燥器	10~20

（1）压缩机冷冻机油量的检查

①观察视镜。通过压缩机上安装的视镜玻璃，可观察冷冻机油量，如果压缩机冷冻机油面达到观察高度的80%位置，一般认为是合适的，如果油面在这个界限之下，则应添加冷冻机油；如果在这个位置之上，则应放出多余的冷冻机油。

②观察油尺。未装视镜玻璃的压缩机，可用量油尺检查油量。这种压缩机有的只有一个油塞，油塞下面有的装有油尺，有的没有油尺，需要另外用专用油尺插入检查。观察油面的位置是否在规定的上下限定之间。

a. 卸下加油塞。

b. 通过加入塞孔观察，旋转离合器前板，使活塞连杆正好在加油塞孔中央位置。

c. 把油尺用棉纱擦干净，然后插到压缩机内（活塞连杆的右边），直到油尺端部碰到压缩机内壳体为止，取出油尺，检查冷冻机油的油面应在4~6格之间，若少则加入，若多则放出，然后拧紧加油孔塞。如图3-45所示。

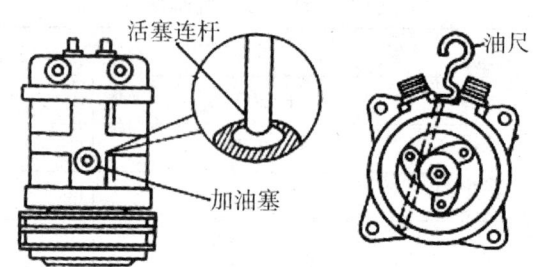

图 3 – 45　压缩机冷冻机油油量的检查

　　新压缩机装有制冷系统所需要的全部冷冻机油。所以当更换压缩机时，首先排空旧压缩机内的冷冻机油，并测量其容量。然后排空新压缩机冷冻机油，将与旧压缩机排出的相同的冷冻机油量加上 20 ~ 30 mL 注入新压缩机。因此更换压缩机时，新压缩机排出油量 = 新压缩机总油量 – 旧压缩机内的油量 – （20 ~ 30 mL）。

　　（2）加注冷冻机油

　　①从加油塞口直接加入。这种方法一般是在更换压缩机的时候，从压缩机的加油塞直接加注。

　　②真空吸入法。添加冷冻机油可在抽真空后进行，其设备如图 3 – 46 所示，操作步骤如下：

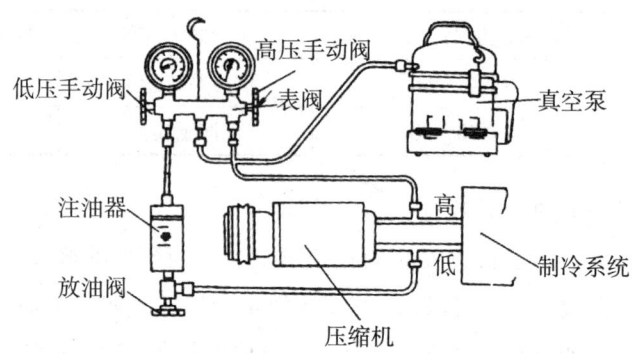

图 3 – 46　真空吸入法加注冷冻机油

　　a. 按抽真空的方法先对制冷系统抽真空。

　　b. 选用一个带有刻度的注油器，上面有一个加油旋塞和一个放油阀。盛入比要补充的冷冻机油油量还要多一些的冷冻机油。

　　c. 将注油器接在表阀的低压接口和空调制冷系统低压检修阀之间。

　　d. 启动真空泵，打开注油器上的放油阀，补充的冷冻机油就从制冷系统的低压侧进入压缩机，当冷冻机油油量达到规定量时，停止真空泵，并关闭放油阀。

　　e. 拆下注油器，把低压软管接在制冷系统的低压气门阀，接着对系统进行抽真空，加注制冷剂。

6. 制冷剂排放与回收

在检修汽车空调制冷系统时，发现系统制冷剂过多，要排放一些制冷剂；维修或更换时，必须排放制冷剂，制冷剂的排放有两种方法。一种是把制冷剂排入大气中，污染环境，浪费资源；二是回收制冷剂，这种方法较前者好，但是要有回收装置。在修理过程中使用冷媒回收机回收空调系统中的制冷剂。由于制冷剂被储存在制冷剂回收罐内，所以拆开空调制冷系统也不会泄漏制冷剂而污染大气。

（1）制冷剂排放

排放时，周围环境一定要通风良好，也不要接近明火，否则会产生有毒的气体。

制冷剂排放的步骤如下：

①先关闭表阀、高低手动阀，按图 3 – 47 指示接好管路，然后各个控制器调到冷气最冷的位置，发动机转速调到 1000 ~ 2000r/min，并运行 10 ~ 15 分钟。

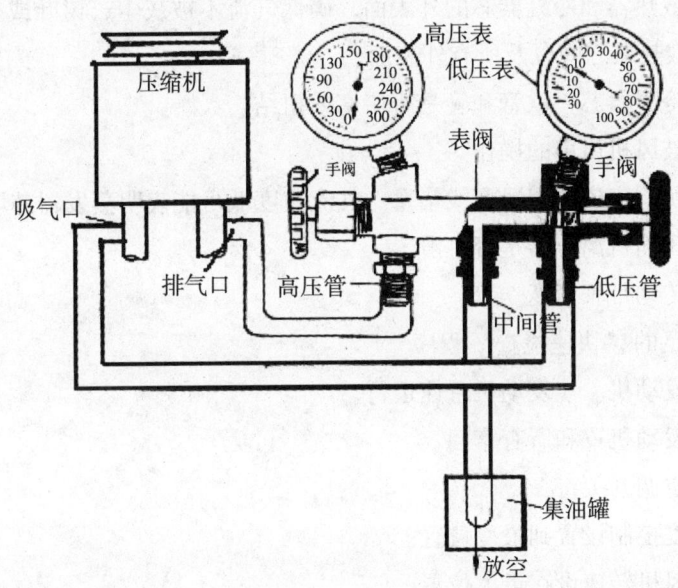

图 3 – 47　制冷剂的排放

②松开油门，使发动机恢复正常怠速，关闭发动机。

③缓慢打开高压手动阀，在软管出口盖上一块白毛巾，观察毛巾上有无油污，调节制冷剂的流量。

④在高压表读数降到 0.35MPa 以下时，缓慢打开低压手动阀。

⑤当系统压力下降时，逐渐打开高压和低压手动阀，直到两者压力计的读数达到 0MPa 为止，关闭手动阀。

（2）制冷剂的回收

①将回收机上低压管口接头和高压管口接头连接到待服务车的空调系统中，连接前要弄清空调系统所使用的制冷剂类型。

②将回收钢瓶与回收机连接起来，注意要排除软管中的空气。

③接上电源，打开主电源开关。

④按下回收启动开关，系统开始从车辆上回收。

⑤当车辆的空调系统真空度下降到280mmHg，机器自动关闭，指示灯熄灭。

⑥关上制冷剂罐上阀门，切断总电源，卸下连接管路。

五、制冷系统故障原因与检查排除

1. 制冷系统检查

如果怀疑制冷剂系统有问题，应进行以下方面的检查：

（1）检查散热器和冷凝器芯的外表面，确保气流不被灰尘、树叶或其他异物堵塞。检查冷凝器与散热器之间以及所有外表面。

（2）检查冷凝器芯、软管和管是否堵塞或扭结。

（3）检查鼓风机风扇的操作。

（4）检查所有气道是否泄漏或堵塞。气流速度低可能表明蒸发器芯堵塞。

（5）检查压缩机离合器是否打滑。

（6）检查传动带张紧度。

2. 制冷不足的"快速检查"程序

（1）预热发动机。使发动机怠速运行。

（2）打开发动机罩和所有车门。

（3）接通空调开关。

（4）将温度控制设置到最冷位置。

（5）将鼓风机转速设在最大位置。

（6）用手感觉蒸发器出口管处的温度，出口管应较冷。

（7）检查其他故障。

（8）检查系统是否泄漏。若发现泄漏，排放系统并完成必要的修理。在修理完毕后，排空系统并重新加注制冷剂。

（9）如果没有泄漏，进行制冷系统检查（见表3-7）。

表 3 - 7   制冷系统故障与排除

故　障	原　　因	检查排除
制冷量不足	（1）蒸发器风扇转速太慢	（1）检查接头是否松动，调速电阻是否失效；没有这些情况，拆下风扇更换
	（2）热敏电阻器有故障	（2）检查，或更换
	（3）放大器有故障，恒温开关有故障	（3）检查放大器更换；检查恒温开关更换
	（4）离合器因电压过低而打滑	（4）找出原因，输入规定电压
	（5）离合器因磨损过量而打滑	（5）更换磨损严重的离合器零件
	（6）离合器循环过于频繁	（6）调整或者更换恒温器开关或温度放大器
	（7）压缩机进排气阀窜气	（7）更换缸垫
	（8）储液干燥器滤网堵塞	（8）更换滤网，清洗或更换储液干燥器
	（9）膨胀阀感温包保温层脱落而松动；或者感温包感温液体漏光	（9）重新捆扎感温包；感温包泄漏，则更换膨胀阀
	（10）孔管滤网堵塞	（10）清理滤网，并更换液气分离器
	（11）冷凝器的气流不畅通	（11）清理冷凝器表面杂物
	（12）蒸发器的气流不畅通	（12）清理蒸发器表面，修理温度混合风门
	（13）蒸发器压力控制阀有故障	（13）更换
	（14）系统中制冷剂过多或不足	（14）排出多余的制冷剂或充入适量制冷剂
	（15）冷冻油过多	（15）排出多余的油
	（16）系统内进有空气	（16）排空、抽真空、注液
	（17）车外温度高，车外循环风门关不死	（17）修理外循环风门，或更换此真空马达
	（18）蒸发器结霜堵塞	（18）调整恒温开关或蒸发器压力控制器
	（19）蒸发器风箱壳漏气	（19）修理补漏
输出冷气时有时无	（1）离合器线圈电路接触不牢；接地搭铁松动	（1）焊接牢固；拧紧修理搭铁
	（2）离合器打滑，或磨损严重	（2）清洗油渍，更换磨损零件
	（3）主继电器、风扇继电器有故障	（3）更换继电器
	（4）连接插头插座有松脱	（4）固定或更换松脱的插座
	（5）风扇变阻器有故障	（5）更换调速器
	（6）电机接触不良	（6）更换风扇马达
	（7）离合器因电压过低而时有打滑	（7）找出原因，并予以改正
	（8）恒温器或放大器有故障	（8）更换恒温器或放大器；检查热敏电阻

故　障	原　因	检查排除
输出冷气时有时无	（9）系统内湿气过多	（9）更换干燥剂，重新抽真空，注液
	（10）膨胀阀失灵；感温包松动	（10）检查感温包或更换膨胀阀
	（11）恒温器调整的断开温度过低	（11）重新调整
完全不制冷	（1）A/C熔丝烧断	（1）查明原因，更换熔断器
	（2）电路断路器有故障	（2）查明原因，予以纠正，更换断路器
	（3）A/C开关有故障	（3）检查开关
	（4）主继电器接触不良，或有其他故障	（4）检查主继电器
	（5）电线和接头折断或脱落	（5）检查线路，接通线路
	（6）离合器电磁线圈短路烧毁	（6）检查线圈，若短路则更换
	（7）恒温开关或放大器失灵	（7）更换
	（8）热敏电阻器有问题	（8）检查，电阻与温度变化曲线不符合时，更换新的
	（9）蒸发器的风扇电路或继电器有故障	（9）电机有毛病，更换；继电器有毛病，修理
	（10）皮带松弛或折断	（10）调整或更换
	（11）高压或低压开关有故障和断开	（11）检查开关，并查明断路的原因；有故障，则换掉
	（12）制冷剂全部漏光：a. 压缩机轴封漏油；b. 储液干燥器上的易熔塞熔化；c. 软管破损；d. 系统其他地方	（12）查明漏点，修理并重新抽真空、注液
	（13）储液干燥器或膨胀阀堵塞	（13）检修，并查明堵塞原因
	（14）压缩机的进、排气阀门折断或阀板磨损	（14）更换阀门和阀板
	（15）缸盖密封垫损坏	（15）更换

【任务实施】

首先掌握汽车空调制冷系统具体结构，分析制冷系统故障原因，收集制冷系统相关信息，熟悉制冷系统维修步骤和方法，如系统抽真空、制冷剂回收、制冷剂加注等。制订操作计划。然后，按规范和计划，逐步完成任务。

1. 制冷系统基本作业如表3－8所示。

表 3 - 8   制冷系统基本作业表

作业项目	操作步骤	操作要领图示	操作记录
1. 制冷剂回收	(1) 将回收机上低压管口接头和高压管口接头连接到待服务车的空调系统中，连接前要弄清空调系统所使用的制冷剂类型。	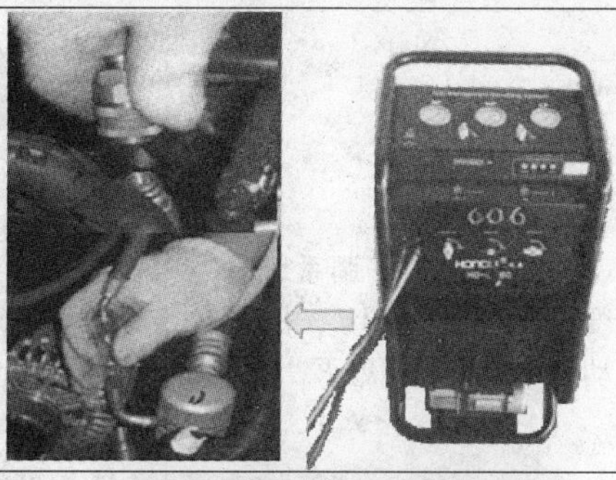	完 成 □ 未完成 □
	(2) 将回收钢瓶与回收机连接起来，注意要排除软管中的空气。	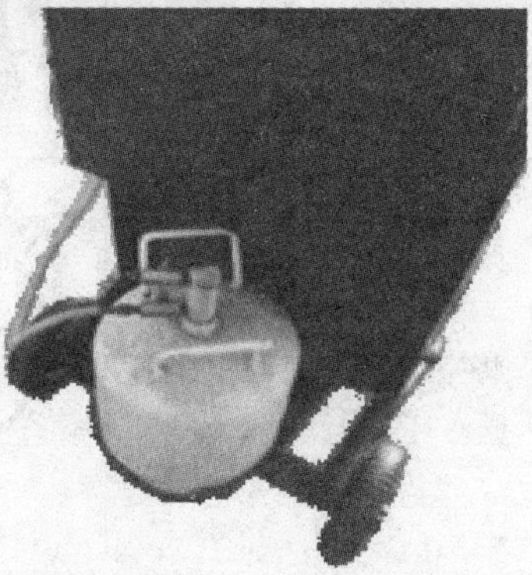	完 成 □ 未完成 □
	(3) 接上电源，打开主电源开关。	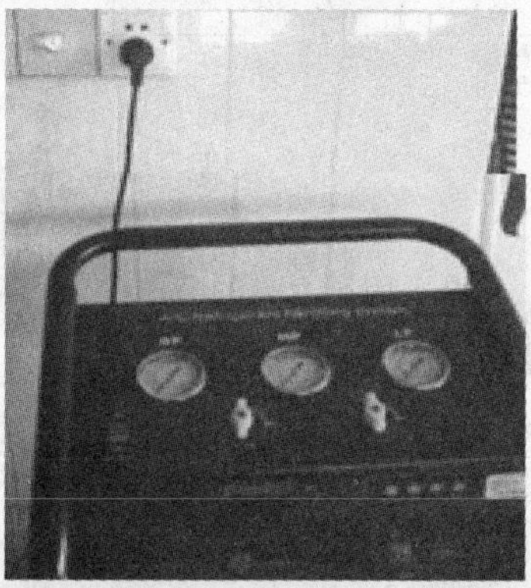	完 成 □ 未完成 □
	(4) 按下回收启动开关，系统开始从车辆上回收		完 成 □ 未完成 □

作业项目	操作步骤	操作要领图示	操作记录
1. 制冷剂回收	（5）当车辆的空调系统真空度下降到280mmHg，机器自动关闭，指示灯熄灭	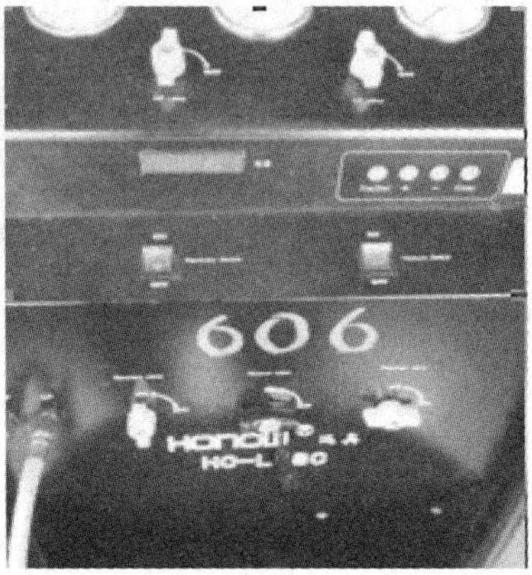	完成　□ 未完成　□
2. 系统抽真空	（1）将空调压力表的中间管接头接入真空泵	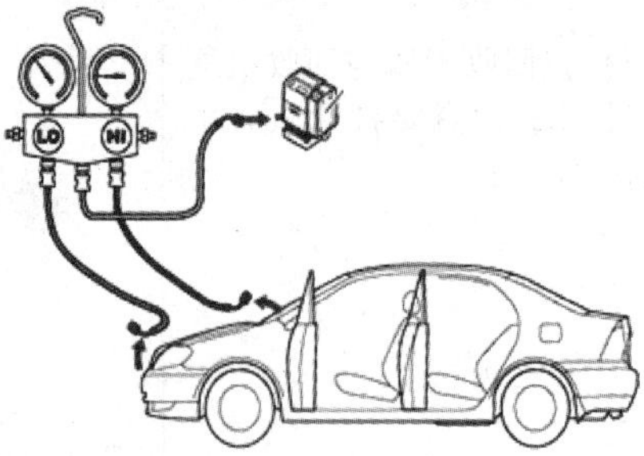	完成　□ 未完成　□
	（2）完全关闭压力表的高压侧和低压侧的阀门	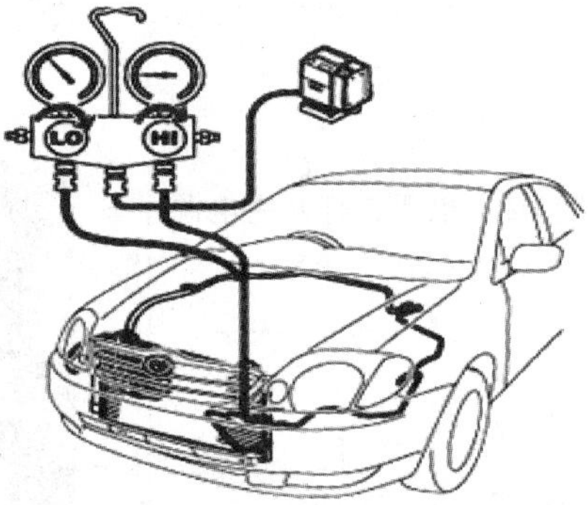	完成　□ 未完成　□
	（3）将空调压力表的低压管装入系统的低压端	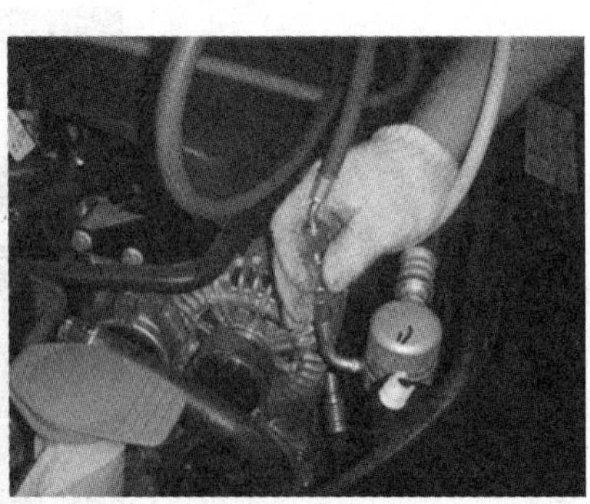	完成　□ 未完成　□

作业项目	操作步骤	操作要领图示	操作记录
	（4）将空调压力表的高压管装入系统的高压端	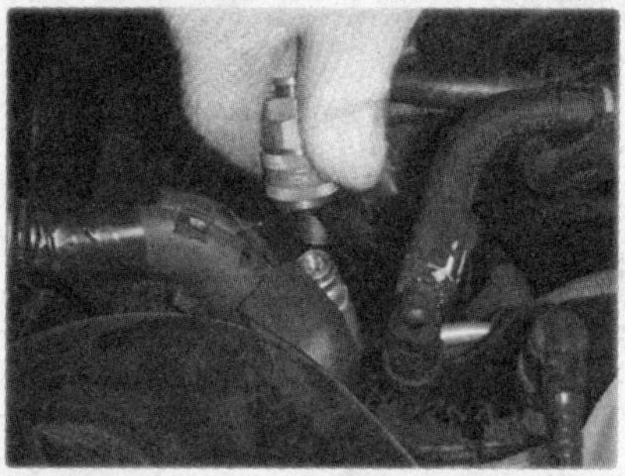	完　成　□ 未完成　□
2. 系统抽真空	（5）打开压力表高低压侧开关，启动真空泵抽真空	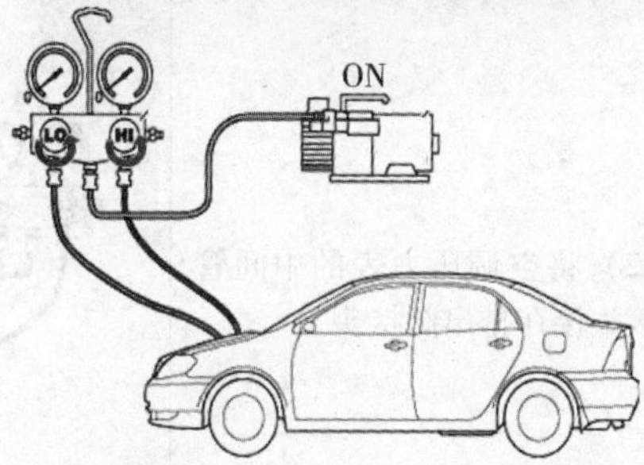	完　成　□ 未完成　□
	（6）系统压力接近于真空时，关闭高、低压手动阀，保压5～10分钟。如低压表指针不动，则打开高、低压手动阀开启真空泵，继续抽真空	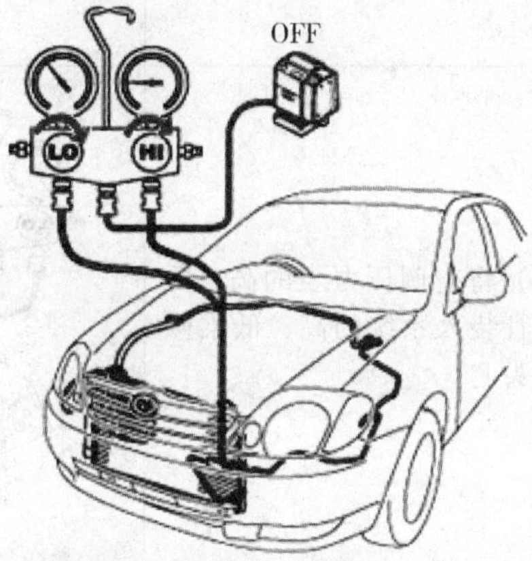	完　成　□ 未完成　□
	（7）抽真空结束时，先关闭高、低压手动阀，再关闭真空阀，其目的防止空气进入制冷系统	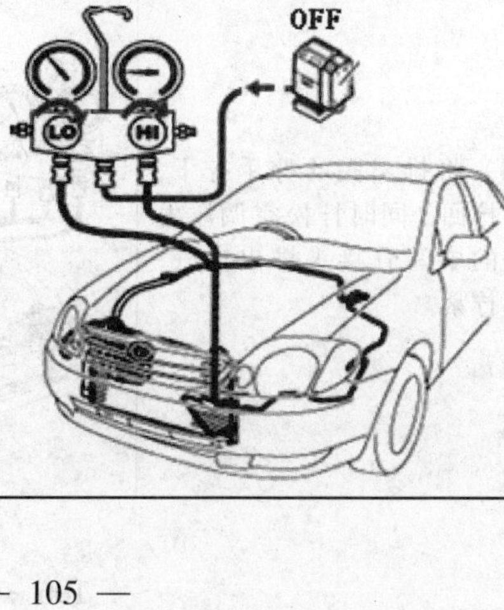	完　成　□ 未完成　□

作业项目	操作步骤	操作要领图示	操作记录
3. 加注制冷剂	（1）将排出阀安装在制冷罐上	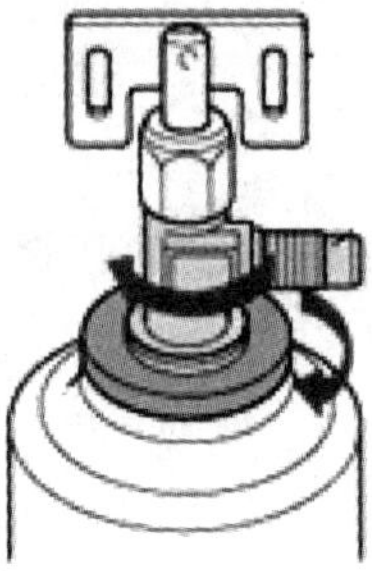	完　成　□ 未完成　□
	（2）将空调压力表的中间管接头接在排出阀接头上	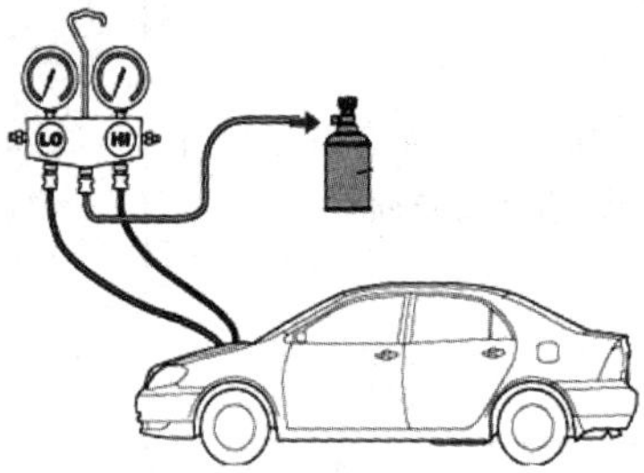	完　成　□ 未完成　□
	（3）将空调压力表的高、低压管装入系统的高、低维修接头上	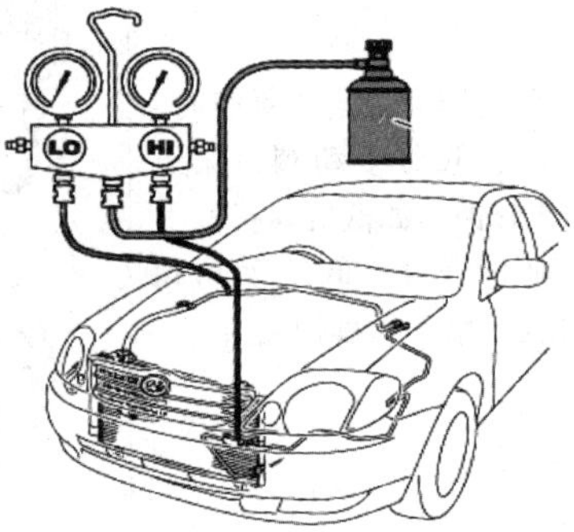	完　成　□ 未完成　□
	（4）将排出阀的拧手拧下，再拧回，同时拧松空调压力表的中间管接头排出空气，再拧紧	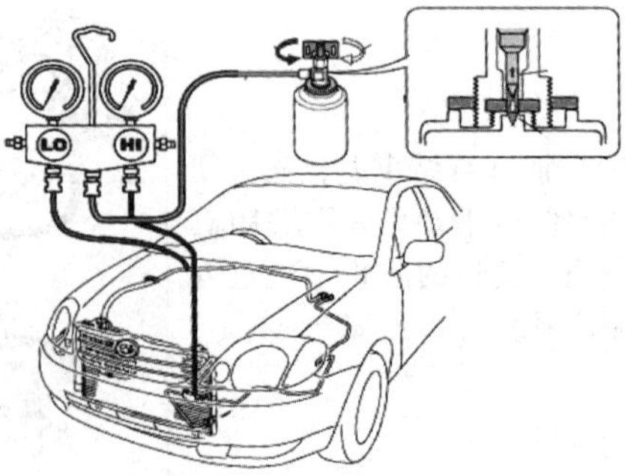	完　成　□ 未完成　□

続表

作业项目	操作步骤	操作要领图示	操作记录
3. 加注制冷剂	(5) 打开压力表低压侧开关，启动发动机，打开空调开关，加注制冷剂	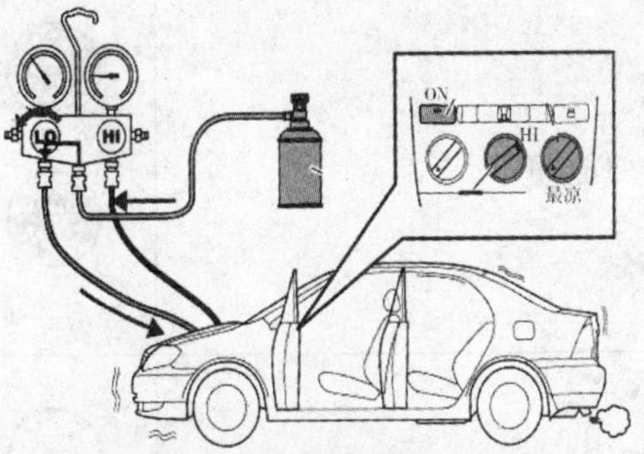	完 成 □ 未完成 □
4. 检查制冷剂量	(1) 启动发动机，打不开空调开关		完 成 □ 未完成 □
	(2) 观察空调观察窗是否有气泡	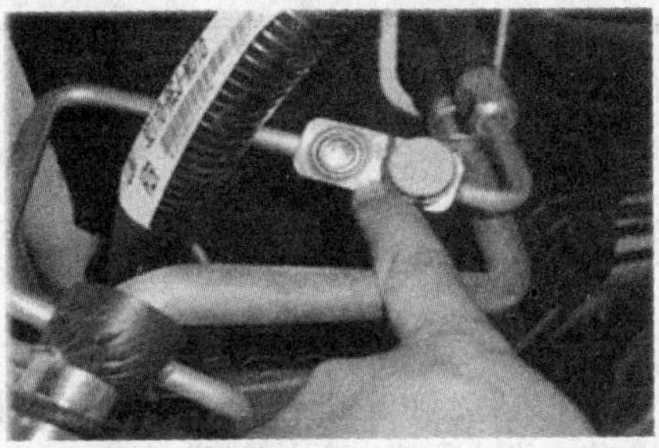	完 成 □ 未完成 □
	(3) 制冷剂充入量 空调开关"OFF"到"ON"后约1分钟	 有泡：气体与液体的冷媒状态出现泡沫  透明：全部冷媒为液状时呈透明 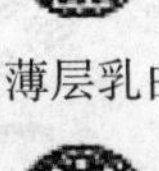 浑浊：油与冷媒分离状态时显示薄层乳白色 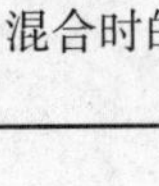 有泡浑浊：气体冷媒与分离的油混合时的状态，出现薄层乳白色，有泡	完 成 □ 未完成 □

作业项目	操作步骤	操作要领图示	操作记录
4. 检查制冷剂	①适量	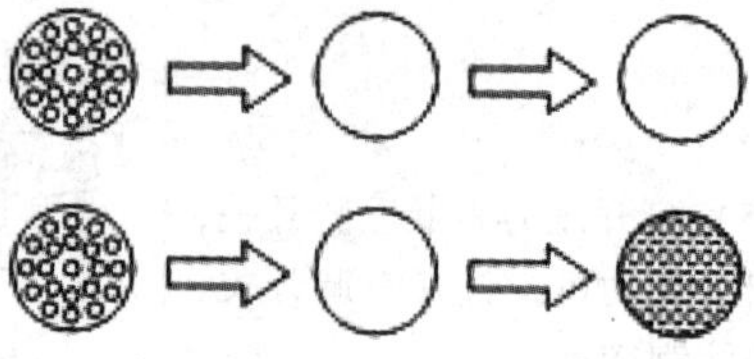 高压侧压力 1.4～1.8MPa	
	②过量充填	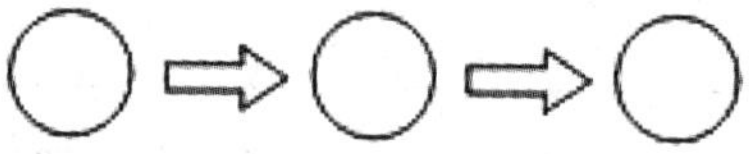 高压侧压力 >2.0 MPa	完成　□ 未完成　□
	③不足	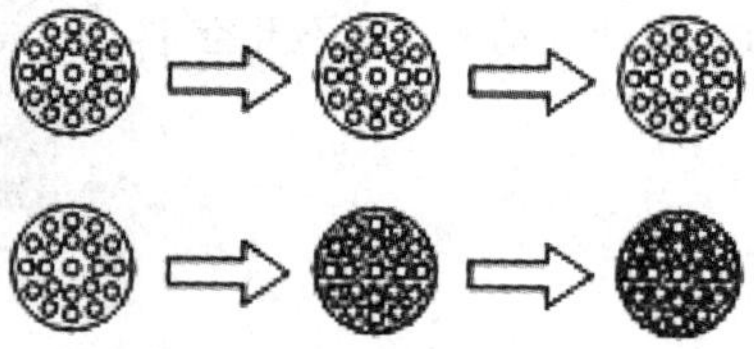 高压侧压力 <1.2 MPa	

　　2. 制冷系统压力异常故障诊断如表3-9所示。

表3-9　　　　　　　　　　制冷系统压力异常故障诊断作业表

作业项目	操作步骤	操作记录
1. 测试条件设置	发动机预热后，在下列特定条件下，从歧管压力表上读取压力值： （1）将功能键设定在"内循环"（REC）状态 （2）发动机转速控制在1500r/min下运转 （3）鼓风机挡位置于"HI"（高速）位置 （4）调速键置于"COOL"（最冷）位置 （5）环境温度为30～35℃（当环境温度过高时，用大风扇吹冷凝器或用冷水冲洗冷凝器以调节系统温度）	完成　□ 未完成　□
2. 空调系统正常	R134a空调系统歧管压力表读数；低压侧为0.15～0.25MPa；高压侧为1.37～1.57MPa	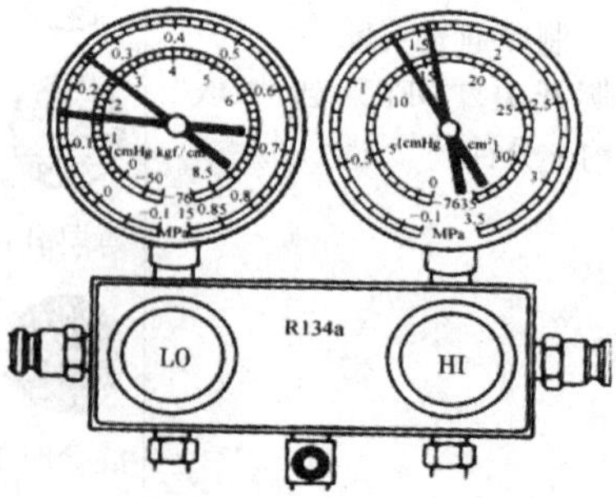 完成　□ 未完成　□
	R12空调系统歧管压力表读数；低压侧为0.147～0.196MPa；高压侧读数为1.442～1.471MPa	

作业项目	操作步骤	操作记录
3. 高、低压侧压力均较低	（1）故障原因 ①制冷剂不足 ②空调系统泄漏 	完　成　☐ 未完成　☐
	（2）检查方法 ①目测：通过观察窗可以看见大量的气泡，说明制冷剂不足，目测空调系统的管路及各个接头处，可以看到油污，可以判定此处存在泄漏 ②仪器检漏：卤素灯检漏、电子检漏、肥皂水检漏、荧光剂检漏 	完　成　☐ 未完成　☐
	（3）修理方法 	完　成　☐ 未完成　☐
4. 低压侧压力极低（接近真空）高压侧压力较低	（1）故障原因 ①空调压缩机到高压检测口之间存在堵塞 ②管路受外力变形而造成堵塞 ③储液干燥器堵塞 	完　成　☐ 未完成　☐
	（2）检查方法 ①用手触及管路，能够感觉到前部即高压侧热，触及后部感觉到凉，甚至会结水珠或结霜，可判断此部位堵塞 ②储液干燥器检查。如进出口温度相差大于5℃，看到有水珠或结霜，说明储液干燥器堵塞 	完　成　☐ 未完成　☐
	（3）修理方法 管路堵塞更换修理高压管路，储液干燥器堵塞更换储液干燥器	完　成　☐ 未完成　☐

作业项目	操作步骤	操作记录
5. 低压侧压力高和高压侧压力低	（1）故障原因 压缩机故障 	完　成　□ 未完成　□
	（2）检查方法 ①观察空调压缩机的电磁离合器是否能正常吸合，是否存在打滑现象，以及驱动皮带是否打滑 ②仔细听压缩机运转时是否有明显的机械噪声 ③检测压缩机的工作温度，其正常工作温度为50℃左右，如果压缩机的内部存在泄漏，其工作温度会高于正常工作温度。制冷剂不足或管路有堵塞，压缩机的工作温度会过低	完　成　□ 未完成　□
	（3）修理方法 如果是皮带打滑，需要更换或调整皮带；如果是压缩机故障，则拆下压缩机，检查压缩机电磁离合器的压盘与转子之间的间隙及电磁线圈的电阻值是否正确；如果都没问题，就需要进一步检查压缩机。用一只手扳动压盘，另一只手堵住压缩机的低压口时，感觉不到吸力，用手堵住压缩机的高压口时，高压没有出气的压力，而且在检查过程中，旋转起来很轻松。此时，应向压缩机内加注一些冷冻机油再试，再次旋转检查，如果现象仍一样或者没有明显的好转，则更换压缩机	完　成　□ 未完成　□
6. 低压侧压力低，高压侧压力高	（1）故障原因 ①空调系统的高压部分有堵塞 ②膨胀节流阀堵塞 ③管路变形或蒸发器堵塞 	完　成　□ 未完成　□
	（2）检查方法 根据节流现象检查从储液干燥器到膨胀阀，以及到蒸发器之间有无堵塞，如果没有发现堵塞，则需要拆卸蒸发器，检查蒸发器是否有弯曲。如果没有发现异常，就需要从蒸发器上拆下膨胀阀，检查膨胀阀内是否有堵塞，平衡管或感温包是否破裂。故障多是由于膨胀阀堵塞或动力元件失效，致使制冷剂不能足量地进入蒸发器。堵塞多是因为干燥器失效，污物进入膨胀阀致使堵塞。而动力元件失效，多是因为感温包漏气，使阀门处于常闭状态	完　成　□ 未完成　□

作业项目	操作步骤	操作记录
6. 低压侧压力低，高压侧压力高	（3）修理方法 用压缩空气从一端吹入蒸发器，若无足量的空气从另一端排出，则需要更换蒸发器，空调系统的膨胀阀位于蒸发器内，不易直观检测，在其他部位没脏堵现象的情况就要考虑更换膨胀阀。如果更换了膨胀阀，同时需要更换储液干燥器。判断膨胀阀是否有故障的一种方法：先连接空调歧管压力表组，提高发动机转速，将高压端的压力保持在 $15kgf/cm^2$，此时观察低压表的压力，其压力应在 $2kgf/cm^2$，这样为正常。如果高于此值，则说明膨胀调节阀开度大；如果低于此值，则说明膨胀阀开度小。这样可以大致确认膨胀阀是否存在故障，这是在拆卸膨胀阀之前做的确认检查。如果是膨胀阀的故障，更应该更换膨胀阀	完 成 □ 未完成 □
7. 高低压表表针波动，时为正常，时为低值，低压有时指向真空	（1）故障原因 空调系统中有水汽，进入系统内的水分在膨胀阀管口结冰形成堵塞，循环暂时停止，但是当堵塞的冰融化后系统又恢复正常 	完 成 □ 未完成 □
	（2）检查方法 将汽车空调系统关闭 10～15 分钟后，再次打开，如果压力表指向正常，但只有几分钟，压力表又指向不正常，空调系统工作期间，压力表的指针总是间隔地上下摆动，时而正常时而不正常，这就说明汽车空调系统内的湿气过多形成了冰堵，冰堵是指由于储液干燥器中的干燥剂饱和，制冷剂中的湿气不能被有效排除，制冷剂在通过膨胀阀时膨胀产生低温，使湿气在膨胀阀的节流阀的处冻结，就会堵塞制冷剂的继续循环，一旦制冷剂停止循环，膨胀阀周围的温度就慢慢上升，在膨胀阀冻结的冰就会融化，空调系统又恢复工作。周而复始，湿气又会在膨胀阀处冻结，继而又融化，这就产生了上述的表压现象	完 成 □ 未完成 □
	（3）修理方法 ①除湿：进行修理首先要更换储液干燥器，更换后要对空调系统进行充分的除湿。除湿是指利用对汽车空调系统进行反复抽真空的方法可以有效地排除空调系统内的水分，因为在真空下水会沸腾，产生的水蒸气会被真空泵吸收，排放到空调系统外。除湿需要足够长的时间，这就和烧水一样，要想让水蒸发掉，只让水沸腾是不够的，还要有足够的时间让水蒸发掉。所以除湿的抽真空时间最少为 30 分钟，若允许 4 小时的抽真空更佳	

作业项目	操作步骤	操作记录
7. 高低压表表针波动，时为正常，时为低值，低压有时指向真空	②湿气的危害：空调系统中的水分多少都会对空调系统产生极大危害。因为水汽与 R12 制冷剂混合后会发生强烈的化学反应，生成对空调系统内部零件起腐蚀作用的氢氯酸（HCL），氢氯酸极具腐蚀性，对铝也是如此，空调系统的大多数部件的材料都是铝，氢氯酸与铝发生化学反应所形成的氧化物会造成堵塞，影响汽车空调系统的制冷效果，在 0.5kg 容量的空调系统中只要有一滴水就会造成汽车空调系统的严重损坏 使用 R134a 制冷剂的空调系统时，虽然水分不会产生有害的酸物，但是对空调系统的运转却是不利的。水汽会在膨胀阀孔积聚和冻结，造成"冰堵"这样的故障现象 ③湿气的防治：一般环境中的空气都是具有一定的相对湿度，也就是说空气中是含有水分的，所以空调系统发生渗漏就会有空气和水汽流入。为此，必须控制空气流入空调系统储液干燥器的作用就是吸收和存留进入空调系统的水分，如果湿气已经进入空调系统，储液干燥器或储液罐的干燥剂必须能吸收这些水分，如果储液罐的干燥剂已经饱和或失效，除了要更换掉储液罐的干燥剂，同时还要用除湿的方法除去空调系统内的水汽 维修空调的防湿措施 ·在向汽车空调系统中加注制冷剂之前要确认充分排除系统内的所有湿气 ·绝对不要在水周围、雨中或非常潮湿的环境下修理空调系统 ·修理过程中被断开的空调部件的开口端应及时封盖 ·冷冻机油要密封良好，只有在加注时才打开密封包装 ·修理空调时要最后安装储液干燥器，其密封件不要提前打开	完　成　□ 未完成　□
8. 高、低压侧压力都高	（1）故障原因 ①空调系统中存在空气 ②制冷剂过量 ③冷凝器散热不良、冷却风扇转速低 	完　成　□ 未完成　□
	（2）检查方法 ①系统中有空气的检查方法：观察汽车空调系统的工作，如果在空调系统暂停工作后，高压表的压力下降很快，当空调系统再次启动时，高压端的压力有一定的压力损失，其表针会先下降，然后再升高。空调系统工作期间，低压管发热，且高压表表针会慢速大幅抖动。还可以通过观察储液干燥瓶的视液孔看是否存在一定量的气泡	

作业项目	操作步骤	操作记录
	②制冷剂过量的检查方法：如果是汽车空调系统的制冷剂过量，则用手触摸感到冷凝器的排出侧的温度要比正常空调系统的工作温度低，由空调系统的观察窗看不到制冷剂流动气泡。如果向冷凝器泼水也看不到气泡，则表明空调系统的制冷剂过量。因为向冷凝器上泼水，冷凝器制冷剂温度迅速下降，造成比容下降，此时储液干燥罐内的液体会向冷凝器逆流。所以会由观察窗看见气泡，此时不要误认为制冷剂不足 ③冷凝器散热不良的检查方法：检查冷凝器和水箱的散热栅是否被堵塞及其之间的空气通道是否被污物堵塞，冷凝器和水箱之间的密封条是否破损。这些情况都会导致空调系统散热不良，此时空调系统的工作压力会比正常时稍高。检查冷凝器是否有被外物击打而弯曲的现象，这样会导致散热不良。一旦有弯曲现象，就会产生节流，节流前后会有温度变化，根据节流现象可以快速找到损坏部位	完　成　□ 未完成　□
8. 高、低压侧压力都高	（3）修理方法 ①系统中有空气的修理方法：当有空气进入空调系统后，由于空气在空调系统中的条件下不会凝结，它的密度又比制冷剂的密度小，因此空气一般都滞存在冷凝器和储液干燥罐顶部，因为这两个部件内制冷剂有液体形式存在，形成液封，空气不会进入蒸发器，即使进入了空调系统的低压部分，空气也会随制冷剂被泵压缩排入冷凝器或干燥器中。根据空气的这一特性，可以运用排气的方法确认是否有空气进入了汽车的空调系统： a. 连接空调歧管压力表组，将压力表挂在引擎盖锁门上，使之成为空调系统的最高点 b. 关掉汽车的空调系统和发动机，使空调系统充分稳定 c. 快速打开压力表组的低压开关，放出少量气体 d. 快速打开压力表组的高压开关，放出少量气体 e. 启动发动机，打开空调 f. 注意压力表表压的变化 如果高压表和低压表的压力降低了，上述现象一定好转或消失，则说明汽车空调系统内确实有空气。如果高压表和低压表的压力都降低了，但比正常值要高，则重复以上过程，如果压力不再降低，则查找其他原因。汽车空调系统的排气一般用来确定空调系统中有空气这一故障的存在，不能作最终的修理手段。一旦确定空调系统内有空气存在，则要重新彻底抽真空加注制冷剂，才能有效地排除这一故障 ②制冷剂过量的修理方法：熄灭发动机，用维修布裹住空调歧管压力表组的排放管口，打开表组的高压端。除去一些制冷剂。启动发动机，打开空调，空调系统的压力应该趋近正常。建议彻底重新对空调系统进行抽真空，定量加注制冷剂 ③冷凝器散热不良的修理方法：清理冷凝器、水箱散热栅的污物，必要时需更换。同时要注意发动机散热器的性能，必要时还要清洗散热器	完　成　□ 未完成　□

【**任务总结**】

收集有关汽车空调制冷系统的信息，理解汽车空调制冷系统的结构和工作原理，通过汽车空调制冷系统部件检查，如压缩机、电磁离合器吸合动作、蒸发器、冷凝器、高低管及压力的检查，制冷系统检漏、抽真空、制冷剂加注等维修作业，完成制冷系统不制冷故障诊断与排除过程，来学习汽车空调系统的结构、工作原理及故障诊断与排除方法和步骤。

检验内容	检验指标	总 评
蒸发器结构	1. 收集蒸发器相关信息 2. 汽车蒸发器的结构、功能、安装位置及关系 3. 汽车蒸发器的种类	
节流膨胀阀的结构	1. 收集节流膨胀阀相关信息 2. 汽车节流膨胀阀的结构、功能、安装位置及关系 3. 汽车节流膨胀阀的种类	
检查任务完成情况	1. 说出车空调制冷系统组成 2. 描述汽车空调制冷系统结构和主要部件的功能 3. 汽车空调检漏作业 4. 空调系统抽真空、制冷剂加注作业	

项目四　取暖和配气系统故障检修

【项目目标】

- ❖ 能够识别汽车空调取暖系统的类型
- ❖ 能按规范拆装取暖和通风配气系统
- ❖ 能说明汽车空调取暖和配气系统的结构和工作原理
- ❖ 能检测取暖和配气系统的故障
- ❖ 会维护取暖和配气系统

任务六　汽车空调暖风不暖故障检修

【案例】

一辆 2009 款丰田花冠车的车主反映，汽车开空调暖风不足，进厂进行维修。小刘接到维修单后不清楚如何检查空调取暖和通风配气系统，需要检查哪些部位。

【工作任务】

要维修汽车空调取暖和配气系统，首先要收集有关汽车空调取暖和配气系统的信息，了解汽车空调取暖和配气系统的结构，熟知其工作原理，会检查取暖和配气系统相关部件的性能。

汽车空调取暖和配气系统故障维修作业任务书（见表 4－1）。

表 4－1　　　　　　　　　汽车空调取暖和配气系统维修作业任务书

项　　目	汽车空调取暖和配气系统维修
信息来源	资料、实物、VCD 光盘、教材、PPT 文件
任务目标	1. 收集汽车空调取暖和通风配气系统相关信息 2. 掌握汽车空调取暖和通风配气系统的结构及工作原理 3. 会维护汽车空调取暖和通风配气系统 4. 会拆装、检修汽车空调取暖和通风配气系统
课程任务	1. 根据老师提供的车辆或教具（挂图），说出汽车空调取暖和通风配气系统的组成及部件名称 2. 根据老师提供的车辆或教具（挂图），识别汽车空调取暖系统的类型

续 表

项 目	汽车空调取暖和配气系统维修
课程任务	3. 根据老师提供的车辆或教具，检查下面所列部件的位置 （1）热水阀　　　（2）加热器　　　（3）空气过滤器　　　（4）控制面板 4. 汽车空调取暖和通风配气系统的维护
任务要求	1. 独立完成课程任务相关信息的检索 2. 制订作业计划 3. 要确保人身和设备安全，严格按操作步骤进行 4. 以小组为单位，分工合作完成课程任务 5. 未经允许不准随意移动车辆或启动发动机

【任务准备】

一、汽车空调取暖系统

现代汽车空调已发展成为冷暖一体化装置，不仅能制冷，而且能制热和通风，成为适应全年性气候的空气调节系统。汽车空调取暖系统主要作用是能与蒸发器一起将空气调节到乘员舒适的温度；在冬季向车内提供纯暖气，提高车内环境温度；当车上玻璃结霜或结雾时，可以输送热风用来除霜或除雾。

1. 汽车取暖系统的分类

汽车空调取暖系统按暖气设备所使用的热源可分为发动机余热式和独立热源式；按空气循环方式可分为内循环、外循环两种。

（1）发动机余热式取暖系统和独立热源式取暖系统按照载热体可分为以下几类：

①水暖式暖风系统：水暖式暖风系统是利用发动机冷却液的热量，这种形式大多数用于轿车、大货车及要求不高的大客车上。

②气暖式暖风系统：气暖式暖风系统是利用发动机排气系统的热量，这种形式多用于安装风冷式发动机的汽车上。

③独立燃烧式暖风系统：独立燃烧式暖风系统安装专门燃烧机构，这种形式多用于大客车上。

④综合预热式暖风系统：既采用发动机冷却液的热量，又装有燃烧预热器的综合加热装置，称为综合预热式暖风系统，这种形式多用于大客车。

（2）根据空气循环方式不同对汽车取暖系统的分类

①内循环式：内循环是指利用车内空气循环，将车室内部空气作为热载体，让其通过热交换的方式升温，升温后的空气再进入驾驶室内供乘员取暖。这种方式消耗热源较少，但空气不新鲜。

②外循环式：外循环是指利用车外空气循环，全部利用车外新鲜空气作为热载体，通过热交换，使升温后的空气进入驾驶室内供乘员取暖。从卫生标准看，这种方式是最理想的，但消耗热源也最大，因此是不经济的。只有特殊要求或高级豪华轿车的空调才采用这种方法。

2. 余热式取暖系统

（1）水暖式取暖系统

水暖式取暖系统实际上是发动机冷却系统的一部分，大致可分为两大部分：热水循环回路和配气装置。装置设备简单，安全经济，但热量小，受发动机运行工况影响大。水暖式取暖装置的结构如图4-1所示。

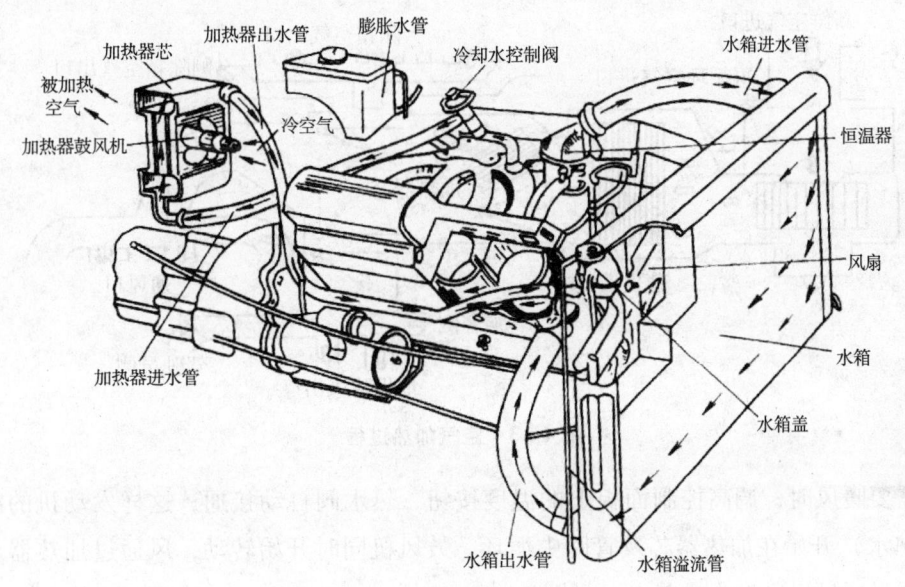

图4-1 汽车发动机水暖式取暖装置结构

①水暖式取暖装置的工作原理

经发动机上的冷却水控制阀分流出来的冷却水送入暖风机的加热器芯，放热后的冷却水经加热器出水管流回发动机，另一路冷却水通过水箱进水管进入水箱，降温后经水箱出水管回到发动机，实现冷却水循环，如图4-2所示。由进风口吸入冷空气被鼓风机强迫通过加热器芯，被加热后由不同的风口吹入车厢内，进入车厢内实现取暖和风窗除霜，如图4-3所示。通过控制冷却水控制阀的开闭和流水量大小，可调节暖风机的供热量。

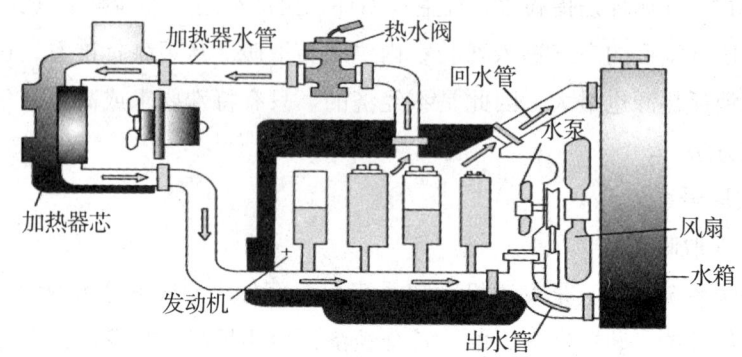

图 4 - 2　热水循环

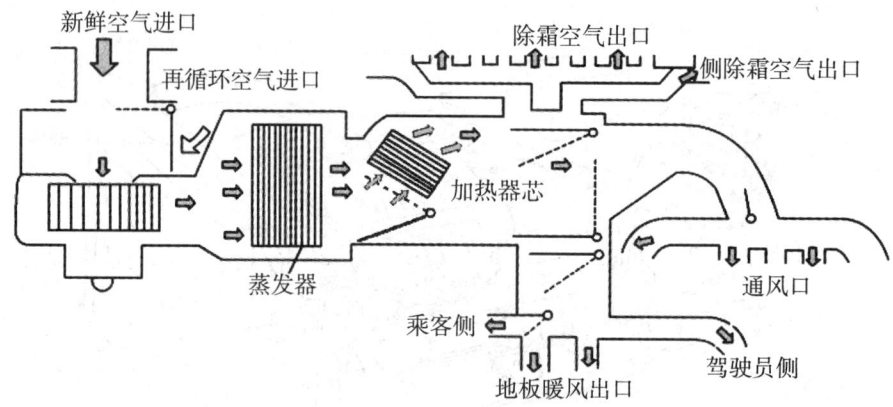

图 4 - 3　空气加热过程

　　需要暖风时，调高控制面板上的温度按钮，热水阀自动接通，这样发动机的冷却液（热水）开始在加热器芯及管路中循环。鼓风机同时开始转动，风通过加热器芯后变成暖风通过出风口吹向车内（见图 4 - 4）。

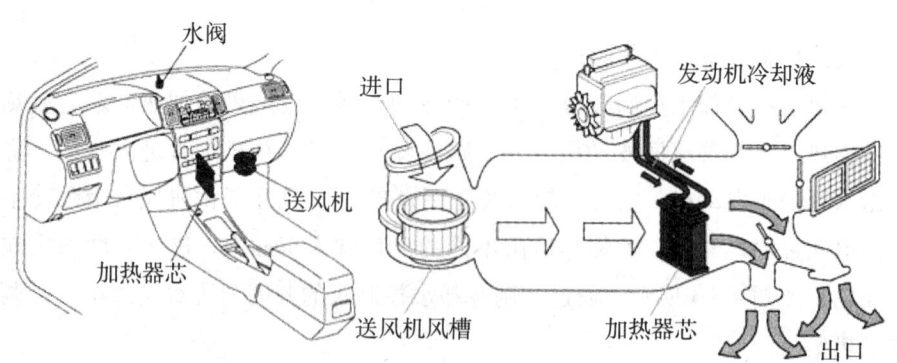

图 4 - 4　供暖系统工作原理

②水暖式取暖系统的构造

a. 热水阀

热水阀也称加热器控制阀，它安装在发动机的冷却管路中，控制允许进入加热器芯的发动机冷却剂量。驾驶员通过移动控制面板上的温度调节杆进行操控。某些车型没有水阀。在这样的车型中，发动机冷却剂恒量流过加热器芯。热水阀的结构如图4-5所示。

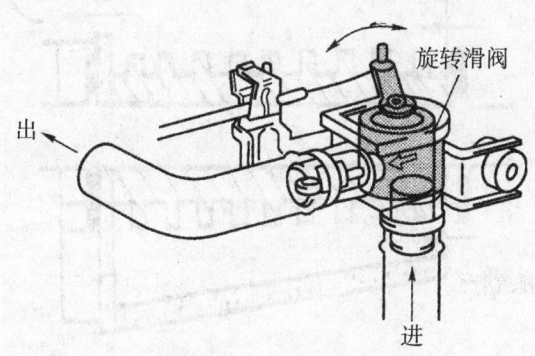

图4-5 热水阀结构

b. 加热器芯

加热器芯由管/片和容器组成。将管子压扁改善热传导并使加热性能更好。发动机冷却剂流入加热器芯并加热穿过加热器芯的空气。加热器芯结构如图4-6所示。

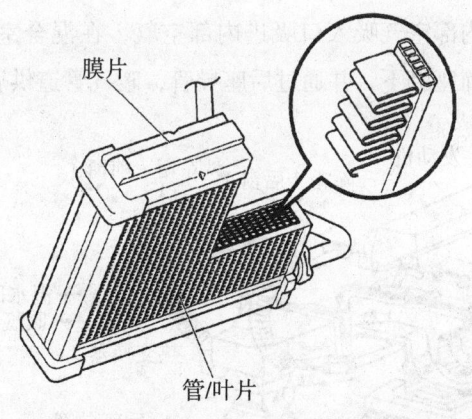

图4-6 加热器芯结构

c. 鼓风机总成

鼓风机电机总成由电动机、调速电阻、风扇组成。

（2）气暖式取暖系统结构与原理

利用发动机排气管中的废气余热或冷却发动机后的热空气作为热源，通过热交换器加热空气，把加热后的空气输送到车厢内取暖，称为气暖式暖气装置。这种暖风装置受车速变化的影响大，对热交换器的密封性、可靠性要求高。

如图4-7所示，在发动机排气管装一段肋片管，管外套上外壳，废气通过肋片传热，加热夹层中的空气，在鼓风机作用下，将空气加热后送入车内。

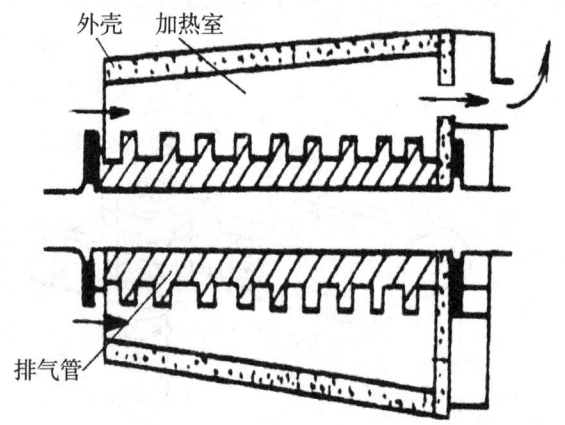

图4-7　汽车余热气暖装置

输入暖风机的空气有三种方式：一是输入车内的空气称为内循环，二是输入车外的新鲜空气称为外循环，三是同时输入内外两种空气称为混合循环。一般内循环采暖效果好，加热空气吸热量少，外循环吸入的空气新鲜，混合循环则具备二者优点，同时克服了二者缺点，在汽车上应用广泛。图4-8为内、外混合循环式暖气装置。由外部空气吸入口吸进新鲜空气，由内部空气吸入口吸进内部空气，在混合室混合，被鼓风机送入热交换器，加热后被送往前座脚下，并通过后座导管，暖气管道供后座席取暖。

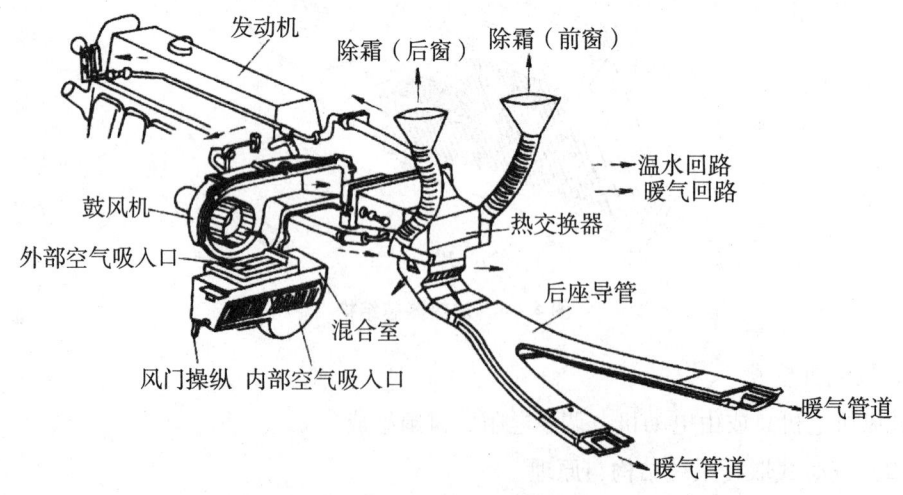

图4-8　内、外混合循环式暖气装置

3. 独立式取暖系统

利用发动机余热取暖式装置普遍受发动机功率和工况影响较大，车辆低速行驶或下坡时暖气效果不佳，目前大客车普遍采用独立式取暖装置。这种装置热容量大，热效率可达80%。一般可使用煤油、柴油作燃料。燃油和空气在燃烧室中混合燃烧，加热冷却水并循环散热。

（1）独立燃烧式取暖装置

在燃烧室燃烧燃料并使发动机冷却液流过燃烧室以便将其加热。图4-9所示为独立燃烧式取暖系统的工作原理。

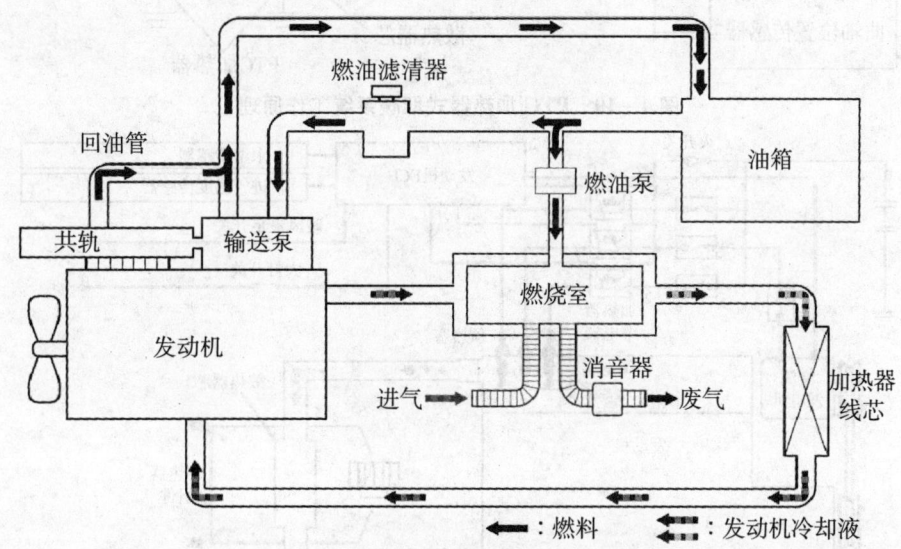

图4-9　独立燃烧式取暖系统工作原理

（2）PTC（正温度系数）加热器取暖装置

让PTC加热器穿过加热器芯来加热发动机冷却液。图4-10所示为独立PTC加热器式取暖系统工作原理。

（3）电气型电动加热器

在气缸的出水口上安装像电热塞一样的装置加热发动机冷却液。图4-11所示为独立电气型电动加热器式取暖系统工作原理。

（4）黏液型电动加热器

通过发动机转动黏液耦合器加热发动机冷却液。图4-12所示为黏液型电动加热器式取暖系统工作原理。

4. PTC加热器系统

PTC加热器系统通过环境温度、水温、风扇开启信号和温度控制盘控制。即使发动机冷却液的温度较低，PTC电加热器产生的热风也会输送到出风口。

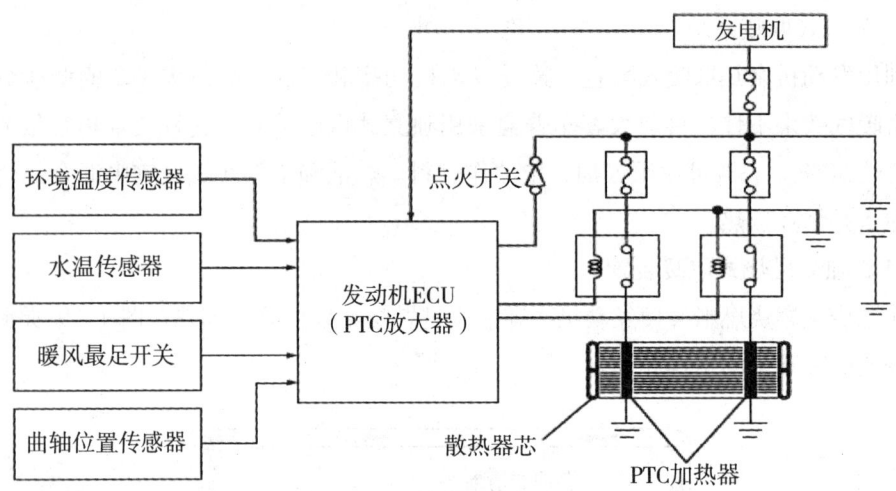

图 4 – 10   PTC 加热器式取暖系统工作原理

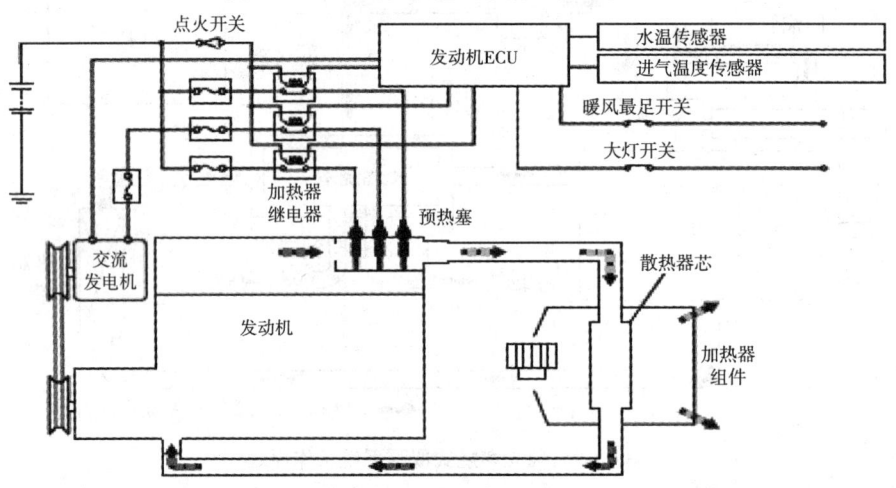

图 4 – 11   独立电气型电动加热器式取暖系统工作原理

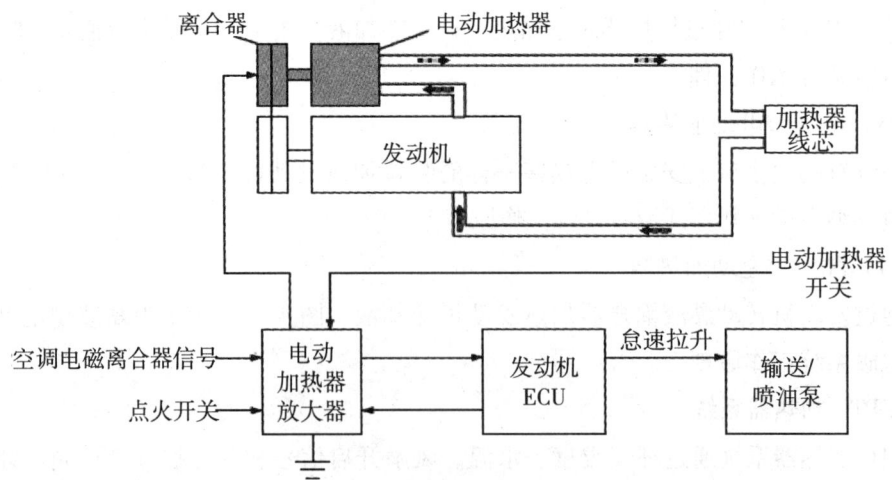

图 4 – 12   黏液型电动加热器式取暖系统工作原理

（1）PTC 加热器系统的元件为：

①PTC 控制单元：PTC 控制单元安装到 A/C 单元总成上。PTC 控制单元通过环境温度、水温、风扇开启信号和温度控制盘等控制 PTC 加热器。

②PTC 加热器：PTC 加热器安装到 A/C 单元总成上。它通过电来产生热量。

③PTC 继电器

④水温传感器：水温传感器安装在加热器管上。它测量水温并转换成电阻值，然后输入到 PTC 控制单元。

⑤全热开关：全热开关安装在 A/C 单元总成上。当温度控制旋钮在最热位置时，全热开关旋至"ON"。

⑥环境温度传感器

（2）PTC 加热器系统如图 4 - 13 所示。

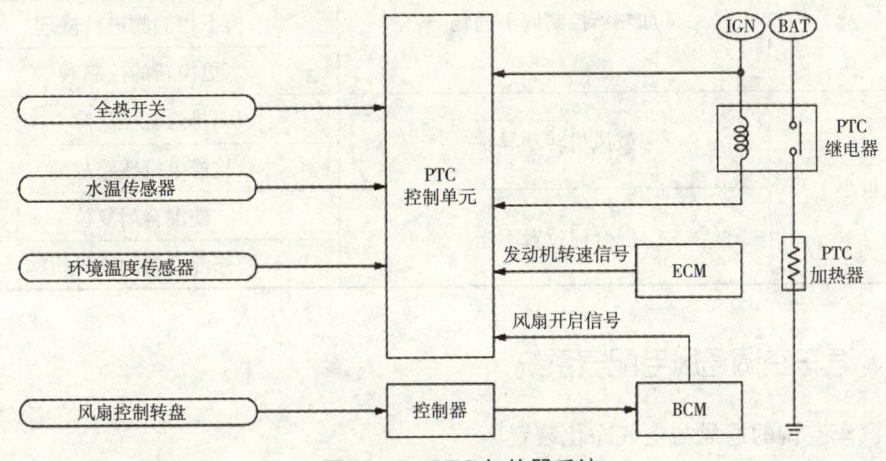

图 4 - 13　PTC 加热器系统

（3）满足以下所有条件时 PTC 加热器系统才能启动：

①点火开关开启后 35 分钟以内。

②风扇控制盘打开（鼓风机电机运行），温度控制盘在最热的位置（全热开关打开）。

③环境温度小于 0℃。

④发动机冷却液温度小于 65℃〔条件（1）〕，或当发动机启动时冷却液温度再次低于 60℃时〔条件（2）〕。

⑤10 秒后发动机转速大于 1100rpm。

（4）满足以下任何条件时 PTC 加热器系统才会停止：

①点火开关开启 35 分钟以上。

②风扇控制旋钮关闭（鼓风机电机停止）或温度控制盘不在最热的位置（全热开

关关闭）。

③环境温度高于 0℃。

④发动机冷却液温度高于 65℃。

⑤当发动机转速低于 800rpm 时。

5. 取暖系统的故障检修

取暖系统暖风不热，除霜效能低的故障诊断与排除的方法（见表 4－2）。

表 4－2　　　　　　　　　　暖风不热，除霜效能低的故障检修

故障现象	故障原因	排除方法
水温低	管路堵塞	疏通管路
	管路漏水	修理或更换元件
	加热器控制阀不通畅	打开加热器控制阀
		拆下控制阀进行修理
		更换新的控制阀
风量小	鼓风机转动异常	排除机械故障
		检修电机线路故障
	混合门位置不当	使混合门复位
		检修混合门的操纵机构

二、汽车空调通风与配气系统

1. 汽车空调的通风与空气净化装置

（1）通风系统

根据我国对汽车空调新鲜空气的要求，新鲜空气换气量按人体卫生标准每人不低于 $20m^3/h$，车内二氧化碳浓度不超过 0.03%，风速在 0.2m/s。因此，汽车内部均设有引进新鲜空气代替污浊空气的通风系统。

汽车空调通风方式有两种，即迎风通风和压力吸气法，排气也有自然排气和动力抽风两种。为保证进气正压和清洁，进气口一般设在轿车、货车的车头部位。为便于车内污浊气体的排出，排风口一般设在前驾驶室两侧上部的负压区处。

①自然通风系统：汽车运动所产生的空气压力使车厢外部的空气进入车内。汽车行驶时，某些部位产生正压力，另一些部位产生负压力。因此，进气口一般安装在正压力部位，而排气口则安装在产生负压力的部位。如图 4－14 所示。

②强制通风系统：使用一扇电动风扇强制空气流过车子。进气口和排气口一般与自然通风的风口在相同位置。一般来说，这类通风系统与另一系统（诸如加热器或 A/

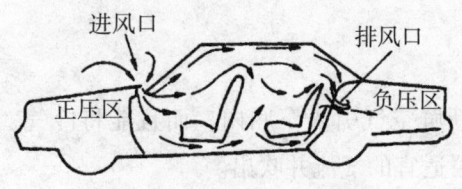

图 4 – 14 自然通风示意图

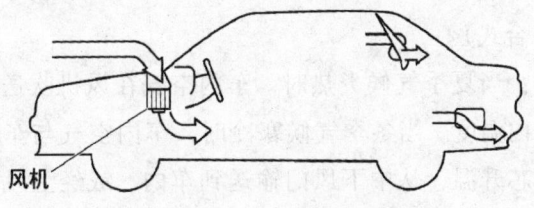

图 4 – 15 强制通风示意图

C 开关）一起使用。如图 4 – 15 所示。

（2）空气净化器

①作用

能去除香烟烟雾、灰尘等，净化车内的空气。

②结构

空气净化器由送风机、送风机马达、烟传感器、放大器、电阻器和带有活性炭的过滤器组成。如图 4 – 16 所示。

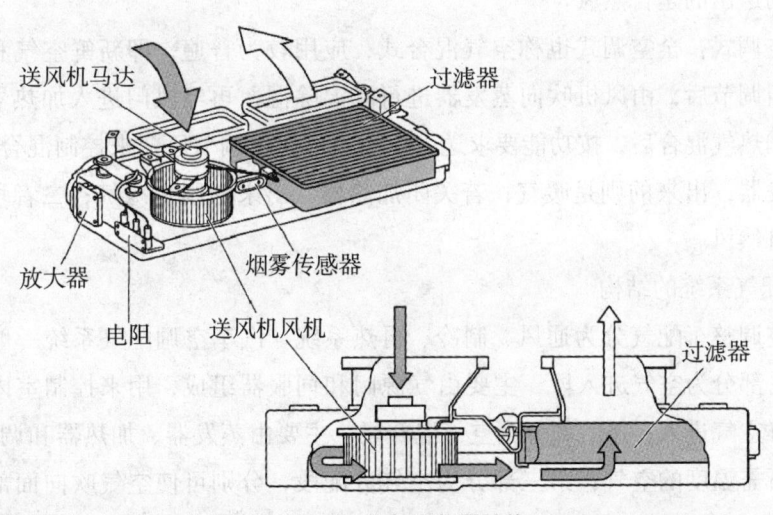

图 4 – 16 空气净化器结构

③操作

空气净化器使用送风机马达吸入车内的空气，并通过带有活性炭的过滤器净化空气并吸收气味。另外，某些车型安装烟传感器，它检测香烟烟雾并自动地使送风机马达以高速运行。

2. 配气系统

汽车空调不仅能将新鲜空气引入车厢内，而且能将冷气、热风、新鲜空气有机地进行配合调节，形成冷暖适宜的气流并吹出。

（1）配气系统的空气混合方式

配气系统常见的空气混合方式有冷暖风独立式、冷风、暖风转换式、半空调方式和全空调式（空气混合式）。

①冷暖风独立式：当夏季气候炎热时，车内空气在风机吹送下，通过蒸发器冷却后，吹向车内降低车内温度。当冬季气候寒冷时，车内空气与车外空气混合，在风机的吹送下，通过热器芯升温，从中下风门输送到车内，或经上风口吹向挡风玻璃进行除霜。

②冷风、暖风转换式：车内循环空气和外界新鲜空气经风门混合后，由风机送入。当选择制冷功能时，混合空气经蒸发器冷却后吹出。当选择制热功能时，混合空气经加热器芯升温后由地板风口吹出。当选择除霜功能时，热风由除霜风口吹向挡风玻璃。当加热器和蒸发器全部关闭时，送入车内的为自然风。

③半空调方式：车内循环空气和新鲜空气经风门调和混合后，先经过蒸发器冷却，后经风机送入风门调节，一部分或大部分进入加热器，冷气出口不再进行调节，已经被除湿。如果蒸发器不开，送出的是暖风；若加热器不开，则送出来的是冷风；若两者不开，则送出的是自然风。

④全空调式：全空调式也称空气混合式，应用较为普遍，即新鲜空气和车内循环空气经风门调节后，由风机吹向蒸发器进行降温除湿，再经风门进入加热器加热，出来的冷气和热气混合后，按功能要求送入车内。可通过调节风门来控制混合气的温度。若关闭蒸发器，出来的则是暖气；若关闭加热器，出来的则是冷气；二者均不用，出来的则是自然风。

（2）配气系统的结构

汽车空调整车配气分为通风、制冷、再热系统。汽车空调配气系统一般由三部分构成：第一部分为空气进入段，主要由气源门和伺服器组成，用来控制室内循环空气和室外新鲜空气进入；第二部分为空气混合段，主要由蒸发器、加热器和调温门组成，用来调节所需温度的空气；第三部分为空气分配段，分别可使空气吹向面部、脚部和挡风玻璃上，主要包括中风门、下风门、除霜门和上、中、下风口。常见的配气系统如图 4 - 17 所示。

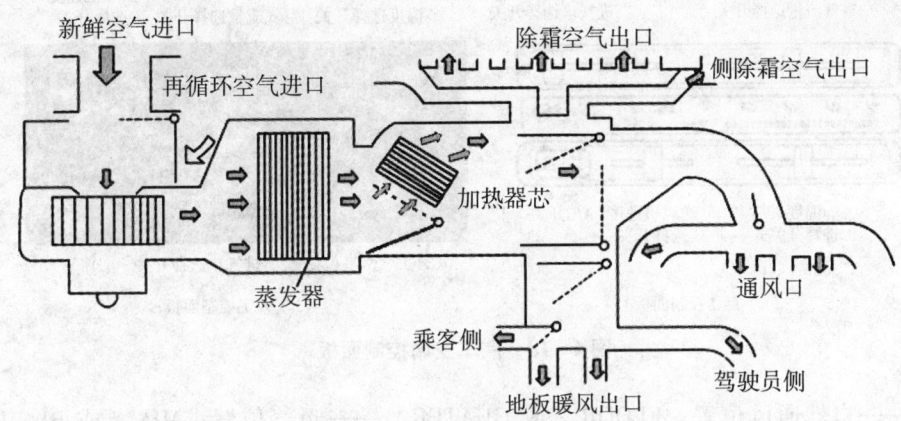

图 4 – 17　汽车空调配气系统

（3）配气系统的控制

空气进入段的气源门用于控制新鲜空气和室内空气的循环比例。例如：当夏季室外空气温度较高、冬季室外温度较低的情况下，尽量开小风门叶片，使压缩机运行时间减少。当汽车长期运行时，车内空气品质下降，这时应定期开大风门叶片。一般气源门开启比例为 15% ~ 30%。

空气混合段的调温门主要用于调节通过加热器的空气量，发生降温除湿的变化。当调温门处于全开位置状态时冷空气经过加热器，当调温门处于全闭位置状态时冷空气不经过加热器。这样只要调温门处于全开或全闭位置，就可得到最高或最低温度的空气。另外，也可调节调温门处于全开或全闭之间的不同位置，得到不同温度和湿度的空气。

空气分配段的除霜门、中风门、下风门，可调节空调风吹向挡风玻璃、乘员身体的中上部或脚部。另外，控制空调器内风机转速，调节空调风的流量，改变人体感觉的温度。

（4）面板控制

汽车空调配气系统各风门的位置变化主要由拉绳操纵机构、真空操纵机构或电机伺服装置控制。而上述操纵机构又受驾驶员面板功能键的控制，目前面板控制又可分为人工控制面板和自动控制面板。

对于不同类型的汽车空调，控制面板的控制键和形式有所不同，但它们的功能键控制内容基本相同。控制面板有四个功能键。如图 4 – 18 所示。

①功能选择键

它主要用于空调系统取暖、制冷、冷暖风或除霜控制，具体功能选择键的名称和作用如下：OFF——停止位置，MAX——最冷位置，A/C（或 NORM）——空调位置，

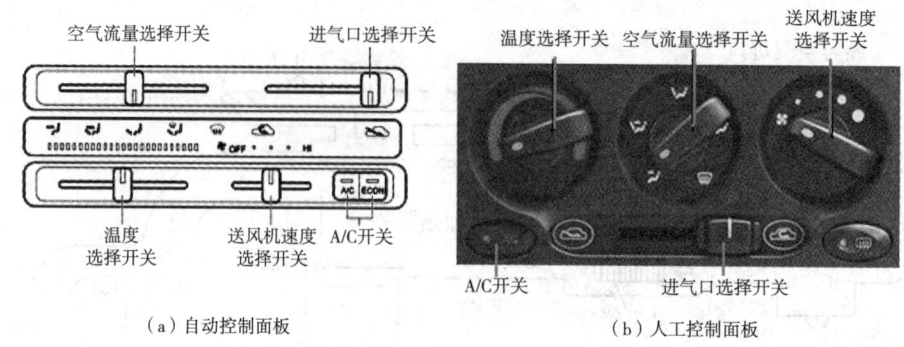

（a）自动控制面板　　　　　　　　　　（b）人工控制面板

图4-18　汽车空调控制面板

VENT——自然通风位置；FLOOR（或 HEATER）——暖气位置；MIX（或 BI-LEV-EL）——取暖化霜位置。

功能选择键移动在不同位置，可通过拉绳或真空开关控制各个风门的开关位置，从而调节空气温度与流向。

②温度键

温度键主要用于控制调温门的位置。当其位于冷端（COOL）或暖端（WARM）时，调温门在拉绳作用下分别关闭或打开流经加热器的空调风。当其位于二者中间任意位置时，可得到不同比例的暖气与冷空气的混合空气。

③调风键

调风键主要用于控制空调器内鼓风机的转速，一般有四个调速挡。即 HI（高速）、LO（低速）、M1（中速1）、M2（中速2）和 OFF（断开）。

调风键用于控制一个可变电位计，通过改变电机线路电阻值来改变电机的激磁量，达到变速的目的。

④后窗除霜键

它属于一个电路开关，用于控制后风窗除霜电热丝电源的通断，指示灯用于提醒驾驶员不要忘记切断电源。

3. 手动调节系统

手控汽车空调的使用与控制。

①OFF（关闭）位置

面板功能键位于"OFF"位置，气源门关闭外部新鲜空气入口，调温门关闭加热器入口，化霜门关闭化霜风口，中风门关闭中风口，打开下风口，此时真空系统工作。空调压缩机、鼓风机均不工作。各风口均无空气流动。如图4-19所示。

②MAX（最冷）位置

面板功能键位于 MAX 位置，调温键位于 COOL 处，调风键在最高速挡，驾驶室上

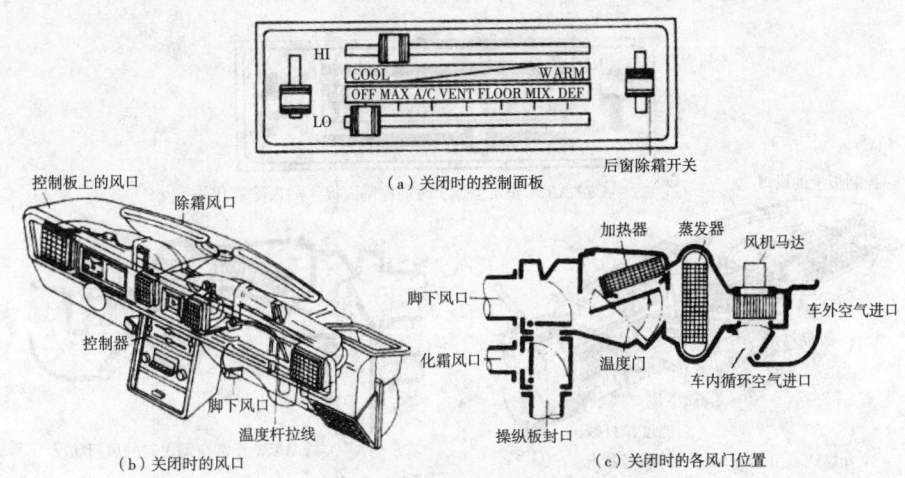

图 4 - 19 OFF（关闭）位置

部四个风口排出冷气，气源门关闭外循环，循环车内空气，调温门关闭流经加热器的空气入口，中风门打开中风口，化霜门关闭化霜口。此时压缩机工作，鼓风机高速运转，循环车内空气，快速降温，但不能长时间工作，否则车内空气不新鲜，通过改变调温键，改变调温门位置，从而控制车内空气温度。如图 4 - 20 所示。

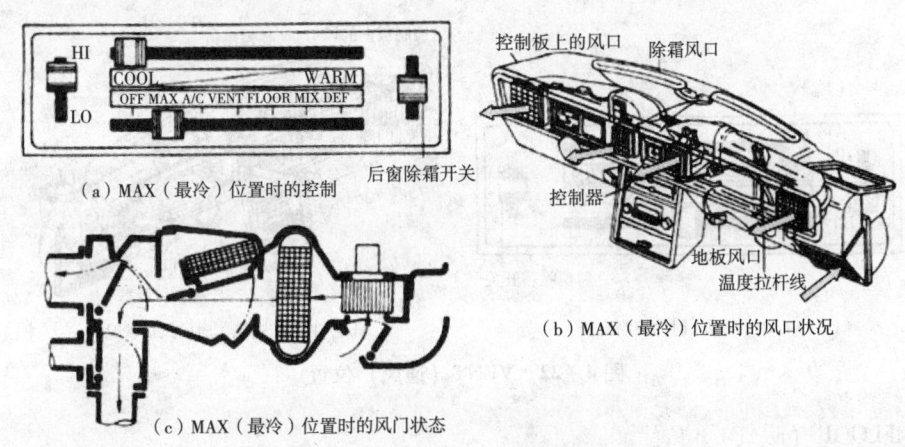

图 4 - 20 MAX（最冷）位置

③A/C（正常空调）位置

面板功能键位于 A/C（正常空调）位置，驾驶室上部四个风口吹出冷气，循环车外部空气，配气系统各风门位置与 MAX（最冷）的主要区别是气源门打开外部新鲜空气入口，其他相同。此时压缩机工作，经过蒸发器冷却的空气可以经过加热器加热，也可以不经过加热器。如图 4 - 21 所示。

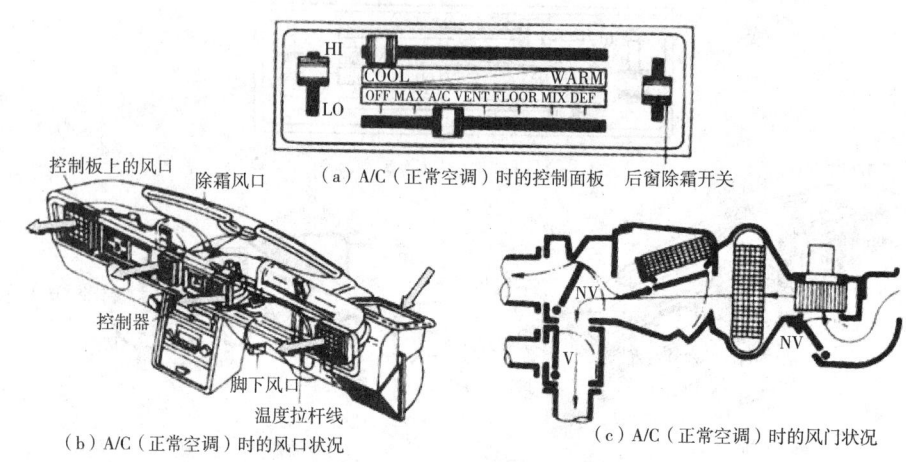

（a）A/C（正常空调）时的控制面板　　　后窗除霜开关

控制板上的风口　　除霜风口

控制器

脚下风口

温度拉杆线

（b）A/C（正常空调）时的风口状况

（c）A/C（正常空调）时的风门状况

图4－21　A/C（正常空调）位置

④VENT（通风）位置

面板功能键位于 VENT（通风）位置，调风键位于 LO（低）位置，驾驶室上部四个风口将车外空气直接引入，配气系统各风门与 A/C（正常空调）相同。此时压缩机不工作，空气也不加热。如图4－22所示。

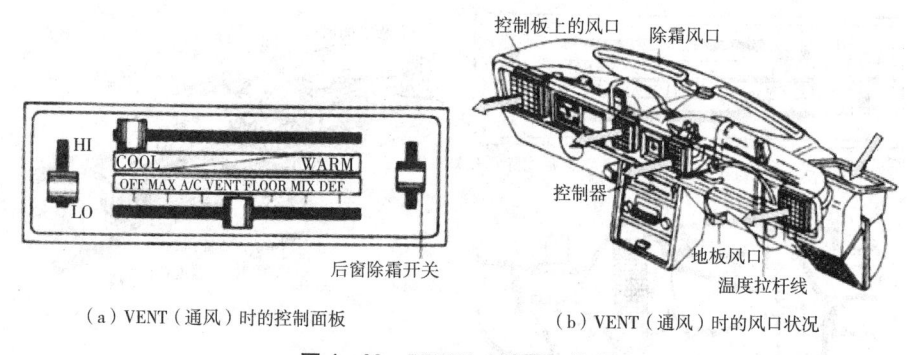

控制板上的风口　　除霜风口

控制器

地板风口

温度拉杆线

后窗除霜开关

（a）VENT（通风）时的控制面板　　　　　（b）VENT（通风）时的风口状况

图4－22　VENT（通风）位置

⑤FLOOR（暖气）位置

面板功能键位于 FLOOR 位置，调温键位于 WARM 位置，调风键位于 HI 高速位置，驾驶室地板风口有热空气吹出，并有少量热空气吹向挡风玻璃，气源门打开车外空气入口，中风门打开下风口，化霜门将中风口关闭，打开化霜口。调温门打开流向加热器入口，根据最暖和、中暖和、微暖和的需要，将调温门处于下、中、上三种位置，使外部空气与热空气按一定比例混合。此时压缩机不工作，鼓风机转速可加以控制。如图4－23所示。

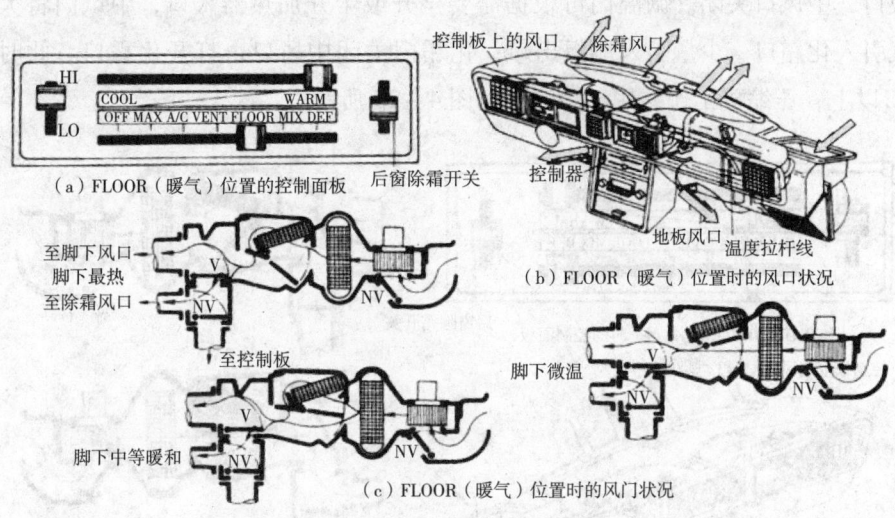

（a）FLOOR（暖气）位置的控制面板　　后窗除霜开关

至脚下风口　脚下最热　至除霜风口

至控制板

脚下中等暖和

（b）FLOOR（暖气）位置时的风口状况

脚下微温

（c）FLOOR（暖气）位置时的风门状况

图4-23　FLOOR（暖气）位置

⑥MIX（取暖和化霜）位置

控制面板的功能键位于 MIX 位置，调温键可根据需要调节，气源门打开车外空气入口，空气由车外进入，经过加热的空气分别从除霜风口、地板风口吹出，中风口关闭，调温门可根据需要在中间位置调节；中风门处于中间位置，打开部分地板风口；化霜门关闭中风口，打开除霜风口，此时如果气温在 10℃ 以上，压缩机工作，用于除湿。如图4-24所示。

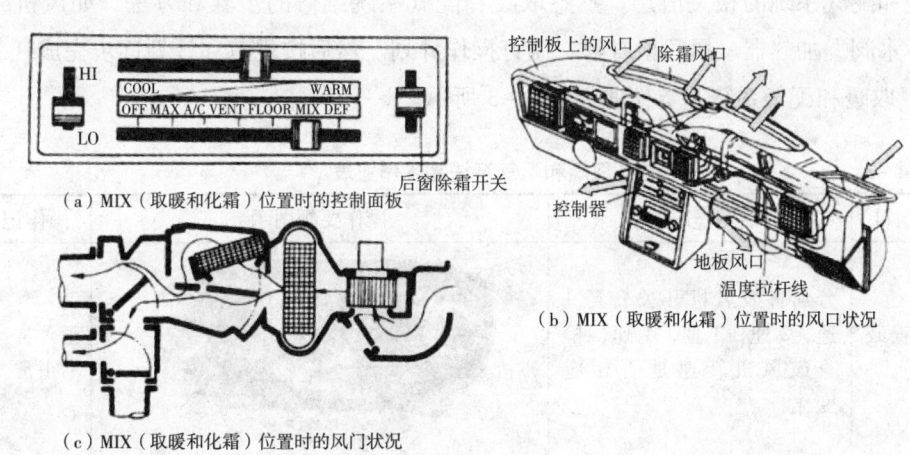

（a）MIX（取暖和化霜）位置时的控制面板　　后窗除霜开关

控制器

（b）MIX（取暖和化霜）位置时的风口状况

（c）MIX（取暖和化霜）位置时的风门状况

图4-24　MIX（取暖和化霜）位置

⑦DEFROSTER（化霜）位置

面板功能键位于 DEFROSTER（化霜）位置，调温键位于 WARM 位置，气源门打开车外空气入口，空气由外部风口进入，经过加热的空气主要从化霜口吹出，少量吹向地板口，中风口关闭。调温门可根据需要全开或半开加热器入口，中风门将大部分热空气引入化霜口，少量引入地板出口；化霜门关闭中风口，打开化霜口。此时气温在10℃以上，压缩机工作，用于除湿。如图4-25所示。

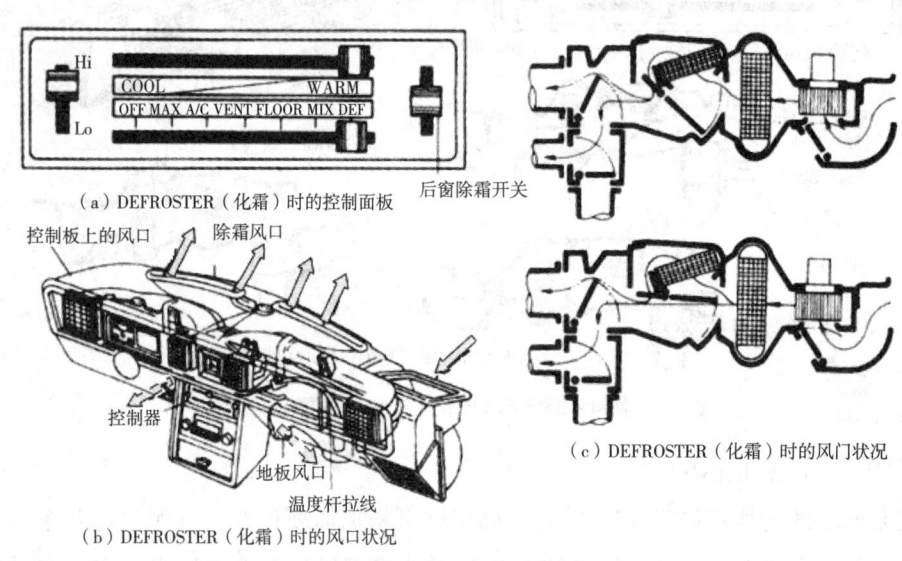

（a）DEFROSTER（化霜）时的控制面板

后窗除霜开关

控制板上的风口　　除霜风口

控制器

地板风口

温度杆拉线

（b）DEFROSTER（化霜）时的风口状况

（c）DEFROSTER（化霜）时的风门状况

图4-25　DEFROSTER（化霜）位置

【任务实施】

首先掌握汽车空调取暖和配气系统具体结构，分析空调暖风不暖的故障原因，收集取暖和配气系统的相关信息，熟悉取暖和配气系统维修的步骤和方法，如风机、出风口、水阀、加热器、风门检查等。制订操作计划。然后按规范和计划逐步完成任务。

1. 取暖和配气系统基本作业如表4-3所示。

表4-3　　　　　　　　　　　取暖和配气系统基本作业表

作业项目	操作步骤	操作要领图示	操作记录
1. 检查鼓风机	分别将鼓风机开关转至1速，2速，3速，4速，检查鼓风机转速是否相应变化		正　常　□ 不正常　□
2. 检查车内空气分配模式	选择各种送风模式和启动除霜控制，核实送风模式是否符合要求		正　常　□ 不正常　□

续 表

作业项目	操作步骤	操作要领图示	操作记录
3. 检查空气循环	分别将空气内外循环开关置于内、外循环位置，循环指示器应亮灯，倾听进气门位置改变的声音（可以听到鼓风机声音的微小改变）		正 常 □ 不正常 □
4. 检查温度	将温度控制旋钮选择至最冷位置（调节温度旋钮至最冷位置），检查出风口的冷风情况		正 常 □ 不正常 □
	将温度控制旋钮选择至最热位置（调节温度旋钮至最热位置），检查出风口的暖风情况		正 常 □ 不正常 □
5. 检查空调开关（手动空调）	将鼓风机控制开关置于所需位置（1 至 4 速），按下 A/C 开关，打开空调，空调工作时，指示灯应亮。		正 常 □ 不正常 □
6. 检查空调开关（自动空调）	按下 AUTO 开关。显示屏应显示 AUTO 和 A/C，确认压缩机离合器接合（声响或直观检查）。显示自动空调工作	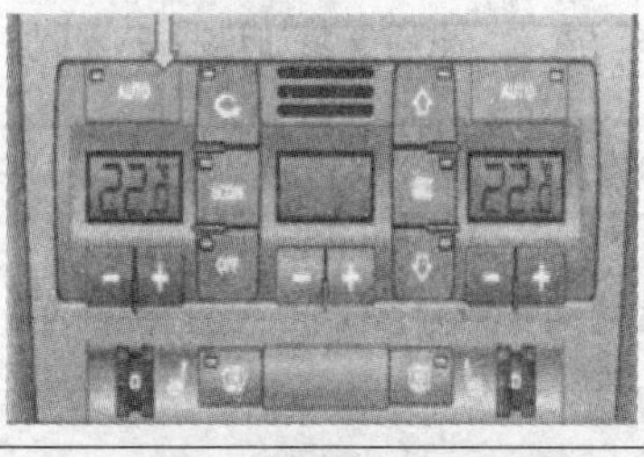	正 常 □ 不正常 □
	按下 A/C 开关或 OFF 开关，显示自动空调关闭，显示屏上的 A/C 指示应消失，确认压缩机离合器已分离		正 常 □ 不正常 □

2. 取暖和配气系统故障检查与排除如表4-4所示。

表4-4 取暖和配气系统故障作业表

作业项目	操作步骤	检查结果	处理方法
1. 制热不足检查流程	(1) 通过进行下列操作检查确定症状 ①将温度控制开关调到最大制热位置 ②检查出风口处的热空气	异常	进行工作情况检查
		正常	进行下一步
	(2) 进行下列操作检查 ①发动机冷却液量 ②软管泄漏 ③水箱盖 ④冷却系统中的空气	异常	修理或更换
		正常	进行下一步
	(3) 检查空气混合门和线路	异常	修理或调整
		正常	进行下一步
	(4) 检查风道泄漏	异常	修理泄漏
		正常	进行下一步
	(5) 用手触摸加热器检查内外软管温度	内外均微热	进行第7步
		内热外温	进行下一步
	(6) 检查发动机水温传感器	异常	修理或更换
		正常	进行第10步
	(7) 检查加热软管的正确安装	异常	修理或更换
		正常	进行下一步
	(8) 清洁、重新安装加热器芯，再检查	内外均微热	进行下一步
		内热外温	进行第10步
	(9) 更换加热器芯，重新检查	内热外温	进行下一步
	(10) 系统正常	故障依然存在	进行工作情况检查
		故障排除	结束
2. 工作情况检查	(1) 检查鼓风机 ①将风机控制开关转到1挡，鼓风机应该以低速运转 ②将风机控制开关转到2挡，继续检查鼓风机转速，直至所有的转速都合格	异常	检查鼓风机电机电路
		正常	进行下一步

续　表

作业项目	操作步骤	检查结果	处理方法
	（2）检查出风情况 ①保持鼓风机以最高转速运转 ②将送风模式控制盘转到每个位置上 ③确定排出的气体符合空气分配表	异常	检查送风模式控制
	空气排出流量 模式门位置 / 空气排出/分配（通风口 底部 除霜器） 100% – – 60% 40% – 16% 72% 12% 16% 60% 24% 16% – 84%	正常	进行下一步
2. 工作情况检查	（3）检查再循环 ①进气门杆置于 REC 位置 ②把进气门杆置于 FRE 位置 ③倾听进气门位置的变化（会听到鼓风机声音的轻微变化）	异常	进行进气门检查
		正常	进行下一步
	（4）检查温度下降 ①将温度控制开关旋至最冷的位置 ②检查出风口是否有冷气	异常	进行制冷不足的故障诊断
		正常	进行下一步
	（5）检查温度上升 ①顺时针旋转温度控制旋钮至最热的位置 ②检查出风口是否有热风	异常	进行制热不足的故障诊断
		正常	进行下一步
	（6）检查 A/C 开关 ①旋转风扇控制盘至所需要的位置（1 到 4 速） ②按下 A/C 开关 ③A/C 开关指示灯将点亮 ④确定压缩机离合器接合（听声或目视检查）	异常	进行电磁离合器电路检查
		正常	进行电路故障诊断，采取适当的故障诊断步骤

作业项目	操作步骤	检查结果	处理方法
3. 送风模式控制检查流程（出风口没有变化）	(1) 通过进行下列操作检查确定症状 ①将送风模式控制盘转到每个位置上 ②确定排出的气体符合空气分配表 空气排出流量 （模式门位置 / 空气排出/分配：通风口、底部、除霜器） 100%　－　－ 60%　40%　－ 16%　72%　12% 16%　60%　24% 16%　－　84%	异常	进行工作情况检查
		正常	进行下一步
	(2) 检查模式门控制电路	异常	修理
		正常	进行下一步
	(3) 故障依然存在，进行工作情况检查，并检查其他故障症状	有	排除故障
		无	结束
4. 空气混合门检查流程（空气混合门没有改变）	(1) 通过进行下列操作检查确定症状 检查温度下降 ①将温度控制开关旋至最冷的位置 ②检查出风口处的冷空气 检查温度上升 ①顺时针旋转温度控制旋钮至最热的位置 ②检查出风口处的热空气	异常	进行工作情况检查
		正常	进行下一步
	(2) 检查空气混合门电路	异常	修理
		正常	进行下一步
	(3) 故障依然存在，进行工作情况检查，并检查其他故障症状	有	排除故障
		无	结束
5. 进气门检查流程（进气门没有变化）	(1) 通过进行下列操作检查确定症状 ①进气门杆置于 REC 位置 ②把进气门杆置于 FRE 位置 ③倾听进气门位置的变化（会听到鼓风机声音的轻微变化）	异常	进行工作情况检查
		正常	进行下一步

续　表

作业项目	操作步骤	检查结果	处理方法
5.进气门检查流程（进气门没有变化）	（2）检查进气门电路	异常	修理
		正常	进行下一步
	（3）故障依然存在，进行工作情况检查，并检查其他故障症状	有	排除故障
		无	结束

【任务总结】

首先查阅维修资料，收集有关车辆取暖和配气系统的相关信息，并进行分析和处理，了解取暖和配气系统整体结构，掌握取暖和配气系统检查与拆装步骤和方法，完成取暖和配气系统维护。

检验内容	检验指标	总　评
取暖和配气系统结构	1. 收集汽车空调取暖和配气系统相关信息 2. 汽车空调取暖和配气系统的结构、功能、安装位置及关系 3. 取暖系统的形式	
检查任务完成情况	1. 说出取暖和配气系统组成 2. 描述汽车空调取暖和配气系统结构和主要部件的功能 3. 区分车辆取暖方式 4. 取暖和配气检查	

项目五 汽车手动空调电气控制系统故障检修

【项目目标】

- ❖ 能识读汽车手动空调电路图
- ❖ 能分析汽车手动空调电路控制原理
- ❖ 能按规范检测汽车手动空调控制电路
- ❖ 能排除汽车手动空调电路常见故障

任务七 汽车手动空调控制电路检修

【案例】

一辆 2010 款丰田花冠车的车主反映，打开汽车空调出风口没有冷风吹出，检查发现鼓风机没有转动。进厂进行维修。小李接到维修单后不清楚如何检查鼓风机及其线路。

【工作任务】

要维修汽车空调控制电路，首先要收集有关汽车空调控制电路的信息，了解汽车空调控制电路的结构，熟知其控制原理，会检查压缩机电路、风机电路、压力开关、温控开关等。

汽车空调电路维修作业任务书（见表 5 – 1）。

表 5 – 1　　　　　　　　　汽车空调电路维修课堂作业任务书

项　　目	汽车手动空调电路故障检修
信息来源	资料、实物、VCD 光盘、教材、PPT 文件
任务目标	1. 收集汽车空调控制电路相关信息 2. 掌握汽车空调控制电路的结构及控制原理 3. 会检查汽车空调控制电路
课程任务	1. 根据老师提供的电路图，能读懂电路图并说出其控制原理 2. 根据老师提供的车辆或教具（挂图），找出下面所列部件

续 表

项　目	汽车手动空调电路故障检修
课程任务	(1) 低压开关　(2) 高压开关　(3) 怠速提升控制　(4) 压缩机继电器　(5) 风机 (6) 空调放大器 3. 检测压缩机电路、压力开关 4. 检测风机电路、温控开关
任务要求	1. 独立完成课程任务相关信息的检索 2. 制订作业计划 3. 要确保人身和设备安全，严格按操作步骤进行 4. 以小组为单位，分工合作完成课程任务 5. 未经允许不准随意移动车辆或启动发动机

【任务准备】

一、汽车手动空调电气控制系统结构

为了使汽车空调系统能正常地工作，维持车内所需的舒适性条件，汽车空调系统中需要有一系列控制元件和调节执行装置。汽车空调控制系统已从手工操作发展到半自动化或全自动化控制。

手动空调就是手动调节的汽车空调系统，即汽车的温度调节、通风模式以及风速等都是依靠驾驶员手动各种控制键来实现的。虽然手动增加了驾驶员的劳动强度，但手动空调是比较经济，所以目前仍然广泛应用在大多数中级和经济型轿车上。

手动空调系统的组成部件因车型而异，但大多数系统都由空调放大器、蒸发器、热敏电阻（蒸发器温度传感器）、双压（高、低压）开关、发动机冷却液温开关、压缩机、冷凝器、储液干燥器以及所有必要的管路和软管等组成，如图 5－1 所示。

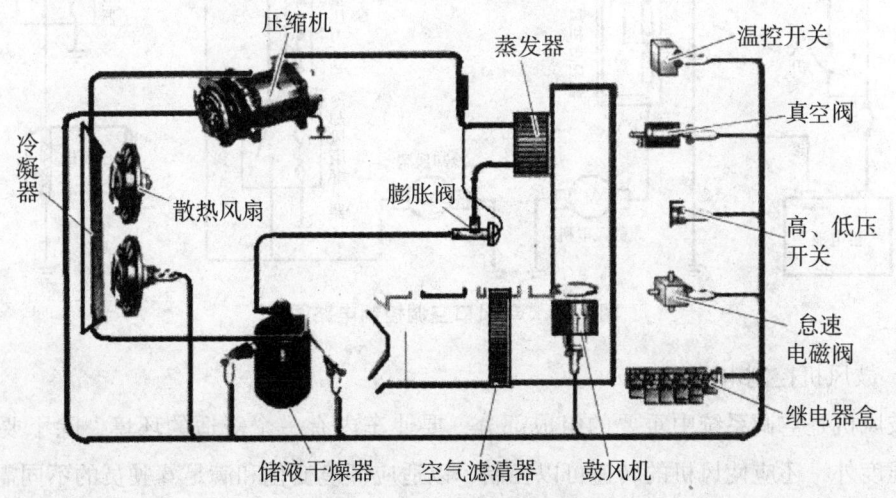

图 5－1　手动空调系统组成

1. 单风口汽车空调控制系统

单风口空调结构简单，功能比较单一，只有自然风和制冷风两种，而且出风口模式不能调整。但价格比较便宜，现在一般加装在货车上，外观如图 5 - 2 所示。

图 5 - 2　单风口空调

单风口空调系统由制冷系统和电路控制系统组成，其中，制冷系统由压缩机、冷凝器、干燥瓶、膨胀阀、蒸发器等元件组成，电路控制系统由鼓风机、冷凝器等元件组成。

2. 单风口汽车空调控制原理

单风口空调控制电路比较简单，它是最基本和最典型的电路，如图 5 - 3 所示。现代汽车空调上的控制电路很多都是在此基础上发展起来的，并不断地完善。控制电路主要是控制鼓风机、压缩机离合器、冷却风扇的工作。

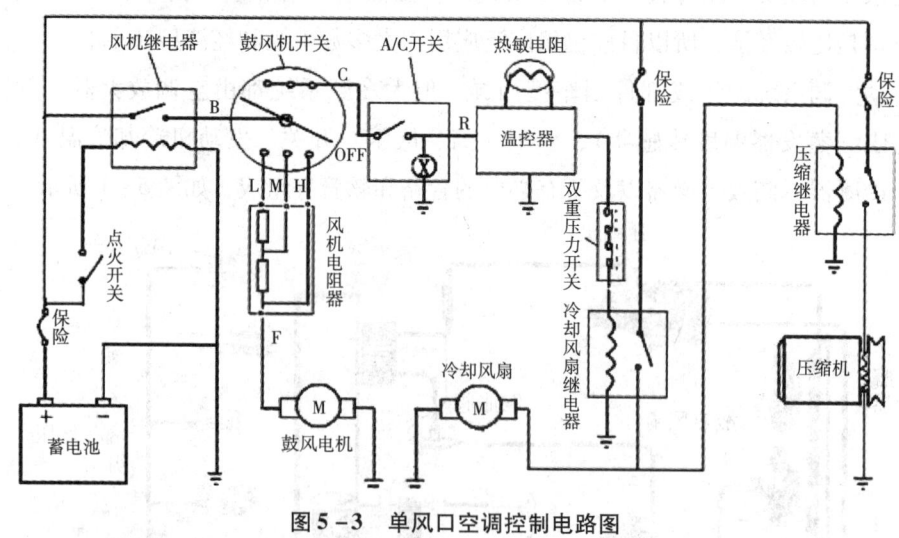

图 5 - 3　单风口空调控制电路图

3. 鼓风机控制电路

鼓风机是空调系统中重要的组成部分，要使车内有一个舒适的环境，除了要控制送风温度外，还应使风机的转速可以控制，以适应环境变化和满足驾驶员的不同需要。

　　鼓风机的调速是通过改变鼓风电动机的电流大小来实现的。它有两种方式，一种是在鼓风电动机电路中连接调速电阻，通过不同的挡位串联不同的电阻来改变风机转速；另一种是用功率管来改变电动机的电流以实现转速的变化。单风口空调的鼓风机是采用前一种控制方式。

　　鼓风机控制电路由电源、鼓风电机、开关、调速电阻器等元件组成。其原理如图5-4所示。

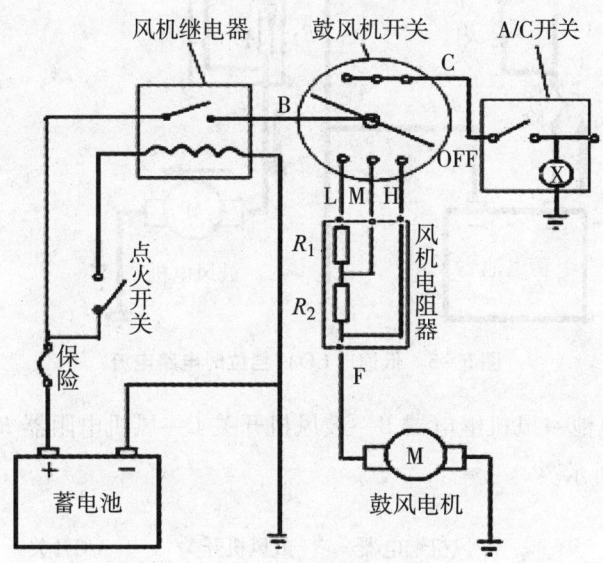

图 5-4　鼓风机控制电路图

　　(1) 鼓风机控制电路的原理分析

　　① 鼓风机开关处于"OFF"挡位时：

　　a. 鼓风机没有电源，不工作。

　　b. A/C 开关没有电源，因此按 A/C 开关，制冷系统也不工作。

　　② 鼓风机开关处于"LO（低速）"挡位时：

　　a. A/C 开关接通电源，制冷系统可以工作。

　　b. 由于鼓风机马达串联了电阻 R_1 和 R_2，在电源电压不变的情况下，电流较小，因此鼓风机以低速运转。

　　c. 电流：蓄电池→风机继电器 B→鼓风机开关 L→风机电阻器 R_1→风机电阻器 R_2→鼓风机马达→搭铁。如图5-5所示。

　　③ 鼓风机开关处于"M（中速）"挡位时

　　a. 鼓风机马达只串联了电阻 R_2，在电源电压不变的情况下，电流比处于低速挡时大，因此鼓风机以中速运转。

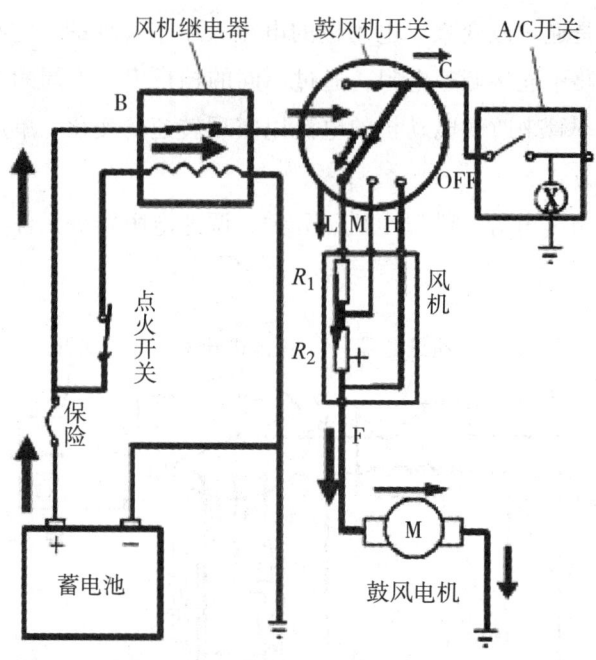

图 5 – 5　低速（LO）挡位时电路电流

b. 电流：蓄电池→风机继电器 B→鼓风机开关 L→风机电阻器 R_2→鼓风机马达→搭铁。如图 5 – 6 所示。

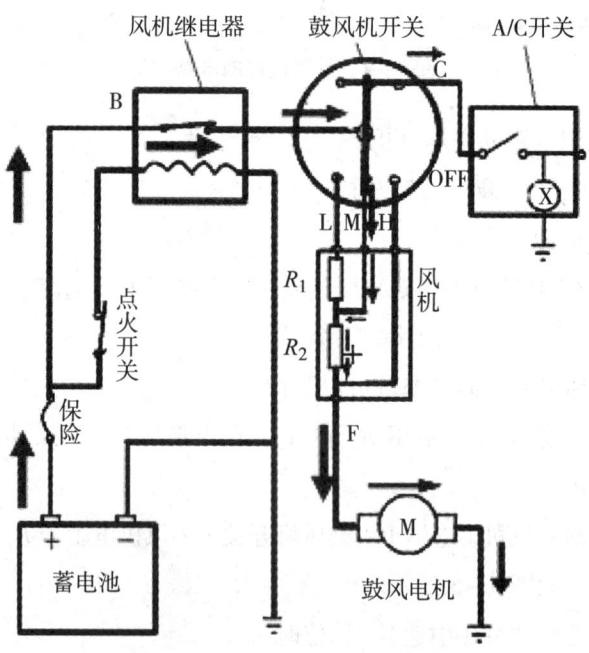

图 5 – 6　中速（M）挡位时电路电流

④鼓风机开关处于"HI（高速）"挡位时

a. 鼓风机马达未串联电阻，电流最大，因此鼓风机以高速运转。

b. 电流：蓄电池→风机继电器 B→鼓风机开关 L→鼓风机马达→搭铁。如图 5 – 7 所示。

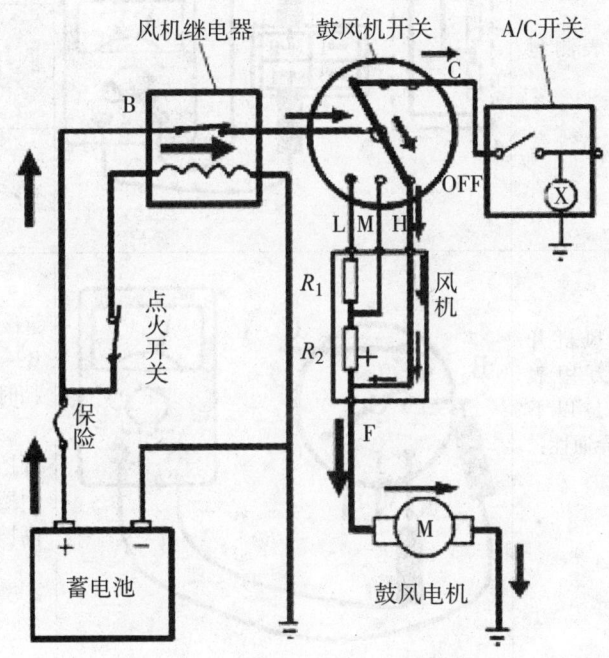

图 5 – 7　高速（HI）挡位时电路电流

（2）鼓风机控制电路检修参见表 5 – 2。

表 5 – 2　　　　　　　　　　鼓风机控制电路检修作业表

项　目	检测方法	操作图示	说　明
检测鼓风机	用万用表测量电阻		如果 $R = 0$，证明鼓风机电机线圈短路 如果 R 为无穷大，证明鼓风机线圈断路
	用蓄电池测试		如果转动正常，证明风机是好的

项　目	检测方法	操作图示	说　明
检查调速电阻器	用万用表测量电阻值		4～2 之间电阻值 1.9Ω
			4～1 之间电阻值 1.1Ω
			4～3 之间电阻值 0.5Ω
检查鼓风机开关	旋转鼓风机开关，用万用表分别测量以下端子的导通性： B～C B～L B～M B～H	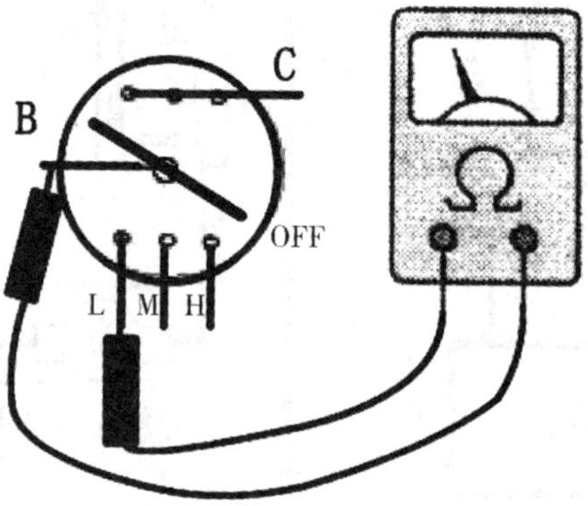	B～C 只有在 "OFF" 挡时不通 低挡 B～L 导通 中挡 B～M 导通 高挡 B～H 导通
	旋转鼓风机开关，用试灯测试以下端子： B～C B～L B～M B～H	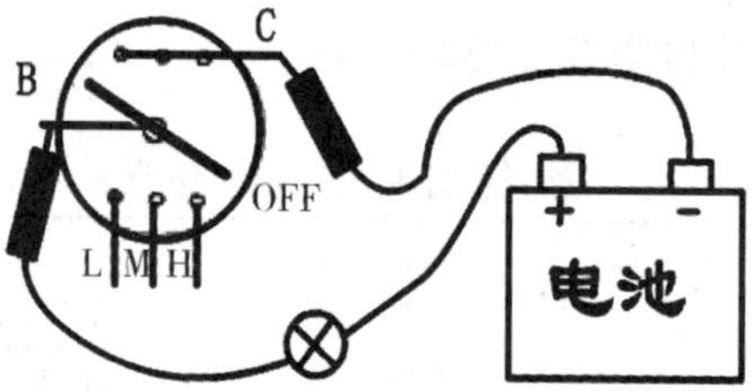	B～C 只有在 "OFF" 挡时试灯不亮 低挡 B～L 灯亮 中挡 B～M 灯亮 高挡 B～H 灯亮

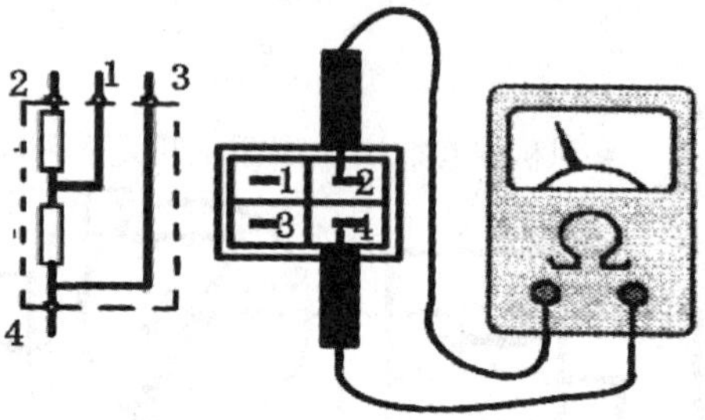

4. 冷凝器风扇控制电路

冷凝器风扇是对流过冷凝器的高温高压的气态制冷剂进行散热，使气态制冷剂变成液态制冷剂。如果冷凝器风扇不工作，空调不能产生制冷效果，如图 5－8 所示。

（1）冷凝器风扇的控制电路分析。

①系统正常情况：

②打开鼓风机开关、A/C 开关。

③控制电路：蓄电池→风机继电器→鼓风机开关→A/C 开关→温控器→双重压力

开关→冷凝器风扇继电器→搭铁。如图 5 - 8 所示。

④电流：蓄电池→冷凝器风扇继电器→冷凝器风扇→搭铁。如图 5 - 8 所示。

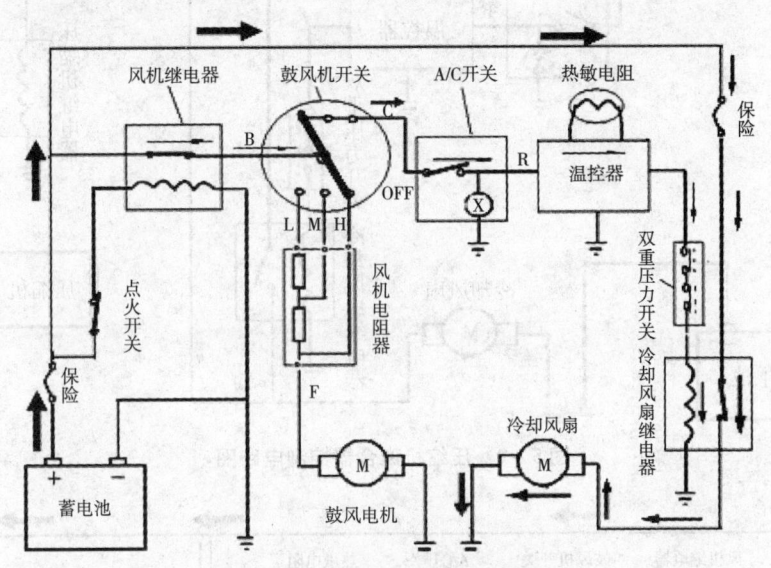

图 5 - 8   冷凝器风扇控制电路电流

（2）如果系统出现压力过高或蒸发器温度过低时：

当系统出现压力过高或蒸发器温度过低时，压力开关或温控器就会断开，切断冷凝器风扇继电器电路，从而切断冷凝风扇电源电路，冷凝器风扇停止工作。

5. 压缩机离合器控制电路

压缩机离合器的控制方式分为两种：控制电源和控制搭铁。单风口空调属于控制电源方式。

（1）控制电源方式

压缩机离合器控制电路组成元件：压缩机控制电路由电源、电磁离合器、A/C 开关、温控器、压力开关等元件组成，如图 5 - 9 所示。

压缩机离合器控制电路的原理分析

a. 系统正常时：

·打开鼓风机开关和 A/C 开关（要使压缩机工作，必须打开鼓风机开关）。

·控制电路电流（控制压缩机继电器触点闭合）：蓄电池→风机继电器→鼓风机开关→A/C 开关→温控器→双重压力开关→冷凝器风扇继电器→搭铁。如图 5 - 10 所示。

·压缩机离合器电路电流：蓄电池→压缩机继电器（触点闭合）→压缩机电磁离合器→搭铁。如图 5 - 10 所示。

b. 系统出现压力过高时：

系统出现压力过高时，压力开关断开，那么冷凝器风扇继电器电路被切断，冷凝

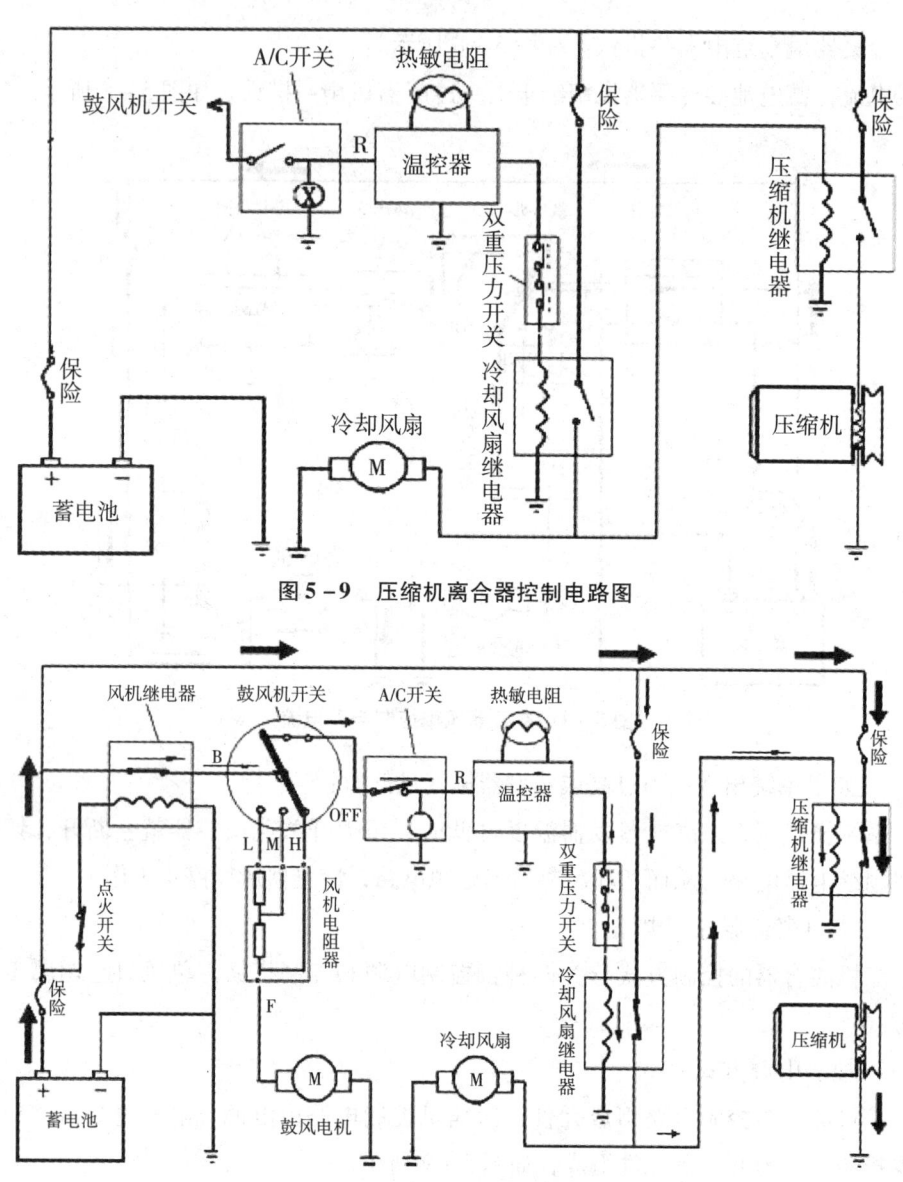

图 5-9　压缩机离合器控制电路图

图 5-10　压缩机工作时电路电流

器风扇继电器触点不闭合，压缩机继电器电路也被切断，压缩机也就不能工作。如图 5-11 所示。

c. 蒸发器温度过低时：

蒸发器温度过低时，温控器断路，切断冷凝器风扇继电器电路，冷凝器风扇继电器触点不闭合，压缩机继电器电路也被切断，压缩机同样不能工作。

（2）控制搭铁方式：

①压缩机控制电路系统的组成（见图 5-12）。

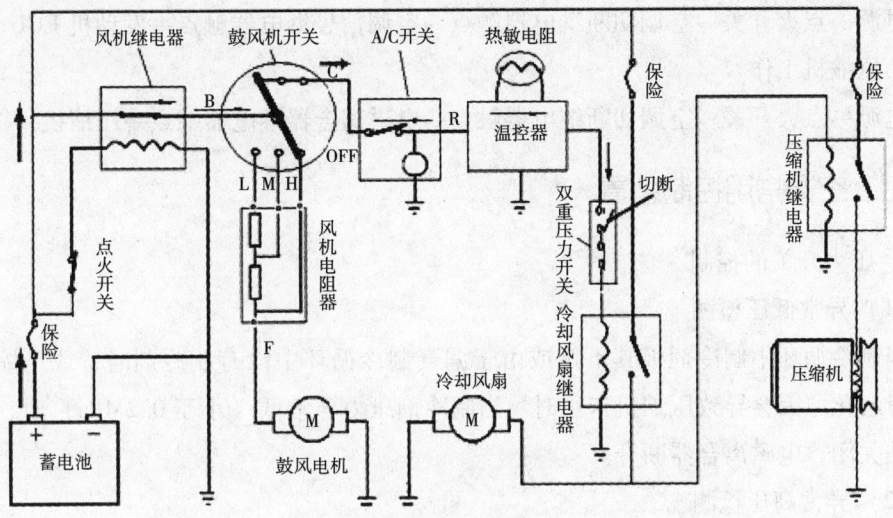

图 5 – 11　系统压力过高时电路

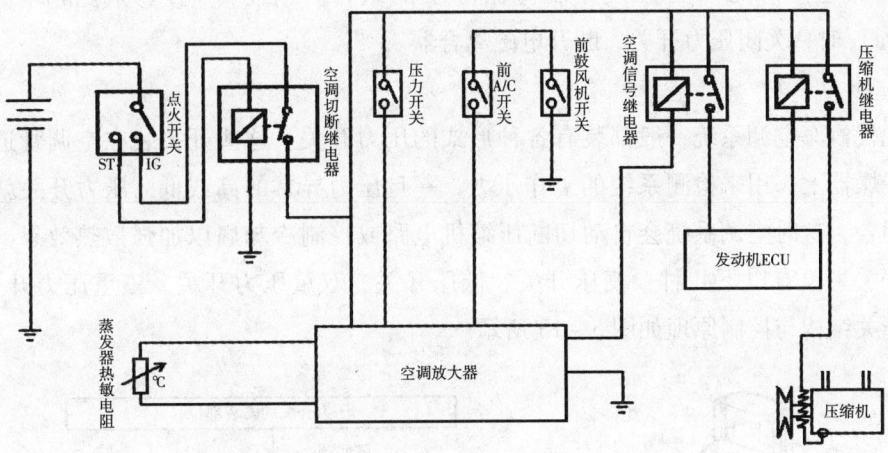

图 5 – 12　压缩机控制电路

②压缩机控制电路原理

·提供压力信号

电源→点火开关→空调切断继电器触点→压力开关→空调放大器。

·提供蒸发器温度信号

空调放大器→热敏电阻→空调放大器。

·提供 A/C 信号

空调放大器→A/C 开关→鼓风机开关→搭铁。

·信号正常，空调放大器控制空调信号继电器搭铁

·提供 A/C 请求信号，发动机 ECU 控制电磁离合器继电器线圈搭铁

电源→点火开关→空调切断继电器触点→空调信号继电器触点→发动机 ECU。

·压缩机工作

电源→点火开关→空调切断继电器触点→电磁离合器继电器触点→压缩机→搭铁。

二、空调常用控制装置

1. 压力开关的控制

（1）异常低压检测

当制冷循环中制冷剂极其不足或由于漏气制冷循环中没有制冷剂时，或压缩机油的润滑恶化原因会导致压缩机卡住时。当制冷剂压力异常低（小于 0.2MPa）时，此压力开关关闭，电磁离合器断开。

（2）异常高压检测

当冷凝器冷却不够或当制冷剂加入量过多时，制冷循环中的制冷剂压力可能变得异常高。这种情况可能会损坏制冷循环中的组件。当制冷剂压力异常高（超过 3.1MPa）时，关闭压力开关，断开电磁离合器。

2. 压力开关

现代汽车空调系统一般都装有各种形式的压力开关。这些开关装在空调管道上或储液干燥器上，用来检测系统的工作压力，一旦压力异常的高或低，压力开关就会断开或闭合，这时空调系统会自动切断压缩机电路或控制冷却扇以加强散热效果。常见压力开关主要有以下几种：高压开关、低压开关、双重压力开关、三重压力开关等。压力开关结构与控制原理如图 5－13 所示。

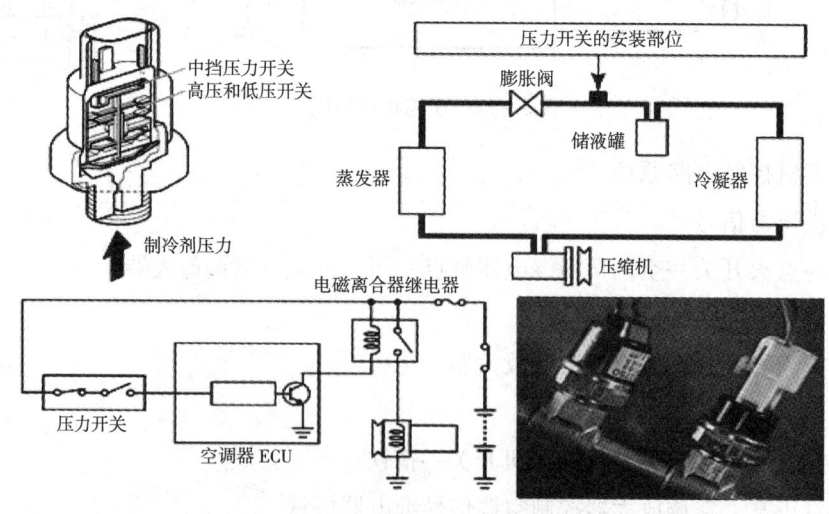

图 5－13　压力开关结构与控制原理

（1）高压开关：当制冷系统高压侧压力高于32Pa时，控制压缩机停止工作，以防制冷系统过压损坏，安装在制冷系统高压管路上。汽车空调在使用过程中，当出现散热片堵塞、风扇不转或制冷剂充注过量等不正常状况时，系统压力就会异常升高，此时若不停止压缩机的运转，过高的压力将导致压缩机损坏、管道破裂等故障发生。

现代汽车空调系统都设置有高压开关，它安装在空调系统高压端，一旦系统压力过高，压力开关动作，切断离合器电源或接通冷凝风扇高速挡电路，以加强散热，尽快降低系统的温度和压力。

高压开关有两种形式：常开型和常闭型（如图5-14）。用作压缩机电源切断的一般为常闭型，用作冷却扇控制的则有常开型或常闭型（如图5-14）。下面以常闭型压力开关为例分析它的结构。如图5-14（b）所示，高压端制冷剂压力作用在膜片上，正常情况下，高压端压力小于弹簧的弹力，固定触头与活动触头处于闭合状态，电路处于接通状态。一旦系统压力超过3.14MPa（R12系统为2.65MPa）时，高压蒸汽压力大于弹簧弹力，金属膜片反弹变形，致使活动触头与固定触头快速分离，切断离合器电路，压缩机停转。当高压端制冷压力下降到2.55MPa（R12系统为2.17MPa）时，触点恢复闭合，电路接通，压缩机恢复运转。

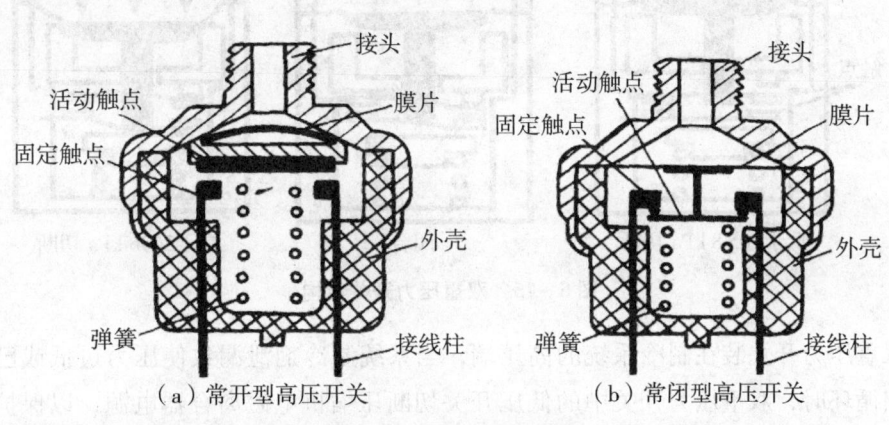

（a）常开型高压开关　　　（b）常闭型高压开关

图5-14　高压开关结构

（2）低压开关：低压开关一般装在制冷系统的高压端。它用来防止压缩机在异常低压力下工作。空调工作时高压侧压力过低，一般表明系统存在泄漏，另外，在小型的汽车空调制冷系统中，很多压缩机本身不带润滑油泵。压缩机中摩擦副的润滑很大程度上靠制冷剂带油回流进行。这样压缩机在缺油环境下继续运行可能导致严重损坏，且空调送出的风不凉，又增加了发动机功耗。在这种情况下，低压开关动作，触点断开，压缩机停转，起到保护作用。低压开关结构与常开型高压开关基本相同。当高压侧压力高于0.23MPa时，触点保持闭合；而当系统高压侧压力低于0.21MPa时，触点在弹簧力作用下断开，压缩机便无法启动。

低压开关还可作为环境温度开关使用。当环境温度较低时，低压开关断开，切断离合器电源，防止空调在低温环境下工作。这个作用原理比较简单，当环境温度较低时，制冷剂对应的压力也低，这时低压开关断开，空调不能启动。在设计时一般将压力控制在 0.423MPa（对应温度为 10℃）以上。

还有一种低压开关用于控制蒸发器的蒸发温度。许多循环离合器孔管（CCOT）系统和固定孔管循环工作离合器（FOTCC）系统，用压力开关替代温控器，低压开关装在系统中蒸发器出口和压缩机进口之间，一般装在集滤器上，感受低压侧压力，使离合器在大约 207kPa 时，定期断开，该压力对应温度为 0℃，即利用饱和状态下温度与压力成对应关系原理。

设置低压开关后，既可以实现温控，还可以保护系统不受可能进入的空气和湿气的损害。

（3）双重压力开关：双重压力开关由一个高压开关和一个低压开关复合而成，它同时具有低压开关和高压开关的功能，结构如图 5 - 15 所示。

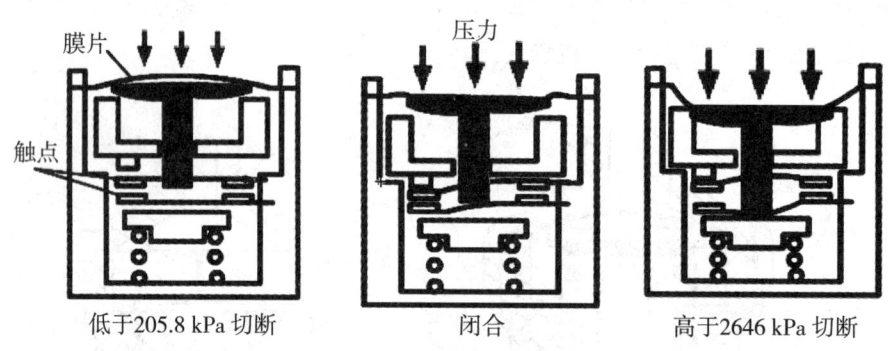

图 5 - 15　双重压力开关结构

双重压力开关装在制冷系统的高压端，当系统制冷剂泄漏致使压力过低或已没有制冷剂循环时，双重压力开关中的低压开关切断压缩机电磁离合器电源，以保护压缩机免受破坏。若由于散热不良等原因致使系统压力超过设计值时，双重压力开关中的高压开关切断压缩机离合器电源。双重压力开关的工作压力值范围可参见表 5 - 3。

表 5 - 3　　　　　　　　双重压力开关的工作压力值范围

系　　统	R134a		R12	
规格	0.226MPa　　　　　2.55MPa ON OFF 0.196MPa　　　　　3.14 MPa		0.230MPa　　　　　2.06MPa ON OFF 0.206MPa　　　　　2.65MPa	

（4）三重压力开关：为了减少压力开关的数量和接口，以进一步减少制冷剂泄漏的可能，使空调结构更加紧凑，目前很多汽车空调采用三重压力开关（三段式压力开关）这种开关由高—低开关（双重压力开关）和一个中压开关组成，装在制冷系统高压端，结构如图 5 - 16 所示。

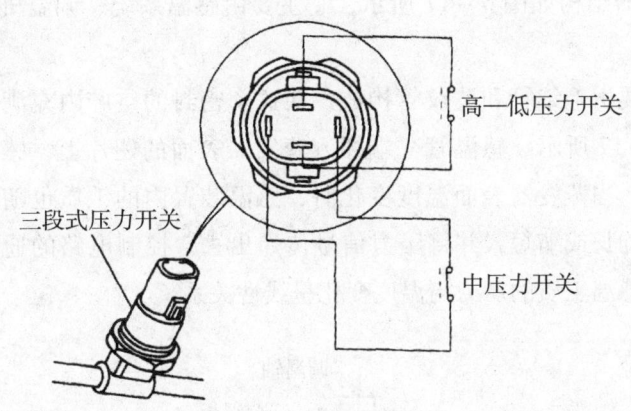

图 5 - 16　三重压力开关

a. 高—低压开关（双重压力开关）：如果制冷管道高压端压力太高（由于散热不良等）或太低（由于泄漏）三重压力开关动作，送一个信号到冷却风扇单元（本田车）或空调控制器（一般车），以防止压缩机在异常高或异常低的压力下运转。

b. 中压力开关：如果冷媒压力低于 1520kPa（15.5kgf/cm^2）时，三重压力开关会传递信号到风扇控制单元，或直接控制冷凝器继电器来改变冷凝器风扇和水箱风扇的速度（高—低）只要设计上中压开关闭合，则风扇仅高速运转。

三重压力开关工作压力值范围，见表 5 - 4。

表 5 - 4　　　　　　　　　　　三重压力开关工作压力值范围

	高压	断开：3.14MPa
三重压力开关	中压	闭合：1.6MPa
	低压	断开：0.196MPa

3. 温度控制器

温度控制器又叫恒温器、热敏开关等。它是汽车空调电路控制系统中用作温度控制的一种基础元件，常用来控制蒸发器的表面温度。

温控器通过感测蒸发器的表面温度，将温度变化信号转化成电路的通断信号，以实现压缩机的循环通断控制，驾驶员预置温度后，温控器在选定的位置上往复地使离合器结合和断开，起到调节车内温度、防止蒸发器结霜及避免压缩机产生液击作用。

有些车还将温控器用作空气混合调节风门的控制。

温控器一般安装在蒸发器组件或靠近蒸发器组件的空调操作面板上。它主要有两种形式：机械式和电子式。

（1）机械式温控器

机械式温控器结构如图 5 – 17 所示，它主要由感温系统、调温机构和触头开闭机构组成。

感温系统主要由毛细管和波纹管构成，在这个密封的空腔内充满处于饱和状态的感温剂，如图 5 – 17 所示。感温管一端插入蒸发器表面的翅片上，感受蒸发器出风口方向的表面温度。当蒸发器表面温度变化时，感温装置内的工质也随温度而发生压力变化，使波纹管伸长或缩短，并将压力信号传递出去，控制电路的通断。在一定的温度变化范围内，感温工质的压力与温度变化呈线性关系。

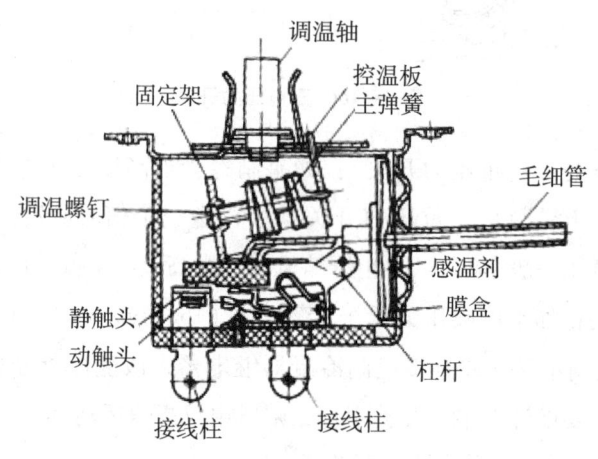

图 5 – 17　机械式温控器结构

调温机构由凸轮、转轴、调节螺钉等组成，其功能是使温控器能在最低至最高温度范围内对任一设定温度产生控制动作。温控器触头开关的断开点是根据调节轴给定的位置而变化的，触头的闭合点与断开点的位置平行。

触头开闭机构主要由触头、弹簧、杠杆等组成，其功能是执行由控制机构传来的动作信号。通过触头开闭来接通或断开电磁离合器电路，实现恒温控制。

下面以图 5 – 18 说明温控器的工作原理，其工作过程如下：

通过温控器调温旋钮预设温度后，若蒸发器表面温度高于设定值，此时触头开关闭合，接通电磁离合器电路，压缩机工作。随着蒸发器表面温度不断下降，毛细管内感温剂压力下降，波纹管收缩，当降至设定温度值时，在弹簧的拉力下，活动触头与固定触头快速分离，压缩机停止运转。压缩机停转后，在鼓风机的作用下，蒸发器表面温度重新上升，毛细管内感温工质温度随之升高，管内压力不断增大，波纹管伸长，克服预置弹簧力，推动杠杆移动，使活动触头与固定触头闭合，电磁离合器线圈通电，压缩机工作。由于温控器的作用，这一过程不断循环往复，使车内温度能在一定范围内得到控制，调节凸轮的位置和调节弹簧的预紧力，改变温控器的起作用时刻，使送风温度改变，达到人们要求的舒适范围。

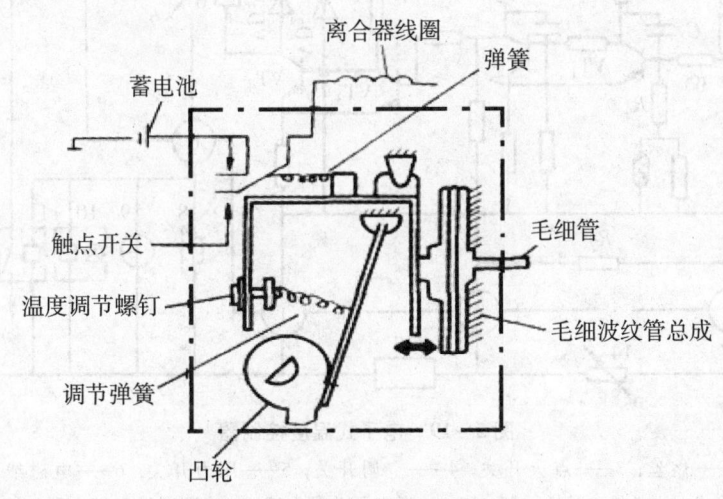

图 5 - 18　温度控制器工作原理

（2）电子式温控器

电子式温控器是目前汽车空调上广泛使用的一种温度控制器，一般简单的电子式温控器只具备温控功能，它所用的感温元件为一只热敏电阻，通过小插片插在蒸发器出风口方向翅片上，用来检测蒸发器出风口温度。受到温度变化影响时，其阻值发生相应变化，空调上多采用负温度特性的热敏电阻，即随着温度升高，阻值下降，反之，阻值上升。

热敏电阻通过导线与电子温控器相连，由于温度变化使热敏电阻阻值发生变化，转化为线路中电压信号的高低变化，经温控器将信号放大后，控制电路的接通与断开，实现循环制冷，温控器上设有调温旋钮，实际上是可变电阻，调节电阻值可改变送风温度范围，满足乘员的不同需要。

下面以图 5 - 19 所示的电子式温控器为例说明这种温控器的工作过程，这种温控器主要由温度检测电路，信号放大电路和电子开关电路三部分组成，其中 R_{15}、R_1、R_2、R_{14}、R_{13}组成电压敏感电路，进行温度检测采样。当车内温度变化时，热敏电阻 R_{13}阻值改变。VT_1、VT_2起放大作用，将 A 点电位的微弱变化进行放大，以驱动输出回路。VT_3、VT_4组成电子开关，以控制继电器的吸合与断开。

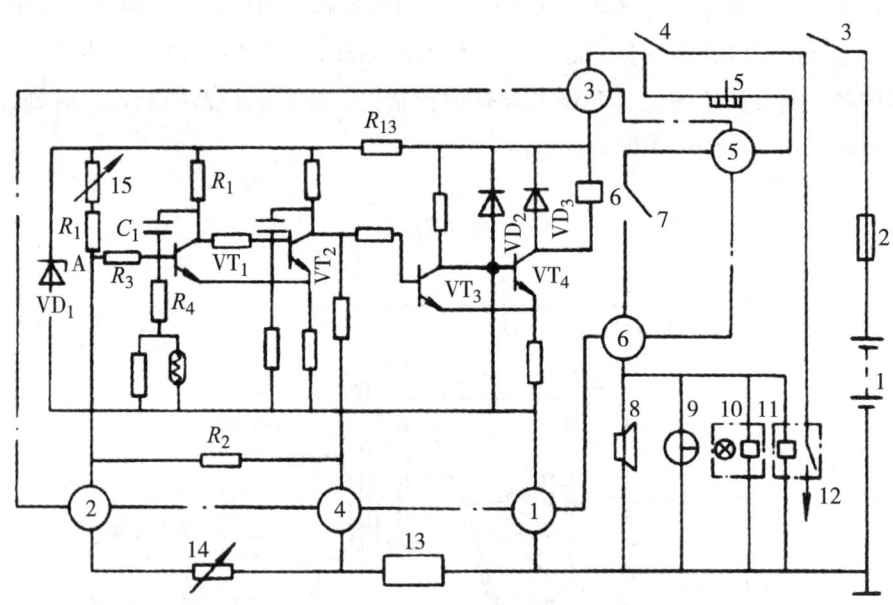

图 5-19　电子式温度控制器

1——蓄电池；2——熔丝；3——点火开关；4——空调开关；5——压力开关；6——电磁线圈；7——触头；8——电磁离合器；9——空调工况指示灯；10——真空开关阀；11——冷凝器风扇继电器；12——通往调节器（冷凝器风扇电动机）；13——热敏电阻；14——可变温度控制电阻器；15——调温电阻

温控器的工作过程如下：发动机运转后，闭合 A/C 开关，电流经 A/C 开关 4→R_{13} →R_{15}→R_1→R_{14}（R_2）热敏电阻（R_{13}）→搭铁构成回路。

①若车内温度高于设定温度，则热敏电阻 R_{13} 阻值较小，A 点电位较低，此时 VT_1 处于截止状态，集电极电位较高，致使 VT_2 导通，VT_3 截止，VT_4 导通，继电器线圈通电，产生吸力将触头闭合，电源经过继电器触头加至电磁离合器线圈，压缩机运转；

②压缩机工作后，车内温度不断下降，热敏电阻阻值上升，A 点电位上升。当温度降至调定值时，VT_1 饱和导通，则 VT_2 截止，VT_3 导通，VT_4 截止，继电器线圈电路被切断。触头回位，切断电磁离合器电路，压缩机停转，实际工作过程中，在①与②之间反复进行，保持车内温度在调定范围之内。

线路中的 VD_1 为稳压管，起过压保护作用，VD_2 为保护二极管，接错线时起保护作用，VD_3 为续流二极管，起保护 VT_4 作用，电容 C_1、C_2 起提高三极管 VT_1、VT_2 灵敏度作用。线路中的电阻一般为偏置电阻及反馈电阻。

需要说明的是热敏电阻 R_{13} 设置在蒸发器出风口翅片上，作为感温元件。调温电阻 R_{14} 为一可变电阻，通过调温旋钮可改变其阻值，从而改变三极管 VT_1 的起作用时机，以改变送风温度设定。

（3）蒸发器温度控制器

蒸发器温度控制器是检测蒸发器的表面温度并关掉电磁离合器，保护制冷循环系统的组件，使得蒸发器不起霜。控制原理如图 5 - 20 所示。

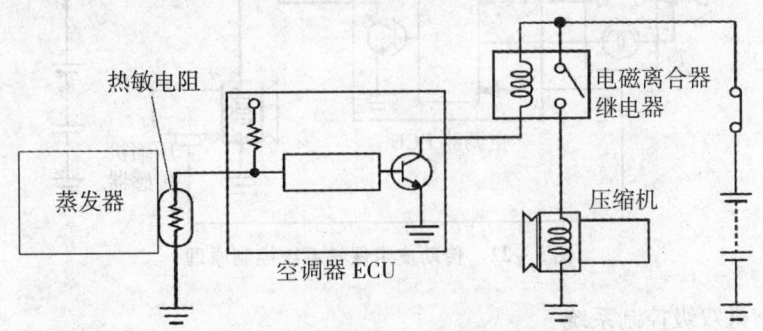

图 5 - 20　蒸发器温度控制器控制原理

蒸发器的表面温度通过热敏电阻检测，并当温度低到某种程度时，使得电磁离合器断开，防止蒸发器降低到 0℃ （32 ℉）。带有 EPR 的空调器不要求有此控制。

（4）压缩机过热保护器

压缩机有一个温度开关，它在压缩机顶部检测制冷剂温度。如果制冷剂温度变得太高，双金属开关变形，并将杆向上推脱开开关的触点。结果电流不通过电磁离合器，会使压缩机停机。这样防止了压缩机咬死。压缩机过热保护器结构如图 5 - 21 所示。

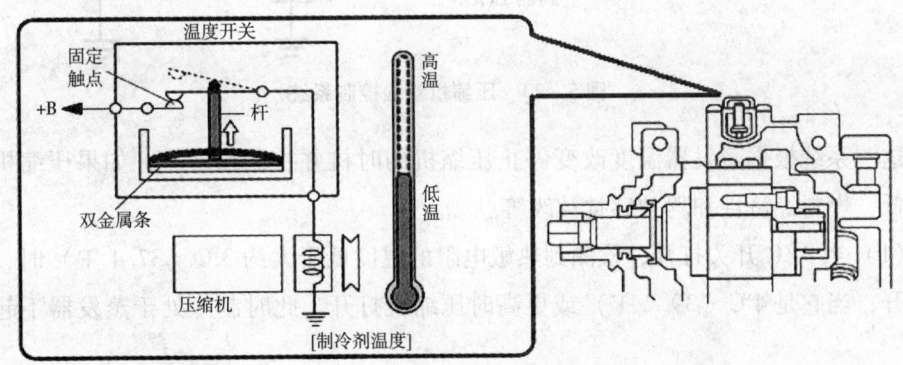

图 5 - 21　压缩机过热保护器结构

4. 传动皮带保护系统

检测压缩机的锁定，防止由于关掉电磁离合器损坏传动皮带，并引起 A/C 开关指示灯从点亮变为闪烁。每次压缩机转动时，在速度传感器线圈内产生信号。ECU 通过计算信号的速度检测压缩机的运转。它比较发动机与压缩机的速度。如果差异超过某一值，ECU 压缩机锁定并断开电磁离合器。另外，ECU 导致 A/C 开关指示灯闪烁通知驾驶员有此故障。控制原理如图 5 - 22 所示。

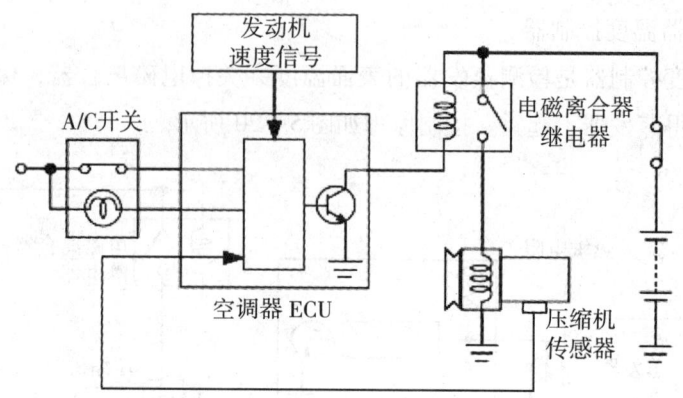

图 5 - 22　传动皮带保护系统控制原理

5. 压缩机双级控制系统

控制压缩机的利用率并改善燃料经济性和驾驶性能。控制原理如图 5 - 23 所示。

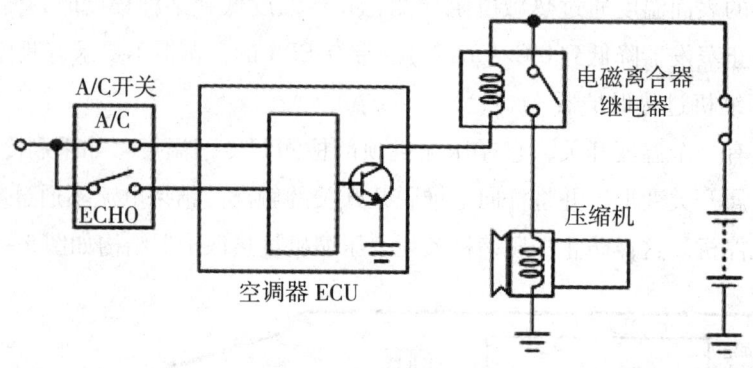

图 5 - 23　压缩机双级控制系统

这一系统根据蒸发器温度改变停止压缩机的时机并控制操作率，如果压缩机的操作率低，燃料经济性和驾驶感觉被改善。

（1）当 A/C 开关打开，检测到热敏电阻的温度低于大约 3℃（37.4 ℉）时，压缩机断开，当它是 4℃（39.2 ℉）或更高时压缩机打开。此时制冷处于蒸发器不起霜的范围。

（2）打开 ECON（经济模式）开关时，当热敏电阻检测到温度低于大约 10℃（50 ℉）时，控制压缩机关掉，并在 11℃（51.8 ℉）或以上时打开。为此，冷却变弱，但压缩机的运转率降低。

6. 双 A/C（车后冷却器）控制

开、关电磁阀控制双制冷剂回路。双 A/C 和带有后面冷却器的制冷循环系统前后都有蒸发器和膨胀阀。但只有一个压缩机令制冷剂循环。为了控制两个制冷剂回路，安装有电磁阀。

（1）当前面 A/C 开关打开时，电流流过前面电磁阀并打开（开启），同时电流不经过后面电磁阀，阀门关掉（关闭）。因此，制冷剂只在前面回路中流。

（2）当后面 A/C 开关打开时，电流经过前、后两者，阀门打开（开启），因此制冷剂流入前、后两者的回路。控制原理如图 5 - 24 所示。

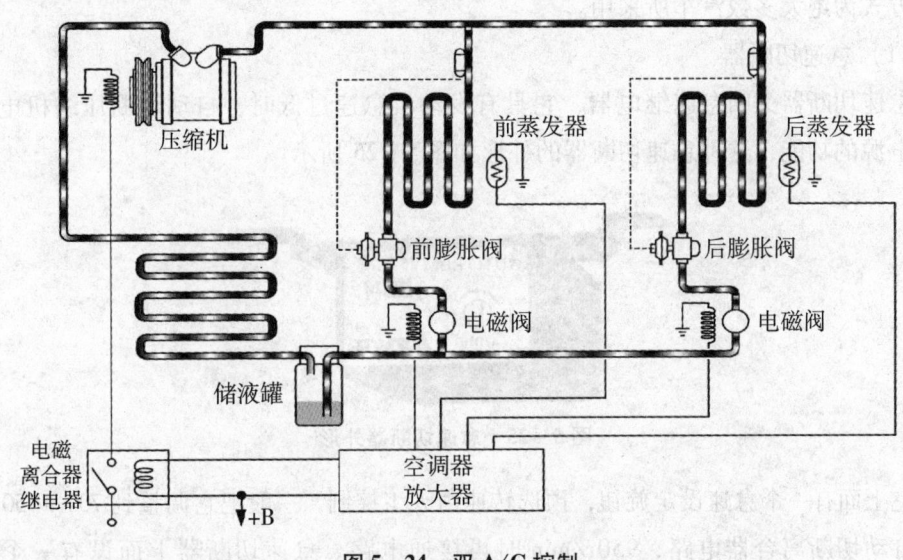

图 5 - 24 双 A/C 控制

7. 怠速控制装置

对于非独立式的空调系统，当发动机处于怠速运行或车辆慢速行驶时，此时若开启空调将会引起以下不良情况：

（1）造成发动机空负荷工况或小负荷工况怠速不稳定，甚至造成发动机熄火，影响汽车的低速和怠速性能。

（2）引起发动机过热，发动机空负荷或小负荷运行时，对水箱和冷凝器的散热主要由冷却风扇完成，迎风通风量很少，对于冷却风扇由发动机直接驱动的汽车，空载或小负荷时，风压和风量均不充足，散热效果很差，冷凝器一般装在水箱前。这进一步影响水箱的散热，造成发动机过热，影响发动机的正常运行。

（3）空调长时间低速运行，还易造成车上用电量不足，因为怠速时发电机发出的电量相当有限，空调工作时需消耗大量电能，致使车上用电负荷过大，影响其他系统的正常工作。

（4）空载或小负荷工作时，还使冷凝器散热不良，影响制冷剂的液化，致使空调制冷效果差，甚至管道压力过高而发生破坏事故等。

为消除这些不良情况，充分发挥非独立式空调系统的优点，实现汽车运行与空调运行相统一，汽车上一般都设有怠速稳定装置。怠速稳定有两种方式：一种是开启空调时，只要发动机怠速低于规定转速，用怠速切断器切断压缩机电磁离合器电源，以稳定发动机怠速性能，防止发动机因负荷过大而导致灭火。这一方式为一部分丰田汽车所采用。另一种方式是在开启空调的同时，利用怠速提升装置自动提升发动机怠速，增加发动机输出功率，达到带负荷的低速稳定运转，这样便维持了空调的舒适性要求，这一方式为绝大多数汽车所采用。

（1）怠速切断器

怠速切断器又叫怠速继电器，它具有发动机怠速过低时，自动切断压缩机电磁离合器电源的功能，这种怠速切断器的外形如图 5 - 25 所示。

图 5 - 25　怠速切断器外形

它上面有一个怠速设定旋钮，预选转速由人工控制，一般把它调整到 700 ~ 750r/min 时，自动切断离合器电路，950r/min 时再接通电路。怠速切断器上面设有一个转换开关，将开关调至 A 位，为自动控制，调至 M 处为人工控制（怠速切断器不起作用）。

怠速切断器一般有 4 根接线，如图 5 - 26 所示，其中：①接电源正极；②接电磁离合器线圈；③接搭铁；④接点火线圈负极接线柱，下面以图 5 - 26 为例分析这种怠速切断器的工作过程。

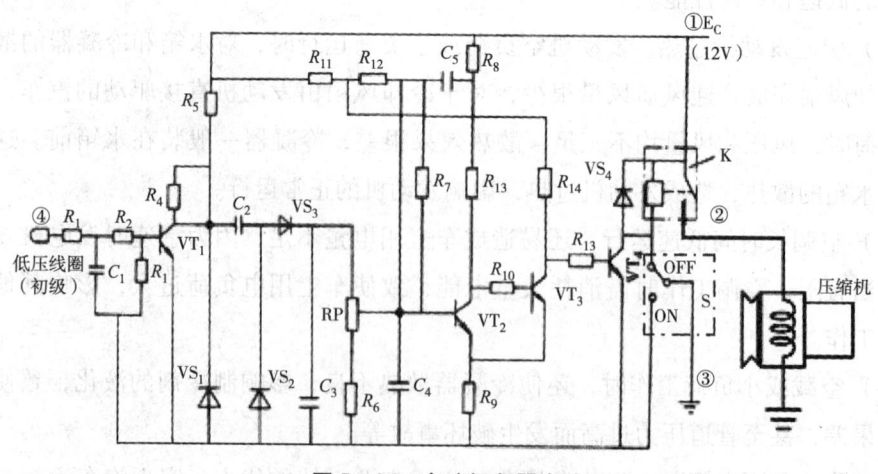

图 5 - 26　怠速切断器电路

系统工作时，点火线圈初级绕组的脉冲信号的频率与发动机转速成正比。当脉冲输入时，电容 C_1 通过 R_1 充电，其端电压提高使 VT_1 导通；脉冲消失后，靠 C_1 放电使 VT_1 的导通维持并逐步转向截止，这样，便在 VT_1 的集电极上获得一个交流电压信号，此信号经 C_2 耦合，VS_2、VS_3 和 C_3 整流滤波后，变成一个矩形脉冲信号。这个矩形脉冲信号与发动机转速一致，该信号输入到由 VT_2 和 VT_3 组成的稳态触发电路，决定 VT_4 管的基极电位。若发动机转速高，则点火脉冲频率高，从 VT_1 集电极上取得的平均电压信号就高，VT_2 的基极电位就会相应提高。调节可调电阻，使当发动机转速达到规定的急速转速时，VT_2 导通，则 VT_3 截止，VT_4 导通，继电器通电吸合，电磁离合器接合，压缩机工作。若发动机转速低于设定值，则 VT_1 集电极上取得的平均电压信号较低，使 VT_2 截止，VT_3 导通，VT_4 截止，继电器线圈回路被切断，压缩机不工作，发动机转速得以稳定。电位器 RP 可用于调节输入到触发器的输入电压，用来调节电磁离合器开始接通和断开时的发动机转速值。

电路中 VT_2 和 VT_3 组成施密特触发器，用来驱动 VT_4；VT_4 为功率管，用以驱动继电器。施密特触发器向 VT_4 基极提供高电平还是低电平，取决于发动机转速是否达到设定值。

开关 S 为工作方式选择，分手动和自动，接到"OFF"位置，则继电器接通吸合，压缩机工作不再受急速切断器控制，反之，打至"ON"，则接通急速切断，压缩机的工作受到发动机转速的控制。

以上分析的急速切断器为单一功能的急速控制装置。目前，很多汽车将温控器和急速切断器做成一体，同时具有温度控制和急速切断功能。一些电喷车则用发动机电脑去完成低速切断。

（2）急速提升装置

采用急速切断装置后，一旦汽车处于空负荷或小负荷时，空调便不能开启，破坏了空调系统的舒适性要求，特别是在堵车或是炎热的夏季，这种情况就更为突出，采用急速提高装置就能解决这一矛盾。即A/C开关闭合后，在接通离合器电源的同时，自动地提高发动机的急速转速，增加一定的功率来保证压缩机继续工作，若空调未启动或压缩机被温控装置切断电源而停止工作时，发动机仍按原调定转速运行，而无须重新调定发动机急速。

常见的急速提升装置有节气门直接驱动式、旁通空气道式、发动机急速电动机控制式三种。

①节气门直接驱动式急速提升装置

这种装置为大多数化油器汽车所采用，系统组成如图5－27（a）所示，它属于节气门直接驱动式。主要控制元件有真空转换阀（VSV阀）、真空马达、机械驱动机构等。

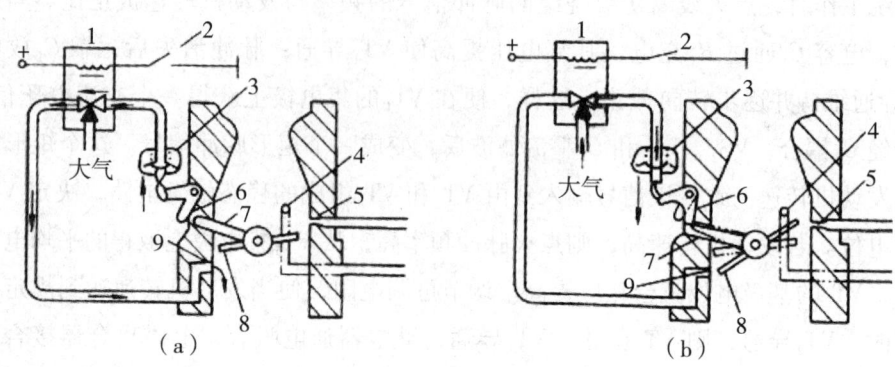

图5-27 节气门直动式怠速提升装置

1——真空转换电磁阀；2——空调A/C开关；3——真空马达；4——怠速喷油孔；5——主喷油孔；6——限位器；7——节气门控制杆；8——节气门；9——真空孔

该装置的工作过程如下：空调开启时VSV阀1通电工作，真空源被切断，大气压力与真空马达（3）膜片弹簧力作用在真空马达拉杆上，拉杆下行使限位器（6）转动，最终由杠杆使节气门（8）打开，怠速提高（如图5-27（b）所示）。反之，若空调关闭，VSV阀断电，真空回路接通，即大气口被关死，真空源与真空马达接通，真空使真空马达工作，膜片克服弹簧力带动拉杆上行，限位器顺时针转动，杠杆上行，节气门回位，恢复正常怠速。

VSV阀的结构如图5-28所示，由活动铁心、压缩弹簧、电磁线圈等组成，外部有三个接口，其中A通向真空源，B通向真空马达，C通向大气。A/C打开，压缩机运转，此时电磁线圈通电，活动铁心克服弹簧力上行，关闭A口，则B与C接通（见图5-29（b））。反之，A/C关闭，电磁线圈断电，活动铁心受弹簧力作用下行，将C口关闭，此时A口与B口接通，如图5-29（a）所示。

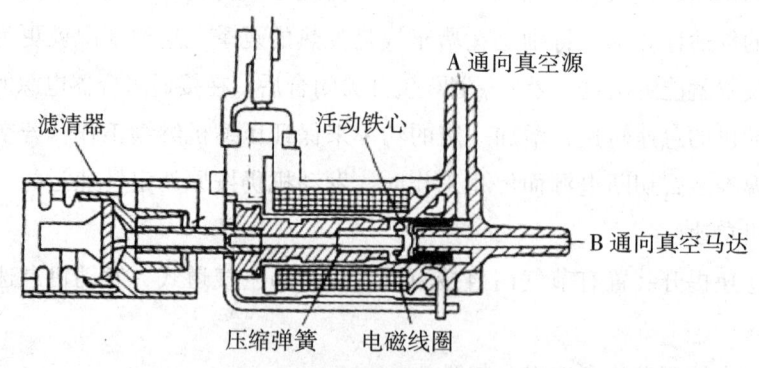

图5-28 真空转换阀（VSV）结构

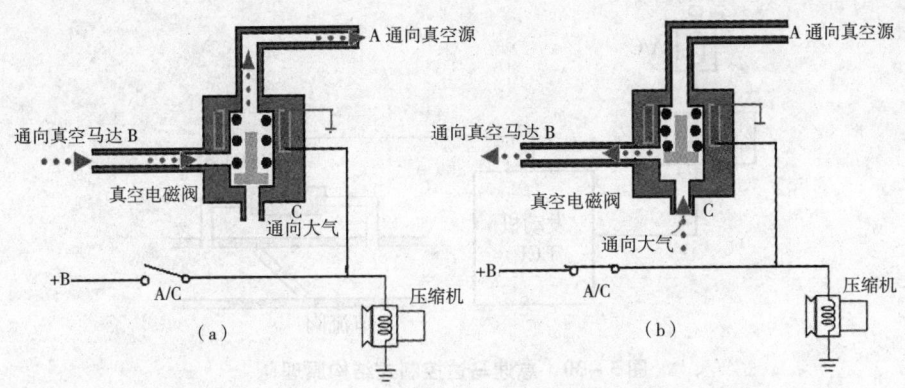

图 5 – 29　VSV 阀工作原理

②旁通空气道式怠速提升装置

对于电控汽油喷射式发动机，若采用节气门直动式怠速提升装置易使节气门位置传感器等一些信号发生变化，如怠速触点被打开等，这会在一定程度上影响发动机怠速性能，所以 EFI 发动机一般采用旁通空气道式怠速提升装置。

这种 VSV 阀只有两个管口，其中一个管口接真空源，另一管口接真空马达，其测试方法如下：将蓄电池电压接至 VSV 连接器端子，使空气流入管口 A，从管口 B 流出，切断至 VSV 连接器端子蓄电池电压，空气流入管口 A，但不从管口 B 流出。

这种 VSV 阀还设有怠速调整螺钉。A/C 开启时，发动机怠速 900 ~ 1000r/min 正常，否则转动调节螺钉，直至怠速符合要求。

③发动机怠速马达控制式

为使发动机实现优化运行，现代高级轿车采用发动机集中控制系统，即包括怠速控制、点火控制、燃油喷射控制等都由电脑集中统一控制。所以这些车没有专用的空调怠速提升装置。怠速的提升是通过发动机的怠速控制阀完成的，发动机电脑通过空调开关或空调压缩机工作的电位信号，便能检测空调器接通情况。当发动机 ECU 接到 A/C 接通信号时，将怠速控制阀打开少许，增加进气，使得发动机的转速提高转动。怠速马达控制式结构原理图如图 5 – 30 所示。

8. 电风扇控制

控制电风扇并改善冷却能力和燃料经济性，并减少噪声。当 A/C 运转要增加冷却能力时用风扇冷却冷凝器。用风扇冷却散热器的车辆装有两台风扇用于散热器和冷凝器，采用三级控制冷却能力（停止、低速、高速）。当 A/C 运行时，两台风扇的连接根据制冷剂压力和冷却液温度的情况切换到串联（低速）或并联（高速）。图 5 – 31 为电子扇控制电路原理图。

①当制冷剂压力高或发动机冷却液温度高时，两台风扇并联并以高速旋转。

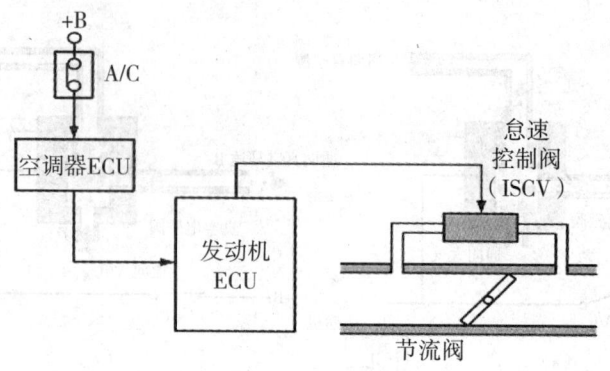

图 5 – 30　怠速马达控制式结构原理

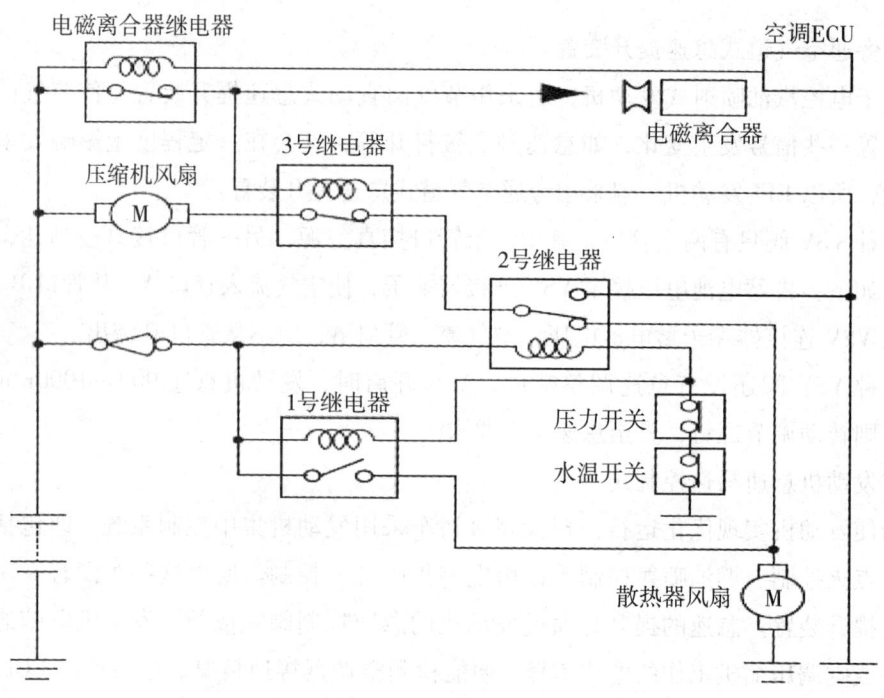

图 5 – 31　电子扇控制电路原理

②当制冷剂压力低或发动机冷却液温度低时，两台风扇串联并以低速旋转。

③冷却风扇速度控制原理

a. 不开空调，发动机水温不高时，离合器继电器 1 号、2 号和 3 号继电器都不工作，两个风扇不运转。

b. 开空调，制冷系统压力及发动机水温不高时，离合器继电器工作闭合，控制 3 号继电器工作；压力开关及水温开关闭合，控制 1 号和 2 号继电器工作。两个风扇串联低速运转。

c. 开空调，制冷系统压力及发动机水温高时，压力开关和水温开关断开，1 号和 2

号继电器不工作，两个风扇并联高速运转。

9. 空调放大器

实现了空调运行与汽车运行的相关统一，极大地提高了制冷效果，节约了燃料，提高汽车的整体性能和最佳的舒适性。现代汽车将几种控制器做成一体，成为空调放大器（空调控制器）。这种控制器功能多，控制精度高，智能化高。

（1）具有温度控制和怠速切断功能的放大器

这种放大器由温度控制器和速度控制器组合而成。内部电路由发动机转速检测电路、温度控制电路。放大驱动电路等组成。其控制原理如图 5 - 32 所示。

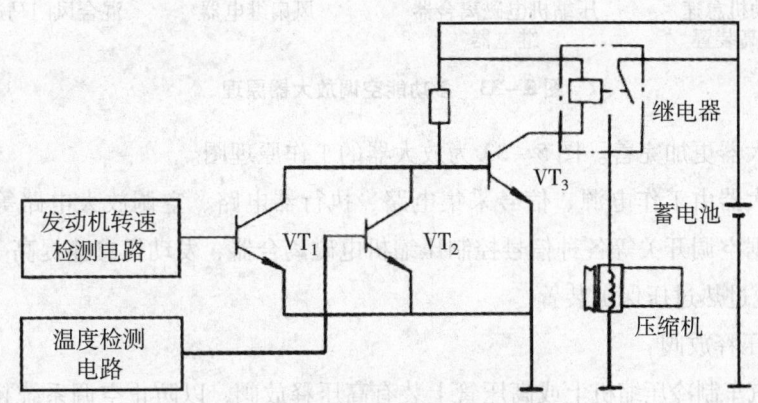

图 5 - 32　怠速稳定和温度放大器

启动空调后，在实际工作中会出现以下四种工作情况：

①车内温度高于设定温度，发动机转速高于空调放大器设定转速。这时转速检测电路使 VT_1 截止；温度检测电路使 VT_2 截止。所以此时 VT_3 饱和导通，继电器线圈通电吸合，压缩机工作。

②车内温度高于设定温度，而发动机转速低于空调设定起作用转速。此时，转速检测电路使 VT_1 导通；温度检测电路使 VT_2 截止。根据电路特点分析可知。只要 VT_1 或 VT_2 导通，都会使 VT_3 截止，所以此时 VT_3 处于截止状态，继电器不工作，电磁离合器处于分离状态。

③车内温度低于设定温度，而发动机转速高于空调工作转速。这时，发动机虽允许空调工作，但由于热敏电阻检测到温度低于调定值，经温度检测电路放大后，将使 VT_2 处于导通状态，仍然不能满足压缩机工作条件。

④车内温度低于设定温度，发动机转速低于规定转速，根据前面分析可知。此时 VT_1、VT_2 均处于导通状态，故 VT_3 截止，压缩机不工作。

（2）多功能手动空调放大器

这种放大器主要应用在手动空调上，它在温度控制和速度控制基础上增加了其他

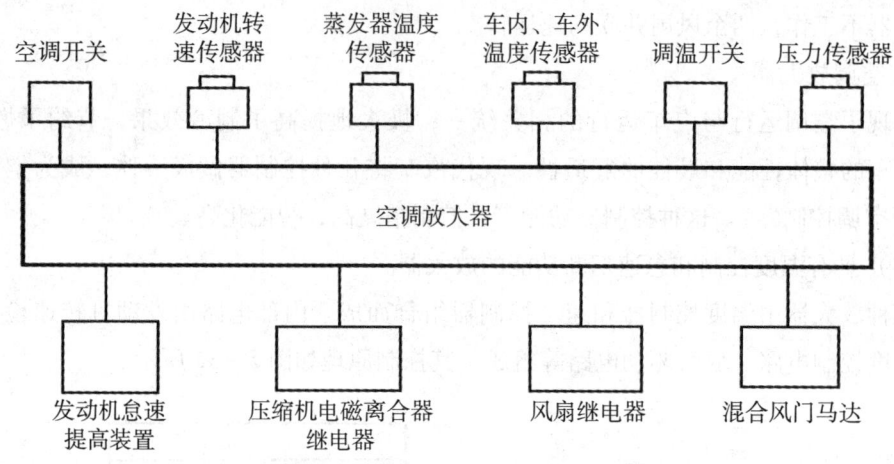

图 5-33　多功能空调放大器原理

功能，使放大器更加完善。图 5-33 为放大器的工作原理图。

这种放大器由工作电源、信号采集电路、执行器电路、空调放大电路等组成。空调放大器根据空调开关等各种信号控制压缩机电磁离合器、发动机怠速提高等装置。

10. 其他过热过压保护装置

（1）高压释放阀

在一些汽车制冷压缩机上或高压管上装有高压释放阀，以防止空调系统超高压工作而致破坏。下面以三菱车上应用的高压释放阀为例来说明这种阀的结构和工作原理。如图 5-34 所示，高压释放阀在正常压力范围内处于常关闭状态，在空调运转中当高压超过 4.22MPa（42.2kgf/cm^2）时，高压释放阀被高压打开，使制冷系统内的压力释放到大气中，起到安全保护作用，当制冷系统内的压力下降到 2.81MPa（28.1kgf/cm^2）时，在弹簧力作用下，高压释放阀自动关闭，空调器继续工作。

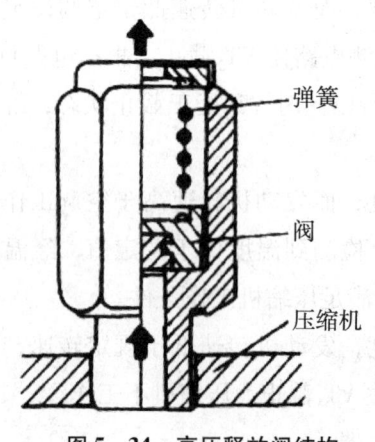

图 5-34　高压释放阀结构

（2）过热限制器

过热限制器主要应用在通用汽车公司生产的斜板式或摇板式压缩机上，一旦系统温度过高时，过热限制器受热反应，切断电磁离合器电源，停止压缩机工作，保护压缩机免受损坏。

过热限制器主要由过热开关和熔断器两部分组成。其原理如图 5 - 35（a）所示。过热开关一般装在压缩机后缸盖上，它是一个温度开关，结构见图 5 - 35（b），系统压力正常时，此开关保持常开，而当制冷系统的制冷剂泄漏或某些原因而使压缩机过热时，该开关受热动作，即开关闭合。

熔断器的构造参见图 5 - 35（b），它由低熔点金属丝和发热丝两部分组成。当压缩机出现过热状态时，过热开关闭合，接通热力熔断器的发热丝，烧断了低熔点金属丝，电磁离合器电源被切断，压缩机停止工作。

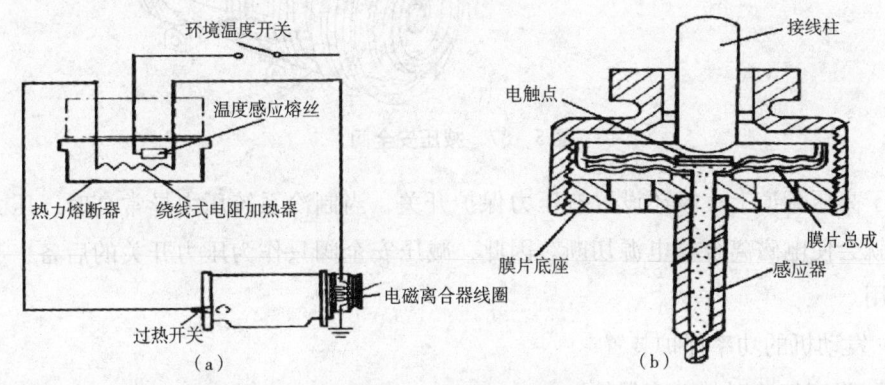

图 5 - 35　过热限制器原理

（3）易熔塞

在一些采用 R12 空调系统的汽车上，干燥储液器顶端上安装有一易熔塞，见图 5 - 36，其作用是当冷凝压力过高时，易熔合金立即熔化，将容器内的高压制冷剂全部排空泄放，起安全保护作用，易熔塞的熔化温度一般为 95～100℃，所对应的 R12 饱和压力为 3.0～3.65MPa。

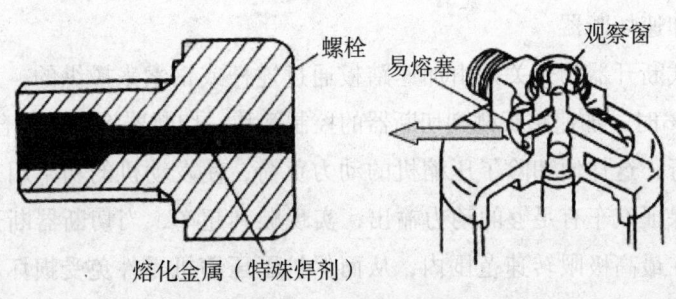

图 5 - 36　易熔塞结构

（4）减压安全阀

在一些 R134a 空调系统中，设置减压安全阀以代替易熔塞或高压卸压阀，起到了防止污染环境的作用。它安装在压缩机气缸体上，见图 5 - 37，若系统压力异常高至 3.43 ~ 4.14MPa 时，减压安全阀受高压作用开启，将一部分制冷剂释放回低压端，以降低系统压力。

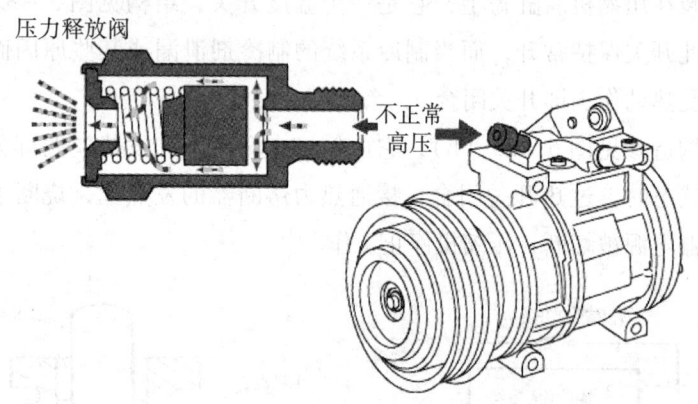

图 5 - 37　减压安全阀

由于高压管道上一般还设置有压力保护开关，当制冷系统压力异常高时，压力保护开关就会使电磁离合器电源切断。因此，减压安全阀只作为压力开关的后备，起双保险作用。

11. 发动机的功率保护装置

（1）汽车加速时的功率保护

在现代高级轿车上，设有加速切断器。设置加速切断器的目的是在汽车加速或超车时暂时切断压缩机离合器电源，使发动机全部功率用于满足车辆加速需要，同时可防止压缩机超速损坏。要实现加速切断，一是利用和节气门杆系连接的机械开关；二是利用能感应进气管真空度的真空开关（此类开关和压缩机离合器的电路串联）；三是一些电喷车利用节气门位置传感器的信号和曲轴位置传感器信号感知发动机处于加速状态，由发动机电脑完成空调电路切断。

①机械式加速切断器

这种机械式断开器的开关是由加速踏板通过连杆或钢索来操纵的，当加速踏板踩到其行程的90%时，加速踏板碰到切断器的控制簧片，切断器将电磁离合器电源切断，压缩机停止运行，这样便卸除了压缩机的动力负荷，使发动机的功率用来克服汽车加速时的阻力，保证汽车有足够的动力输出，实现顺利超车，当切断器断开时，压缩机的转速被限制在最高极限转速范围内，从而保护了压缩机零件免受损坏。切断器外形如图 5 - 38 所示。

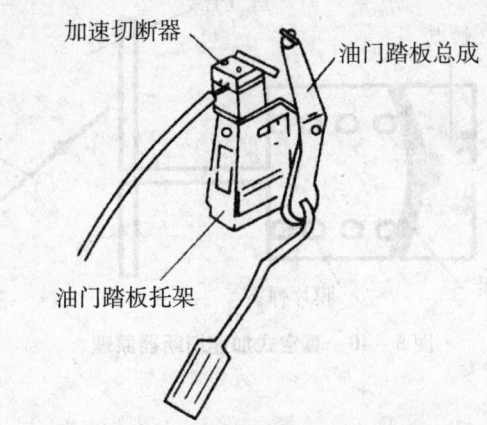

图 5 - 38　机械式加速切断器

桑塔纳轿车加速控制断开装置由加速开关和延迟继电器组成（见图 5 - 39）。加速开关一般装在加速踏板下，或装在其他位置通过连杆或钢索来操纵。当加速踏板行程达到最大行程的 90% 时，加速开关及延时继电器切断电磁离合器线圈电路，使压缩机停止工作，发动机的全部输出功率用来克服加速时的阻力，提高了车速。当踏板行程小于 90% 或加速开关打开后延时十几秒钟则自动接通电磁离合器线圈电路，使压缩机又自动恢复工作。

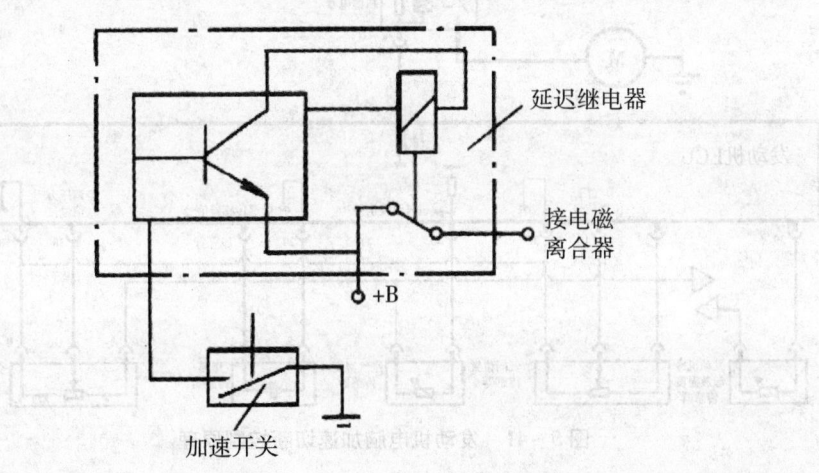

图 5 - 39　桑塔纳轿车加速断开器

②真空式加速切断器

这种加速切断器由发动机进气歧管真空度控制。当进气歧管真空度较低（汽车处于均速或少许加速）时，则开关处于闭合状态，空调正常工作。当进气歧管真空度较大（急加速或急速）时，真空断开器内膜片断开触点，切断离合器电源，压缩机停止工作。当加速变缓时，真空度下降，弹簧推动膜片将触点闭合，空调系统恢复正常工

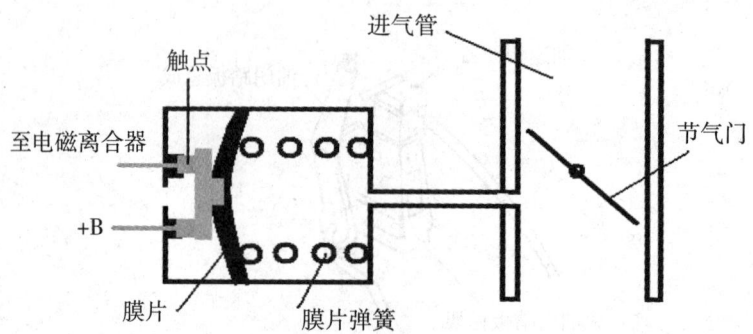

图 5 - 40　真空式加速切断器原理

作。原理如图 5 - 40 所示。

　　③高级轿车的加速切断控制

　　现代轿车上不设置专门的加速切断器，但同样具有加速切断功能。这种车的空调加速切断是由发动机电脑完成的。加速时，发动机电脑由节气门位置传感器和曲轴位置传感器采集节气门开度和发动机转速信号，当感知出急加速状态时，发动机电脑停止压缩机继电器的工作几秒钟以实现加速切断，其原理如图 5 - 41 所示。

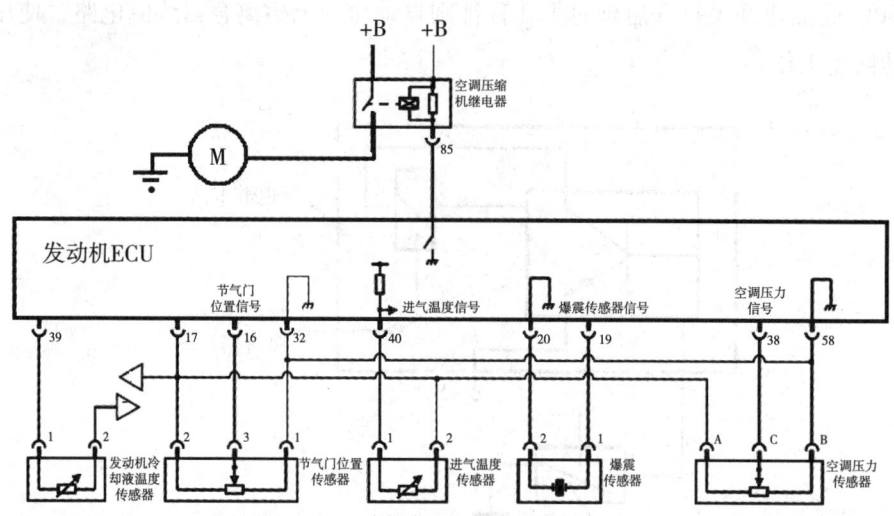

图 5 - 41　发动机电脑加速切断控制原理

　　（2）助力转向时的功率保护

　　有些汽车装有一种开关，在助力转向油压上升时，断开压缩机离合器电路，这就减少了发动机辅助负荷，使发动机功率用于助力转向，而发动机不致熄火。这种开关装在助力转向压力管道上，通常和压缩机继电器线圈相连，当助力转向压力上升时，这个开关受油压作用断开，压缩机离合器电路被切断。其结构与压力开关基本相同。

（3）启动时的功率保护

启动时，启动电流很大。为实现顺利启动，在发动机启动时，应暂时切断车上其他用电设备电源，同时卸去发动机不必要的负荷。有些车上设置启动切断继电器，由启动机开关直接控制。一部分电喷车则由发动机的电脑接收启动信号，一旦处于启动状态，发动机电脑将压缩机继电器回路切断。

（4）制动时的功率保护

有些汽车上装有制动助力真空开关，设置此开关的目的：当需要最大制动力时，利用此开关将离合器电源切断，这个开关通常串联在压缩机离合器电路中，它不向空调控制器或发动机电脑提供数据。

（5）发动机过热时的功率保护

当发动机处于大转矩输出或冷却系统存在故障时，冷却水温会上升到很高。此时，若不切断压缩机离合器电源，水温还会进一步升高，最终导致发动机严重动力不足，甚至拉缸、抱瓦。为防止发动机在带动压缩机时过热，三菱公司和丰田公司在一些发动机上设置了水温过热保护开关，这种水温开关内部结构为石蜡型温控开关，在水温正常时，开关始终是闭合的，一旦水温高于设计值，石蜡膨胀使水温开关打开，切断压缩机离合器电源，防止发动机水温进一步上升，等水温下降后，开关重新闭合，恢复空调工作。

有些汽车则采用水温传感器来测量冷却水温，并将水温变化信号转换成电压高低信号，送至空调控制器或发动机电脑。水温过低时，为实现尽快暖机，冷却扇不运转，压缩机也不能工作。若水温过高，电脑将接通风扇继电器的电路使风扇高速运转，并将压缩机继电器控制回路切断，以防止发动机过热。

（6）怠速时的功率保护

怠速时，开启空调易造成发动力过热，车上用电负荷过大，发动机功率不足，甚至怠速熄火等不良现象，故空调上设置了怠速切断器或怠速提升装置，对发动机怠速功率进行保护，这一内容已在前面作过介绍，在此不再详述。

现代轿车发动机采用电脑控制，可实现多种功率保护功能，发动机控制电路同时具有加速切断控制，水温过高切断，启动切断及怠速控制功能。

【任务实施】

要排除汽车空调电路故障，首先掌握汽车空调电气系统具体结构、控制原理、线路布置，分析空调电路故障原因，收集空调电路相关信息，熟悉空调电路维修步骤和方法，如风机及电路、压力机控制电路、加热器控制电路、风门控制电路等。然后，制订操作计划，并按规范和计划逐步任务。

1. 鼓风机电机电路检查参见表 5 - 5。

表 5 - 5　　　　　　　　　　　鼓风机电机电路检查作业表

作业项目	操作步骤	操作要领图示	操作记录
1. 检查鼓风机电机的电源	（1）将点火开关转至"OFF"位置 （2）断开鼓风机电机接头。 （3）将点火开关转至"ON"位置 （4）检查鼓风机电机线束接头和接地之间的电压	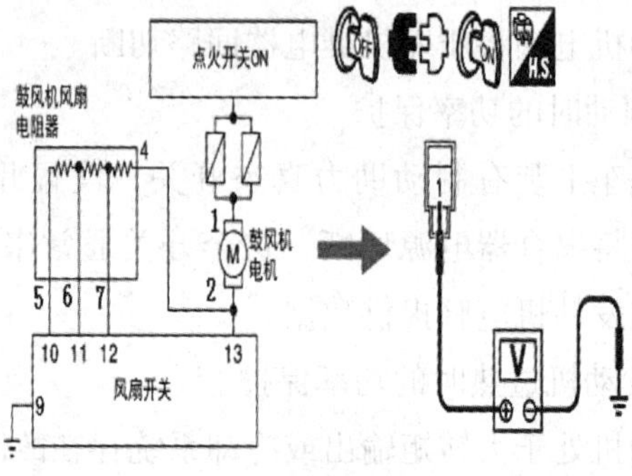 正常：蓄电池电压 异常：0V	正　常　□ 不正常　□
2. 检查鼓风机的接地电路	（1）将点火开关转至"OFF"位置 （2）检查鼓风机电机线束接头和接地之间的导通性	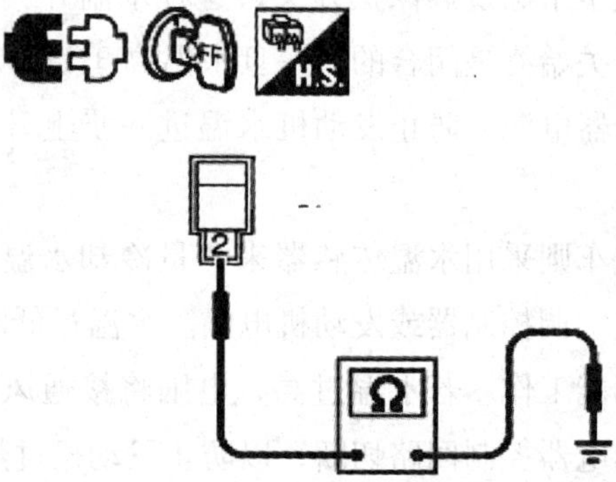 正常：0Ω　　异常：∞Ω	正　常　□ 不正常　□
3. 检查鼓风机电机	检查鼓风机电机线束接头端口 1 和 2 之间的电阻	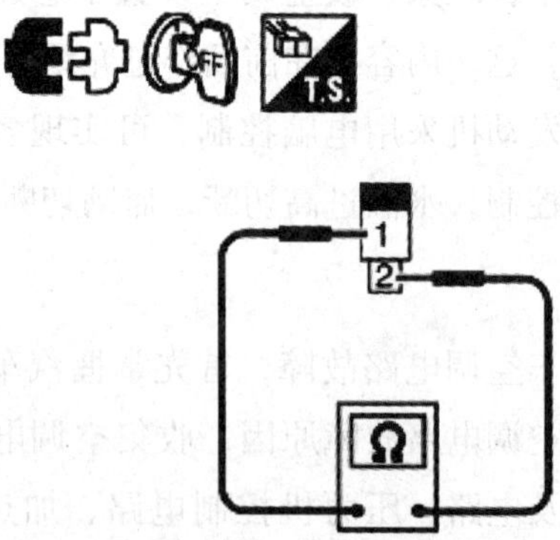 正常：2～3Ω　异常：∞Ω	正　常　□ 不正常　□

作业项目	操作步骤	操作要领图示	操作记录
4. 检查鼓风机电机和鼓风机电阻器之间的电路导通性	（1）断开鼓风机电阻器接头 （2）检查鼓风机电机线束接头 A 和鼓风机电阻器线束接头 B 之间的导通性	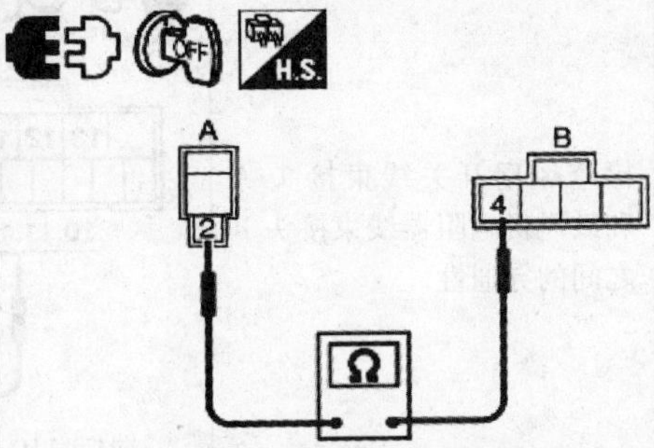 正常：0Ω　异常：∞Ω	正常 □ 不正常 □
5. 检查鼓风机电阻器	（1）将点火开关转至"OFF"位置 （2）断开鼓风机电阻器接头 （3）检查鼓风机电阻器接头端口 4 和 5，6，7 之间的电阻	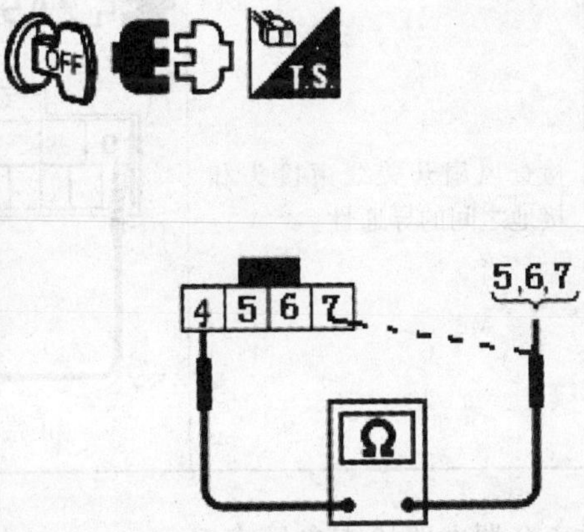 4—5：2.15Ω　4—6：1.10Ω　4—7：0.46Ω	正常 □ 不正常 □
6. 检查风扇开关	（1）断开风扇开关接头 （2）检查风扇开关接头端口 9 与 10，11，12，13，14 之间的导通性	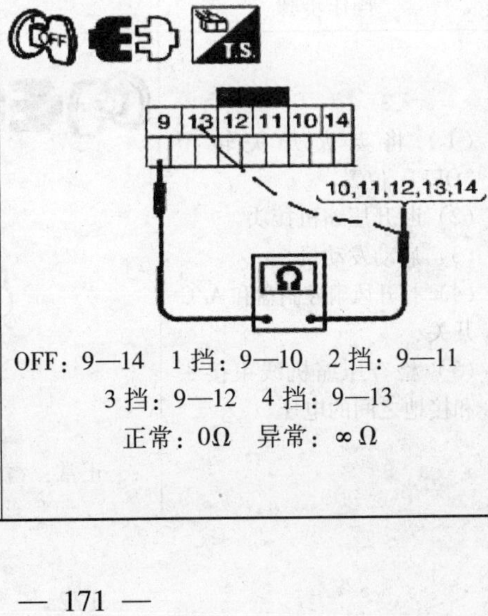 OFF：9—14　1挡：9—10　2挡：9—11 3挡：9—12　4挡：9—13 正常：0Ω　异常：∞Ω	正常 □ 不正常 □

作业项目	操作步骤	操作要领图示	操作记录
7. 检查风扇开关接头和鼓风机电阻器之间电路的导通性	检查风扇开关线束接头 A 和鼓风机电阻器线束接头 B 之间的导通性	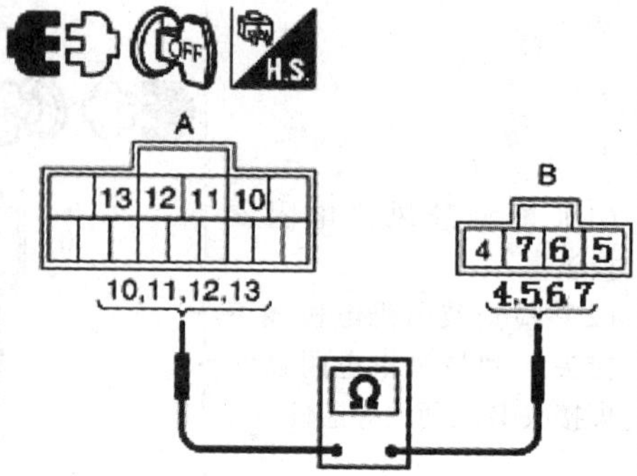 端口 A10—B5　A11—B6　A12—B7 A13—B4　正常：0Ω　异常：∞Ω	正　常 □ 不正常 □
8. 检查风扇开关接地电路	检查风扇开关线束接头和接地之间的导通性	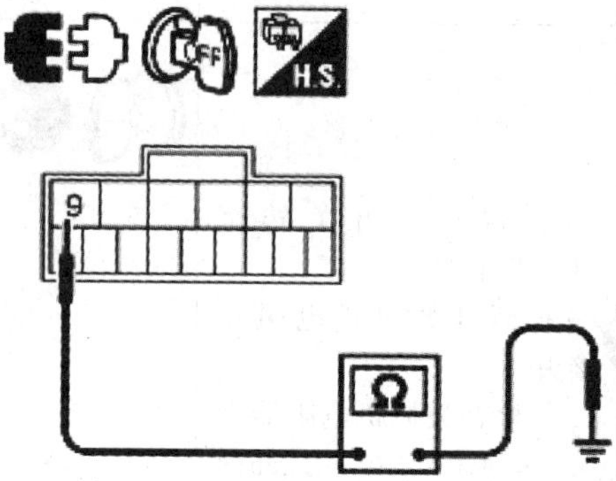 正常：0Ω　异常：∞Ω	正　常 □ 不正常 □

2. 电磁离合器电路检查参见表 5-6。

表 5-6 电磁离合器电路检查作业表

作业项目	操作步骤	操作要领图示	操作记录
1. 检查压缩机的电源	（1）将点火开关转至"OFF"位置 （2）断开压缩机接头 （3）启动发动机 （4）打开风扇控制盘和 A/C 开关 （5）检查压缩机线束接头和接地之间的电压	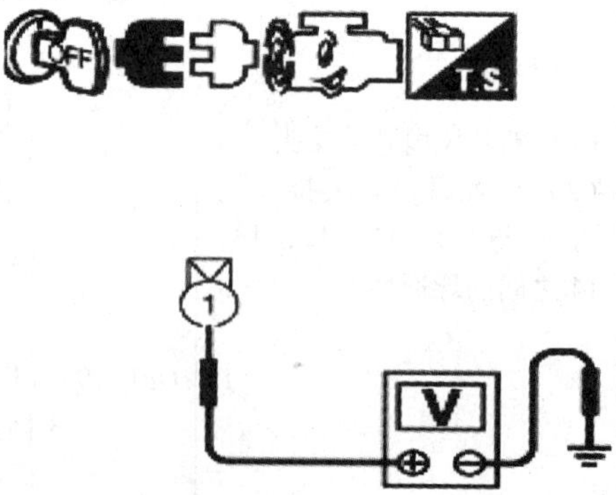 正常：蓄电池电压　异常：0V	正　常 □ 不正常 □

作业项目	操作步骤	操作要领图示	操作记录
2. 检查电源分配模块与压缩机之间电路的导通性	（1）将点火开关转至"OFF"位置 （2）断开电源分配模块接头 （3）检查压缩机线束接头A与电源分配模块线束接头B之间的导通性	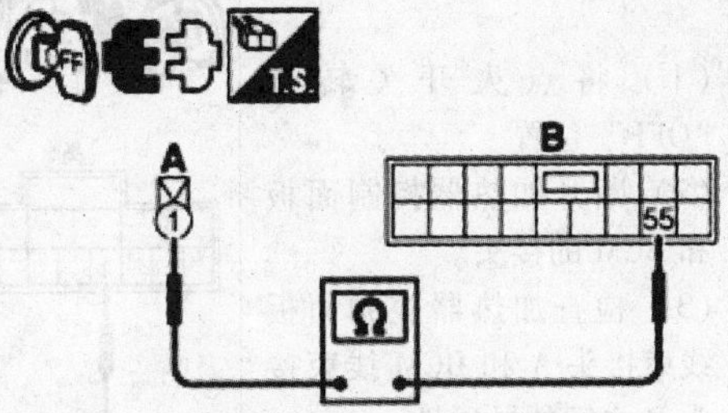 端口 A1—B55 正常：0Ω　　异常：∞Ω	正常 □ 不正常 □
3. 检查电磁离合器接地电路	（1）将点火开关转至"OFF"位置 （2）检查电磁离合器线束接头和接地之间的导通性	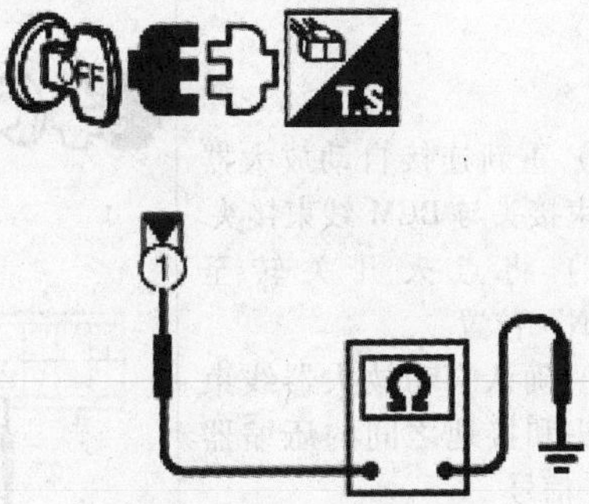 正常：0Ω　　异常：∞Ω	正常 □ 不正常 □
4. 检查电磁离合器电路	用蓄电池电压直流电供应端口时，检查压缩机运转	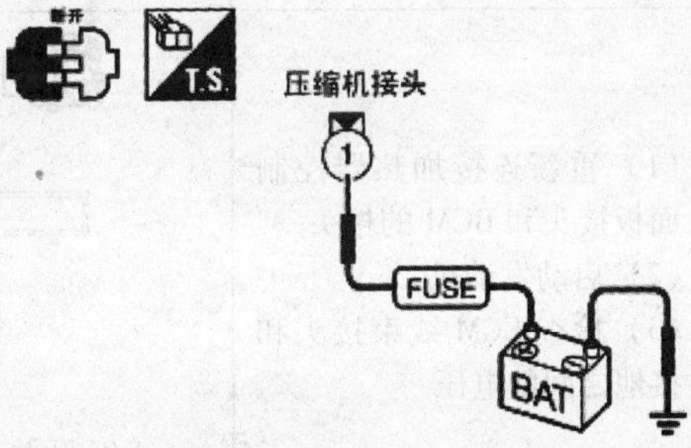 正常：更换电源分配模块、检查A/C开关 异常：更换电磁离合器	正常 □ 不正常 □
5. 检查BCM输入（压缩机ON）信号	用诊断仪检查压缩机ON/OFF信号		正常 □ 不正常 □

作业项目	操作步骤	操作要领图示	操作记录
6. 检查控制面板和BCM之间的电路导通性	（1）将点火开关转至"OFF"位置 （2）断开加热器控制面板和BCM的接头。 （3）检查加热器控制面板线束接头A和BCM线束接头B之间的导通性	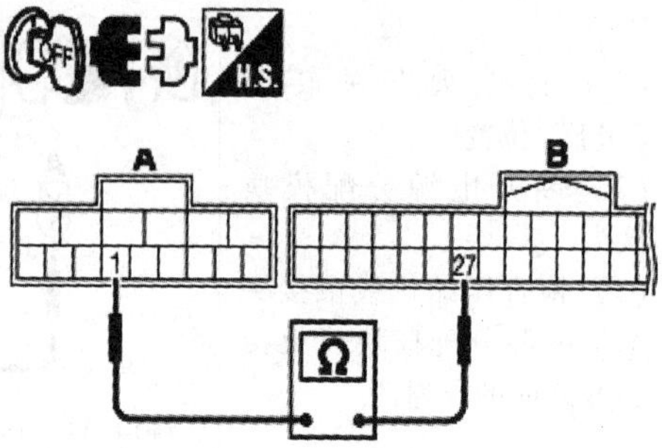 端口 A1—B27 正常：0Ω　　异常：∞Ω	正　常　□ 不正常　□
7. 检查自动放大器电压（压缩机ON信号）	（1）重新连接自动放大器线束接头与BCM线束接头 （2）将点火开关转至"ON"位置 （3）确认自动放大器线束接头和接地之间的压缩器ON信号	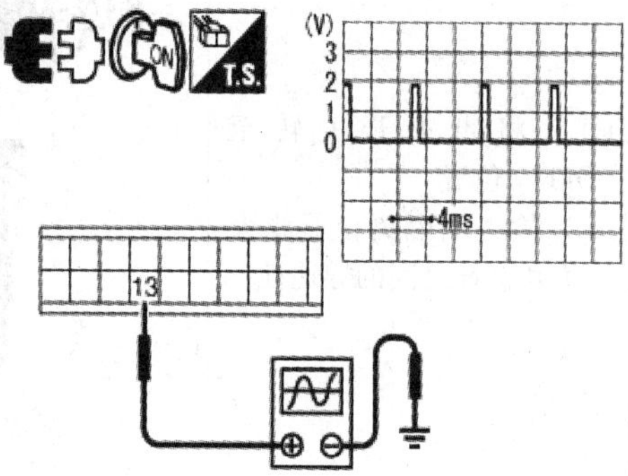	正　常　□ 不正常　□
8. 检查制冷剂压力传感器	（1）重新连接加热器控制面板接头和BCM的接头 （2）启动发动机 （3）检查ECM线束接头和接地之间的电压	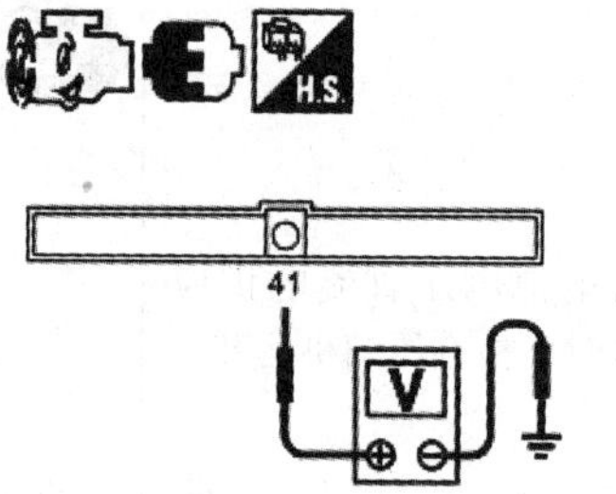 A/C开关：ON（鼓风机电机工作） 正常电压：1.0~4.0V	正　常　□ 不正常　□
9. 检查BCM输入（风扇ON）信号	（1）将点火开关转至"ON"位置 （2）转动风扇控制旋钮，将速度设为1挡 （3）用示波仪检查控制面板线束接头和接地之间的风扇打开信号	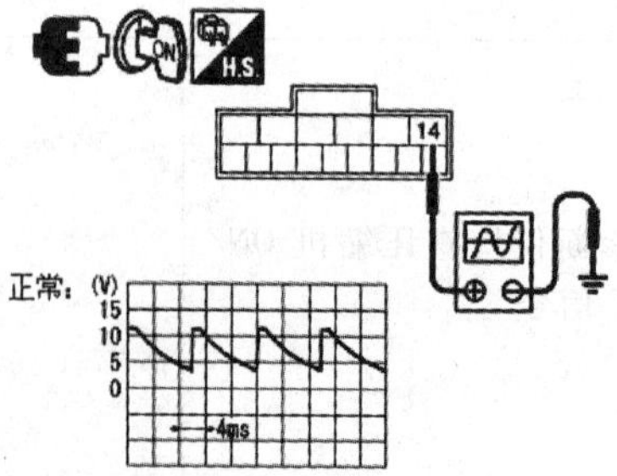	正　常　□ 不正常　□

续　表

作业项目	操作步骤	操作要领图示	操作记录
10. BCM 和检查加热器控制面板之间电路的导通性	（1）将点火开关转至"OFF"位置 （2）断开加热器控制面板接头和 BCM 接头的连接 （3）检查 BCM 线束接头 A 与加热器控制面板线束接头 B 之间的导通性	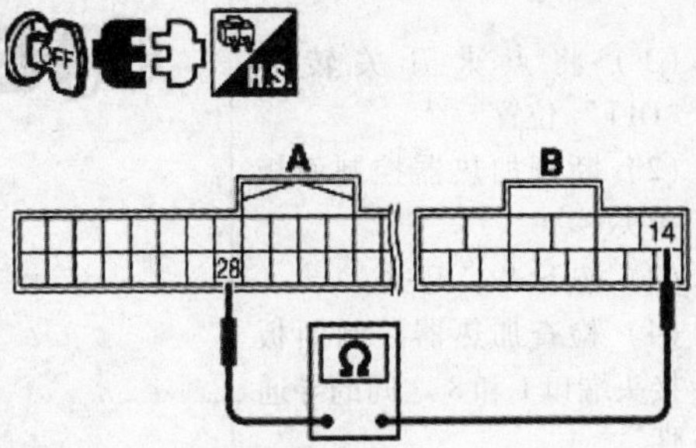 端口 B14—A28　正常：0Ω　异常：∞ Ω	正　常 □ 不正常 □
11. 检查风扇开关电路	（1）将风扇控制盘转到"OFF"位置 （2）检查加热器控制面板接头端口 9 和 14 之间的导通性	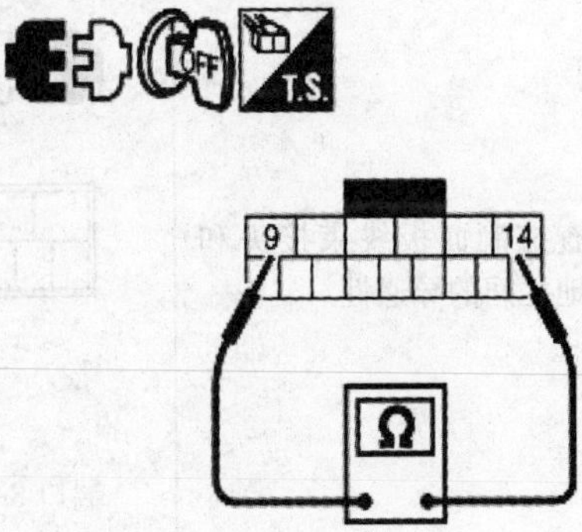 端口 9—14　正常：0Ω　异常：∞ Ω	正　常 □ 不正常 □
12. 检查控制面板接地电路	检查控制面板线束接头和接地之间的导通性	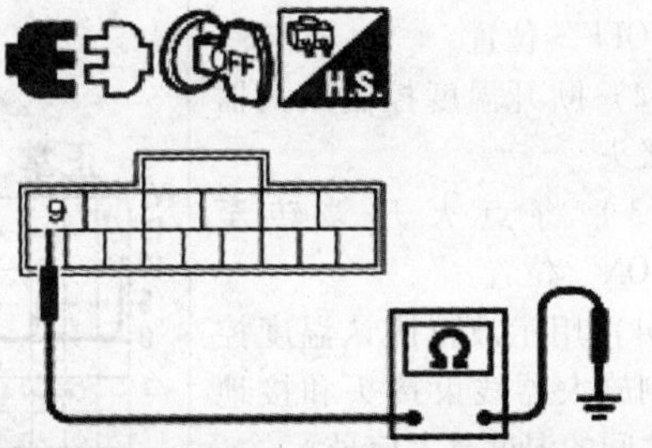 端口 9—地　正常：0Ω　　异常：∞ Ω	正　常 □ 不正常 □
13. 检查 BCM 输入（压缩机 ON）信号	（1）重新连接 BCM 的接头和加热器控制面板接头 （2）将点火开关转至"ON"位置 （3）用示波仪确认控制面板线束接头和接地之间的压缩机打开信号	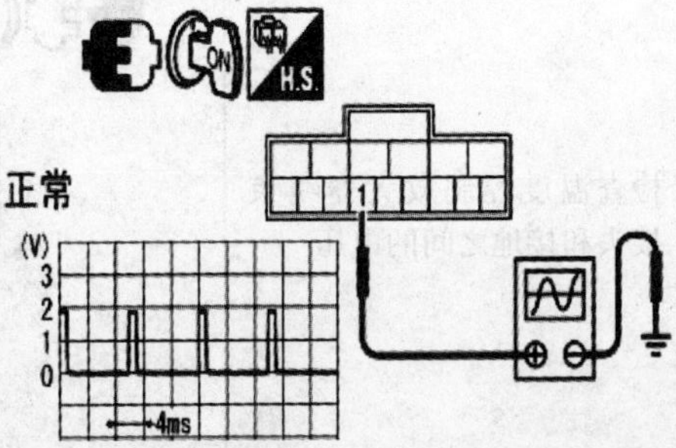	正　常 □ 不正常 □

作业项目	操作步骤	操作要领图示	操作记录
14. 检查 A/C 开关电路	（1）将点火开关转至"OFF"位置 （2）断开加热器控制面板接头 （3）按下 A/C 开关。 （4）检查加热器控制面板接头端口 1 和 8 之间的导通性	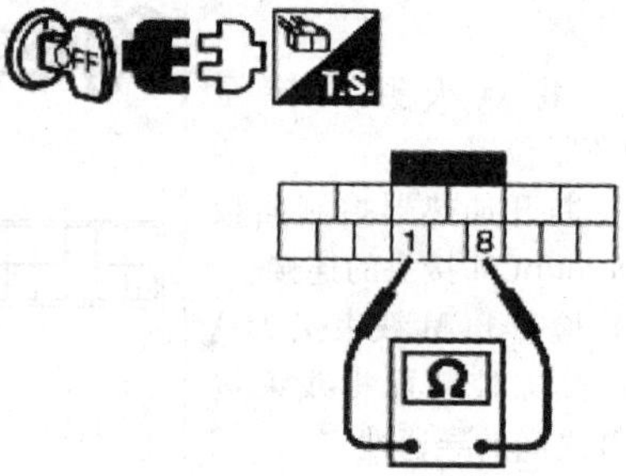 端口 1—8　正常：0Ω　异常：∞Ω	正常　□ 不正常　□
15. 检查控制面板接地电路	检查控制面板线束接头和接地之间的导通性	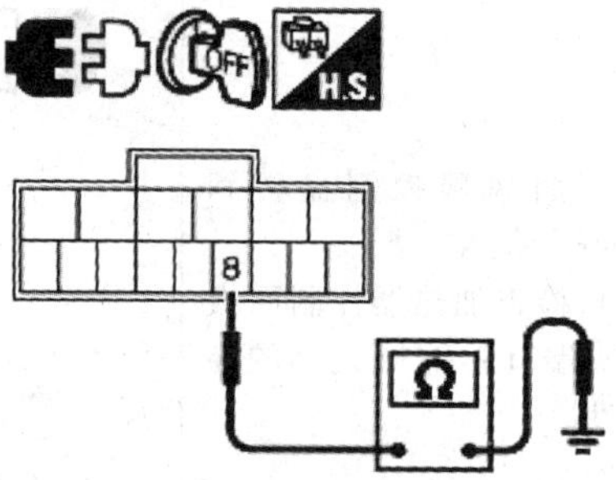 端口 8—地　正常：0Ω　异常：∞Ω	正常　□ 不正常　□
16. 检查电源温度控制放大器 1	（1）将点火开关转至"OFF"位置 （2）断开温度控制放大器接头 （3）将点火开关转至"ON"位置 （4）用示波仪确认温度控制放大器线束接头和接地之间的温度放大信号	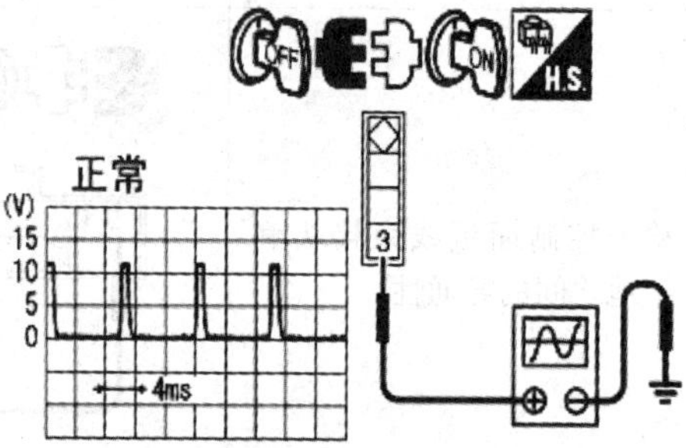	正常　□ 不正常　□
17. 检查电源温度控制放大器 2	检查温度控制放大器线束接头和接地之间的电压	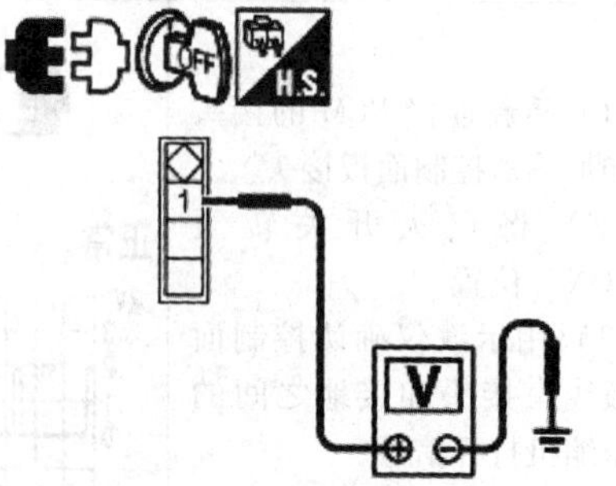 正常：蓄电池电压	正常　□ 不正常　□

续 表

作业项目	操作步骤	操作要领图示	操作记录
18. 检查温度控制放大器接地电路	(1) 将点火开关转至“OFF”位置 (2) 检查温度控制放大器线束接头和接地之间的导通性	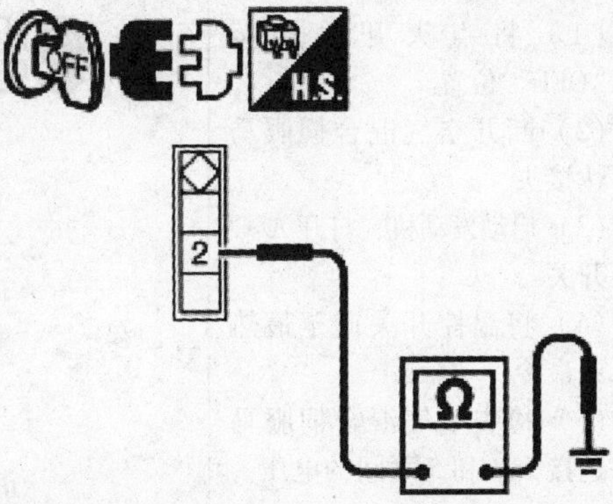OFF H.S. 2 Ω 端口2—地　正常：0Ω　异常：∞Ω	正　常 □ 不正常 □
19. BCM与检查温度控制放大器之间电路的导通性	(1) 将点火开关转至“OFF”位置 (2) 断开BCM接头。 (3) 检查温度控制放大器线束接头A和BCM线束接头B之间的导通性	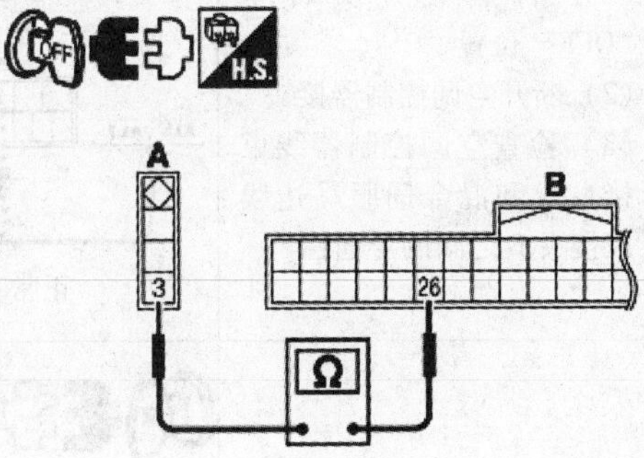OFF H.S. A B 3 26 Ω 端口A3—B26　正常：0Ω　异常：∞Ω	正　常 □ 不正常 □

3. 空气混合伺服马达电路检查参见表5－7。

表5－7　　**空气混合伺服马达电路检查作业表**

作业项目	操作步骤	操作要领图示	操作记录
1. 检查空气混合伺服马达	(1) 将电源正极接在端子4上，负极接在端子5上，风门应平稳转向冷气侧 (2) 将电源负极接在端子4上，正极接在端子5上，风门应平稳转向暖气侧	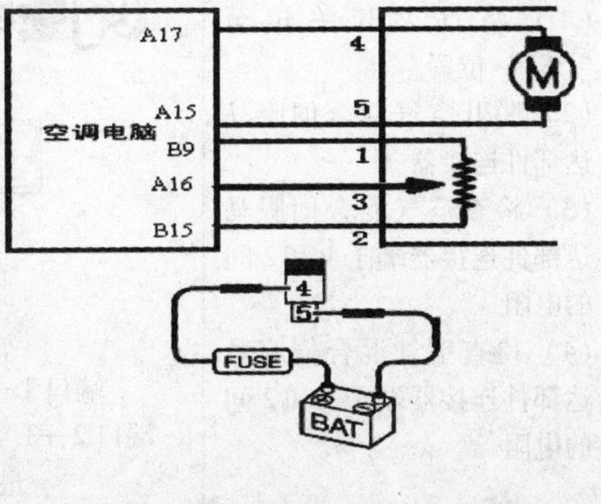混合伺服马达 空调电脑 A17 A15 B9 A16 B15 4 5 1 3 2 M FUSE BAT	正　常 □ 不正常 □

作业项目	操作步骤	操作要领图示	操作记录
2. 检查空气混合伺服马达电源	（1）将点火开关转至"OFF"位置 （2）断开空气混合伺服马达接头 （3）启动发动机，打开A/C开关 （4）将温控开关调至最热或最冷 （5）检查空气混合伺服马达接头4和5之间的电压	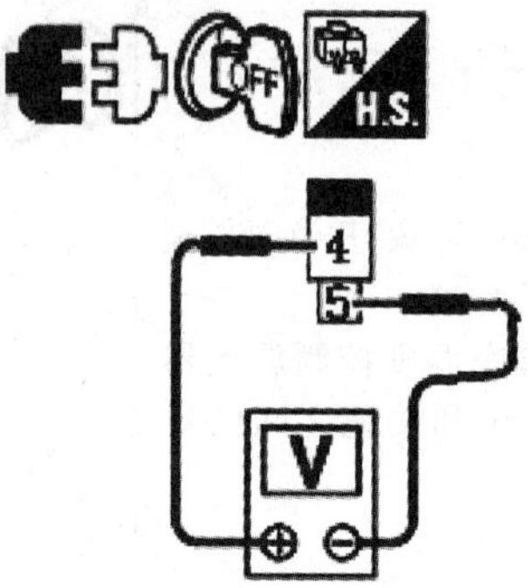 正常：蓄电池电压	正　常 □ 不正常 □
3. 检查空调控制器和空气混合伺服马达之间电路的导通性	（1）将点火开关转至"OFF"位置 （2）断开空调控制器接头 （3）检查空调控制器线束接头A和混合伺服马达线束接头B之间的导通性	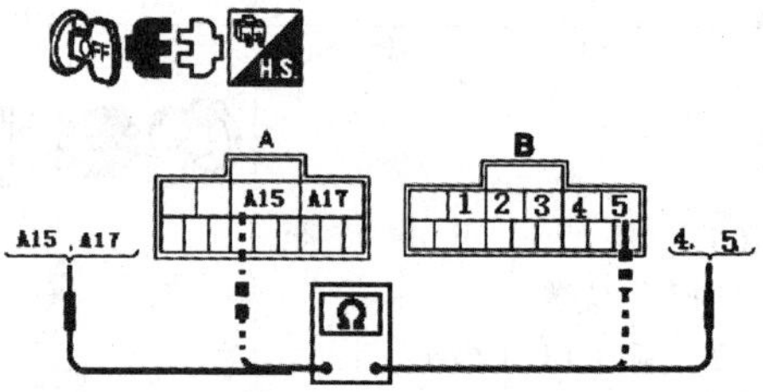 正常：0Ω　异常：∞Ω	正　常 □ 不正常 □
4. 检查空调控制器连接器端子B9和A16间电压	（1）接通点火开关 （2）改变设定温度，启动空气混合伺服马达，测量每次改变设定温度时，空调控制器连接器端子B9和A16间的电压	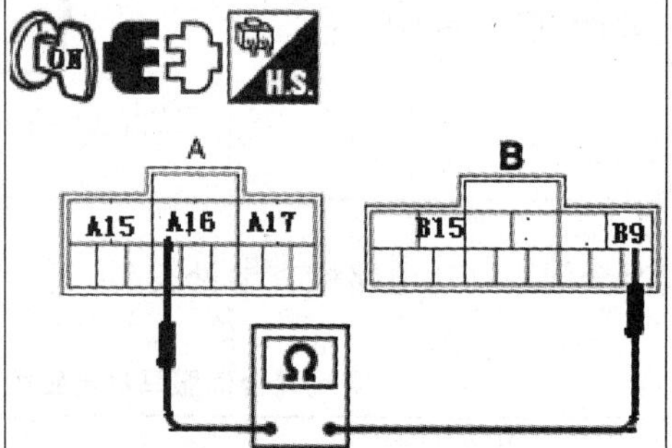 正常：最冷约4伏　最暖约1伏	正　常 □ 不正常 □
5. 检查空气混合风挡位置传感器	（1）将点火开关转至"OFF"位置 （2）脱开空气混合伺服马达部件连接器 （3）检查空气混合伺服马达部件连接器端子1和2间的电阻 （4）检查空气混合伺服马达部件连接器端子3和2间的电阻	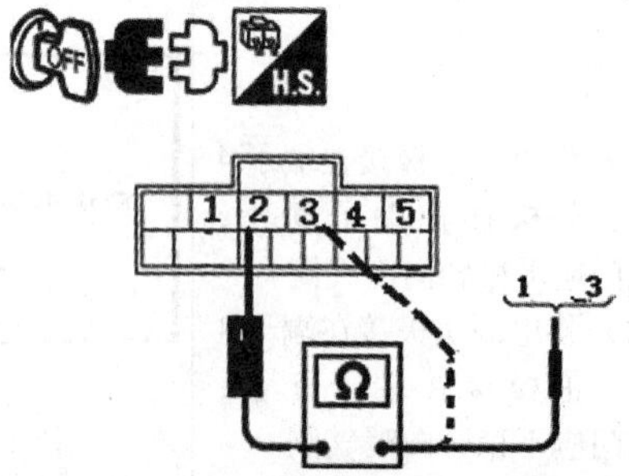 端口1—2　正常：4.7～7.2kΩ 端口2—3　正常：最冷3.76～5.76kΩ 最暖0.94～1.44kΩ	正　常 □ 不正常 □

【任务总结】

检阅维修资料，了解车辆手动空调控制电路类型及结构特点，熟悉手动空调控制电路故障特点和维修技术，掌握汽车手动空调控制电路检修作业步骤和方法。通过分析故障具体原因，确定故障具体部位来排除手动空调控制电路故障。

检验内容	检验指标	总　评
汽车手动空调控制电路	1. 收集汽车手动空调控制电路相关信息 2. 识读汽车手动空调控制电路图 3. 分析汽车手动空调电路控制原理	
检查任务完成情况	1. 鼓风机电路检修 2. 风扇电路检修 3. 压缩机电路检修	

【知识拓展】

1. 广州飞度轿车手动空调控制电路如图 5-42、图 5-43 所示。

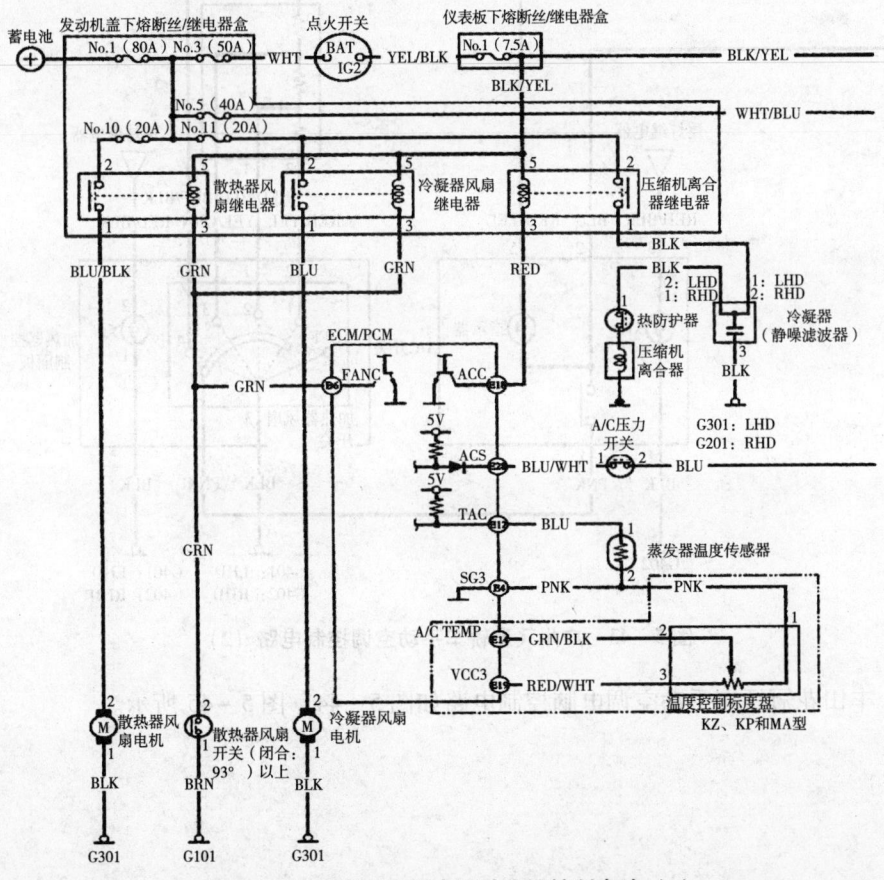

图 5-42　广州飞度轿车手动空调控制电路（1）

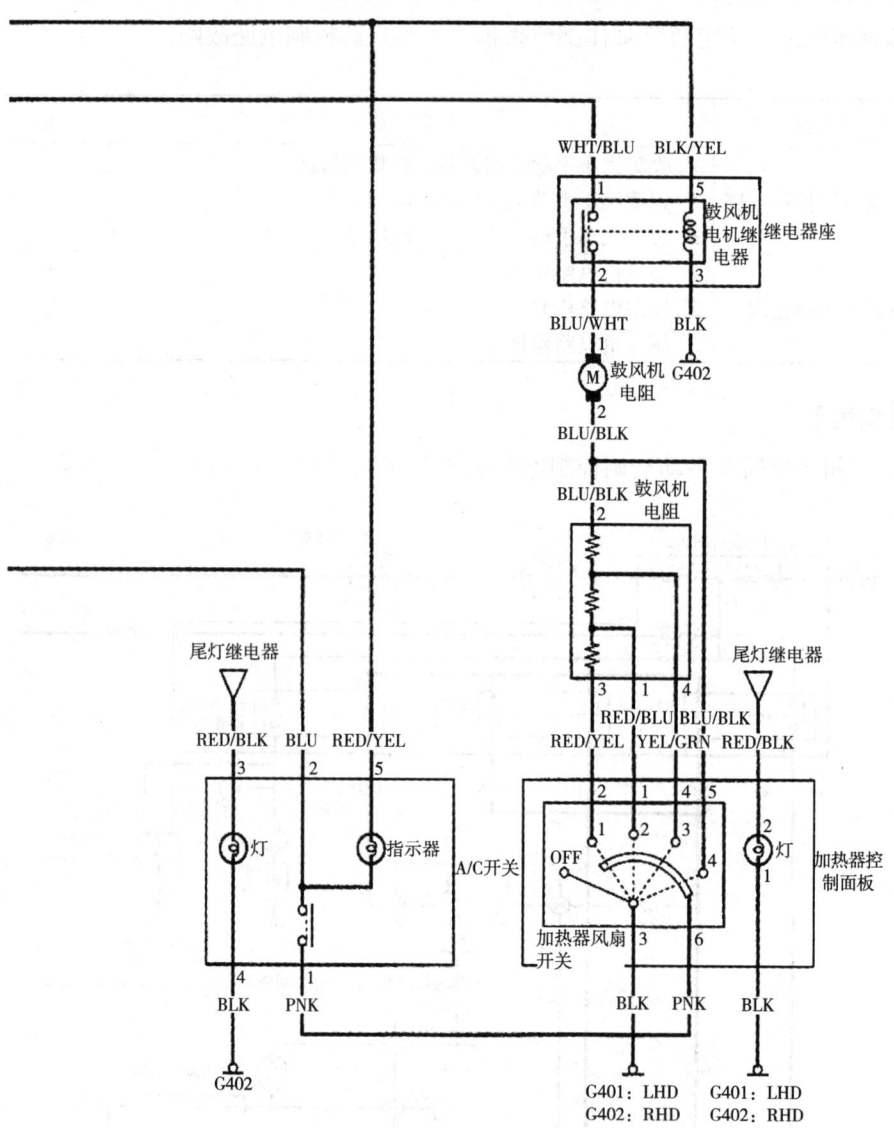

图 5-43　广州飞度轿车手动空调控制电路（2）

2. 丰田花冠轿车手动空调电脑控制电路如图 5-44、图 5-45 所示。

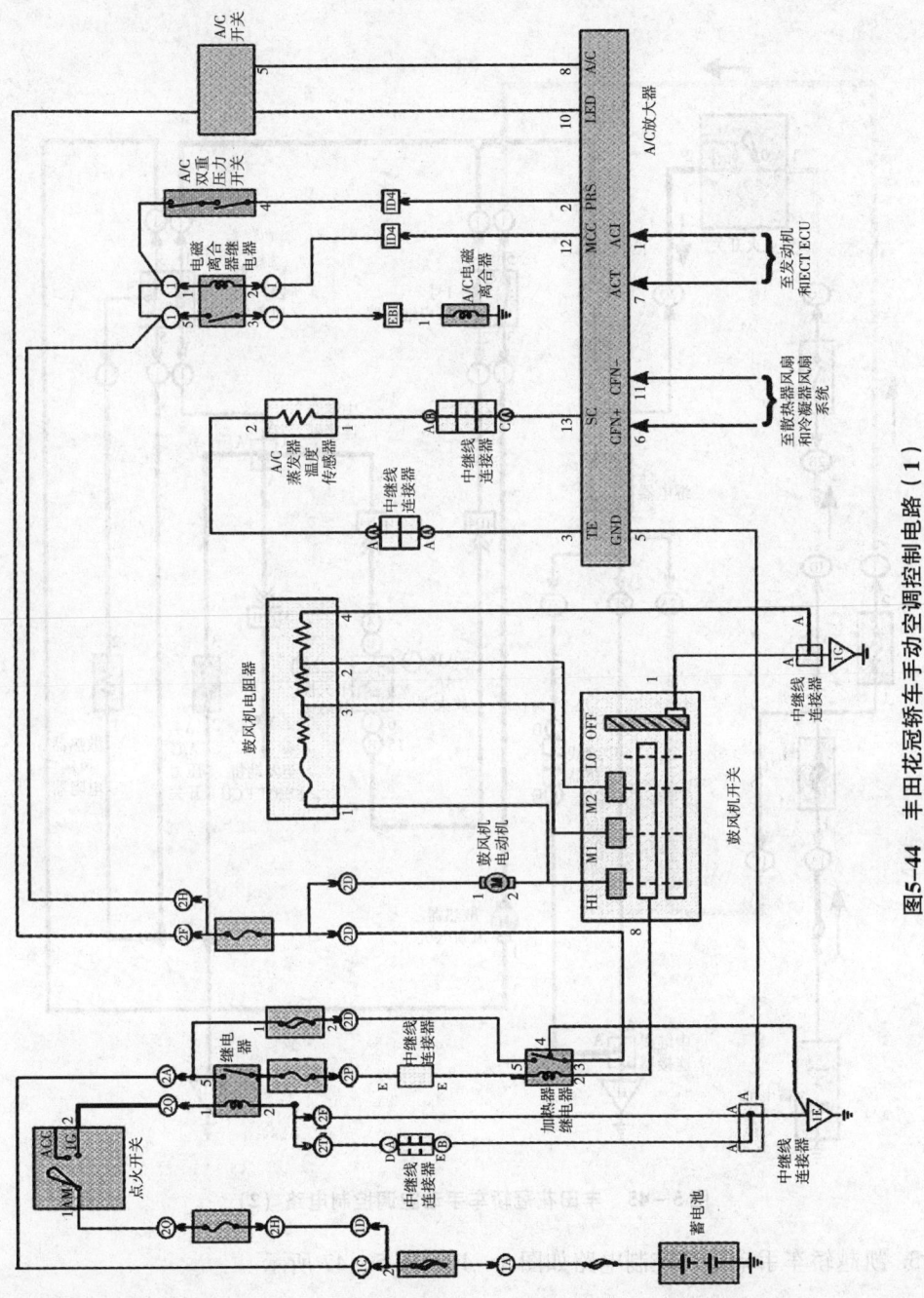

图5-44　丰田花冠轿车手动空调控制电路（1）

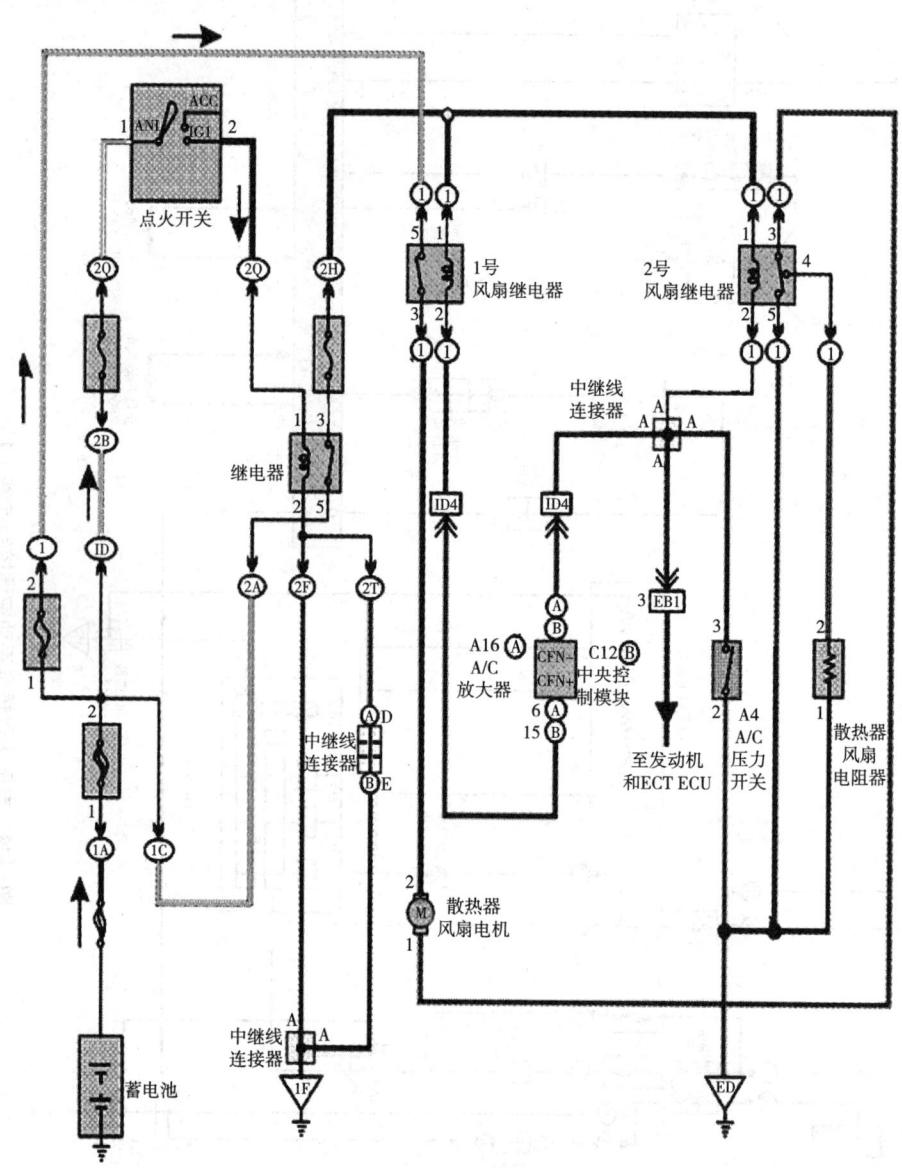

图 5 - 45 丰田花冠轿车手动空调控制电路（2）

3. 凯越轿车手动空调控制电路如图 5 - 46、图 5 - 47 所示。

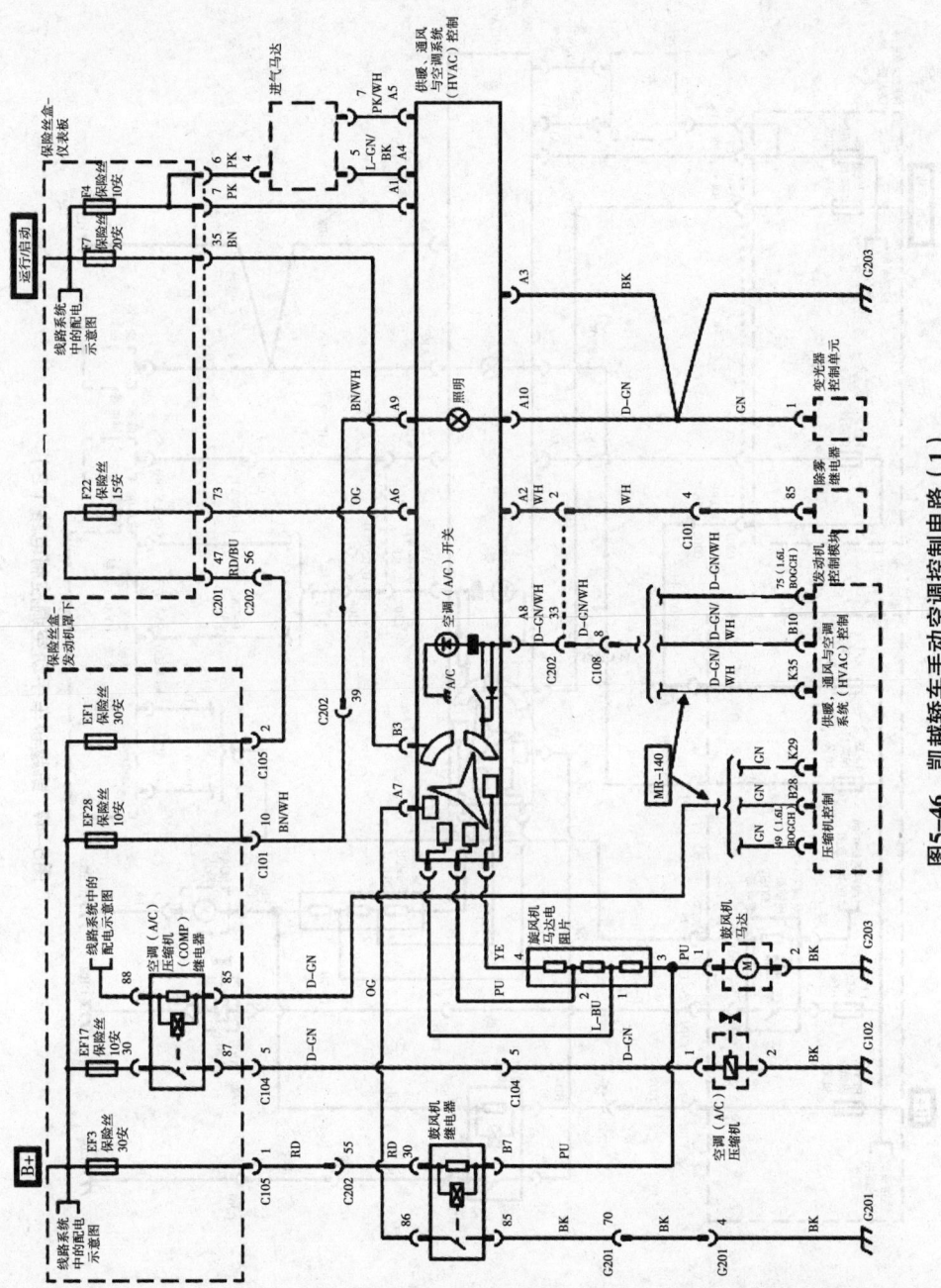

图5-46 凯越轿车手动空调控制电路（1）

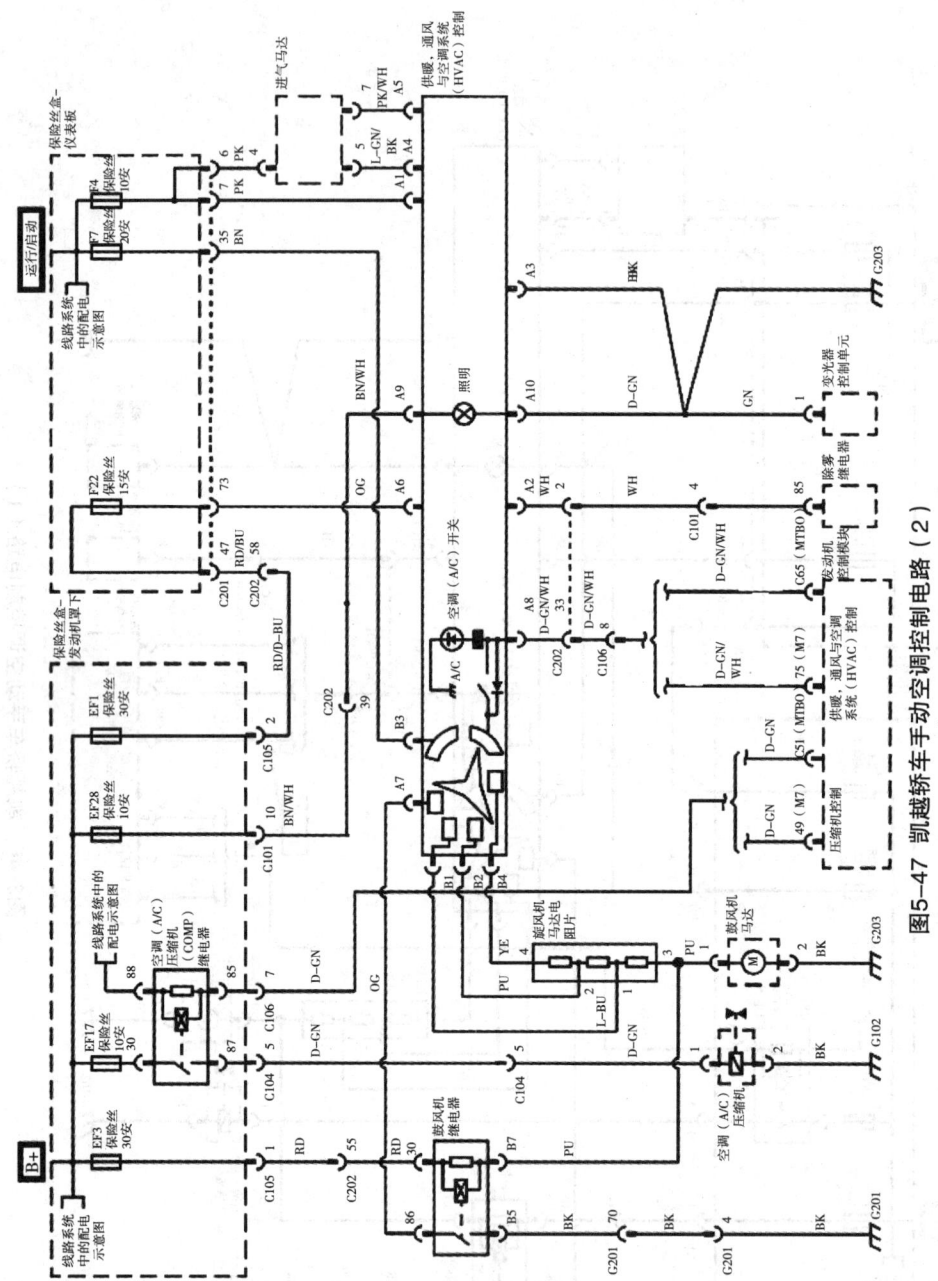

图5-47 凯越轿车手动空调控制电路（2）

4. 本田雅阁轿车空调控制电路如图 5－48 所示。

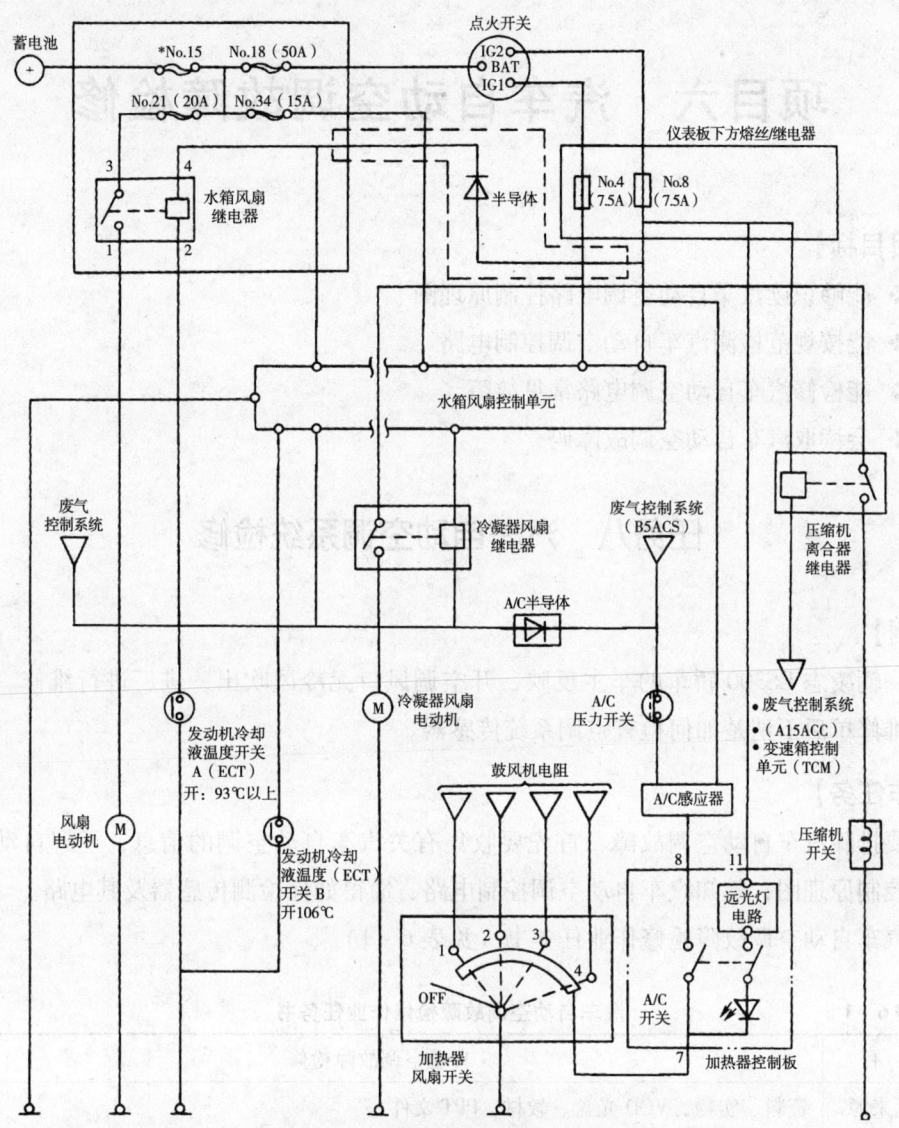

图 5－48　本田雅阁轿车空调控制电路

项目六　汽车自动空调故障检修

【项目目标】

❖ 能够识读汽车自动空调电路控制原理图

❖ 能按规范检测汽车自动空调控制电路

❖ 能检修汽车自动空调电路常见故障

❖ 会读取汽车自动空调故障码

任务八　汽车自动空调系统检修

【案例】

一辆凌志 ES300 轿车的车主反映，开空调风口无冷风吹出，进厂进行维修。小刘接到维修单后不清楚如何检查空调系统传感器。

【工作任务】

要排除汽车自动空调故障，首先要收集有关汽车自动空调的信息，了解自动空调电路控制原理图，熟知汽车自动空调控制电路，懂得如何检测传感器及其电路。

汽车自动空调故障检修作业任务书（见表 6-1）。

表 6-1　　　　　　　　　汽车自动空调故障检修作业任务书

项　　目	自动空调故障检修
信息来源	资料、实物、VCD 光盘、教材、PPT 文件
任务目标	1. 收集汽车自动空调相关信息 2. 掌握自动空调的结构及工作原理 3. 识读汽车自动空调电路控制原理图 4. 检测传感器及其电路
课程任务	1. 根据老师提供的车辆或教具（挂图）指出下面所列部件的位置及名称 车内温度传感器、水温传感器、阳光传感器、压缩机传感器、阳光传感器、车外温度传感器 2. 根据老师提供的挂图，识读自动空调控制电路图 3. 根据老师提供的车辆或教具，检测传感器及其电路 4. 读取汽车自动空调故障码

续　表

项　目	自动空调故障检修
任务要求	1. 独立完成课程任务相关信息的检索 2. 制订作业计划 3. 要确保人身和设备安全，严格按操作步骤进行 4. 以小组为单位，分工合作完成课程任务 5. 未经允许不准随意移动车辆或启动发动机

【任务准备】

一、认识汽车自动空调系统

1. 自动空调系统组成

汽车自动空调系统一般由制冷系统、取暖系统、配气系统、电气控制系统四大部分组成；有的还包括空气净化系统，甚至装备有碳罐、空气滤清器和静电除尘式净化器等一套较完整的空气净化系统。自动空调与手动空调在结构上的不同之处就是电气控制系统，即空调电路不同。

（1）自动空调的制冷系统

制冷系统由压缩机、冷凝器、储液干燥器、膨胀阀、蒸发器、冷凝器散热风扇、制冷管道、制冷剂等组成。

（2）自动空调的取暖系统

自动空调的取暖系统利用发动机的冷却水进行循环取暖。该系统由加热器、热水阀、水管、发动机冷却液等组成。

（3）自动空调的配气系统

配气系统由进气模式风门、鼓风机、混合气模式风门、气流模式风门、导风管等组成，其结构与一般普通空调基本相同。汽车室内或室外未经调节的空气经鼓风机作用送至蒸发器或加热器处，此时已被调节成冷气或暖气的空气流，根据风门模式伺服马达开启角度而流向相应的出风口。

说明：不同车型空调的配气系统有所差别，但主要表现为控制部分的差别，机械部分的结构及工作原理基本相同。空气采集、处理及配送情况将直接影响空调的性能。

（4）自动空调的电气控制系统

自动空调电气控制系统较复杂，各种不同类型的轿车空调系统差别较大，但自动空调控制电路组成有一定规律可循。自动空调电气控制系统控制原理如图 6 – 1 所示。

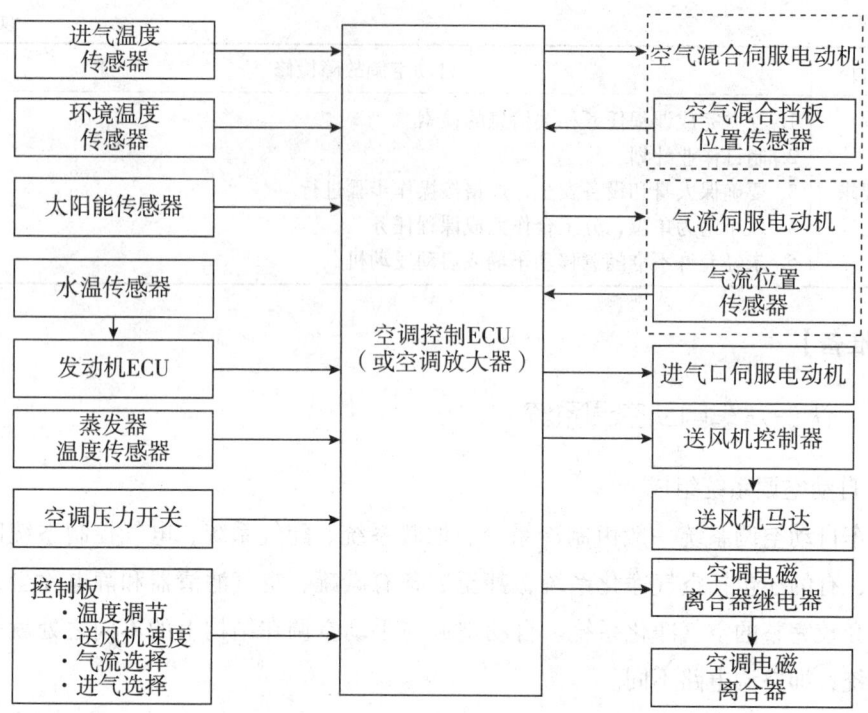

图 6-1 自动空调电气控制系统控制原理

2. 自动空调的优点

自动空调的优点主要有以下几方面：

（1）操作简便。

（2）可以实现恒温控制。

（3）节能。

3. 汽车自动空调系统的分类

自动空调系统分为半自动空调系统和全自动空调系统两类。两者的主要差别在于是否具有自诊断功能。半自动空调系统没有提供故障码存储器，全自动空调系统具有监控系统，监控系统的随机存储器（RAM）存储诊断代码。另一个差别是所用的执行机构形式和传感器数量。根据控制形式的不同，全自动空调系统又分为发动机/车身计算机控制的系统和单独计算机控制的系统。根据所用控制装置的不同，半自动空调系统则分为电控气动的系统和全电控的系统。如图 6-2 所示。

虽然全自动空调系统与半自动空调系统相比两类系统的工作方式有所不同，但它们都设计成按预先设置的舒适程度控制车内的温度与湿度，车内保持的温度与湿度与车外的气候条件无关。车内的湿度保持在 45% ~ 55%。

（1）半自动空调系统

半自动空调系统与手动空调系统的差别不大，主要不同是半自动空调系统采用程

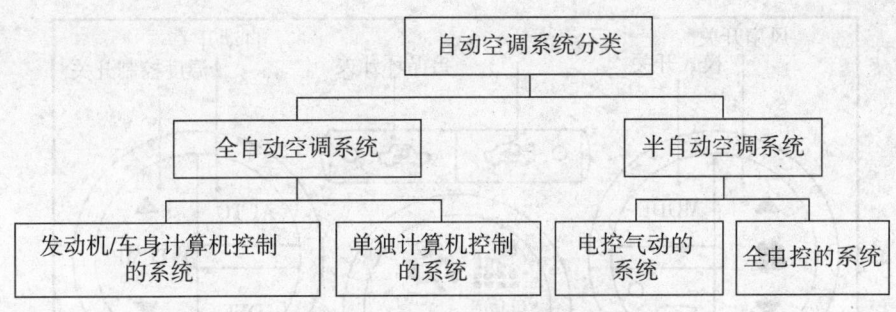

图6-2 自动空调系统的分类

序装置、伺服马达和控制模块等控制执行机构。半自动空调系统通过程序装置检测空气温度和空气混合风门位置来达到驾驶员选择的舒适程度。驾驶员手动操作控制器总成上的键，选择空调系统的工作模式和鼓风机转速。

（2）全自动空调系统

除了用半自动空调系统中所用的传感器之外，全自动空调系统还利用发动机冷却液温度、车速和节气门位置等传感器的信号。全自动空调系统或许还用了发动机冷却液温度闭锁开关。如果进入乘员舱的气流温度未达到规定值，它使鼓风电动机不能开动，只有当温度达到时，才发信号给控制器开动鼓风电动机。

全自动空调系统分两类：由发动机/车身电脑控制的系统和单独计算机控制的系统。全自动空调具有自我诊断功能，控制精度更高，控制范围更广，更加智能化。

4. 认识自动空调的控制面板

（1）自动空调的功能选择开关

自动空调控制面板（见图6-3）上有各种各样的功能开关，但大多数轿车控制面板的功能开关基本相同。除以上所述开关外，控制面板上还设置有进气模式控制开关、前除霜开关、后除霜开关等。

（2）自动空调功能选择开关的主要功能

①Auto（自动）开关

a. 压缩机、进气门、空气混合门、排气门和鼓风机的转速都是自动控制的，可使车内温度达到并保持在操作者设定的温度。如车内空气与预选温度相差不多，风机会自动降低转速。如车内温度高出预选温度较多，此时应提供车内最大的冷量，风机高速运转。

b. 当按下"AUTO"开关时，进风口、出风口、鼓风机速度和排放空气的温度都是自动控制的。仅仅当"FRE"或"REC"开关处于"OFF"位置时，才会自动控制进气。

②温度控制开关（电位温度控制）

升高或降低设定的温度，驾驶员可从18.3℃（65°F）到29.4℃（85°F）之间任意选择一个温度，空调器会自动为达到和保持这个温度而进行调配。按"▲"温度升高，

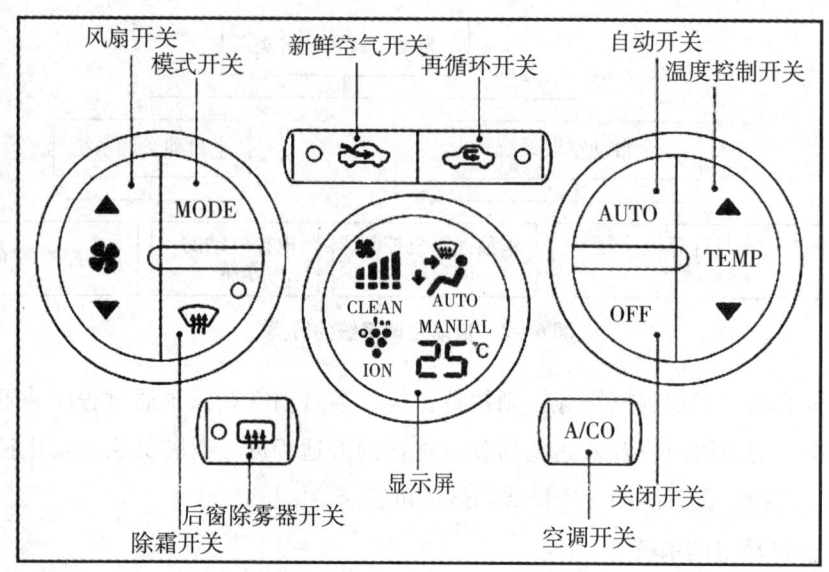

图 6-3　自动空调控制面板

按"▼"温度降低。

③再循环（REC）开关

a. 当"REC"开关处于"ON"时，"REC"开关指示变成"ON"，进风口被固定为"REC"，压缩机启动。鼓风机低速运行。当车内温度低于预选温度，发动机水温高于 82℃时，则空气先经蒸发器再经加热器，送出暖气。反之则空气冷却后不经加热器或部分通过。冷气从中风口吹出，加热空气从下风口吹出。

b. 当"FRE"开关处于"ON"时（自然通风位置），出风口转换到 D/F 或 DEF位置，或者当压缩机从启动变为停止时，"REC"开关将自动切换到"OFF"（固定为"FRE"模式）。取暖、制冷系统不工作，鼓风机将车外空气未经加热和冷却吹进车内。如车内温度高，鼓风机会高速运转，反之则降低。

④车外循环（FRE）开关

a. 当"FRE"开关处于"ON"时，"FRE"指示变成"ON"，并且进风口固定为"FRE"。车外空气进入车内。

b. 当"REC"开关处于"ON"时，"FRE"开关自动变成"OFF"（固定为"REC"模式）。再次按下"FRE"开关，可重新进入"FRE"模式。

⑤除霜（DEF）开关

将排气门设定到除霜位置。同时将进气门设定到外部空气的位置，压缩机将启动。风机高速运行，大部分暖风从上风口吹出，少部分暖风从下风口吹出。

⑥后窗除雾器开关

当灯亮时，后窗的雾被除去。

⑦ "OFF" 开关

关闭压缩机以及鼓风机，进气门设置为外部空气位置，而排气门设置为脚部位置。如点火开关断开，空调系统不作；若点火开关接通，当车内温度高 26.7℃，发动机冷却液温度高于 82℃，空调器会自动送出自然风。

⑧A/C 开关

压缩机启动或关闭，在 "A/C" 开关处于 "ON" 的情况下，如果按下 "A/C" 开关，则会关闭 "A/C" 开关以及压缩机。

⑨ "MODE" 开关

控制出风口，当出风口开关设置为 "D/F" 位置时，压缩机将启动，而且固定为 "REC" 模式。

⑩风扇开关

手动控制鼓风机转速，手动控制有四种速度选择（如显示屏所示）。按 "▲" 转速升高，按 "▼" 转速降低。

根据面板控制功能可以知道，自动空调与手动空调控制主要区别是当驾驶员设定了温度和功能选择键后，汽车空调能够在预定的温度内自动控制温度和风量。

5. 汽车自动空调系统的主要功能

自动空调系统一般采用微型计算机自动控制车内空间的空气调节。微型计算机接受车内、车外的空气温度，阳光照射量、压缩机工作状态和设定温度等信号，并保持车内最佳温度，自动控制吸入、排出的空气量，还极大地简化了驾驶员的操作程序。微型计算机控制的自动空调系统一般具有图 6-4 所示的几种主要功能。其在舒适性、安全性、节能环保、信息显示等方面要优于手动空调。

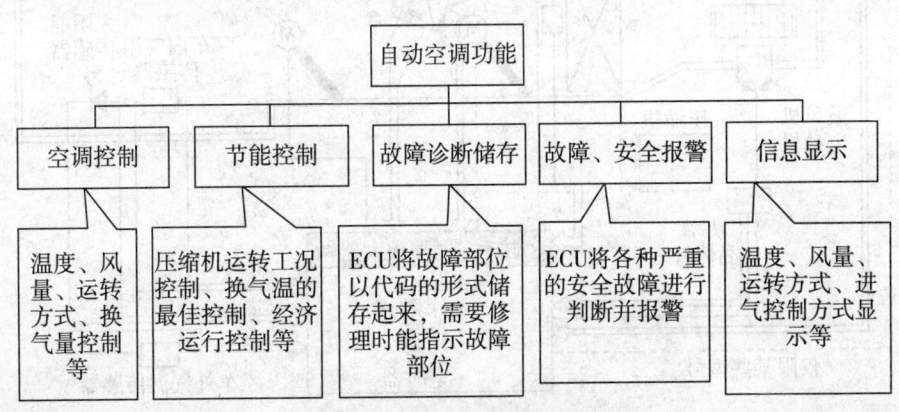

图6-4 自动空调系统的功能

（1）空调控制：包括温度自动控制、风量控制、运转方式的自动控制、换气量控制等，满足车内乘员对空调舒适性的要求。

（2）节能控制：即压缩机运转工况的控制、换气量的最佳控制以及随温度变化的换气切换、增大转入经济运行、根据车内外温度自动切断压缩机电源等的控制。

（3）故障诊断储存：空调系统发生故障，ECU将故障部位用代码的形式存储起来，在需要修理时能指示故障的部位。

（4）故障、安全报警：包括制冷剂不足报警、制冷压力高压或低压报警、离合器打滑报警、各种控制器件的故障判断报警、并对故障判断等报警直到修复为止。

（5）显示：包括显示给定的温度、控制温度、控制方式、运转方式的状况以及运转时间等。

二、自动空调控制系统工作原理

1. 自动空调控制系统的基本工作原理

驾驶员通过触摸按钮向电脑输入各种指令信号，传感器将各种状态参数输入电脑。电脑通过计算、分析、比较，发出指令，控制各执行器动作：改变风速，开停压缩机，打开所需的风门，按照输入的预设温度，控制温度门的位置；使温度更符合驾驶员及乘员的要求，从而达到最佳的空调效果。同时显示操作信息，出故障时及时报警等。全自动空调系统如图6-5所示。

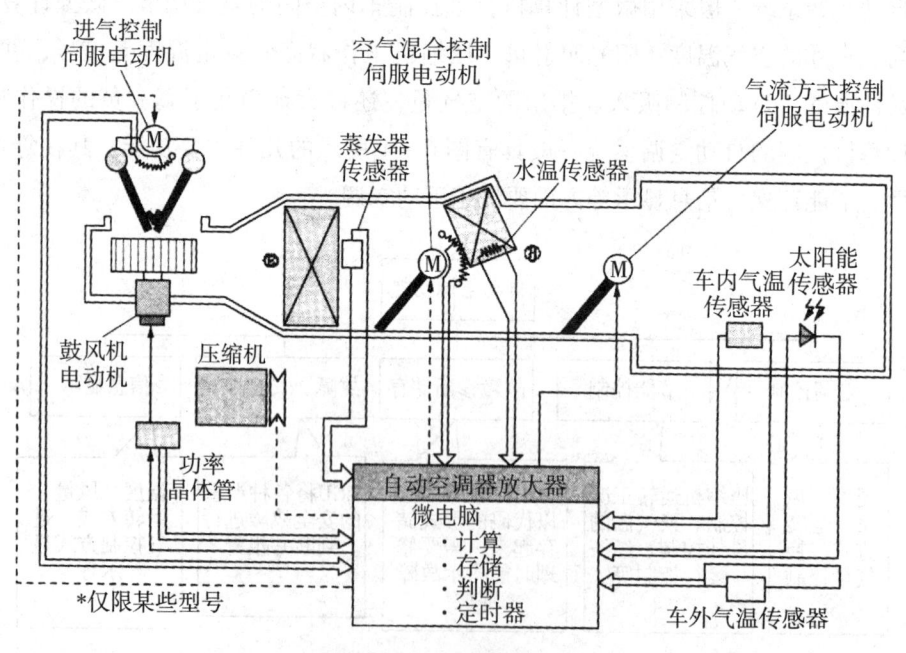

图6-5　全自动空调系统

全自动空调的控制原理如下：

电脑的控制是根据温度平衡方程式进行的。驾驶员输入设定的调温键电阻为K，车室内温度的电阻为 A，车外空气温度的电阻为 B，吹出口温度电阻为 C，阳光照射、环境、节能修正量的温度电阻为 D，则其温度平衡方程式为：K = A + B + C + D。

电脑根据这个方程进行计算、比较、判断后发出各类指令，让执行机构实施动作。

（1）送风量的控制。电脑根据车内温度与设定的温度之间偏差，对送风量进行连续、无级的调节。例如，冬季车外温度低，当加热器不能充分供暖时，自动控制机构中断送风；当加热器加热空气，车内温度上升正常后，又开始送风。

（2）车外新鲜空气与车内循环空气的自动切换控制。例如，在炎热的夏季，车外温度较高，为迅速降低车内温度可暂时关闭车外新鲜空气通道。当车内温度下降到一定值时，自动控制机构使车外新鲜空气与车内循环空气按一定比例混合输入。当需要除霜时，一般引入车外新鲜空气加热，由除霜风口送出。

（3）压缩机和加热器工作的控制。例如，室外温度低到 10℃ 以下时，电脑自动切断压缩机工作，引进外界空气到车内进行温度调节。当夏季室外温度高于 30℃ 时，电脑会关闭热水阀，使风机高速运行，增加送风量。当室外温度高于 35℃，便会切断车外空气，定期切换一次外气。

（4）空气混合风门的控制。对于使用容积可调式压缩机制冷系统，当压缩机节能输出会引起蒸发器温度上升时，电脑会自动调节空气混合风门的位置，保持输出空气温度不变。

2. 汽车自动空调控制的项目

自动空调电路比手动空调电路要复杂得多，自动空调系统主要包括温度控制、鼓风机转速控制、进气控制、气流方式控制（出气控制）、压缩机控制、自诊断功能等项目（见图 6-6）。

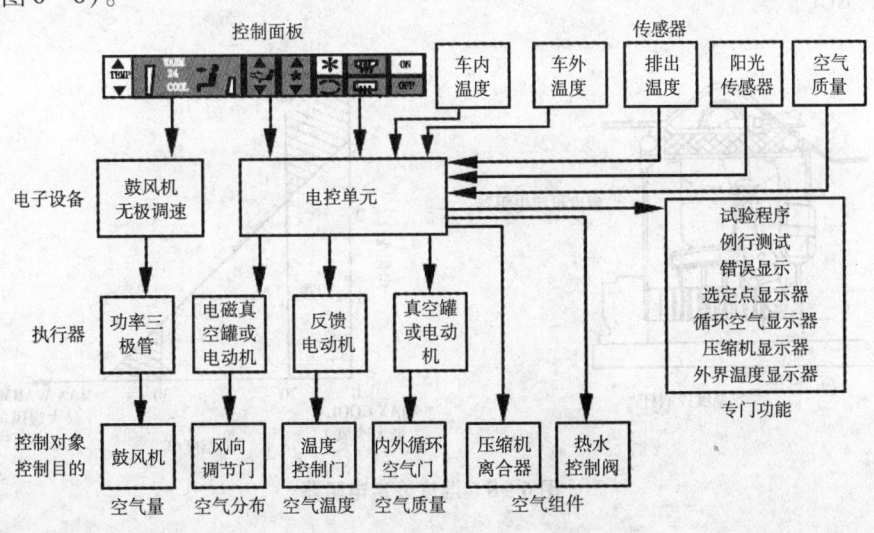

图 6-6　自动空调电路控制项目示意图

（1）温度控制

①系统组成：自动空调的温度控制系统的基本组成包括车内温度传感器、车外温度传感器、阳光传感器、蒸发器温度传感器、水温传感器、温度设定电阻器、自动空调控制 ECU 和空气混合控制伺服马达。如图 6－7 所示，其中太阳能传感器采用光电二极管，其余四种温度传感器采用负热敏电阻。

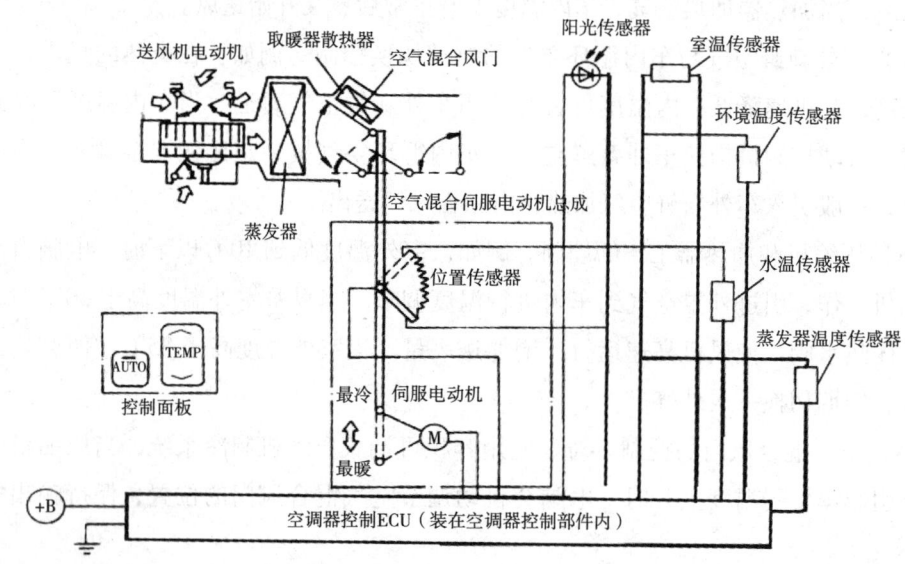

图 6－7　温度控制原理图

②温度设定电阻器：如图 6－8 所示，温度设定电阻器一般安装在控制面板内，与温度控制杆相连接。当控制杆设定在较低温度位置时，电阻值变大，变化的电阻信号输入至 ECU。

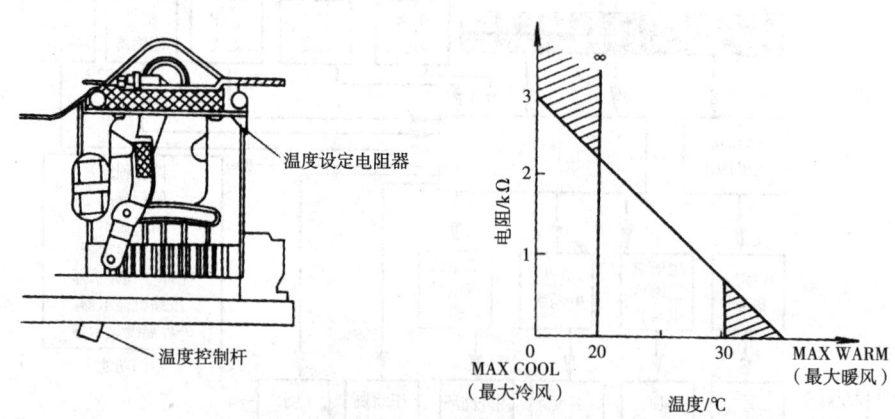

图 6－8　温度设定电阻器

③空气混合控制伺服马达：如图 6－9 所示，空气混合控制伺服马达安装在暖气装

置的底部，通过连杆可操纵空气混合控制风门和鼓风机转速控制开关。伺服马达有内置限制器、电位计、热水阀控制开关和空气方式控制开关。

a. 热水阀控制开关：当温度控制杆在"MAX COOL"（最大冷风）位置时，触点移动关闭热水阀，在其他位置，则接通热水阀。有些空气混合控制伺服马达内无此开关，伺服马达采用拉线开关式热水阀。

b. 限制器：当伺服马达移至 MAX COOL（最大冷风）或 MAX WARM（最大暖风）时，限制器切断马达的电源。

c. 电位计：它是由伺服马达驱动的可变电阻器，利用滑动触点，将马达运动的位置变化转变为电阻变化，输入到系统 ECU。

d. 气流方式控制开关：当马达移动时，按编程规律接通或切断气流方式伺服马达电源。同时根据需要接通或切断压缩机电磁阀电源。

e. 鼓风机转速控制开关：这是由伺服马达驱动的滑动开关。随着空气混合控制风门连接的转换连杆的移动，自动控制鼓风机的转速。

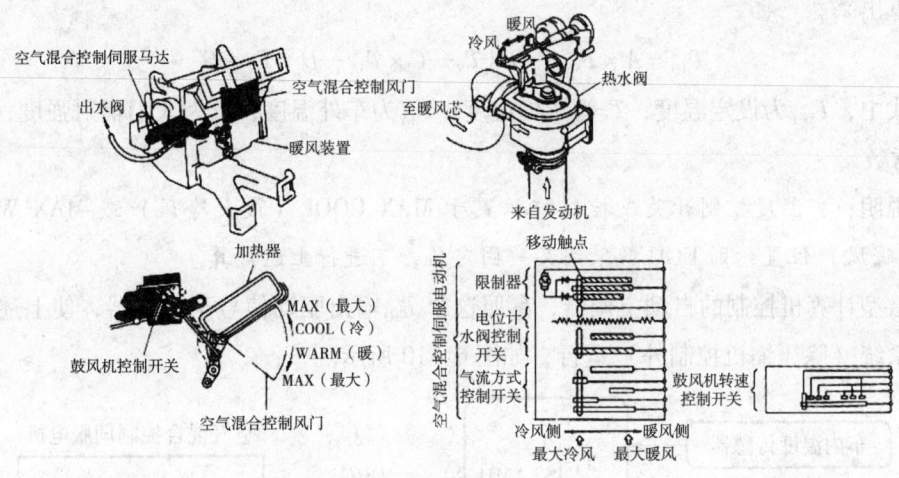

图 6 - 9　温度控制工作图

④自动空调系统控制温度（舒适性）的方法：

· 控制鼓风机的运转速度。

· 控制压缩机的运转工况。

· 控制送风模式风门的位置。

· 控制进气模式风门的位置。

· 控制空气混合风门的位置。

· 控制热水阀的开度位置。

⑤工作原理

a. 空调电脑根据车内温度、环境温度、设定温度、阳光强度等，自动调节空气混合风门的位置。一般来说，车内温度越高、环境温度越高、阳光越强，空气混合风门就越处于"冷"的位置。若车内温度处于35℃，则空气混合风门处于最冷位置；若车内温度处于25℃，则空气混合风门处于50%的位置。

b. 鼓风机工作，引进外界空气到车内进行温度调节。当夏季室外温度高于30℃时，电脑会关闭热水阀，让风机高速运行，增加送风量。当室外温度高于35℃，便会切断车外空气，定期切换一次外气。

c. 对于使用容积可调式压缩机制冷系统，当压缩机节能输出会引起蒸发器温度上升时，电脑会自动调节空气混合风门的位置，保持输出空气温度不变。

d. 出风口空气温度的计算。T_{AO}是使车内温度保持在设定温度的鼓风机出风口空气温度，即鼓风机吹出并被冷却或加热后的空气温度。它是根据温度控制开关或控制杆的状态以及来自传感器（即车内温度传感器、车外温度传感器、太阳能传感器）的信号计算出来。

$$T_{AO} = A \times T_{SET} - B \times T_R - C \times T_{AN} - D \times T_S + E$$

式中，T_{SET}为设定温度；T_R为车内温度；T_{AN}为车外温度；T_S为太阳辐射强度；A至E为常数。

说明：当温度控制开关或控制杆位置于 MAX COOL（最大冷风）或 MAX WARM（最大暖风）位置，则 ECU 就采用某一固定值，不进行上述计算。

微型计算机控制的自动空调器，参照这个T_{AO}输出驱动信号至执行器，使上述自动控制系统（除压缩机控制外）运行，如图6-10所示。

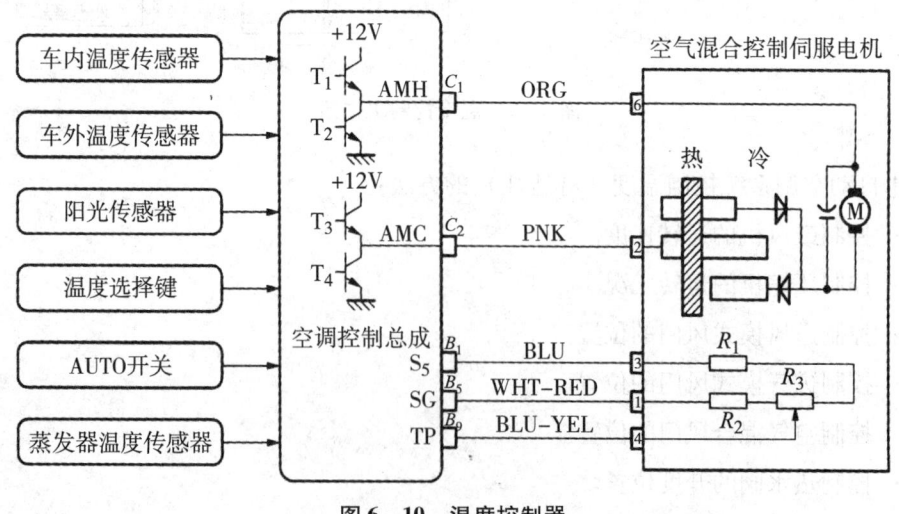

图6-10　温度控制器

安装在自动空调器 ECU 内的微电脑，根据计算所得的 T_{AO} 来自蒸发器的信号（TE），计算空气混合控制风门的开度（SW）：

$$SW = \frac{T_{AO} + A - (T_E + B)}{C - (T_E + B)} \times 100\% \quad（式中 A、B、C 为常数）$$

图 6-11 所示为空气混合控制伺服马达的工作过程，主要目的是控制鼓风机空气温度。

·当 T_{AO} 和 T_E 彼此近似相等时，SW 就接近 0。安装在自动空调器 ECU 内的微电脑就断开 VT_1 和 VT_2。切断送至空气混合控制伺服马达的电流，使空气混合控制风门保持在当时的位置。

·当 T_{AO} 小于 T_E 时，SW 是负数。安装在自动控制空调 ECU 内的微电脑接通 VT_1，关断 VT_2。接通空气混合控制伺服马达的正向电流，使马达转至"COOL"侧，带动空气混合控制风门，降低鼓风机空气温度。同时安装在空气混合伺服马达内的电位计检测空气混合控制风门实际移动速度和位置。当 ECU 计算出的值与以后的 SW 相等时，微电脑就关断 VT_1，使伺服马达停转。

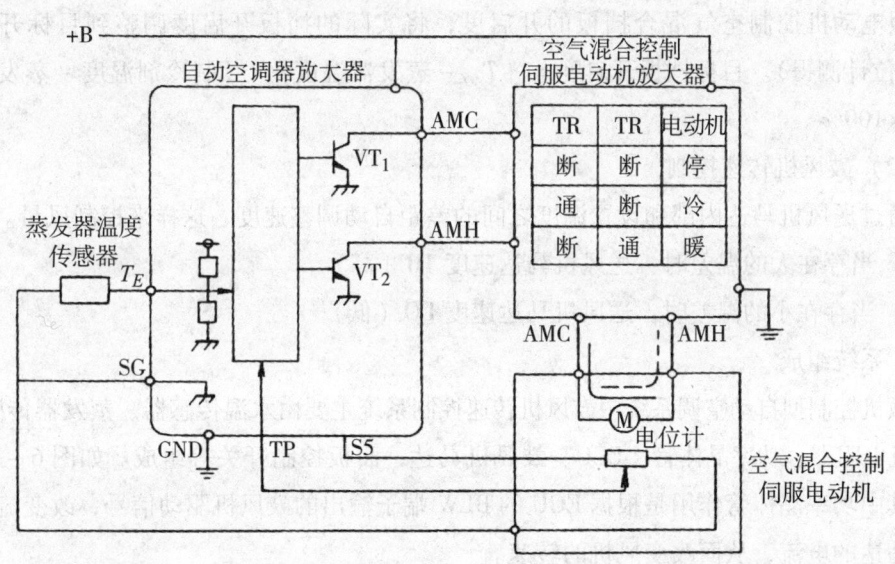

图 6-11　空气混合控制伺服马达的工作过程

·当 T_{AO} 大于 T_E 时，SW 是正数。这时安装在自动空调器 ECU 内的微电脑关断 VT_1，接通 VT_2，接通空气混合控制伺服马达的反向电流，使马达转向"WARM"侧，带动空气混合控制风门，提高鼓风机空气的温度。同时安装在空气混合控制伺服马达内电位计检测空气混合控制风门实际移动的速度和位置。当 ECU 计算出的值与以后的 SW 相似，微电脑就关断 VT_2，使伺服马达停转。

⑥气流温度控制

为了迅速地将内部温度调整到规定温度，可以通过调整空气混合挡板的位置（开放度）变化热空气和冷空气的比例来控制气流温度。在一些车型上，水阀的开启度也根据挡板位置改变。

·MAX 控制

当温度设置在"MAX COOL"或"MAX HOT"时，空气混合挡板被充分地开到"COOL"侧或"HOT"侧，不管 T_{AO} 的值如何。这便是所谓的"最冷控制"或"最热控制"。

·正常控制

当温度被设置在 18.5℃ ~31.5℃（65.3 ℉ ~88.7 ℉）之间时，根据 T_{AO} 的值控制空气混合挡板位置以便将内部温度调整到规定温度。

·计算空气混合挡板开启度

假定当空气混合挡板被移动到"COOL"侧顶端时，它的开启度为 0；当它被移动到 HOT 侧顶端时，它的开启度为100%；当开启度为 0 时，蒸发器温度约等于 T_{AO}；当开启度为100%时，根据发动机冷却剂温度计算出来的加热器芯温度等于 T_{AO}。ECU 启动伺服电动机控制空气混合挡板的开启度，将实际的挡板开启度调整到目标开启度（由电位计测得）。目标挡板开启度 =（T_{AO} – 蒸发器温度）／（制冷剂温度 – 蒸发器温度）×100%。

（2）鼓风机转速控制

通过送风机马达内部和设置温度之间的差距自动调整速度，这样来控制风量。

· 当存在大的温差时：送风机马达速度 HI（高）

· 当存在小的温差时：送风机马达速度 LO（低）

①系统组成

微机控制型自动空调系统中鼓风机转速控制系统主要由水温传感器、蒸发器传感器、鼓风机电阻器、功率晶体管、ECU、鼓风机马达，面板控制开关等组成。如图 6 – 12 所示，其中功率晶体管作用是根据 ECU 的 BLW 端子输出的鼓风机驱动信号，改变流至鼓风机马达的电流，从而改变风机的转速。

②鼓风机转速控制模式

为使车内保持良好的舒适环境，鼓风机转速控制一般有多种模式。鼓风机主要的转速控制模式：自动控制、手动控制、启动控制、时滞控制、预热控制、极速控制。

③工作原理

空调控制电脑根据室内温度、环境温度、阳光强度、设定温度等，自动控制鼓风机的转速。一般来说，室内温度越高、环境温度越高、阳光越强，鼓风机转速就越高。

a. 自动控制：当控制面板上 AUTO（自动）开关接通时，ECU 根据内部温度和设

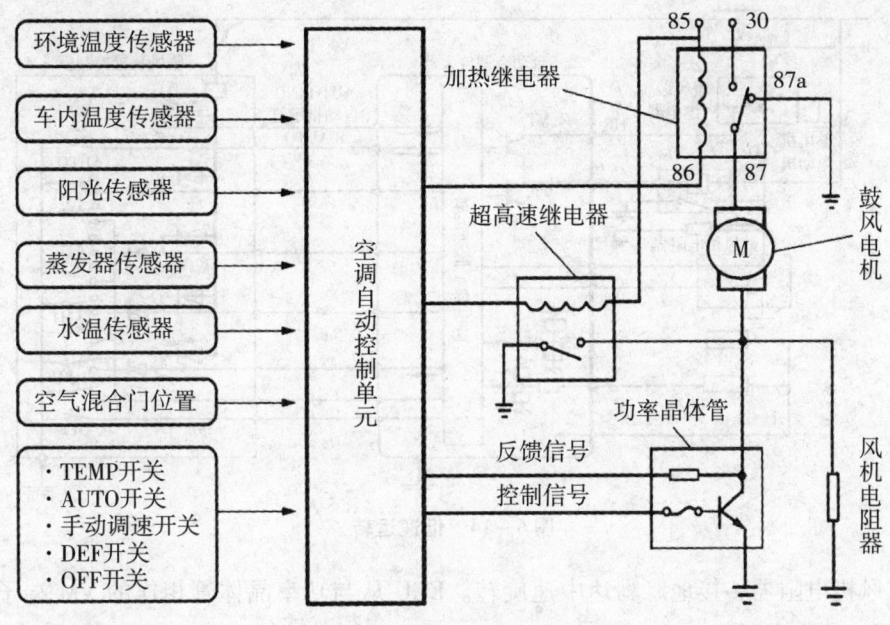

图 6 – 12   鼓风机转速控制电路

置温度之间的差距，用 T_{AO} 值自动调整功率晶体管基极电流来控制传到送风机马达的电流，控制送风机转速。如图 6 – 13 所示。

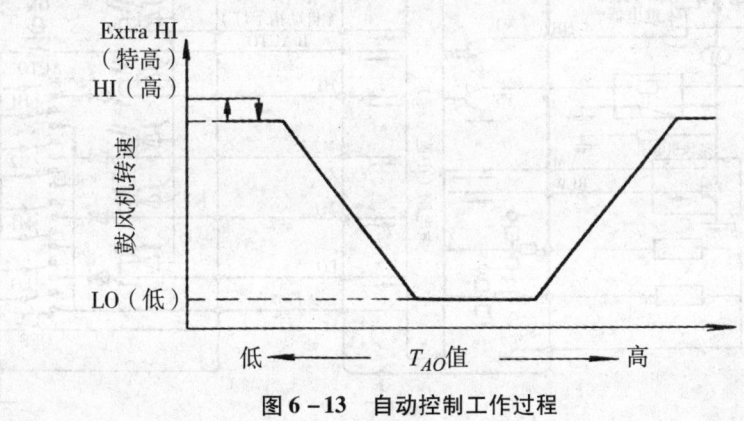

图 6 – 13   自动控制工作过程

·低速运转：如图 6 – 14 所示，控制面板 AUTO（自动）和 LO（低速）两个指示灯均亮。ECU 内的微电脑接通 VT_1，使暖风装置继电器接合。电流方向为：蓄电池→暖气装置继电器→鼓风机马达→鼓风机电阻器→接地。马达低速运转。

·中速运转：如图 6 – 15 所示，控制面板 AUTO（自动）指示灯亮，LO（低）、M1（中1）、M2（中2）、HI（高）指示灯根据情况可能点亮。ECU 内微电脑接通 VT_1，使暖风装置继电器接合。同时微电脑根据计算出的 T_{AO} 值，从 BLW 端子输出相应信号至功率晶体管。电流流向为：蓄电池→暖风装置继电器→鼓风机马达→功率晶体

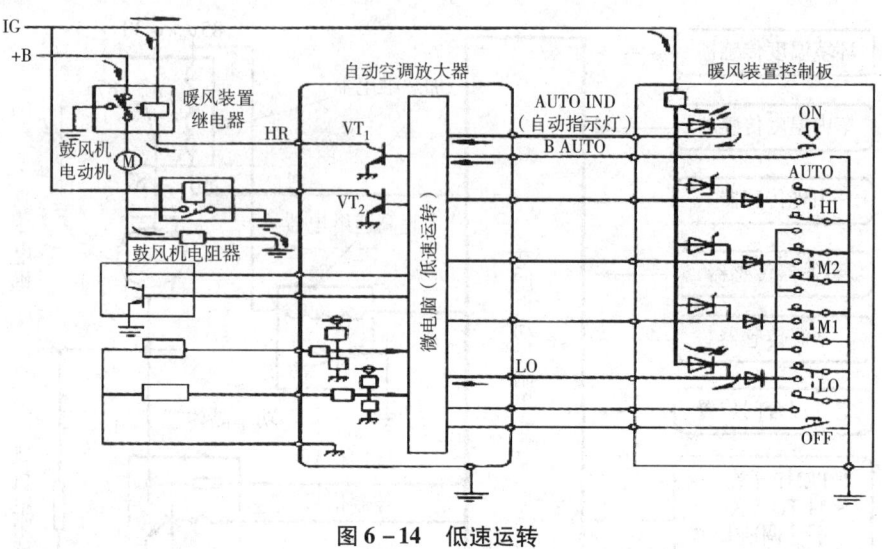

图 6 – 14 低速运转

管和鼓风机电阻器→接地。马达中速旋转。ECU 从与功率晶体管相连的 VM 端子接收反馈信号，检测鼓风机实际转速信号，依此校正鼓风机驱动信号。

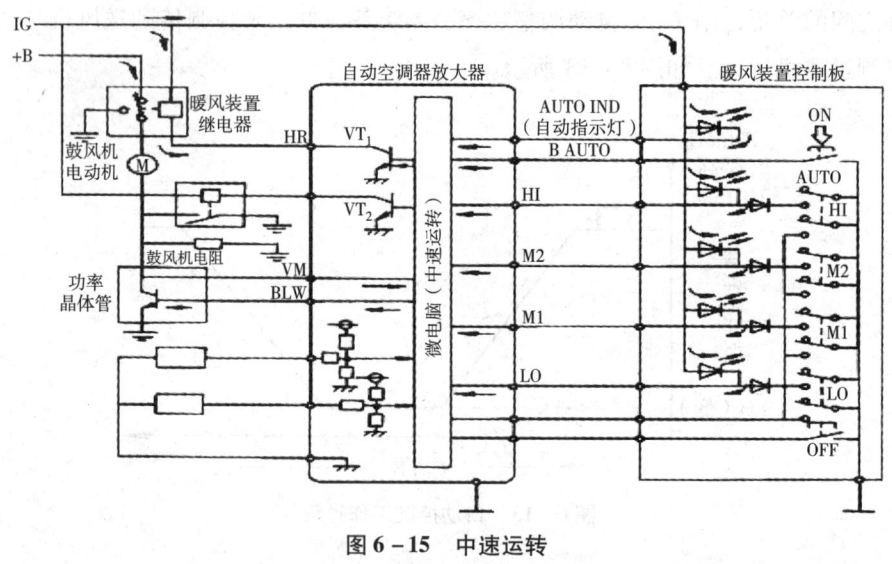

图 6 – 15 中速运转

·特高速度运转：如图 6 – 16 所示，控制面板 AUTO（自动）和 HI（高速）指示灯亮。ECU 内的微电脑接通 VT₁ 和 VT₂，使暖风装置继电器和鼓风机继电器闭合。电流流向为：蓄电池→暖风装置继电器→鼓风机马达→鼓风机风扇继电器→接地。鼓风机马达以超高速度运转。

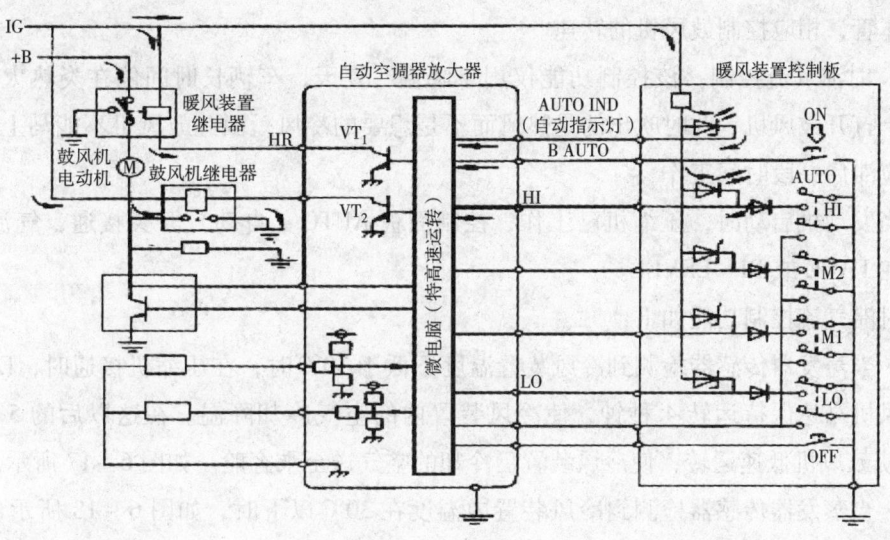

图 6 – 16　特高速运转

提示：

1. EX – HI 继电器控制（见下图）

当需要最大鼓风时，EX – HI 继电器直接使马达接地。由于此继电器避免了功率晶体管产生的电压损失，"节省"的电压可以用来产生最大的送风机速度。

2. LO 电阻器的功能（见下图）

当送风机马达被开动时，有大量电流流过。为了保护功率晶体管，在功率晶体管打开前 LO 电阻器首先接收电流。

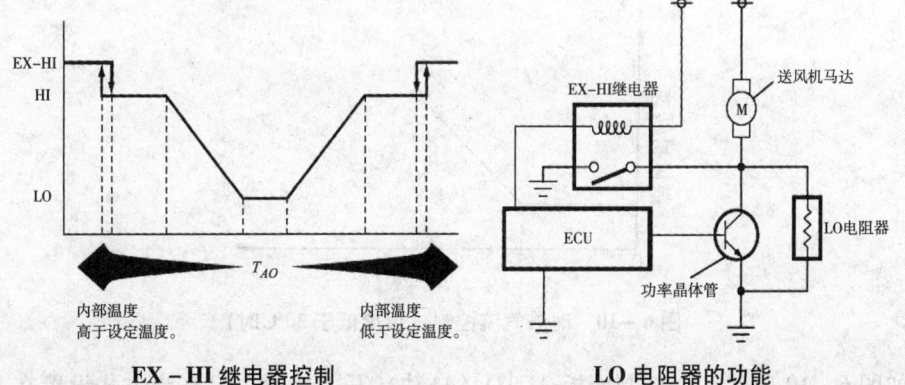

EX – HI 继电器控制　　　　　　　**LO 电阻器的功能**

b. 手动控制：ECU 根据控制面板手动开关的操纵信号，将鼓风机驱动信号送至功率晶体管，相应控制鼓风机的转速。

c. 时滞气流控制：该控制功能仅用于降温，夏天，车辆长时间停在炎热太阳下，若马上打开鼓风机，此时吹出的是热风而不是想要的冷风。因此鼓风机不能马上工作，而是应滞后一段时间工作。

当发动机启动时，压缩机已工作，控制面板 AUTO（自动）开关接通，气流方式设置在 FACE 或 BI‒LEVEL。

时滞气流控制功能如下：

·当蒸发器传感器检测到冷风装置温度不低于 30℃时，在压缩机接通时，ECU 控制鼓风机马达保持运转 4 秒钟，使冷风装置内的空气冷却降温。在这以后的 5 秒钟，ECU 使鼓风机低速运转，使冷风装置已冷却的空气送至乘客舱。如图 6‒17 所示。

·当蒸发器传感器检测到冷风装置内温度在 30℃以下时，如图 6‒18 所示，ECU 使鼓风机以低速运转 5 秒钟。

d. 预热控制：在冬季，车辆长时间停放后，若马上打开鼓风机，此时吹出是冷空气而不是想要的暖风。因此，鼓风机要在水温升高时，才能逐步转向正常工作。

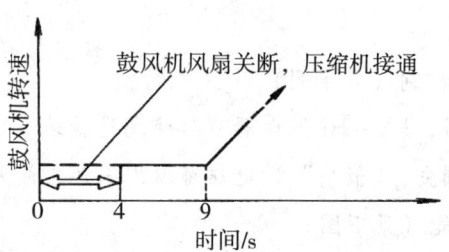

图 6‒17　时滞气流控制（温度不低于 30℃时）

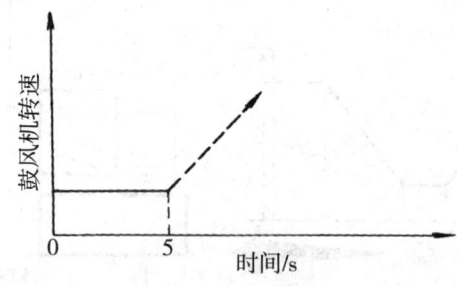

图 6‒18　时滞气流控制（温度低于 30℃时）

如图 6‒19 所示，当控制面板 AUTO（自动）开关接通，且气流方式设置在 FOOT 或 BI‒LEVEL 时，ECU 通过水温传感器检测发动机冷却液的温度，当其不低于 30℃时，控制鼓风机马达开始转动。有些车型不低于 40℃时，鼓风机马达才开始转动。

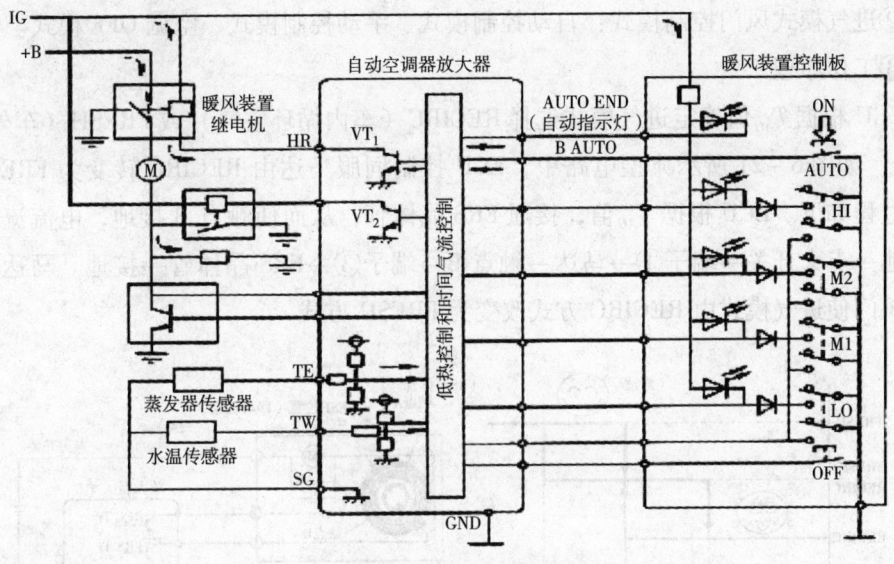

图 6-19　预热控制

e. 鼓风机启动控制：鼓风机启动控制主要用于防止功率晶体管被启动电流损坏。如图 6-20 所示，鼓风机启动时 ECU 控制暖风装置继电器闭合时，电流经鼓风机马达和电阻器流过，马达低速运转 2 秒钟后，ECU 才通过 BLW 端子向功率晶体管输出驱动信号，从而防止功率晶体管被启动电流损坏。

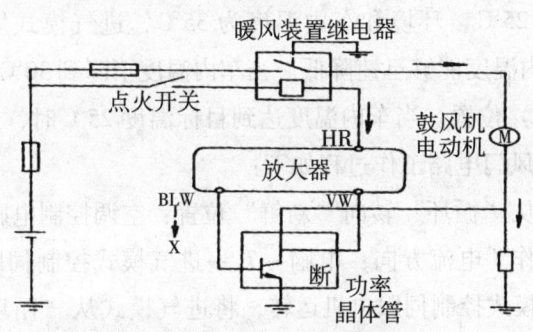

图 6-20　鼓风机启动控制

（3）进气模式控制

进气控制一般用于引入外部空气。当内部温度与设定温度的差距很大时，进气控制自动切换到内部空气循环模式，以便有效地冷却。进气控制用下列方式运行：

· 正常：FRESH。

· 当内部温度高时：RECIRC。

①系统组成：进气模式风门控制系统包括空调控制电脑、进气模式控制伺服电机、温度选择键、车内温度传感器、车外温度传感器、阳光传感器等。

②进气模式风门控制模式：自动控制模式、手动控制模式、空调 OFF 模式。

③工作原理

ECU 根据 T_{AO} 值确定进气模式选择 RECIRC（车内循环空气）或 FRESH（车外新鲜空气）。如图 6-21 所示典型电路中，ECU 控制伺服马达由 RECIRC 转变为 FRESH 的工作过程如下。ECU 根据 T_{AO} 值，接通 FRS 晶体管，从而使触点 B 接地，电流流向为：蓄电池→点火开关→端子①→马达→触点 B→端子③→FRS 晶体管→接地。马达旋转，带动风门使进气模式由 RECIRC 方式改变为 FRESH 方式。

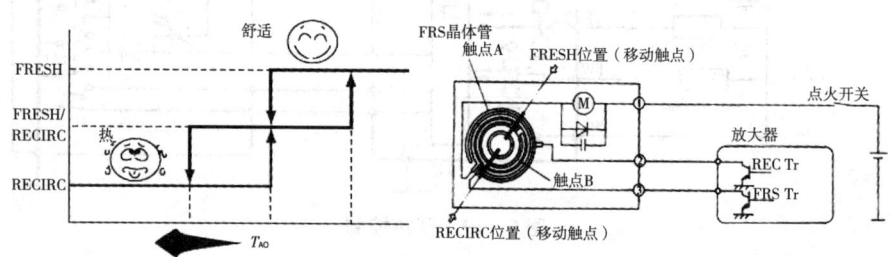

图 6-21　进气模式控制典型电路

a. 自动控制模式工作原理。ECU 根据 T_{AO} 值确定进气模式，自动选择 RECIRC（车内循环空气）或 FRESH（车外新鲜空气）模式。根据环境温度、车内温度确定进气模式风门的位置。根据阳光强度修正进气模式风门的位置。例如：在无阳光照射的情况下，如果温度设定为 25℃，环境和车内温度为 35℃，进气模式风门自动设置为 REC（循环）位置，使车内温度能够迅速降低。当车内温度下降到 30℃ 时，进气模式风门将变为 20%FRE（新鲜）位置。当车内温度达到目标温度 25℃ 时，进气模式风门设定为 FRE 位置。进气模式风门电路工作过程如下：

·进气模式风门从"循环"转向"新鲜"位置：空调控制电脑接通 T_1 和 T_4，进气模式控制伺服电机工作。电流方向：电脑→T_1→进气模式控制伺服电机→限位装置→T_4→电脑接地。进气模式控制伺服电机运转，将进气模式从"循环"转至"新鲜"位置。与此同时，限位装置将电机电路切断，如图 6-22 所示。

·进气模式风门从"新鲜"转向"循环"位置：空调控制电脑接通 T_2 和 T_3，进气模式控制伺服电机工作。电流方向：电脑→T_3→限位装置→进气模式控制伺服电机→T_2→电脑接地。进气模式控制伺服电机运转，将进气模式从"新鲜"转至"循环"位置。与此同时，限位装置将电机电路切断，如图 6-23 所示。

b. 手动控制模式原理。可通过 R/F 开关手动选择 RECIRC（车内循环空气）或 FRESH（车外新鲜空气）模式。选择 RECIRC（车内循环空气）模式时，电路工作过程与图 6-22 和 6-23 相同。

c. 除霜模式工作原理。当手动按下 DEF 开关时，将进气方式强制转变为 FRESH，

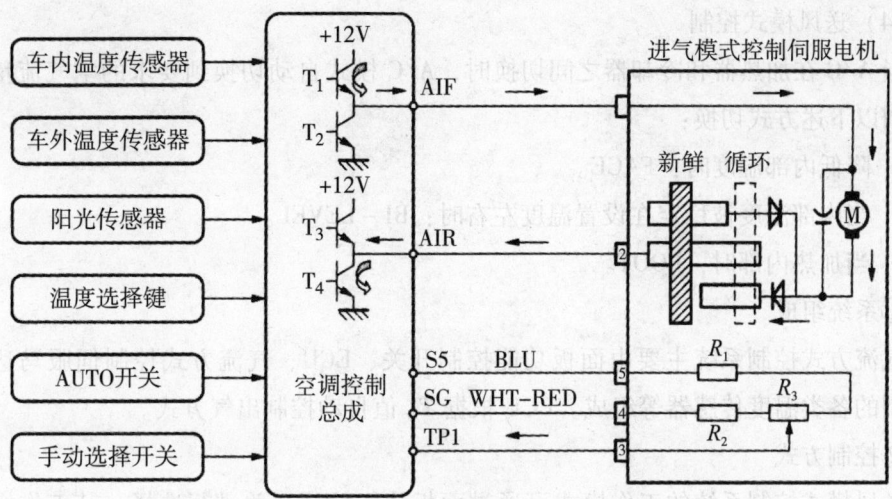

图 6 – 22　进气模式风门从"循环"转向"新鲜"位置

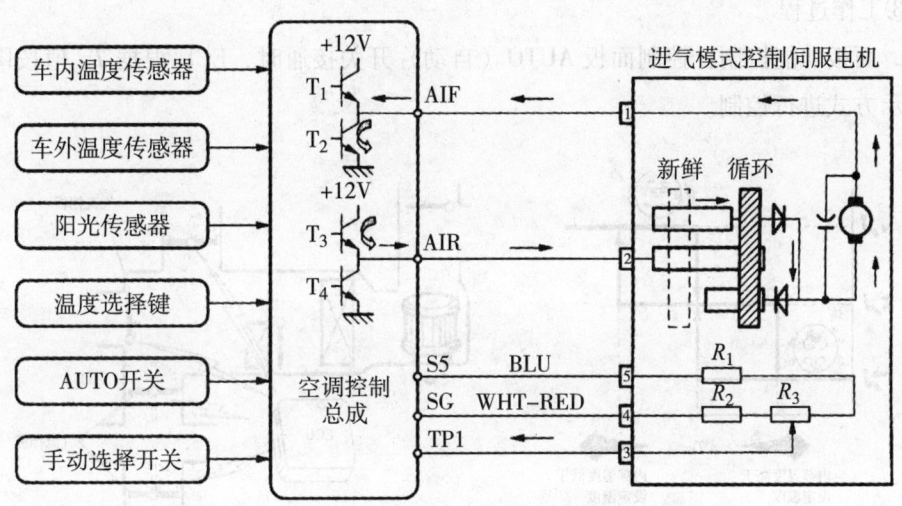

图 6 – 23　进气模式风门从"新鲜"转向"循环"位置

便于清除挡风玻璃上的雾气。

　　d. DEF/ECON 模式工作原理。当按下"ECON"或"DEF"按钮时，空调 ECU 将进气模式风门设定在"FRESH"（新鲜空气）的位置。

> **提示：**
>
> ·在某些车辆上，如果烟雾通风传感器检测到外部空气中 CO（一氧化碳）、HC（碳氢化合物）、和 NO_x（氮氧化物）超过规定水平时，进气控制也自动地切换到 RECIRC（循环）。

（4）送风模式控制

当 A/C 在加热器和冷却器之间切换时，A/C 模式自动切换到要求的空气流量。气流控制以下述方式切换：

· 降低内部温度时：FACE。

· 当内部温度被稳定在设置温度左右时：BI – LEVEL。

· 当加热内部时：FOOT。

①系统组成

气流方式控制系统主要由面板功能控制开关、ECU、气流方式控制伺服马达及温度控制的各类温度传感器等组成。ECU 根据 T_{AO} 值自动控制出气方式。

②控制方式

送风模式控制系统的工作模式可通过面板功能控制开关进行选择，其工作模式一般有两种选择：自动控制模式和手动控制模式。

③工作过程

a. 面板功能控制：控制面板 AUTO（自动）开关接通时，ECU 根据 T_{AO} 值按图 6 – 24 所示方式进行控制。

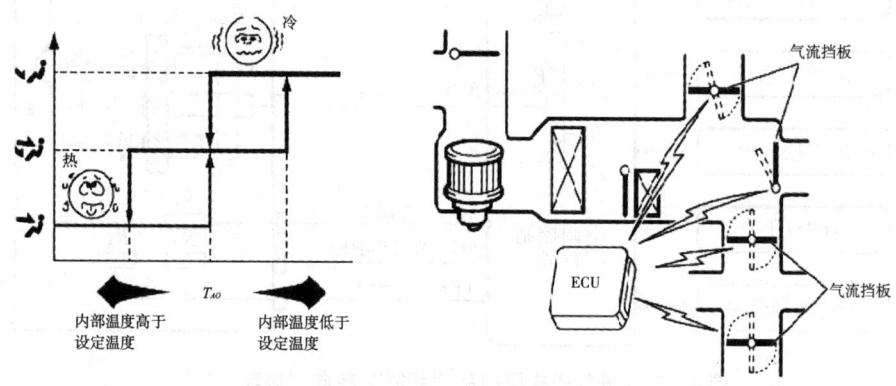

图 6 – 24　气流方式控制

· 当 T_{AO} 从低变至高时，原来气流方式控制伺服马达内移动触点位于在 FACE 位置。如图 6 – 25 所示，ECU 内微电脑接通 VT_1，这样使驱动电路输入信号端 B 端电路通过 VT_1 接地为 O，A 端电路断路为 1。根据内部程序图可知，输出电路中，D 端为 0，即电流由 D 端输出，由 C 端流回，驱动马达旋转，内部触点由 FACE 位移动到 FOOT 位置，马达停转，输出风口的出气方式由 FACE 方式转为 FOOT 方式。同时微电脑接通 VT_2，使位于面板的 FOOT 指示灯亮。

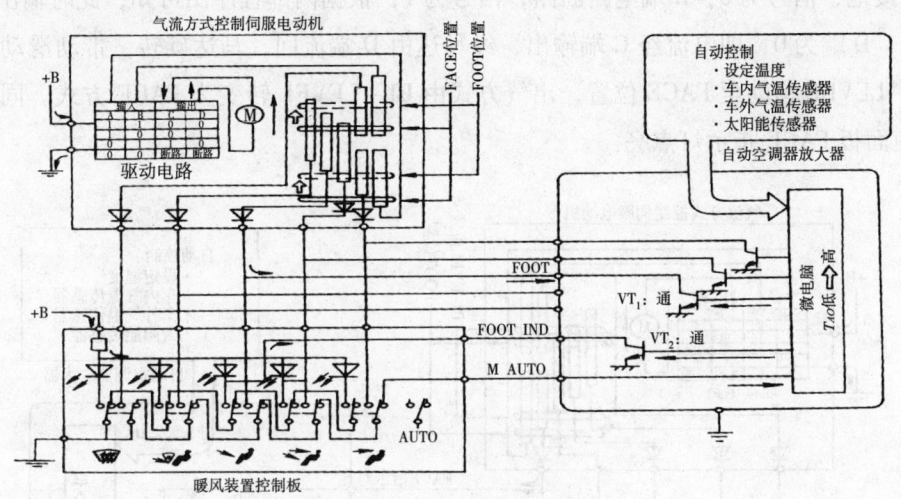

图 6-25 T_{AO} 从低变高时

·当 T_{AO} 从高变至中时，原来气流方式控制伺服马达内的移动触点位于 FOOT 位置。如图 6-26 所示，ECU 内的微电脑接通 VT_3，使驱动电路中 A 端电路通过 VT_3 接地为 O。B 端电路断路为 1。根据内部程序图，相应输出端 C 端为 1，D 端为 0，电流由 C 端输出经电机流回 D 端，马达旋转，带动滑动触点由 FOOT 位置运动至 BI-LEVEL 位置，马达停转。出气方式由 FOOT 转变为 BI-LEVEL。同时，微电脑使面板的 BI-LEVEL 指示灯点亮。

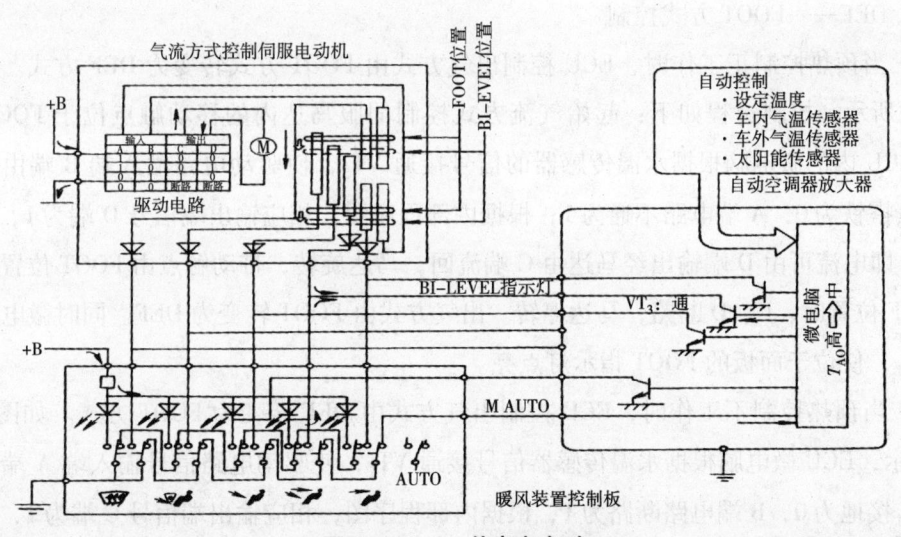

图 6-26 T_{AO} 从高变中时

·当 T_{AO} 已从中度变低时，原来气流方式控制伺服马达内的移动触点位于 BI-LEVEL 位置。如图 6-27 所示，ECU 内的微电脑接通 VT_4。使驱动电路中 A 端电路通

过 VT_4 接地，信号为 0；B 端电路断路，信号为 1，根据内部程序图可知，此时输出端 C 端为 1，D 端为 0，即电流经 C 端输出，经马达由 D 端流回，马达旋转，带动滑动触点由 BI – LEVEL 移动至 FACE 位置，出气方式由 BI – LEVEL 转变为 FACE 方式。同时微电脑使面板 FACE 指示灯点亮。

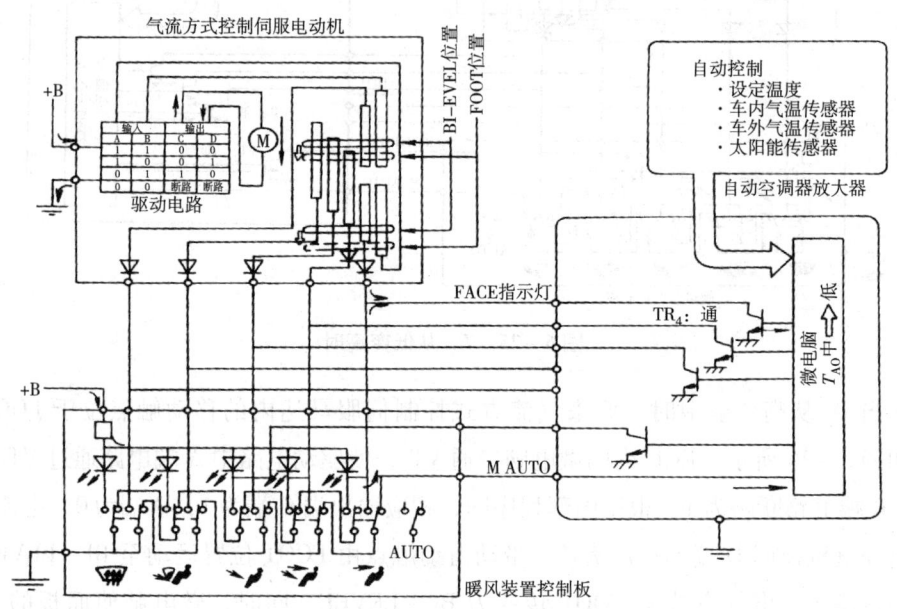

图 6 – 27　T_{AO} 从中变低时

b. DEF——FOOT 方式控制

·当预热控制正工作时，ECU 控制出气方式由 FOOT 方式转变为 DEF 方式。如图 6 – 28 所示，控制过程如下：起始气流方式控制伺服马达内的移动触点位于 FOOT 位置，ECU 内的微电脑根据水温传感器的信号接通 VT_5，使驱动电路输入端 B 端由电路经 VT_5 搭铁为 0，A 端电路不通为 1；根据内部程序图，相应输出端信号 D 端为 1，C 端为 0，即电流可由 D 端输出经马达由 C 端流回，马达旋转，带动触点由 FOOT 位置移动到 DEF 位置时，C、D 断路，马达停转。出气方式由 FOOT 转变为 DEF。同时微电脑接通 VT_2，使位于面板的 FOOT 指示灯点亮。

·当预热控制不工作时，ECU 控制出气方式由 DEF 转变为 FOOT 方式。如图 6 – 29 所示，ECU 微电脑根据水温传感器信号接通 VT_1，使驱动电路信号输入端 A 端电路经 VT_1 接地为 0，B 端电路断路为 1，根据内部程序图，相应输出端信号 C 端为 1，D 端为 0，即电流由 C 端流出，经马达由 D 端流回，马达旋转，带动触点由 DEF 移至 FOOT 位置。最后停转，进入 FOOT 方式。因为 VT_2 已接通，而且继续接通，面板 FOOT 指示灯继续点亮。

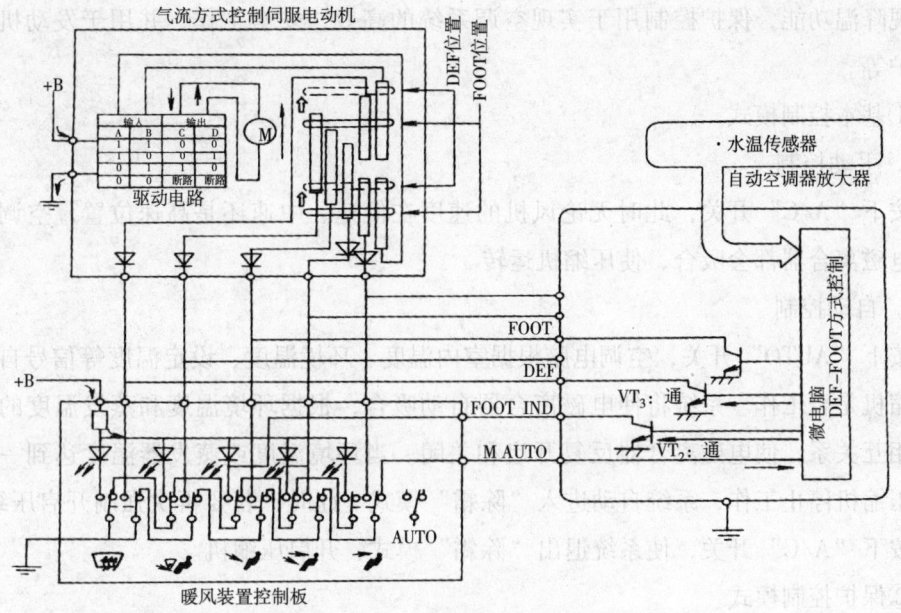

图 6 – 28 预热控制工作时的电路

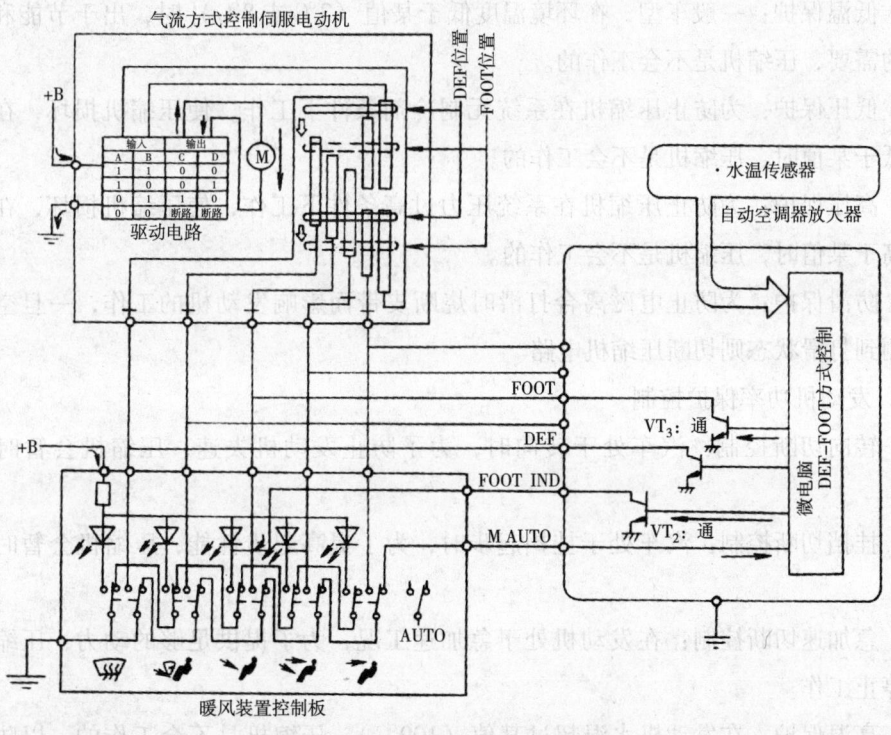

图 6 – 29 预热控制不工作时电路

（5）压缩机控制

自动空调压缩机的控制模式包括基本控制模式和保护控制模式两种。基本控制用于实现降温功能，保护控制用于实现空调系统的高效、安全工作，并用于发动机的功率保护等。

①基本控制模式

a. 手动控制

按下"A/C"开关，此时无论风机的速度在低速、中速还是高速位置，空调压缩机的电磁离合器都会吸合，使压缩机运转。

b. 自动控制

按下"AUTO"开关，空调电脑根据室内温度、环境温度、设定温度等信号自动决定压缩机是否工作。系统将使电磁离合器自动吸合，根据环境温度和蒸发温度的数值及其相互关系，使电磁离合器反复开启和关闭。当环境温度或蒸发器温度达到一定值时，压缩机停止工作，系统自动进入"除霜"模式。此时，若要再次强制开启压缩机，则需按下"A/C"开关，使系统退出"除霜"模式，开启压缩机。

②保护控制模式

a. 系统保护控制

·低温保护：一般车型，在环境温度低于某值（3℃或8℃）时，出于节能和保护系统的需要，压缩机是不会工作的。

·低压保护：为防止压缩机在系统无制冷剂条件下工作，使压缩机损坏，在系统压力低于某值时，压缩机是不会工作的。

·高压保护：为防止压缩机在系统压力过高条件下工作，使压缩机损坏，在系统压力高于某值时，压缩机是不会工作的。

·防滑保护：为防止电磁离合打滑时烧断皮带而影响发动机的工作，一旦空调电脑检测到打滑状态则切断压缩机电路。

b. 发动机功率保护控制

·转向切断控制：汽车处于转向时，为了防止发动机失速，压缩机会暂时停止工作。

·挂挡切断控制：汽车处于挂挡起步时，为了提高起步性能，压缩机会暂时停止工作。

·急加速切断控制：在发动机处于急加速工况，为了提供足够的动力，压缩机会暂时停止工作。

·高温保护：在发动机水温超过某值（109℃），压缩机是不会工作的，以防止发动机水温进一步上升。

·低速控制：发动机转速低于某转速，为了防止发动机失速，压缩机是不会工作的。

③可变排量压缩机的控制

如图 6－30 所示可变排量压缩机。其特点在压缩机后端增加一套可变排量机构。能根据空调气系统的冷气负荷或电动机的负荷，控制压缩机的排量变化，减少能量的浪费。

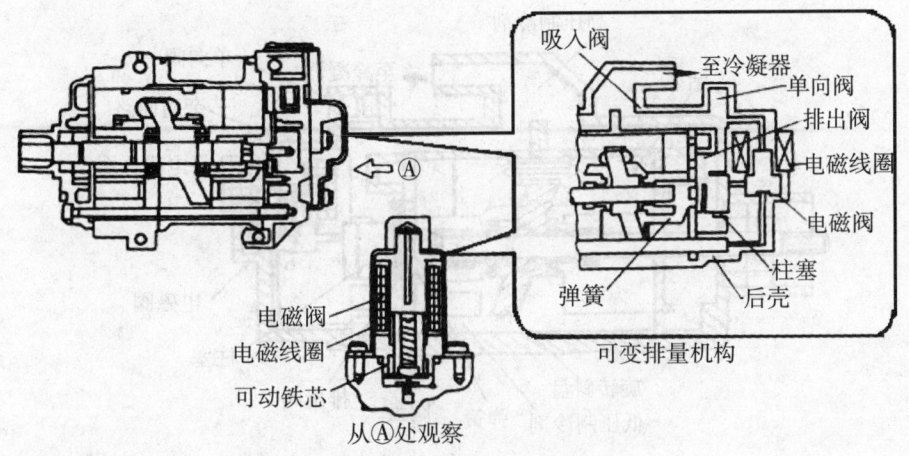

图 6－30　可变排量压缩机

a. 工作模式

· 全容量（100%）运作模式。如图 6－31 所示，在全容量运作中，电磁线圈断电，在弹力作用下电磁阀打开 a 孔，关闭 b 孔。前面产生的高压气体经旁通回路，从 a 孔进入电磁阀，压向柱塞后端。柱塞克服弹力，向左移动，使排出阀挤压在阀盘上，此时随同斜盘工作的后部五个活塞在气缸内产生高压，参与工作。于是压缩机 10 个气缸工作。在压缩机后部产生的高压将单向阀上移，使前后部产后的高压气体一起排出。

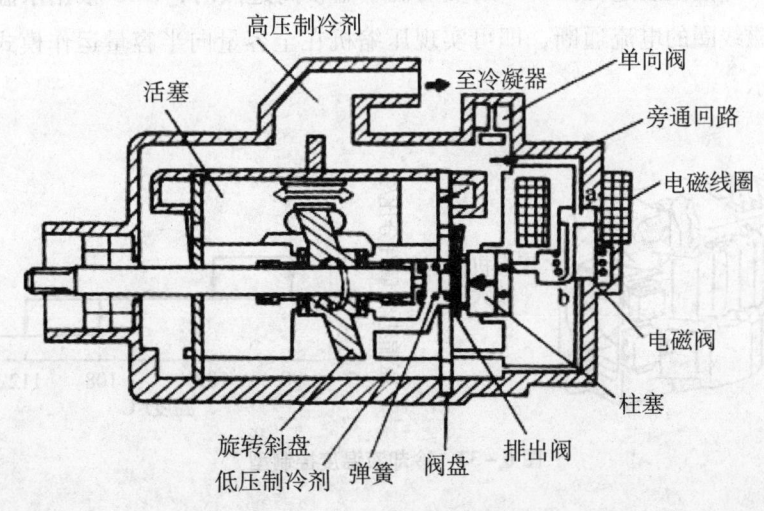

图 6－31　全容量运作模式

·半容量（50%）运作模式。如图 6-32 所示，当电磁线圈通电流时，电磁阀切断前面高压气体旁通回路，柱塞在弹簧力作用下被推回右侧，排出阀与阀盘分离，后部五个气缸不能产生高压，不参加工作。压缩机只是半容量运转。单向阀在前后压差作用下，关闭后部高压气体的排出通道。

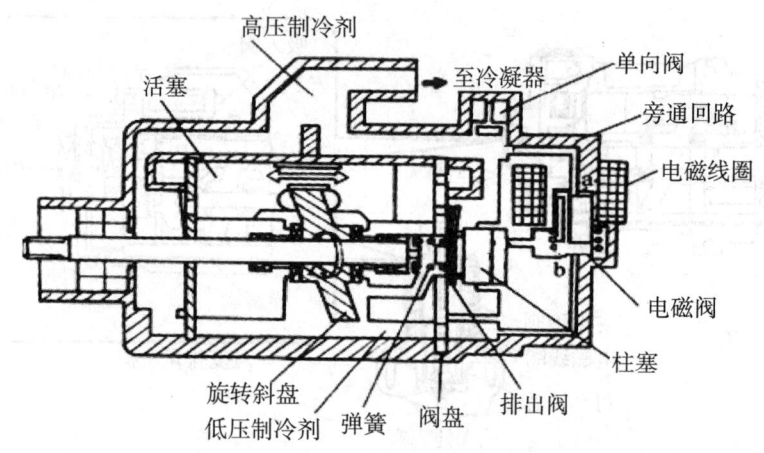

图 6-32　半容量运作模式

·压缩机停止运作模式。压缩机不工作时，高低端压力平衡，在弹簧力的作用下，柱塞被推向右侧。单向阀因高压下降而落下，关闭后部高压通道。排出阀和单向阀处于半容量运作位置，便于下次启动，不会引起震动。

b. 控制系统

控制系统主要有两种类型：一种是根据冷却液温度进行控制，一种是由热敏电阻进行控制。

·根据冷却液温度进行控制。当发动机水温较高过热时，ECU 根据水温传感器信号，控制电磁线圈的电流通断，即可实现压缩机在全容量向半容量运作模式转换，如图 6-33 所示。

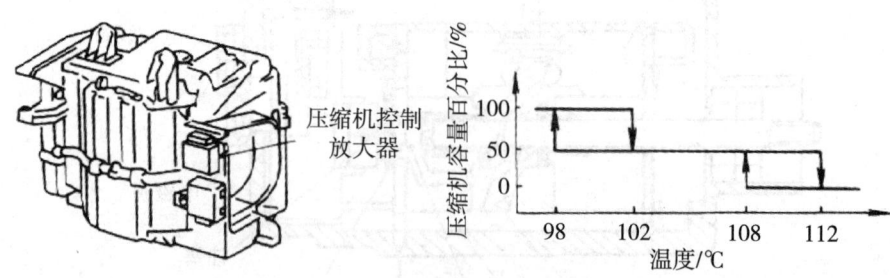

图 6-33　冷却液温度控制型

·由蒸发器内热敏电阻进行控制。如图 6-34 所示，当蒸发器温度上升到 40℃以上，压缩机受 ECU 控制按 100% 容量运作。反之蒸发器下降到 40℃以下时，ECU 控制压缩机按半容量运作模式。当蒸发器温度低于 3℃时，ECU 关断压缩机。此外 ECU 也可根据面板控制开关选择 ECONC（经济模式）或 A/C（非经济模式）以及蒸发器的温度结合控制压缩机运转的转换，如图 6-35 所示。

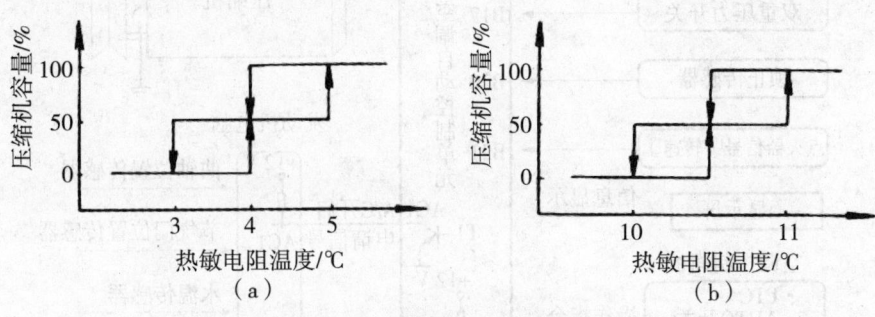

图 6-34 蒸发器热敏电阻控制型

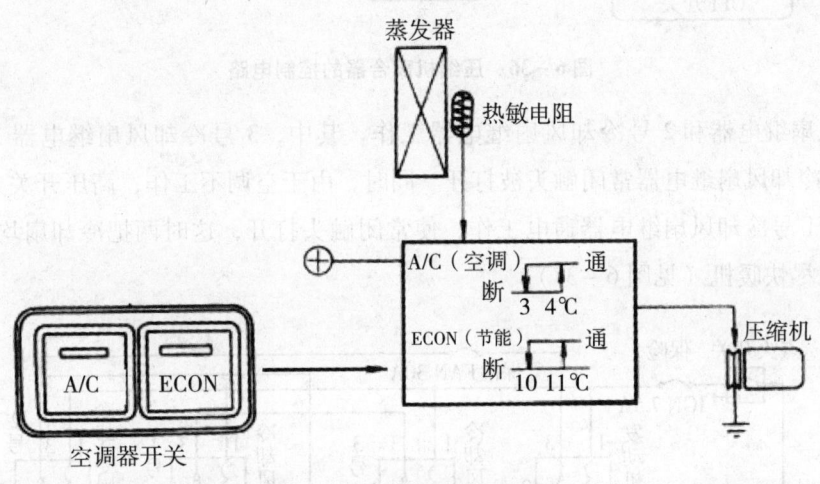

图 6-35 空调器模式选择

④压缩机离合器的控制电路（如图 6-36 所示）。

（6）冷凝器风扇控制

轿车在设计上一般都将水箱冷却风扇和冷凝器风扇组装在一起，利用一把或两把风扇对水箱和冷凝器进行散热。车型不同，则配置风扇的数量不同，控制线路设计方面差异也很大，但其控制方式则大同小异，一般根据水温信号和空调信号共同控制，以满足水箱散热和冷凝器散热需要。

①空调不工作时

·发动机冷却水温低于 93℃。这时，由于水温较低，水温开关处于闭合状态，3

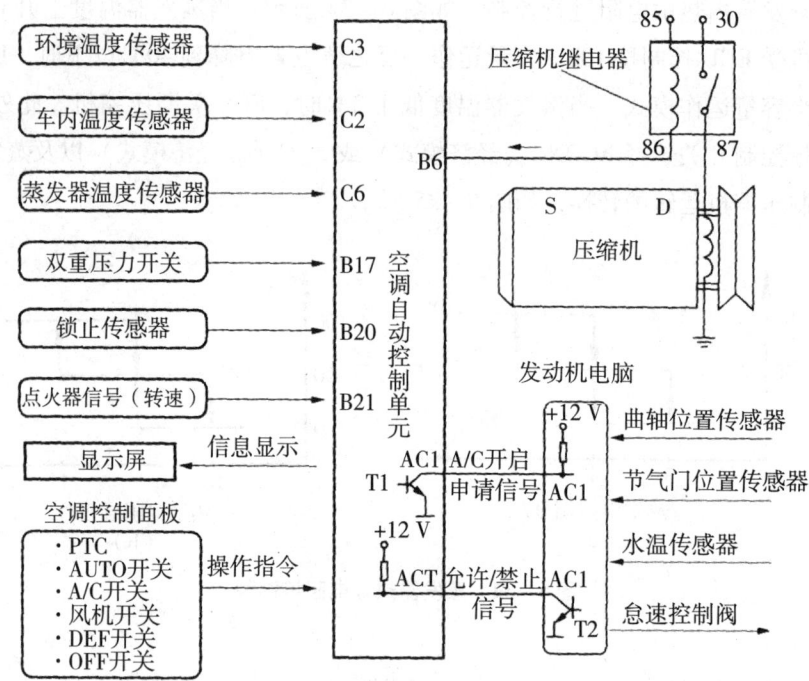

图 6 – 36　压缩机离合器的控制电路

号冷却风扇继电器和 2 号冷却风扇继电器工作。其中，3 号冷却风扇继电器 3 与 5 接通。2 号冷却风扇继电器常闭触头被打开。同时，由于空调不工作，高压开关处于常闭合状态，1 号冷却风扇继电器通电工作，使常闭触头打开，这时两把冷却扇均不工作，使发动机尽快暖机（见图 6 – 37）。

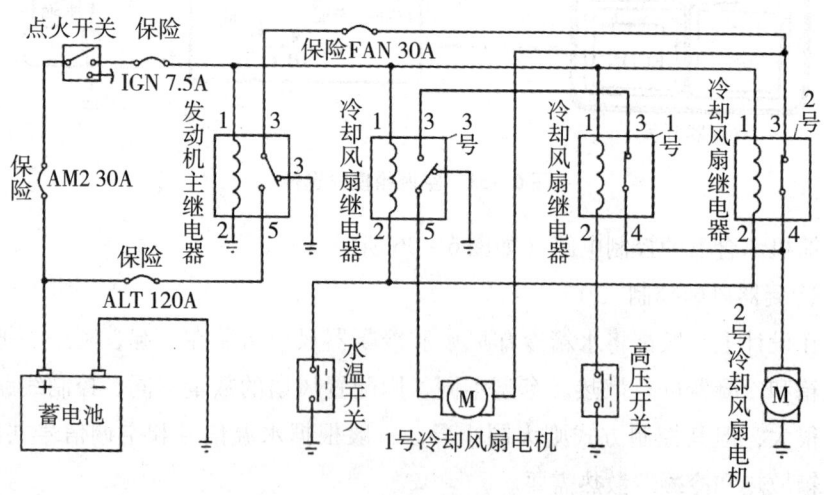

图 6 – 37　冷凝器风扇控制电路

·发动机水温高于93℃。这时，水温开关打开，2 号和 3 号继电器回到原始状态，即不工作。虽然这时高压开关使 1 号继电器常闭触点打开，但并不影响风扇的工作。加至 1 号冷却风扇电机和 2 号风扇电机的都是 12V 电压，此时，两风扇同时高速运转，以满足发动机冷却系散热需要（见图 6 – 37）。

②空调工作时

·开空调，高压端压力大于 13.5kPa，且水温低于93℃。这种情况下，水温开关处于闭合状态，而高压开关打开，这时 2 号和 3 号继电器受控动作，而 1 号继电器不工作，即触头处于常闭状态，这样，继电器使两把冷却扇电动机串联工作，故两把冷却扇同时低速运转，以满足冷凝器散热需要（见图 6 – 37）。

·开空调，高压端压力大于 13.5kPa，且水温高于93℃。这种情况下，高压开关和水温开关都打开，1、2、3 号继电器均不工作，加至两冷却扇电机的都是 12V 电压，故两冷却扇同时高速运转（见图 6 – 37）。

三、自动空调电气控制系统检修

1. 自动空调电气控制系统组成

自动空调电气控制系统由 A/C 控制 ECU（或 A/C 放大器）、发动机 ECU、控制面板、内部温度传感、环境温度传感器、太阳能传感器、蒸发器温度传感器、水温感传器（发动机 ECU 发送此信号）、A/C 压力开关、空气混合伺服电动机、空气进口伺服电动机、气流伺服电动机、送风机马达、送风机控制器（控制送风机马达）、风道传感器、烟雾通风传感器组成。如图 6 – 38 所示。

2. 自动空调控制电路的分析方法

自动空调电路控制系统比较复杂，不同类型的自动空调控制差别较大，但其控制电路均可按照电路功能和输入输出原则进行划分。

（1）按电路功能划分：

①温度自动控制电路。

②进气自动控制电路。

③送风模式控制电路。

④鼓风机控制电路。

⑤冷却风扇控制电路。

⑥压缩机控制电路。

（2）按输入输出原则分：

①电源电路。

②输入信号电路。

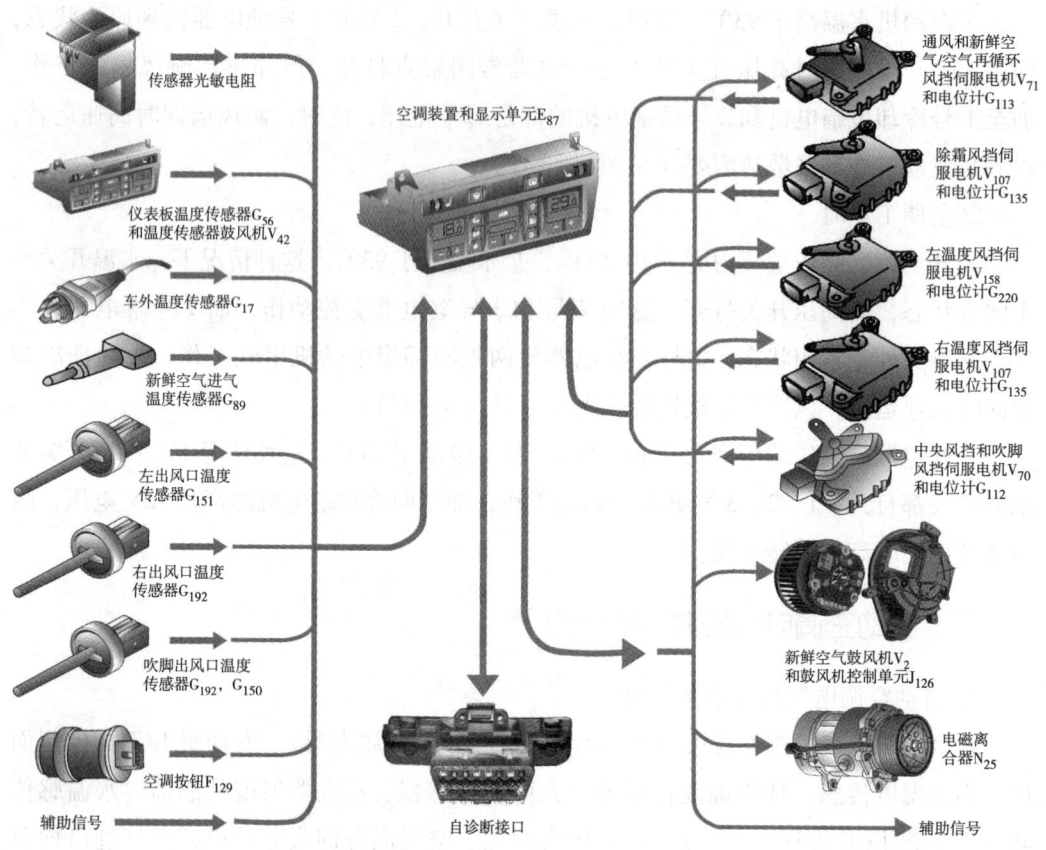

传感器光敏电阻

空调装置和显示单元E₈₇

通风和新鲜空气/空气再循环风挡伺服电机V₇₁和电位计G₁₁₃

仪表板温度传感器G₅₆和温度传感器鼓风机V₄₂

除霜风挡伺服电机V₁₀₇和电位计G₁₃₅

车外温度传感器G₁₇

左温度风挡伺服电机V₁₅₈和电位计G₂₂₀

新鲜空气进气温度传感器G₈₉

右温度风挡伺服电机V₁₀₇和电位计G₁₃₅

左出风口温度传感器G₁₅₁

中央风挡和吹脚风挡伺服电机V₇₀和电位计G₁₁₂

右出风口温度传感器G₁₉₂

吹脚出风口温度传感器G₁₉₂，G₁₅₀

新鲜空气鼓风机V₂和鼓风机控制单元J₁₂₆

空调按钮F₁₂₉

电磁离合器N₂₅

辅助信号

自诊断接口

辅助信号

图 6 - 38　自动空调电气控制系统组成

③执行器电路。

④控制器电路。

3. 自动空调电气控制系统部件的安装位置及作用

（1）汽车自动空调常用的电控元件及安装位置（见图 6 - 39）

①输入信号

·驾驶员设定的信号：温度设定开关、A/C 开关、MODE 开关、AUTO 开关、鼓风机开关。

·工作环境信号：车内温度传感器、车外温度传感器、阳光传感器、水温传感器、蒸发器传感器。

·风门位置信号：进气风门位置传感器、空气混合风门位置传感器。

·保护装置信号：压力传感器（开关）、锁止传感器、来自发动机电脑的禁止信号。

②输出信号

·控制配气风门信号：进气模式控制电动机、空气混合控制电动机、送风模式控制电动机。

·控制鼓风机转速信号：加热器继电器、超高速继电器、功率晶体管、鼓风机。

·控制压缩机开停信号：压缩机继电器等。

·信息显示信号：显示屏、各种指示灯、报警灯等。

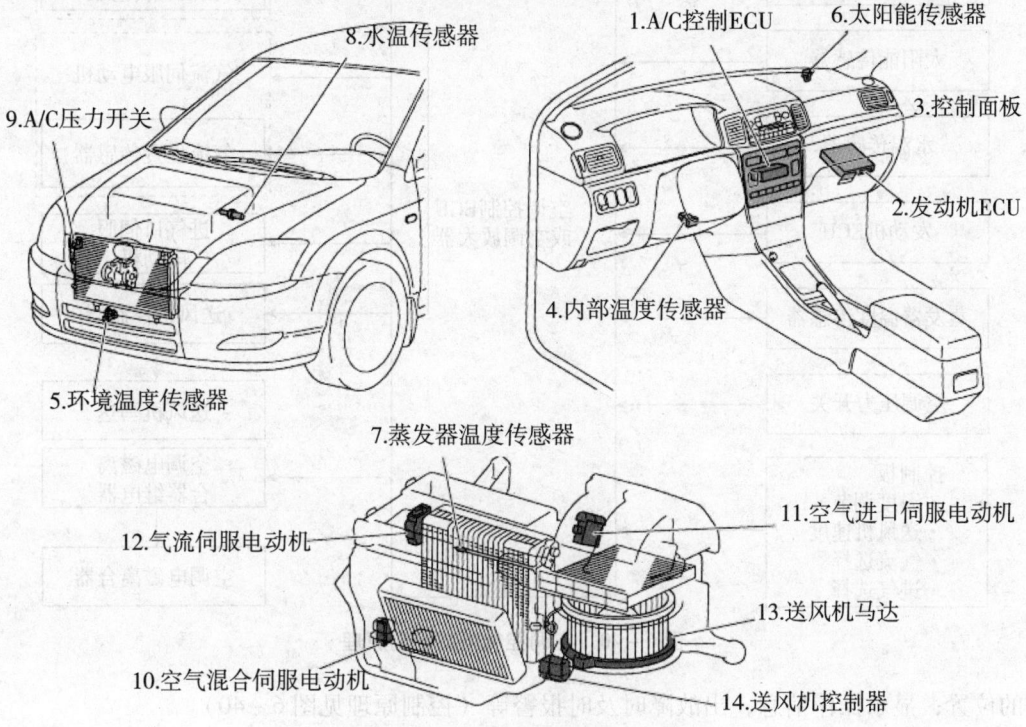

8.水温传感器
1.A/C控制ECU
6.太阳能传感器
9.A/C压力开关
3.控制面板
2.发动机ECU
4.内部温度传感器
5.环境温度传感器
7.蒸发器温度传感器
11.空气进口伺服电动机
12.气流伺服电动机
13.送风机马达
10.空气混合伺服电动机
14.送风机控制器

图6-39 自动空调电气控制系统各部件的位置

（2）空调控制电脑

空调控制单元或空调 ECU

a. 传感器信号

传感器信号主要有三种：一是驾驶员通过空调面板设定的温度信号和功能选择信号，二是车室内温度传感器、车外环境温度传感器、阳光辐射温度传感器等各种传感器输入的信号，三是进气风门、空气混合风门的位置反馈信号。

b. 执行器信号

执行器信号有三种：一是向驱动各种风门的伺服电机或真空驱动器输送的信号，二是控制风机电机转速的电压调节信号，三是控制压缩机开启或停止的信号。

c. 空调控制电脑（ECU）

电脑控制各个部件上的执行器。驾驶员通过触摸按钮向电脑输入各种信号，传感器将各种状态参数输入电脑。电脑通过计算、分析、比较，发出指令，控制各执行器动作：改变风速，开停压缩机，打开所需的风门，按照输入的预设温度，控制温度门

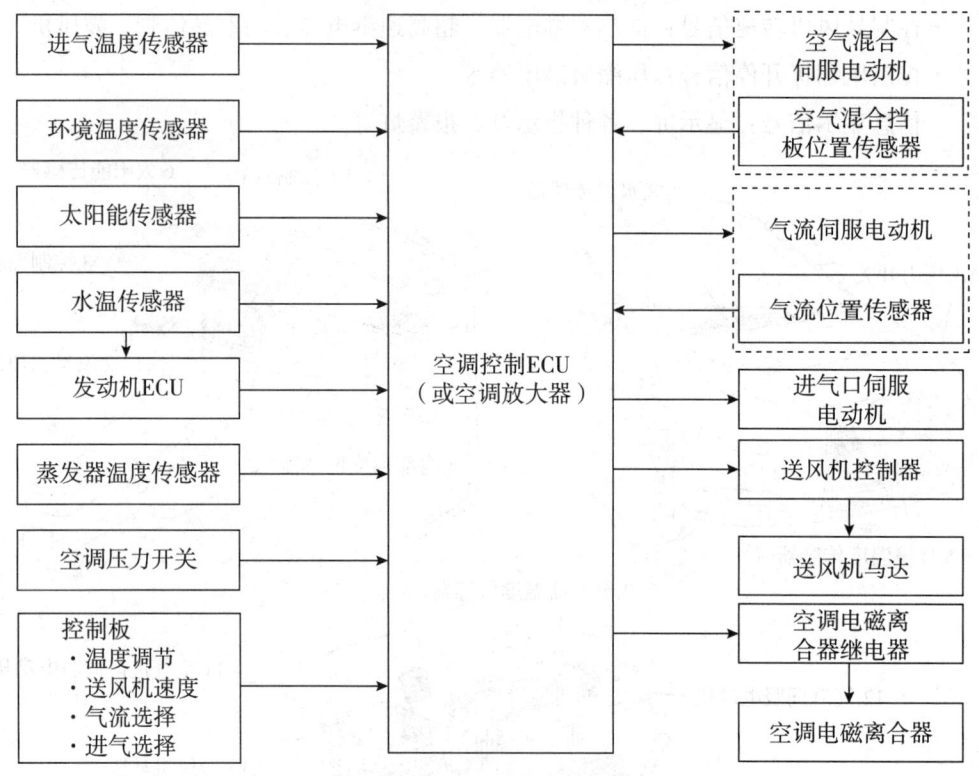

图 6 – 40　空调控制电脑控制原理

的位置；显示操作信息，出故障时及时报警等（控制原理见图 6 – 40）。

（3）自动空调各传感器的安装位置和作用

①车内温度传感器

a. 车内温度传感器的安装位置

车内温度传感器一般都安装在仪表台的里面（靠近空调操作面板处或直接装在空调面板的小窗口上）。如图 6 – 41 所示。

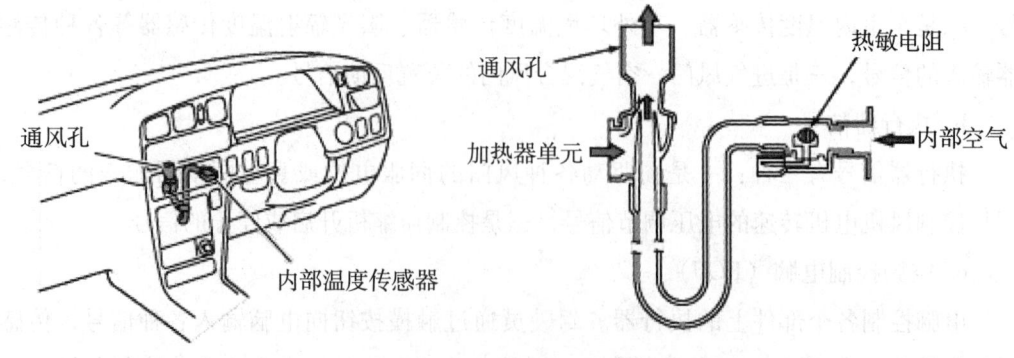

图 6 – 41　车内温度传感器

b. 功能

车内温度传感器是自动空调的重要传感器之一，它能影响到出风口空气的温度、出风口风量、模式门的位置、进气门的位置，确定混合门的位置。

车内温度越高，混合门就越朝"冷"的方向移动，出风口的温度就越低；车内温度越低，混合门就越朝"热"的方向移动，出风口的温度就越高。

它检测内部温度，把它用作温度控制的基础，用于确定鼓风机的转速，进风门、混合门及送风门的位置。

·确定鼓风机的转速：车内实际温度与设定温度差异越大，鼓风机转速越大。在制冷工况，车内温度越高，鼓风机的转速就越高；车内温度越低，鼓风机的转速就越低；在取暖工况，车内温度越高，鼓风机的转速就越低；车内温度越低，鼓风机的转速就越高。

·确定进气门的位置：在夏天制冷工况，当车内温度比设定温度高，进气门都处于内循环位置，快速降温，当车内温度下降，根据不同环境温度，进气门可以处在20%新鲜空气的位置或新鲜空气的位置；在冬天，处于外循环。

·确定混合门的位置：车内温度越高，混合门就越朝"冷"的方向移动，出风口的温度就越低；车内温度越低，混合门就越朝"热"的方向移动，出风口的温度就越高。

·送风模式控制：在制冷工况，一般都处于吹脸部模式位置，随着时间的推移，车内空气温度下降，根据不同的环境温度，模式门可以处于吹脸部、吹脸部/吹脚部、吹脚部位置。

c. 车内温度传感器的特性

自动空调系统所采用的车内温度传感器一般采用负温度变化系数的热敏电阻。随着温度的升高，热敏电阻的阻值减少；随着温度的降低，热敏电阻的阻值增大。

d. 车内温度传感器的分类

由于车内温度传感器都安装在仪表台的里面，位置较封闭。为了准确且及时测量当前的车内平均温度，系统会把车内空气强制不断流过车内温度传感器。按强制导向车内温度传感器的气流方式不同，可划分为两种：吸气器型车内温度传感器和电动机型车内温度传感器。

②车外（环境）温度传感器

a. 车外温度传感器的安装位置

车外温度传感器一般都是安装在前保险杠内或水箱之前或者位于车辆前减振器下面的前护栅部位（见图6-42）。

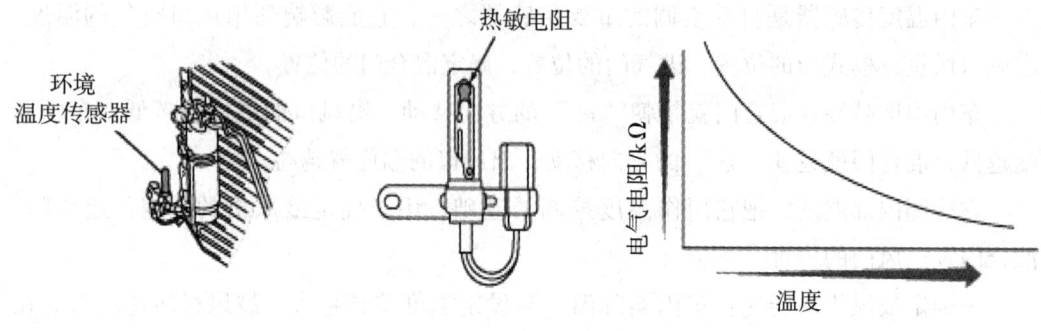

图6-42　车外温度传感器

b. 功能

车外温度传感器也称环境温度传感器、外界空气温度传感器、大气温度传感器。车外温度传感器是自动空调的重要传感器之一，它能影响到出风口空气的温度、出风口风量、送风模式风门的位置、进气模式风门的位置等。检测外部温度，即用来控制由外部温度波动所引起的内部温度波动。

·确定混合门的位置：车内温度越高，混合门就越朝着"冷"的方向移动，出风口的温度就越低；车内温度越低，混合门就越朝着"热"的方向移动，出风口的温度就越高。

·确定鼓风机的转速：在制冷工况，车内温度越高，鼓风机的转速就越高，车内温度越低，鼓风机的转速就越低；在取暖工况，车内温度越高，鼓风机的转速就越低，车内温度越低，鼓风机的转速就越高。

·确定风门的位置：在制冷工况，一般进气门都处于内循环位置，车内空气温度下降，根据不同的环境温度，进气门可以处于20%新鲜空气的位置或新鲜空气的位置。

·确定模式门的位置：在制冷工况，一般都处于吹脸部模式位置，随着时间的推移，车内空气温度下降，根据不同的环境温度，模式门可以处于吹脸部、吹脸部/吹脚部、吹脚部位置。

·控制压缩机的运转：自动空调在环境温度低于某值（5℃）压缩机就不会工作。

c. 车外温度传感器的特性

车外温度传感器都采用负温度变化系数的热敏电阻，也就是电阻随着温度的增大阻值会减少；随着温度的减小阻值会增加。

③太阳能（阳光）传感器

a. 结构（见图6-43）

此太阳能传感器使用一光敏二极管，并安装在仪表盘板的上部。它检测阳光的强度。

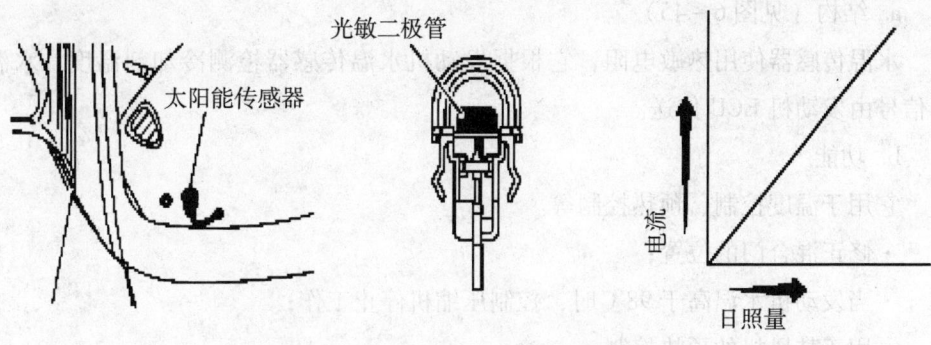

图 6 – 43　太阳能（阳光）传感器

b. 功能

它检测阳光的强度，即用它来控制由阳光波动引起内部温度的波动，修正鼓风机的转速，进风门、混合门及送风门的位置。

④蒸发器温度传感器

a. 结构（见图 6 – 44）

蒸发器温度传感器使用热敏电阻，并安装在蒸发器上。它检测经过蒸发器的空气温度（蒸发器的表面温度）。

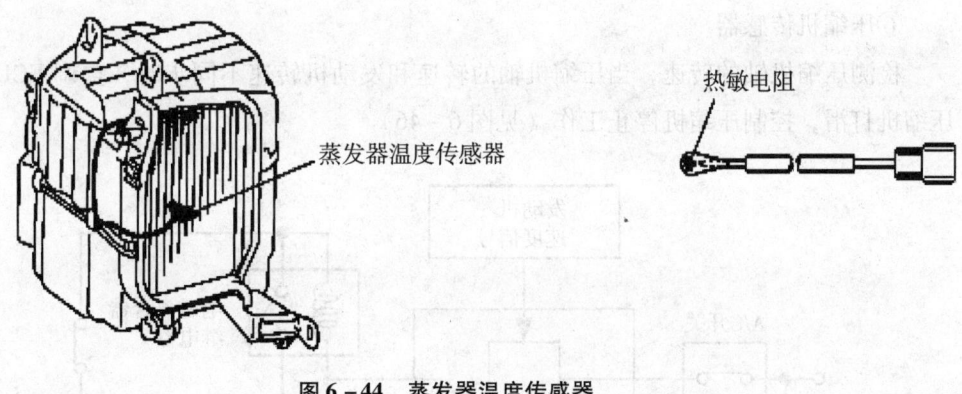

图 6 – 44　蒸发器温度传感器

b. 功能

它用于防冻、气流的温度和延时气流控制。

·修正混合门的位置；

·当蒸发器表面温度低于1℃时，控制压缩机停止工作；

·用于鼓风机的时滞控制。

⑤水温传感器

a. 结构（见图 6-45）

水温传感器使用热敏电阻，它根据发动机水温传感器检测冷却剂温度。水温传感器信号由发动机 ECU 传送。

b. 功能

它用于温度控制、预热控制等。

· 修正混合门的位置；

· 当发动机水温高于 98℃时，控制压缩机停止工作；

· 用于鼓风机的预热控制。

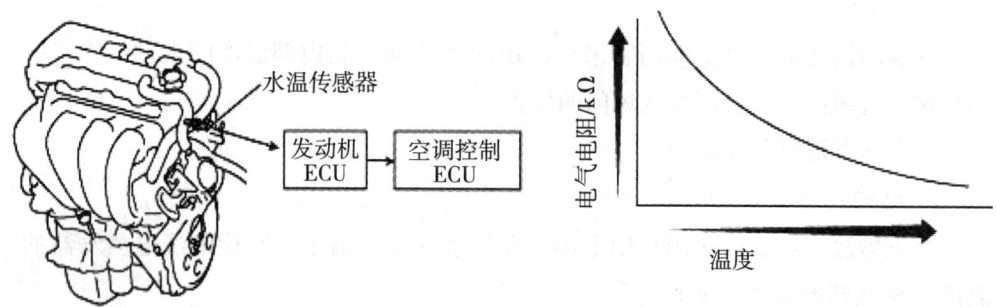

图 6-45　水温传感器

⑥压缩机传感器

检测压缩机轴的转速，当压缩机轴的转速和发动机转速不同步时，空调 ECU 判断压缩机打滑，控制压缩机停止工作（见图 6-46）。

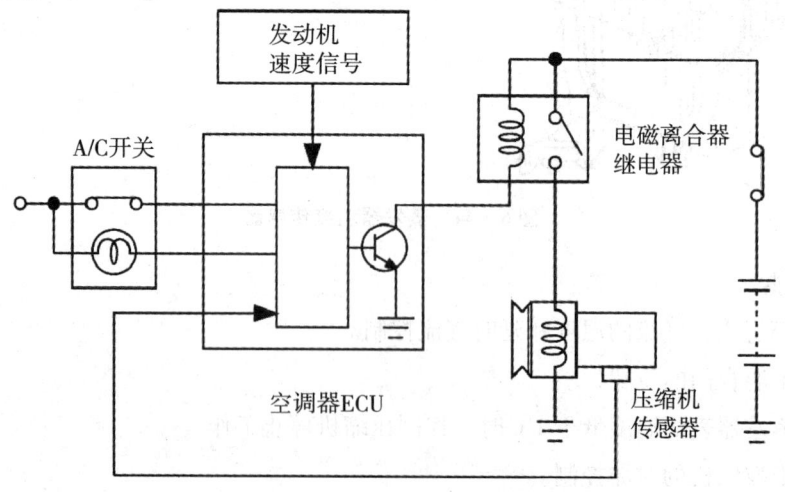

图 6-46　压缩机传感器位置

⑦风道传感器

风道传感器使用热敏电阻并安装在侧记录器内部，它检测吹向侧记录器的气流的温度，并精密地控制各气流的温度（见图6－47）。

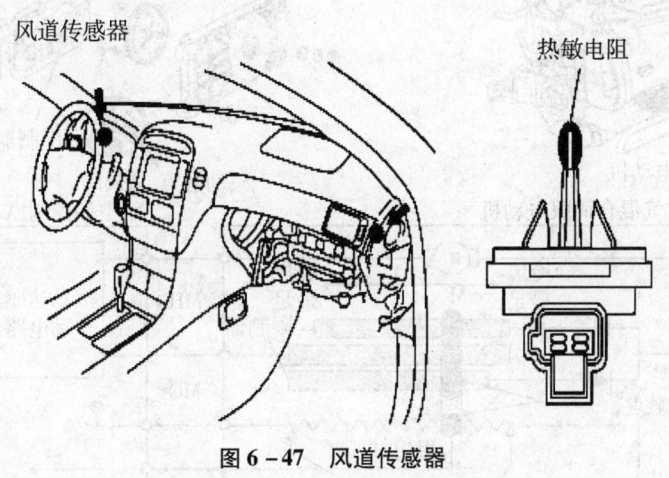

图6－47 风道传感器

⑧烟雾通风传感器

烟雾通风传感器安装在车辆前面部分，检测CO（一氧化碳）、HC（碳氢化合物）、和NO_x（氮氧化物）的含量，以便在FRESH（新鲜空气）和RECIRC（循环空气）之间切换（见图6－48）。

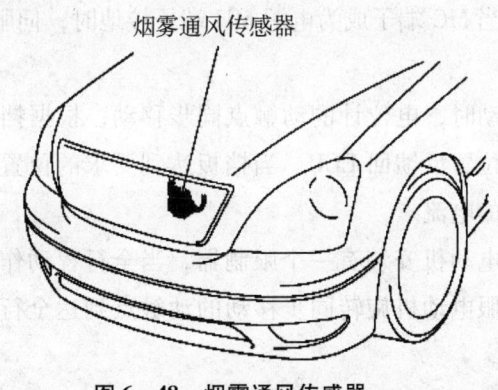

图6－48 烟雾通风传感器

（4）自动空调执行器的安装位置和作用

伺服电动机

a. 空气混合伺服电动机

（a）结构

如图 6-49 所示，空气混合伺服电动机包括马达、限制器、电位计和动触点等，它由 ECU 来的信号启动。

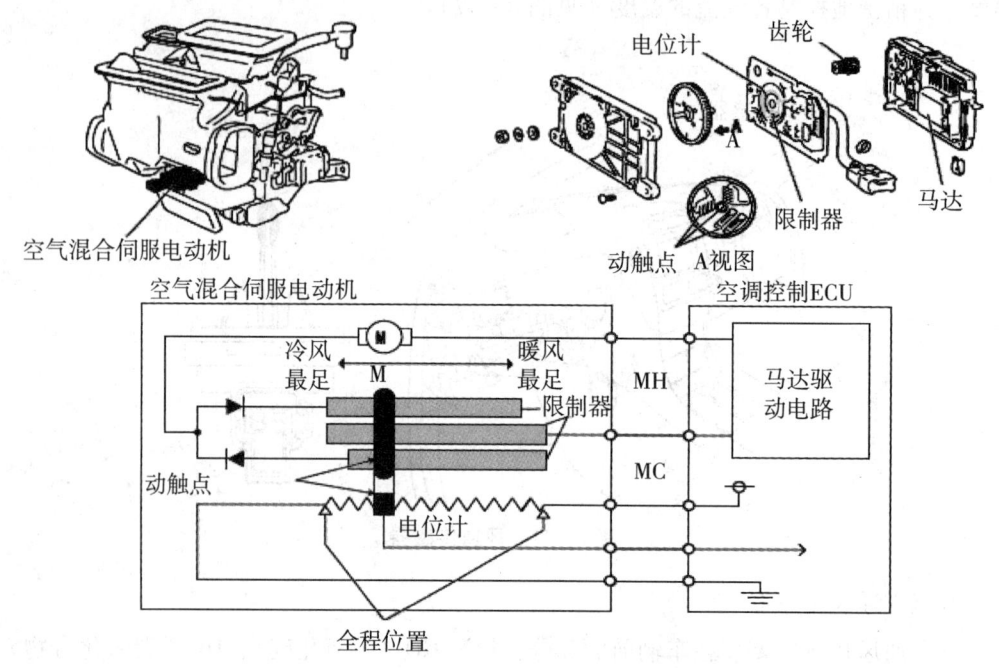

图 6-49　空气混合伺服电动机及电路

（b）工作原理

·当空气混合挡板被移到 HOT 位时，MH 端子为电源，MC 端子接地，伺服电动机开始动作进行调整。当 MC 端子成为电源 MH 端子接地时，伺服电动机反向旋转将混合挡板移到 COOL 位。

·伺服电动机转动时，电位计的动触点同步移动，根据挡板的位置产生一个电信号，并将挡板的实际位置反馈回 ECU。当挡板达到要求的位置时，空气混合伺服电动机断开到伺服电动机的电流。

·空气混合伺服电动机安装有一个限制器，当全行程动作被触发时，它将断开到马达的电流。当与伺服电动机旋转同步移动的动触点到达全行程位置时，电路被开路使马达停止工作。

b. 空气进口伺服电动机

（a）结构

如图 6-50 所示，空气进口伺服电动机包括电动机、齿轮、移动盘等。

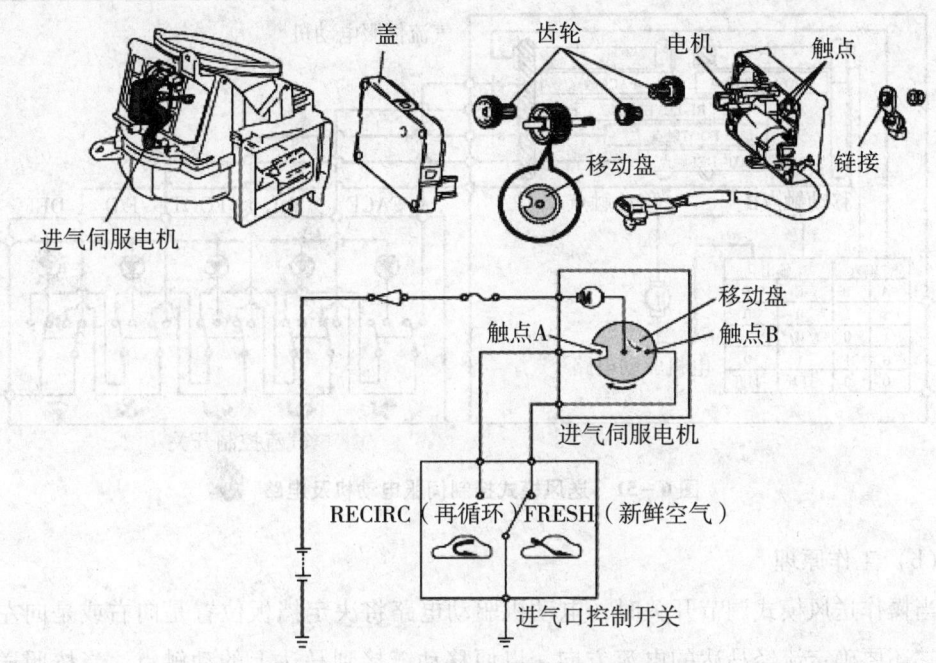

图 6 – 50 空气进口伺服电动机及电路

（b）工作原理

·按进气调节开关将启动伺服电动机，允许电流到马达并转动进气口挡板。

·当挡板变换成 FRESH 或 RECIRC 位置时，与马达连接的移动盘被释放，并且电路开路，以便停下马达。

c. 送风模式控制伺服电动机

（a）结构

如图 6 – 51 所示，送风模式控制伺服电动机包括马达、动触点、电路板、电动机驱动电路等。

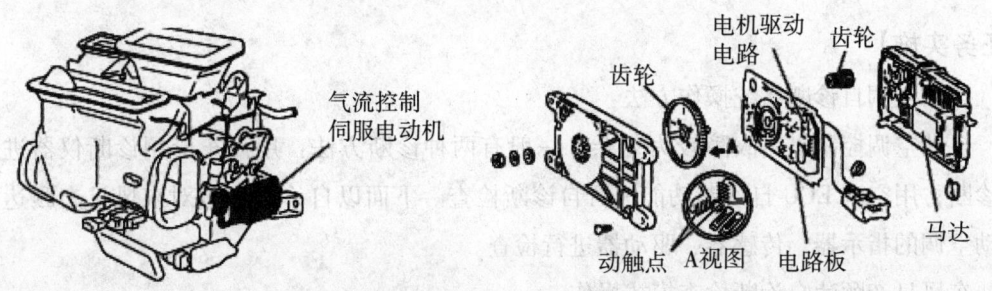

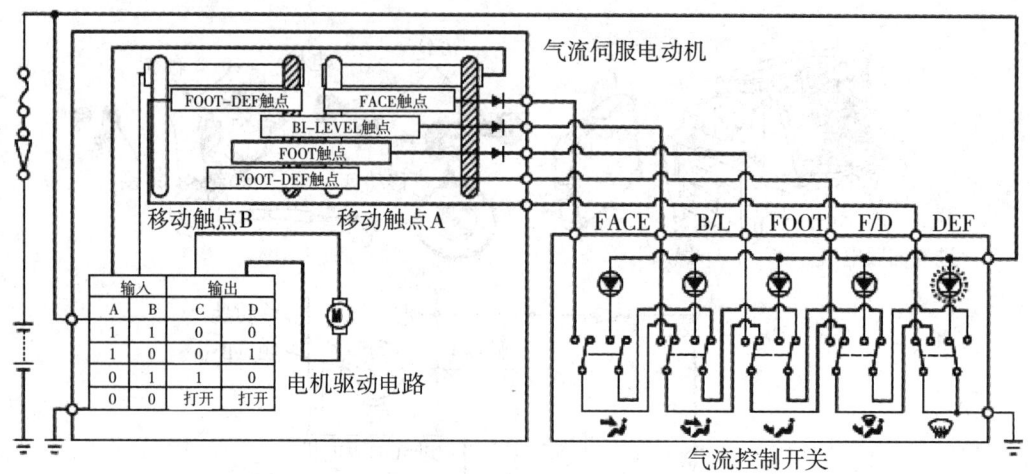

图 6-51　送风模式控制伺服电动机及电路

（b）工作原理

当操作送风模式调节开关时，电动机驱动电路将决定挡板位置是向右或是向左移动；它还要确定流经马达的电流方向，以便移动链接到马达上的动触点。当按照送风模式调节开关的位置将动触点移动到位时，与电路板的接触将被释放，电路开路，马达停止工作。

提示：

· 当送风模式调节开关从 FACE 移到 DFF 时，当送风模式调节开关 FACE 调到 DFF 时，输入 A 是 1（因为电路开路），输入 B 是 0（因为接地回路接通）。因此，输出 D 是 1，输出 C 是 0，电流从 D 到 C 流经马达。当马达开始转动且动触点 B 脱开与 DFF 的接触时，由于电路被开路，输入 B 将是 1。结果，输出 C 和 D 两者均为 0，到马达的电流被切断，马达停止工作。

【任务实施】

自动空调自诊断系统操作方法

自动空调控制电路故障较为复杂，一般有两种诊断方法：用汽车专用诊断仪器进行诊断；用空调 ECU 自诊断功能进行自诊断检查。下面以自诊断为例对东风日产颐达自动空调的指示器、传感器、驱动器进行检查。

东风日产颐达自诊断检查模式操作：

· 启动发动机（将点火开关转至"ON"）并按下"OFF"开关至少 5 秒钟，就可以完成从正常控制到自诊断系统的转换。

·在启动发动机（将点火开关转至"ON"位置）后的10秒钟内，必须按下"OFF"开关。按下自动开关或将点火开关转至"OFF"位置，都会取消自诊断功能。根据需要，可通过按动温度控制开关从一步进入另一步。

·另外，通过按下（风扇）开关（UP），可以从传感器检查转至辅助机构。

颐达自动空调自诊断检查模式操作方法如下图所示，按照所示步骤操作空调控制开关，就能进入或退出自诊断模式。

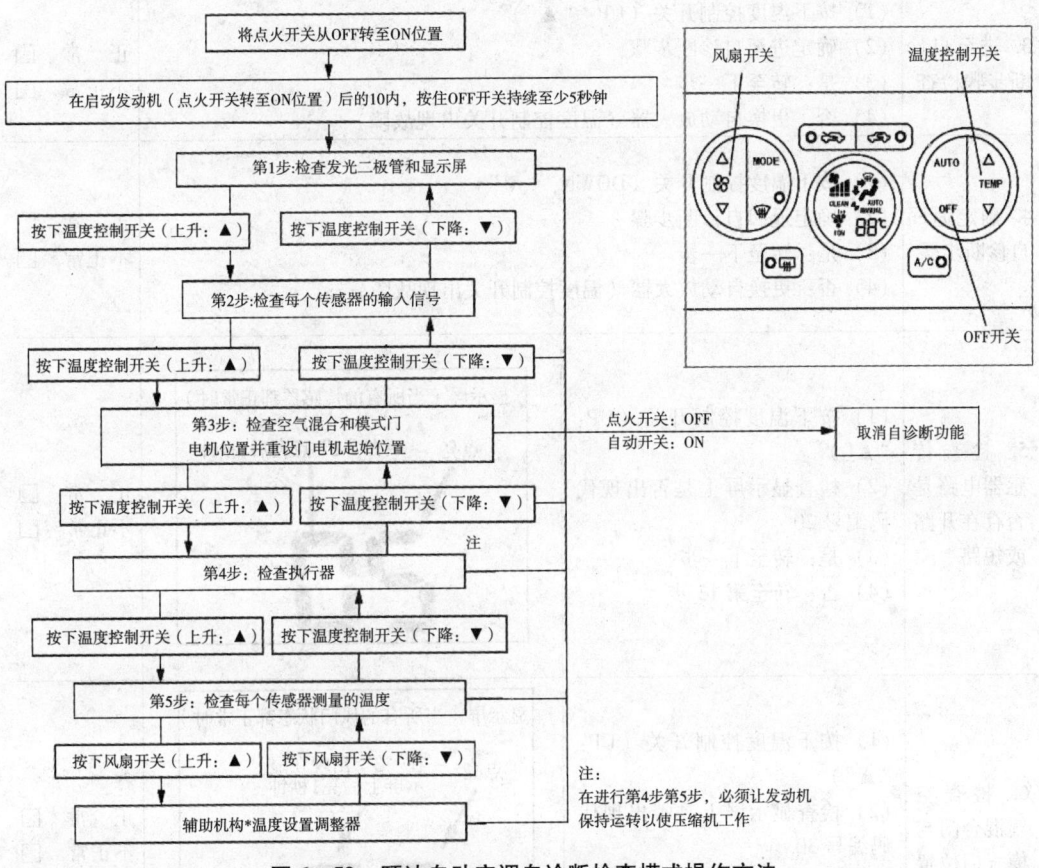

图 6-52　颐达自动空调自诊断检查模式操作方法

1. 自动空调功能检查如表6-2所示。

表6-2　　　　　　　　　　　自动空调功能检查作业表

作业项目	操作步骤及操作要领图示	操作记录
1. 设置为自诊断模式	（1）将点火开关转至"ON"位置 （2）按以下方法设置自诊断模式。在启动发动机（将点火开关转至"ON"位置）后的10秒钟内，按住"OFF"开关至少5秒钟	正　常　☐ 不正常　☐

作业项目	操作步骤及操作要领图示	操作记录
2. 检查 LED 和显示	（1）检查显示屏（1）与 LED 是否正常 （2）正常：转至下一步 （3）异常："OFF"开关或自动放大器故障。转至第 24 步 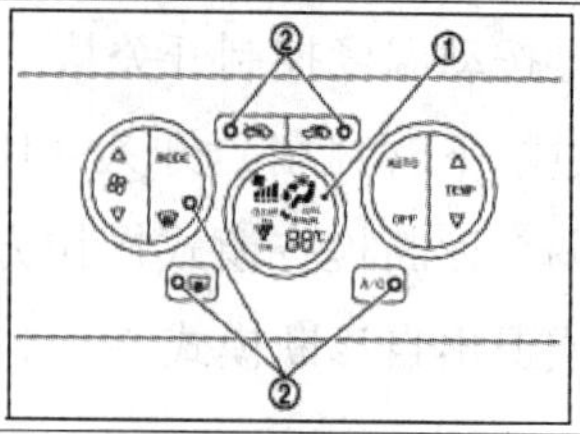	正 常 □ 不正常 □
3. 进至自诊断步骤检查	（1）按下温度控制开关（UP："▲"） （2）确定进至自诊断步骤 （3）是：转至下一步 （4）否：更换自动放大器（温度控制开关出现故障）	正 常 □ 不正常 □
4. 确定返回自诊断步骤	（1）按下温度控制开关（DOWN："▼"） （2）确定返回自诊断步骤 （3）是：转至下一步 （4）否：更换自动放大器（温度控制开关出现故障）	正 常 □ 不正常 □
5. 检查传感器电路是否存在开路或短路	（1）按下温度控制开关（UP："▲"） （2）检查显示屏上是否出现代码编号 20 （3）是：转至下一步 （4）否：转至第 13 步 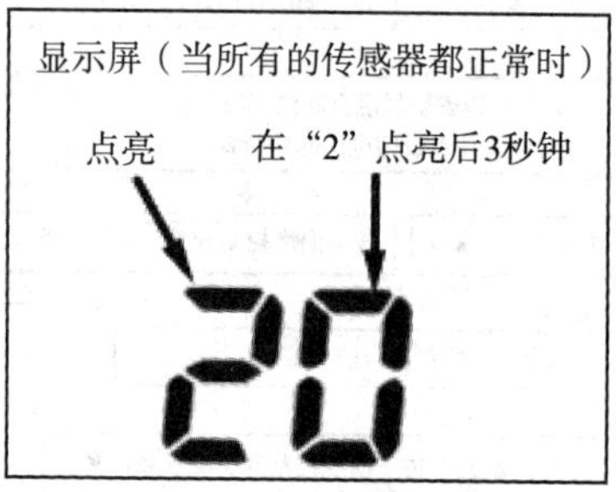 显示屏（当所有的传感器都正常时） 点亮　　在"2"点亮后3秒钟	正 常 □ 不正常 □
6. 检查空气混合门与模式门位置	（1）按下温度控制开关（UP："▲"） （2）检查显示屏上是否出现代码编号 30 （3）是：转至下一步 （4）否：转至第 14 步 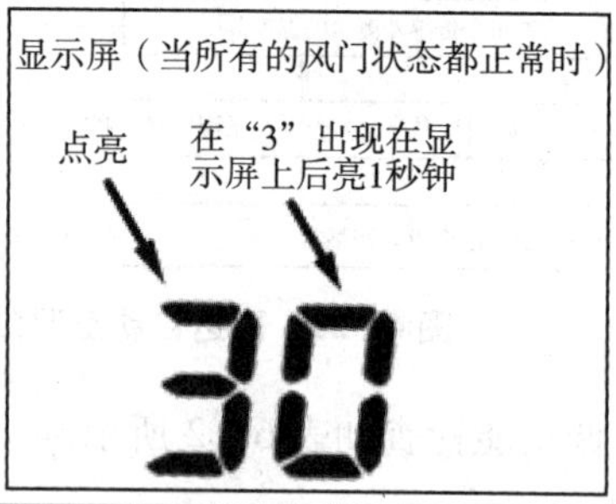 显示屏（当所有的风门状态都正常时） 点亮　　在"3"出现在显示屏上后亮1秒钟	正 常 □ 不正常 □
7. 检查每个门电机的工作情况	（1）按下温度控制开关（UP："▲"） （2）按下  (DEF) 开关。每个门电机的测试代码编号显示在显示屏上 （3）转至下一步 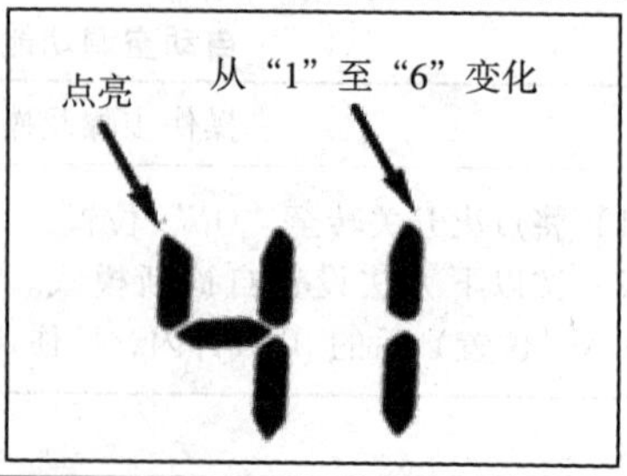 点亮　　从"1"至"6"变化	正 常 □ 不正常 □

作业项目	操作步骤及操作要领图示	操作记录
8. 检查执行器	（1）请参阅右边的图表，确定排出气流、空气温度、鼓风机电机电压、压缩机、离子发生器以及指示器（ION模式）的工作情况 （2）在检查时，必须用目视、听声、用手感受出风口气流等多种方法，以便查找出异常的工作情况 （3）正常：转至下一步 （4）异常： ·出风口没有变化。转至模式门电机电路检查 ·进气门没有变化。转至27步进气门电机电路 ·鼓风机电机工作出现故障。转至鼓风机电机电路检查 ·电磁离合器不能接合。转至电磁离合器电路检查 ·排出的气体温度没有变化。转至空气混合门电机电路检查 ·离子发生器故障。转至离子发生器电路检查 ·指示器（ION模式）没有变化。更换自动放大器 **空气排出流量** 	模式门位置	通风口	底部	除霜器
---	---	---	---
	100%	—	—
	60%	40%	—
	16%	72%	12%
	16%	60%	24%
	16%	—	84% | | 代码编号	41	42	43	44	45	46
---	---	---	---	---	---	---
模式门位置	通风口	B/L 1	B/L 2	脚部	D/F	DEF
进气门位置	REC	REC	20% FRE	80% FRE	FRE	FRE
空气混合门位置	强冷	强冷	50%	50%	强热	强热
鼓风机电机电压	5V	10.5V	8.5V	8.5V	8.5V	蓄电池电压
压缩机	ON	ON	ON	OFF	OFF	ON
FAN ON信号	12V	12V	12V	1V	1V	12V
离子发生器	ON	ON	ON	ON	ON	OFF
指示器（ION模式）	ION	ION	CLEAN	CLEAN	ION	OFF		正常 □ 不正常 □
9. 检查每个传感器的温度	（1）按下温度控制开关（UP："▲"） （2）显示屏上显出代码编号5 （3）下一步	正常 □ 不正常 □
10. 检查环境温度传感器	（1）按下"DEF"开关一次。显示屏上将出现环境温度传感器检测到的温度。 注：如果显示屏上的温度和实际温度有很大差异，首先检查传感器电路，接着检查传感器。 （2）正常：转至下一步 （3）异常：转至传感器电路检查（环境温度传感器电路） 环境温度传感器检测到的温度 30°C AUTO 表示负的温度读数	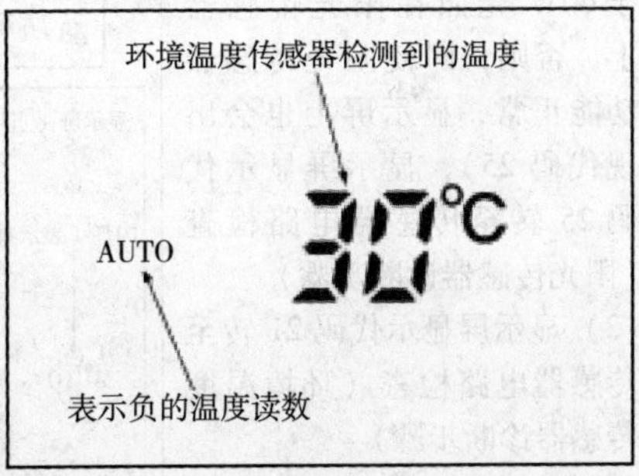 正常 □ 不正常 □

作业项目	操作步骤及操作要领图示	操作记录
11. 检查车内传感器	（1）第二次按下（DEF）开关。显示屏上将出现车内传感器检测到的温度 注：如果显示屏上的温度和实际温度有很大差异，首先检查传感器电路，接着检查传感器 （2）正常：转至下一步 （3）异常：转至传感器电路检查（车内传感器电路）	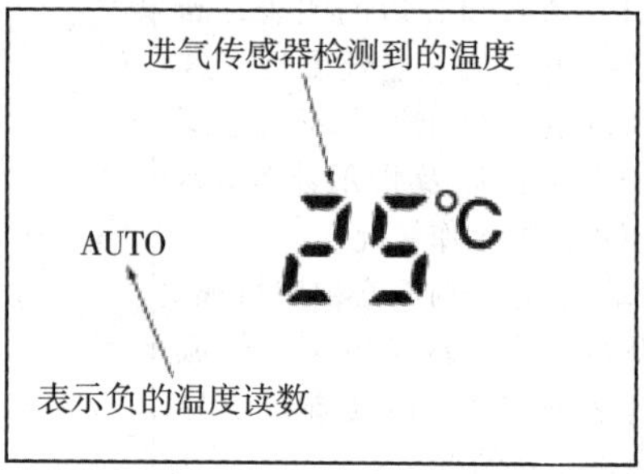 进气传感器检测到的温度 AUTO　25℃ 表示负的温度读数	正　常　□ 不正常　□
12. 检查进气传感器	（1）第三次按下"DEF"开关。显示屏将显示进气传感器检测到的温度 注：如果显示屏上的温度和实际温度有很大差异，首先检查传感器电路，接着检查传感器 （2）正常：将点火开关转至"OFF"位置或将"AUTO"开关转至"ON"位置，检测结束 （3）异常：转至传感器电路检查（进气传感器电路）	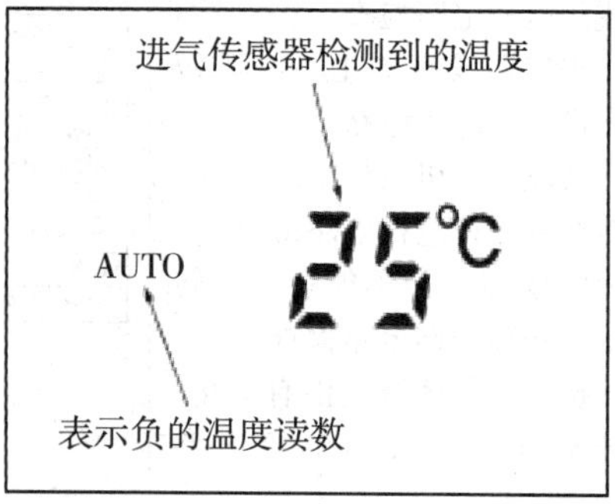 进气传感器检测到的温度 AUTO　25℃ 表示负的温度读数	正　常　□ 不正常　□
13. 检查故障传感器	（1）请参阅右表所列出的故障代码编号。（如果两个或两个以上传感器出现故障，相应代码编号分别闪烁两次） （2）在阳光照射下进行自诊步骤—检查故障传感器（在室内进行诊断时，将一束大于60W光照在阳光传感器上，否则，即使阳光传感器功能正常，显示屏上也会出现代码25），显示屏显示代码25转至传感器电路检查（阳光传感器诊断步骤） （3）显示屏显示代码21转至传感器电路检查（环境温度传感器诊断步骤）		正　常　□ 不正常　□

代码故障表：

代码编号	有故障的传感器（包括电路）
21 / AUTO 21	环境温度传感器
22 / AUTO 22	车内传感器
24 / AUTO 24	进气传感器
25 / AUTO 25	日照传感器 *1
26 / AUTO 26	进气门电机 PBR
28 / AUTO 28	气体传感器

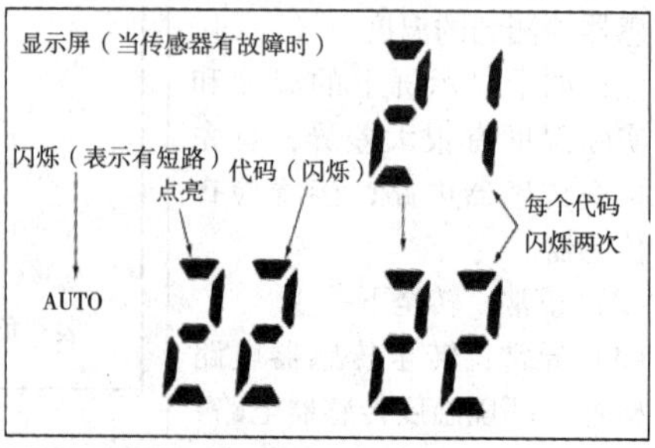

显示屏（当传感器有故障时）
闪烁（表示有短路）
点亮
代码（闪烁）
每个代码闪烁两次
AUTO

续 表

<table>
<tr><th>作业项目</th><th>操作步骤及操作要领图示</th><th></th><th>操作记录</th></tr>
<tr><td>13. 检查故障传感器</td><td>（4）显示屏显示代码 22 转至传感器电路检查（车内传感器诊断步骤）
（5）显示屏显示代码 24 转至传感器电路检查（进气传感器诊断步骤）
（6）显示屏显示代码 26 转至 27 步进气门电机诊断步骤
（7）显示屏显示代码 28 转至传感器电路检查（气体传感器电路）</td><td></td><td></td></tr>
<tr><td>14. 检查有故障的门电机位置开关</td><td>空气混合门或模式门电机故障
（1）与 DTC 对应的门电机故障代码
（2）不起作用的线束的 DTC 故障代码
如果有两个或两个以上的空气混合门或模式门工作不正常，则相应的代码编号分别闪烁两次
（3）如果空气混合门电机线束接头断开，则按下面的方式显示
31→32→33→34→返回 31
（4）如果模式门电机线束接头断开，则按下面的方式显示
35→36→37→38→返回 35
（5）显示屏显示代码 31、32、33、34 转至第 26 步空气混合门电机电路
（6）显示屏显示代码 35、36、37、38 转至模式门电机电路
注：·如果每个门电机的四个端口都显示开路，则可能是接头断开，或者执行器驱动电源线束开路
·如果门电机的端口与驱动信号之间的线束出现短路，尽管自诊断无法检测到这个故障，门电机在工作时会振动。门电机起始位置重置</td><td>
<table>
<tr><th>代码</th><th>31、32、33、34</th><th>35、36、37、38</th></tr>
<tr><td>对应的门电机</td><td>空气混合门</td><td>模式门</td></tr>
</table>
<table>
<tr><th>对应的门电机</th><th colspan="4">空气混合门电机</th><th colspan="4">模式门电机</th></tr>
<tr><td>对应的端口（门电机侧）</td><td>3</td><td>4</td><td>1</td><td>6</td><td>3</td><td>4</td><td>1</td><td>6</td></tr>
<tr><td>对应的端口（自动放大器侧）</td><td>19</td><td>22</td><td>21</td><td>20</td><td>23</td><td>26</td><td>25</td><td>24</td></tr>
<tr><td>短路的代码编号</td><td>AUTO 31</td><td>AUTO 32</td><td>AUTO 33</td><td>AUTO 34</td><td>AUTO 35</td><td>AUTO 36</td><td>AUTO 37</td><td>AUTO 38</td></tr>
<tr><td>开路的代码编号</td><td>31</td><td>32</td><td>33</td><td>34</td><td>35</td><td>36</td><td>37</td><td>38</td></tr>
</table>
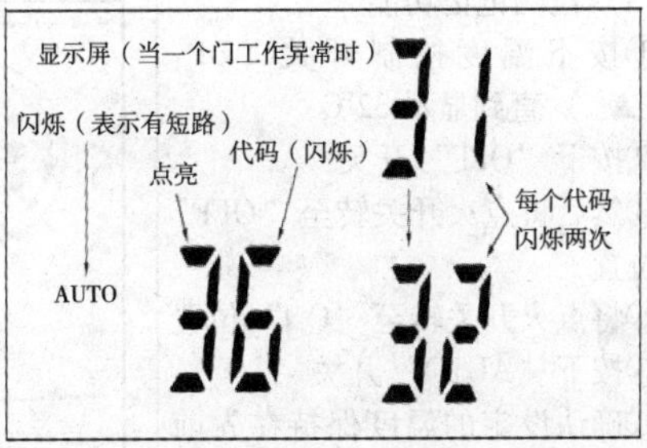

</td><td>正 常 □
不正常 □</td></tr>
</table>

作业项目	操作步骤及操作要领图示	操作记录
14. 检查有故障的门电机位置开关	·在自诊步骤3中按下"DEF"开关，将向空气混合门和模式门电机发送重置信号，以将它们重置到起始位置 ·在重置期间：30 以及"DEF"开关 LED 将闪烁（约9秒钟） 	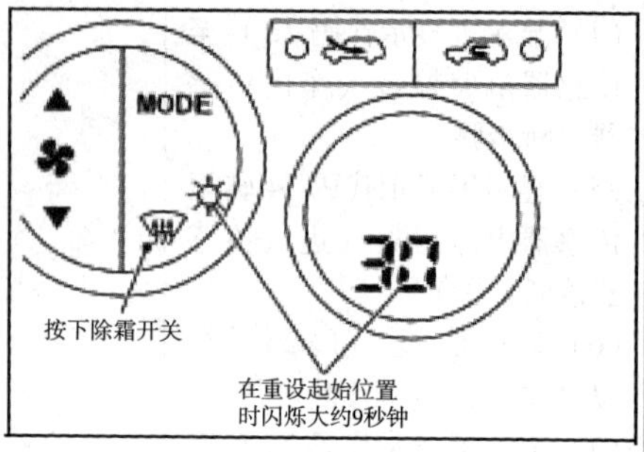
15. 辅助机构：温度设定调整器的操作	（1）开始自诊断步骤5模式 （2）按下风扇开关（UP："▲"）在辅助模式中设置系统 （3）在辅助机构中显示温度（℃） （4）根据需要按下温度控制开关。每按一次开关，温度将变化1℃ （5）断开蓄电池电缆或蓄电池电压等于 9.0V 或更低时，调整器的操作将被取消。设置温度回到初始状态，如 0℃ 	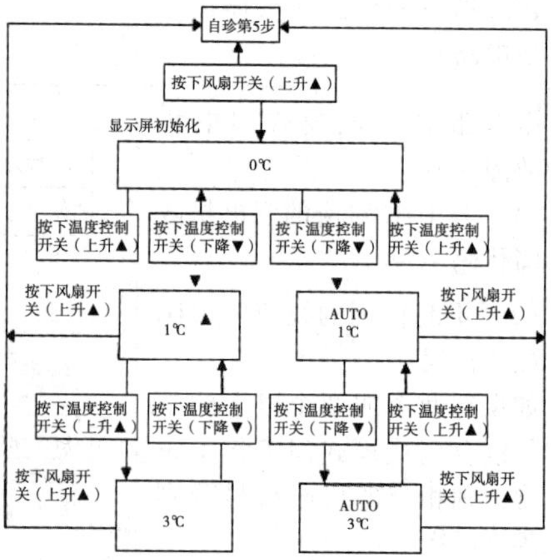 正　常　□ 不正常　□
16. 工作情况检查	（1）检查工作情况的目的是为了确认系统工作正常 （2）条件：发动机在正常的工作温度下运转 （3）检测记忆功能 ①按下温度控制开关（UP："▲"）直到显示32℃ ②按下"OFF"开关 ③然后将点火开关转至"OFF"位置 ④将点火开关转至"ON"位置 ⑤按下"AUTO"开关 ⑥确认设定的温度保持在先前的温度 ⑦按下"OFF"开关 ·如果异常，转至记忆功能检查 ·如果正常，转至下一步 	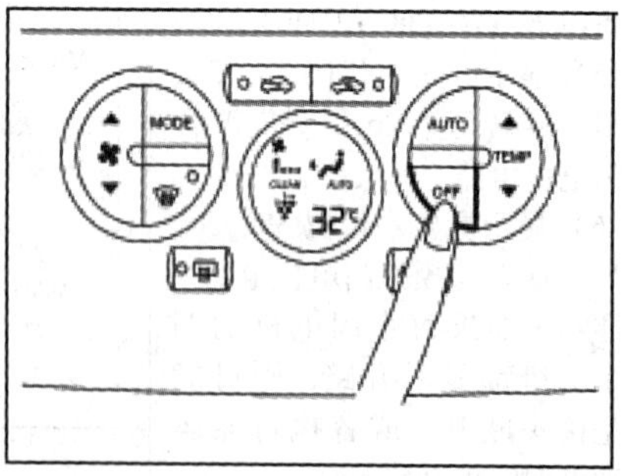 正　常　□ 不正常　□

作业项目	操作步骤及操作要领图示	操作记录
17. 检查鼓风机	（1）按下风扇开关（UP："▲"）。鼓风机应该以低速运转。风扇标志上应该有一个叶片点亮 （2）再次按下风扇开关（UP："▲"），并继续检查鼓风机的转速及风扇标志，直至检查完所有的转速 （3）保持鼓风机以最高转速运转 ·如果异常，转至鼓风机电机电路检查 ·如果正常，转至下一步	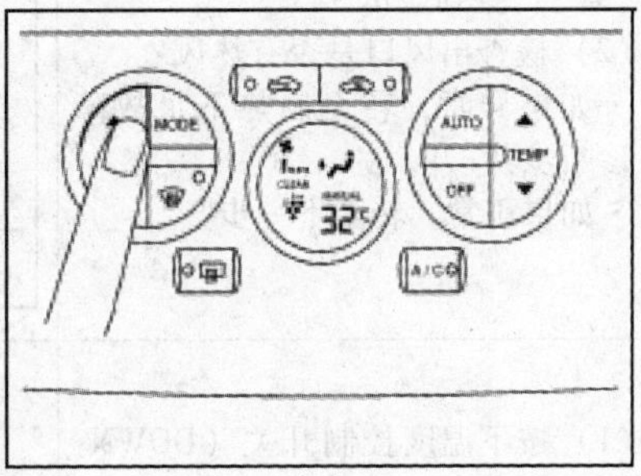 正 常 □ 不正常 □
18. 检查出风情况	（1）按下"MODE"开关和"DEF"开关 （2）每个位置指示器应该改变形状 （3）确定排出的气体符合空气分配表 ·如果异常，转至模式门电机电路检查 ·如果正常，转至下一步	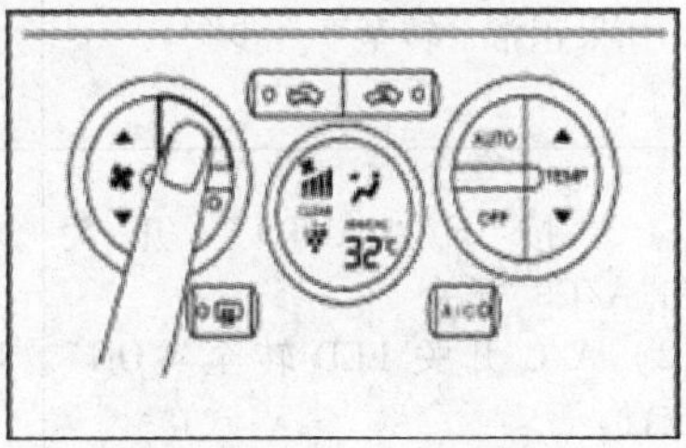 正 常 □ 不正常 □
19. 检查再循环	（1）按下再循环（REC）开关一次再循环 LED 点亮 （2）按下新鲜空气（FREF）开关一次新鲜空气 LED 点亮 （3）倾听进气门位置的变化（会听到鼓风机声音的轻微变化） ·如果异常，转至 2 进气门电机电路检查 ·如果正常，转至下一步	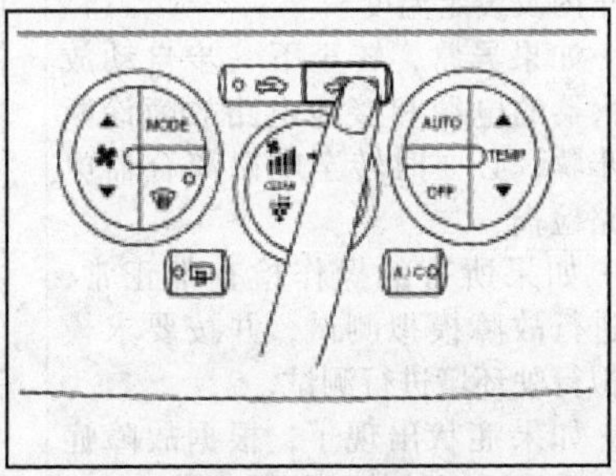 正 常 □ 不正常 □

空气排出流量

模式门位置	空气排出/分配		
	通风口	底部	除霜器
	100%	–	–
	60%	40%	–
	16%	72%	12%
	16%	60%	24%
	16%	–	84%

作业项目	操作步骤及操作要领图示	操作记录
20. 检查温度上升	（1）按下温度控制开关（UP："▲"）直到显示 32℃ （2）检查出风口是否有热风 ·如果异常，转至制热不足故障诊断步骤 ·如果正常，转至下一步	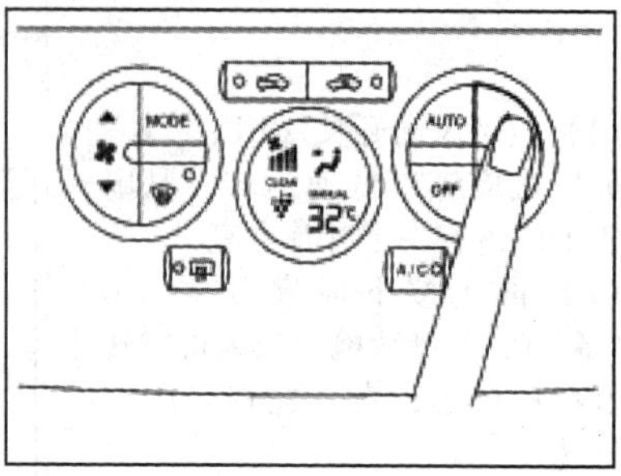 正　常　□ 不正常　□
21. 检查温度下降	（1）按下温度控制开关（DOWN："▼"）直到显示 18℃ （2）检查出风口是否有冷气 ·如果异常，转至制冷不足故障诊断步骤 ·如果正常，转至下一步	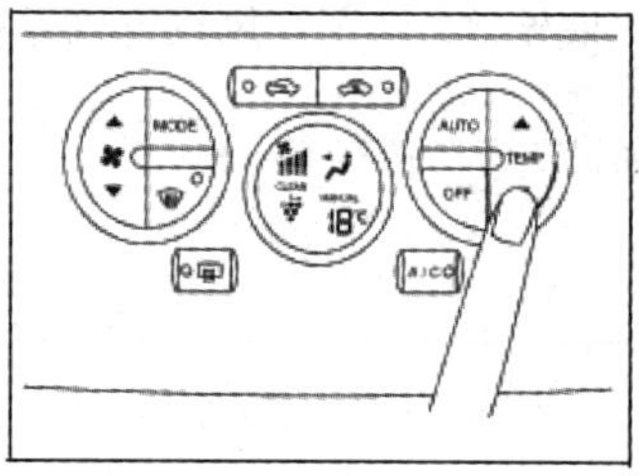 正　常　□ 不正常　□
22. 检查A/C 开关	（1）按下"AUTO"开关和"A/C"开关 （2）A/C 开关 LED 转至"ON"位置 ·确定压缩机离合器接合（听离合器接合声或目视检查） ·如果异常，转至电磁离合器电路检查 ·如果正常，转至下一步	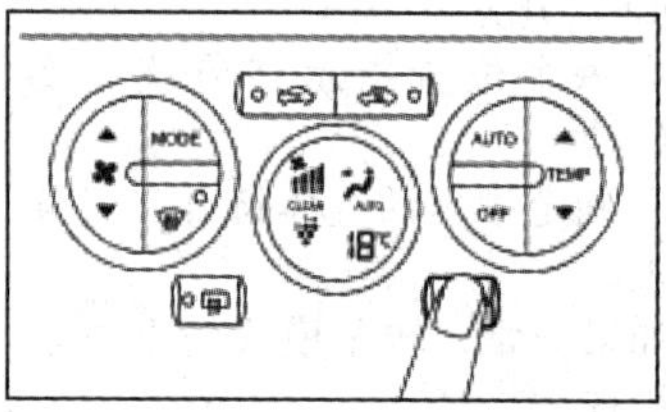 正　常　□ 不正常　□
23. 检查自动模式	（1）按下"AUTO"开关。 （2）显示屏应显示"AUTO"确认出风和鼓风机转速取决于环境、车内及设定温度 ·如果异常，转至下一步自动放大器的电源和接地电路故障诊断步骤，必要时转至电磁离合器电路检查 ·如果所有的操作检查都正常，进行故障模拟测试，并按要求模拟行驶环境进行测试 ·如果症状出现了，根据故障症状采取适当的故障诊断步骤	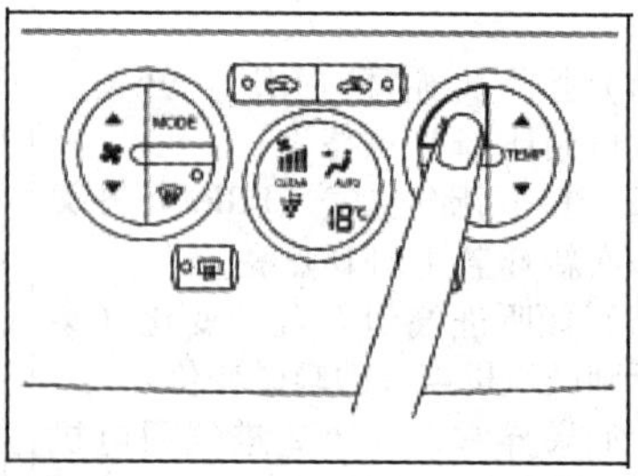 正　常　□ 不正常　□

作业项目	操作步骤及操作要领图示	操作记录
24. 检查自动放大器的电路	检查自动放大器的电源电路 （1）将点火开关转至"OFF"位置 （2）断开自动放大器接头 （3）检查自动放大器线束接头和接地之间的电压 　·正常：转至下一步 　·异常：检查保险丝 ·如果保险丝正常，检查线束是否开路。必要时进行修理或更换 ·如果保险丝异常，更换保险丝并检查线束是否短路。必要时修理或更换 正常：蓄电池电压	正常　□ 不正常　□
	检查自动放大器的接地电路 （1）将点火开关转至"OFF"位置 （2）检查自动放大器线束接头和接地之间的导通性 正常：更换自动放大器 异常：修理或更换线束 正常：导通	正常　□ 不正常　□

2. 模式门电机电路检查

（1）症状：

·出风口没有变化。

·模式门电机工作不正常。

（2）检查流程：

①进行以下操作以确认症状

a. 按下"MODE"开关和除霜开关

b. 每个位置的指示形状应该有变化

c. 确认空气的排出比例符合右侧的分配表（确定压缩机离合器结合（听声音或目视检查，并且在选择了 DEF 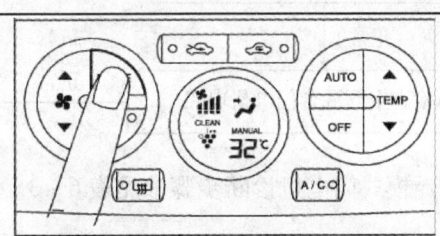 后，进气门在新鲜空气 FRESH 的位置）

如果正常（症状不能重现），进行工作情况检查，如果异常（症状被确认），进行下一步

模式门位置	空气排出/分配		
	通风	脚部	除霜
	100%	–	–
	60%	40%	–
	16%	72%	12%
	16%	60%	24%
	16%	–	84%

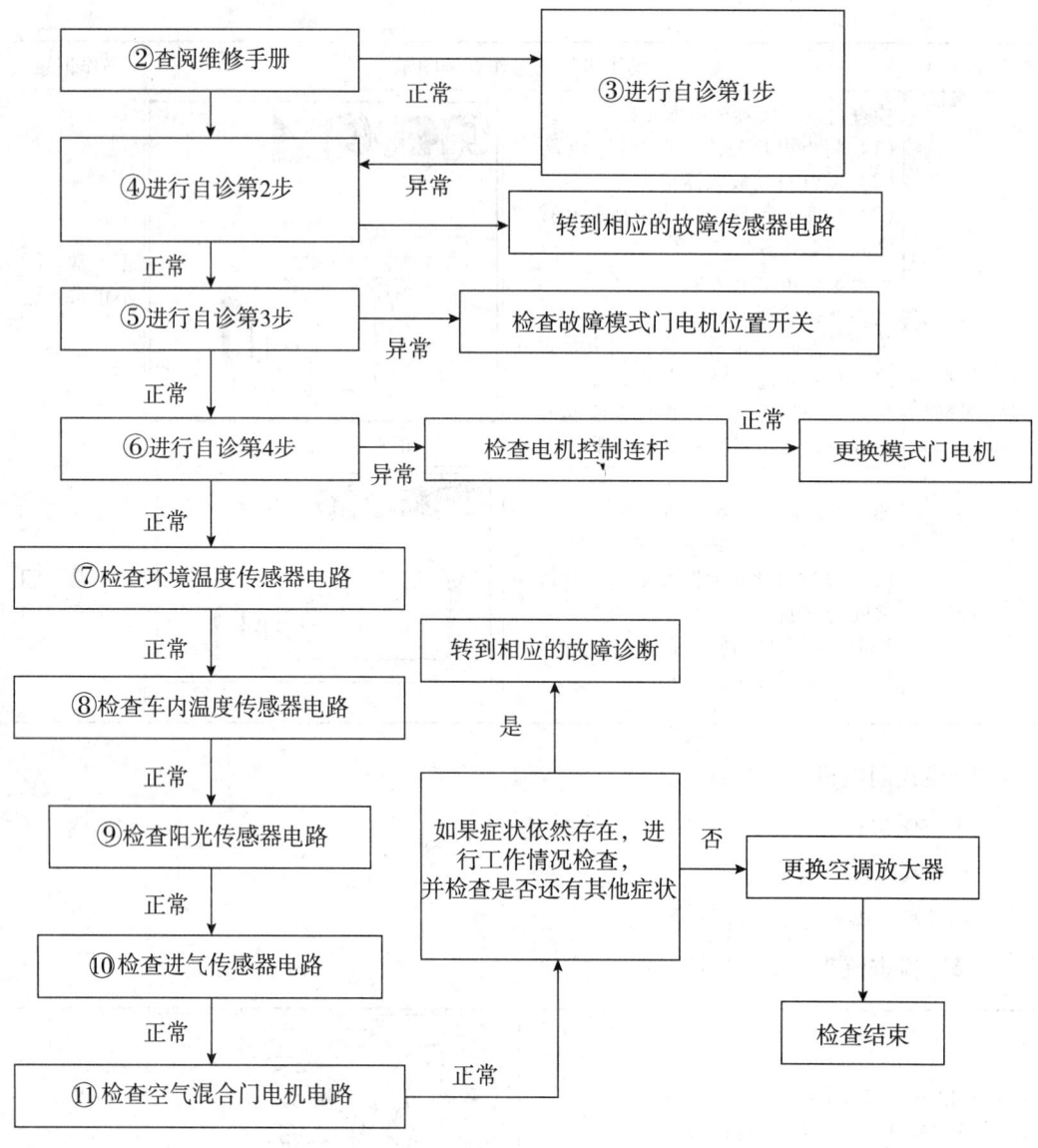

（3）模式门电机诊断步骤参见表6－3。

表6－3　　　　　　　　　　模式门电机诊断作业表

作业项目	操作步骤及操作要领图示		操作记录
检查模式门电机电路	（1）检查模式门电机 ①将点火开关转至"OFF"位置 ②断开模式门电机接头 ③检查模式门电机接头端口之间的导通性 ·正常：转至下一步 ·异常：更换模式门电机	 1, 3, 4, 6 正常：导通	正　常　□ 不正常　□

续　表

作业项目	操作步骤及操作要领图示	操作记录
检查模式门电机电路	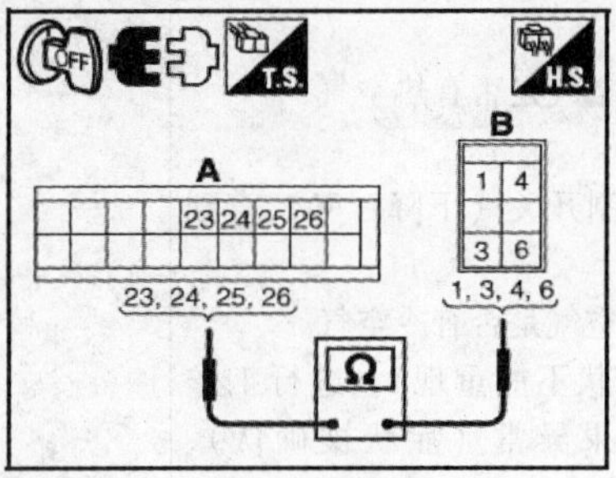 （2）检查自动放大器与模式门电机之间电路的导通性 ①断开自动放大器接头 ②检查自动放大器线束接头 A 与模式门电机线束接头 B 之间的导通性 ·正常：转至下一步 ·异常：修理线束或接头 正常：导通	正常　□ 不正常　□
	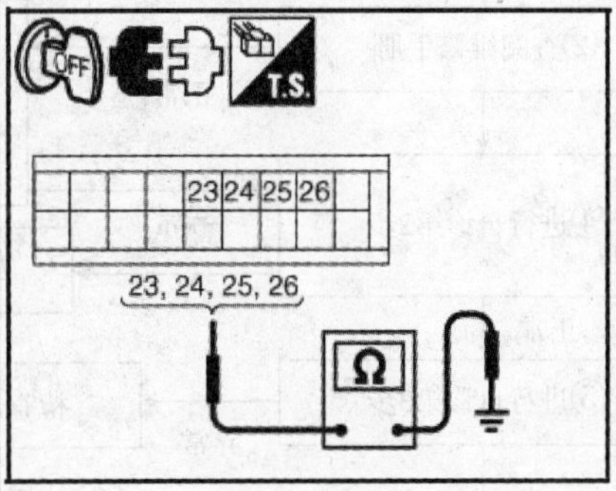 （3）检查自动放大器与接地之间的电路的导通性 检查自动放大器线束接头和接地之间的导通性 ·正常：更换自动放大器 ·异常：修理线束或接头 正常：导通	正常　□ 不正常　□

3. 空气混合门电机电路

（1）症状：

·排出的气体温度没有变化；

·空气混合门电机不工作。

（2）空气混合门控制系统元件包括：

·自动放大器

·空气混合门电机

·车内传感器

·进气传感器

·环境温度传感器

·阳光传感器

（3）检查流程：

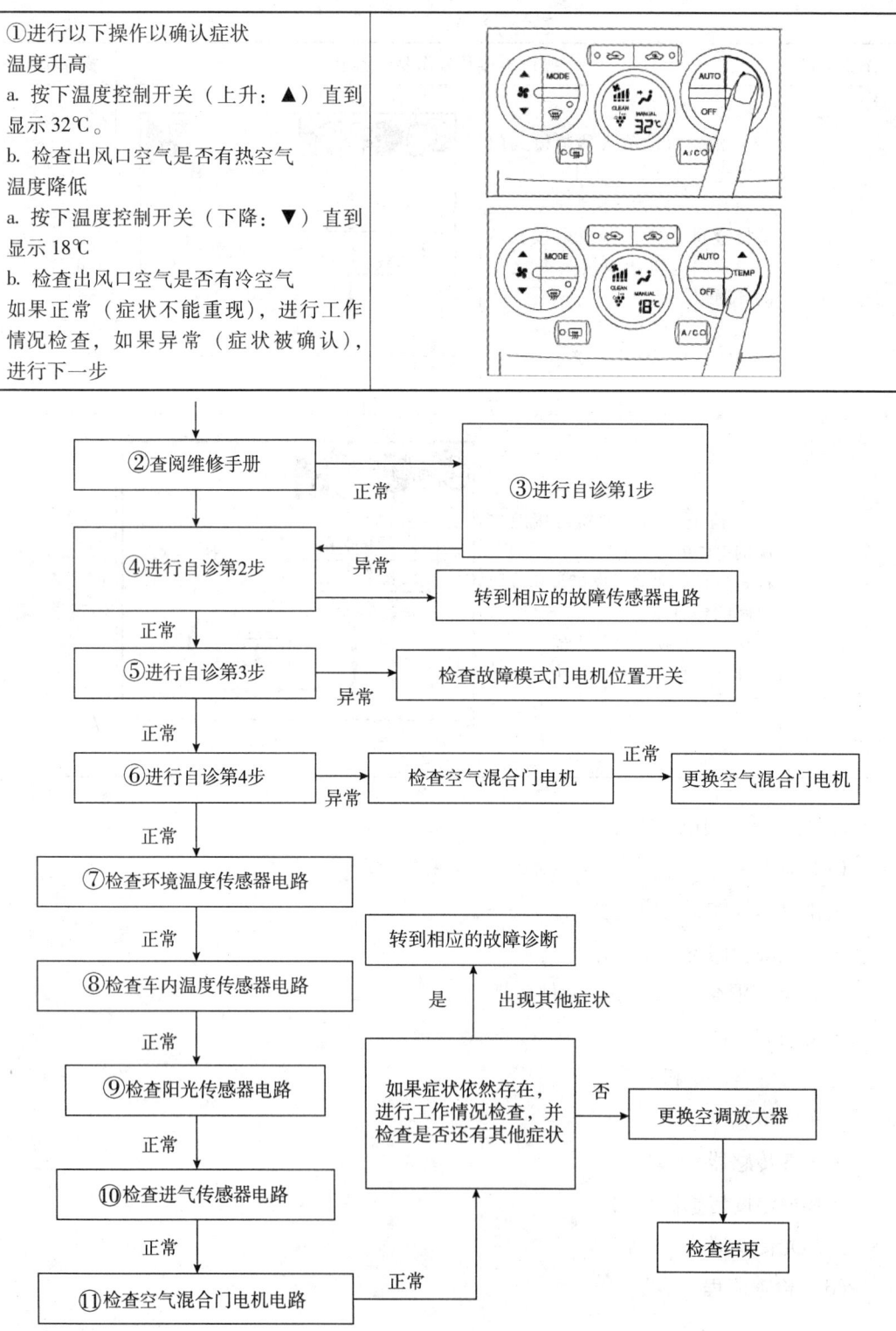

①进行以下操作以确认症状
温度升高
a. 按下温度控制开关（上升：▲）直到显示32℃。
b. 检查出风口空气是否有热空气
温度降低
a. 按下温度控制开关（下降：▼）直到显示18℃
b. 检查出风口空气是否有冷空气
如果正常（症状不能重现），进行工作情况检查，如果异常（症状被确认），进行下一步

②查阅维修手册 → 正常 → ③进行自诊第1步

④进行自诊第2步 → 异常 → 转到相应的故障传感器电路

正常

⑤进行自诊第3步 → 异常 → 检查故障模式门电机位置开关

正常

⑥进行自诊第4步 → 异常 → 检查空气混合门电机 → 正常 → 更换空气混合门电机

正常

⑦检查环境温度传感器电路

正常

⑧检查车内温度传感器电路

正常

⑨检查阳光传感器电路

正常

⑩检查进气传感器电路

正常

⑪检查空气混合门电机电路 → 正常 → 如果症状依然存在，进行工作情况检查，并检查是否还有其他症状 → 否 → 更换空调放大器

出现其他症状 ← 是 → 转到相应的故障诊断

更换空调放大器 → 检查结束

（4）空气混合门电机诊断步骤参见表6-4。

表 6-4 空气混合门电机诊断作业表

作业项目	操作步骤	操作要领图示	操作记录
空气混合门电机电路	1）检查空气混合门电机 （1）将点火开关转至"OFF"位置 （2）断开空气混合门电机接头 （3）检查空气混合门电机接头端口之间的导通性 ·正常：转至下一步 ·异常：更换空气混合门电机	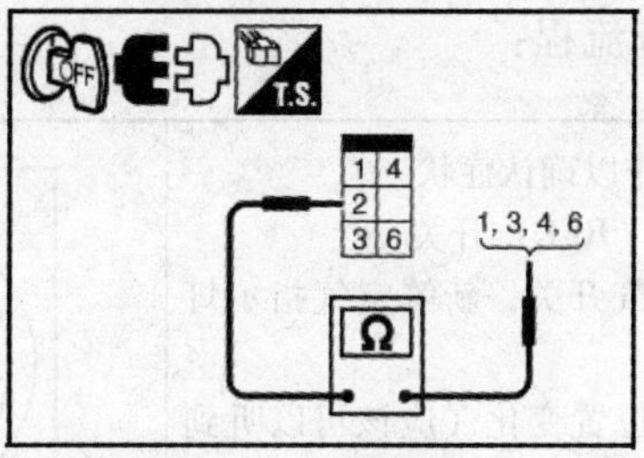 正常：导通	正常 □ 不正常 □
	2）检查自动放大器与空气混合门电机之间电路的导通性 （1）断开自动放大器接头 （2）检查自动放大器线束接头A与空气混合门电机线束接头B之间的导通性 ·正常：转至下一步 ·异常：修理线束或接头	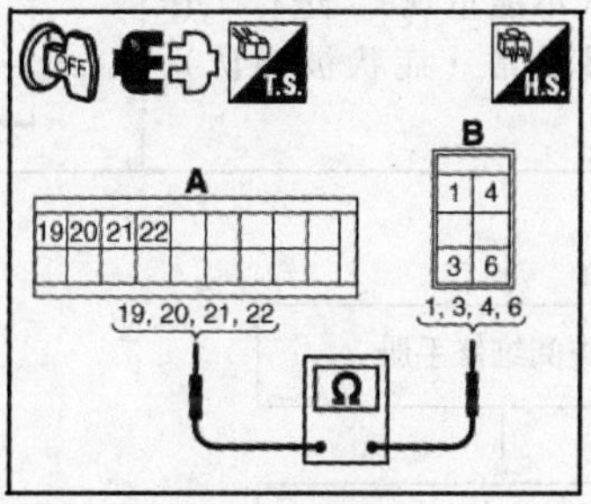 正常：导通	正常 □ 不正常 □
	3）检查自动放大器与接地之间的电路的导通性 检查自动放大器线束接头和接地之间的导通性 ·正常：更换自动放大器 ·异常：修理线束或接头	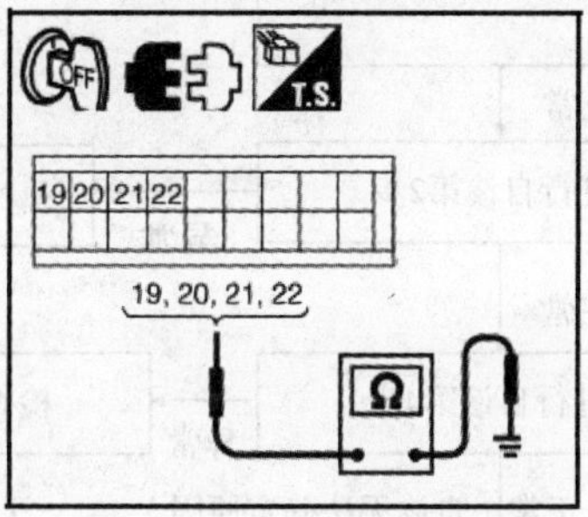 正常：导通	正常 □ 不正常 □

4. 进气门电机电路检查

（1）症状：

·进气门没有变化；

·进气门电机不正常工作。

（2）进气门控制系统零部件包括：

·自动放大器

·进气门电机

·车内传感器

·环境温度传感器

·阳光传感器

· 进气传感器

· ECM

（3）检查流程：

①进行以下操作以确认症状

a. 按下再循环（REC）开关

b. 按下新鲜空气开关，新鲜空气指示灯应点亮

c. 聆听进气门位置变化（应该可以听到鼓风机声响的轻微变化）

如果正常（症状不能重现），进行工作情况检查，如果异常（症状被确认），进行下一步

MODE
AUTO
TEMP
OFF
CLEAN
A/C

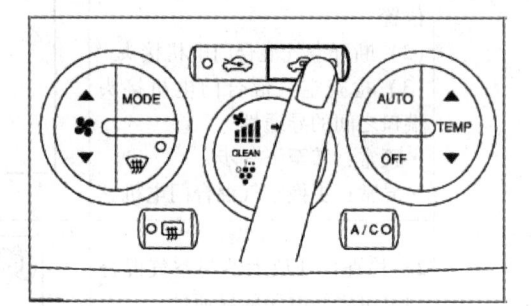

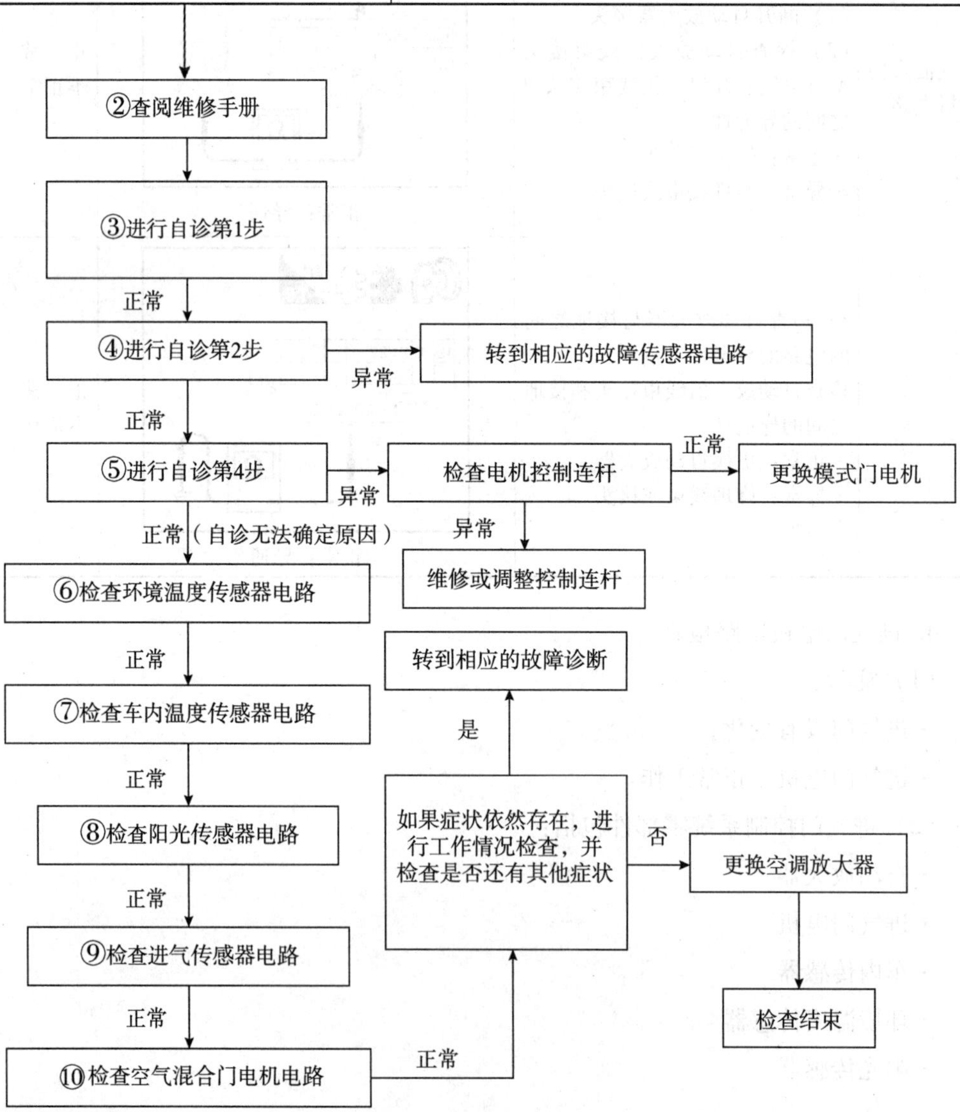

②查阅维修手册
③进行自诊第1步
正常
④进行自诊第2步
异常
转到相应的故障传感器电路
正常
⑤进行自诊第4步
异常
检查电机控制连杆
正常
更换模式门电机
异常
维修或调整控制连杆
正常（自诊无法确定原因）
⑥检查环境温度传感器电路
正常
⑦检查车内温度传感器电路
正常
⑧检查阳光传感器电路
正常
⑨检查进气传感器电路
正常
⑩检查空气混合门电机电路
正常
如果症状依然存在，进行工作情况检查，并检查是否还有其他症状
是
转到相应的故障诊断
否
更换空调放大器
检查结束

（4）进气门电机诊断步骤参见表 6 – 5。

表 6 – 5　　　　　　　　　　　　进气门电机诊断作业表

作业项目	操作步骤	操作要领图示	操作记录
检查进气门电机电路	（1）检查进气门电机的电源 ①将点火开关转至"ON"位置 ②检查进气门电机线束接头之间的电压 ·正常：更换进气门电机 ·异常：转至下一步	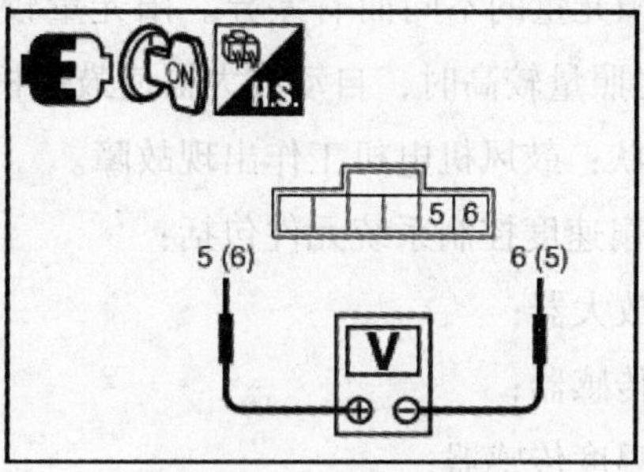 正常：蓄电池电压	正常 □ 不正常 □
	（2）检查自动放大器与进气门电机之间的电路的导通性 ①将点火开关转至"OFF"位置 ②断开自动放大器接头 ③断开进气门电机接头 ④检查自动放大器线束接头 A 与进气门电机线束接头 B 之间的导通性 ·正常：进气门电机更换自动放大器 ·异常：修理线束或接头	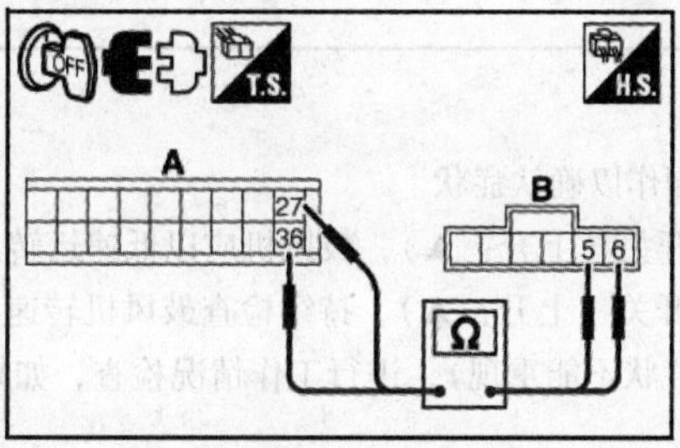 正常：导通	正常 □ 不正常 □

5. 鼓风机电机电路检查

控制鼓风机速度（3V～12V），自动放大器为功率晶体管提供了一个门电压。根据这个门电压，自动放大器控制提供给鼓风机电机的电压。

启动风扇转速控制。在冷启动状态下，如果发动机冷却液的温度低于56℃，鼓风机短期内将不会工作（最长可达150秒）。确切的启动延迟时间会因环境及发动机冷却液温度的不同而有所不同。

在极端的情况下（环境温度很低），鼓风机启动延迟的时间就像上面所描述的那样会达到150秒。在这个延迟期后，鼓风机将以低速运转直至发动机冷却液升温至56℃以上，这时，鼓风机的转速将升至目标转速。

从正常或热暖机状态启动（自动模式），按下 A/C 开关后，鼓风机将立刻开始工作。鼓风机的转速将在 3 秒或更少的时间内逐渐升至目标转速（实际的时间由鼓风机的目标转速决定）。

鼓风机转速补偿：当车内温度和设定的温度非常接近时，鼓风机将以低速运转。低速度会因阳光量的不同而有差异。阳光量较低或没有时，鼓风机的低速是正常低速（约 4V）。光照量较高时，自动放大器使鼓风机转速升高（约 6.5V）。

（1）症状：鼓风机电机工作出现故障。

（2）风扇速度控制系统元件包括：

·自动放大器；

·车内传感器；

·环境温度传感器；

·阳光传感器；

·进气传感器。

（3）检查流程：

---

①进行以下操作以确认症状

a. 按下风扇开关（上升：▲），鼓风机应以低速运转，风扇指示灯点亮一片叶片

b. 按下风扇开关（上升：▲），持续检查鼓风机转速和风扇指示灯直到所有的转速都检查完毕

如果正常（症状不能重现），进行工作情况检查，如果异常（症状被确认），进行下一步

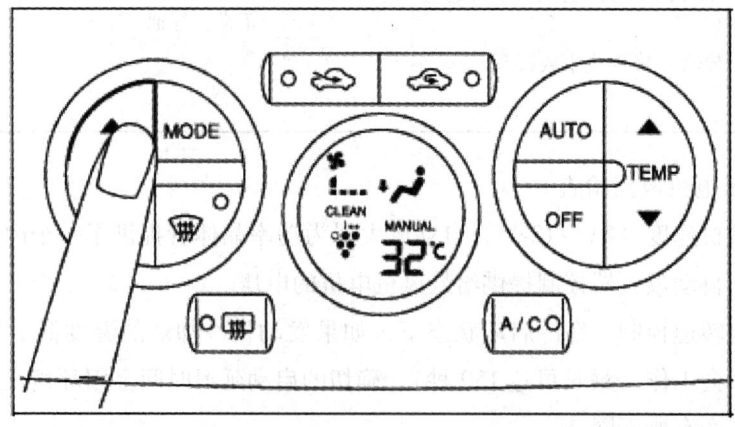

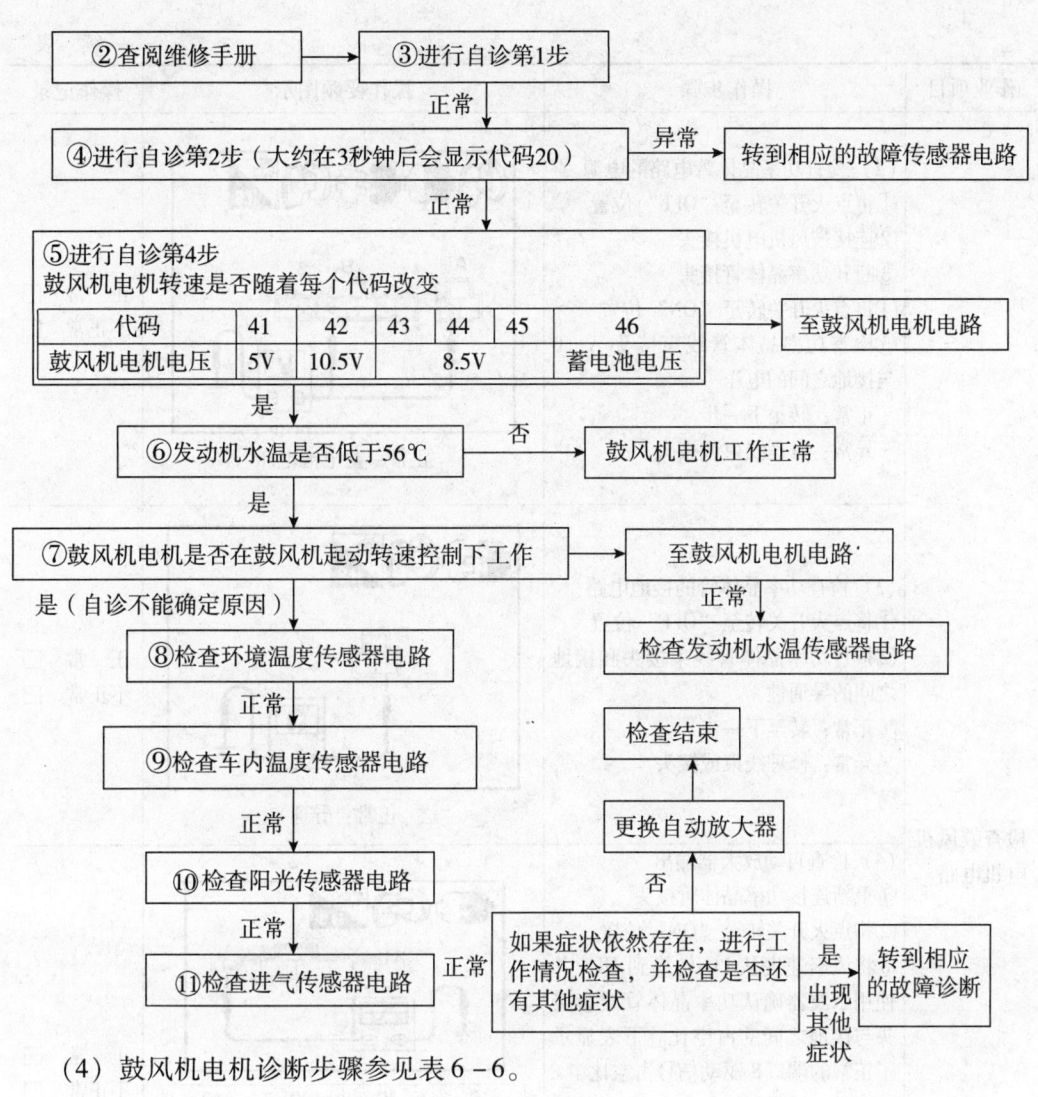

（4）鼓风机电机诊断步骤参见表6-6。

表6-6　　　　　　　　　鼓风机电机诊断作业表

作业项目	操作步骤	操作要领图示	操作记录
检查鼓风机电机电路	（1）检查鼓风机电机的电源 ①断开鼓风机电机接头 ②将点火开关转至ON位置 ③检查鼓风机电机线束接头和接地之间的电压 ·正常：转至下一步 ·异常：检查电源电路及保险丝 ·如果保险丝正常，检查线束是否开路。必要时进行修理或更换 ·如果保险丝异常，更换保险丝并检查线束是否短路。必要时进行修理或更换	正常：蓄电池电压	正常　□ 不正常　□

作业项目	操作步骤	操作要领图示	操作记录
检查鼓风机电机电路	(2) 检查功率晶体管电路的电源 ①将点火开关转至"OFF"位置 ②连接鼓风机电机接头 ③断开功率晶体管接头 ④将点火开关转至"ON"位置 ⑤检查功率晶体管线束接头 A，B 与接地之间的电压 ・正常：转至下一步 ・异常：修理线束或接头	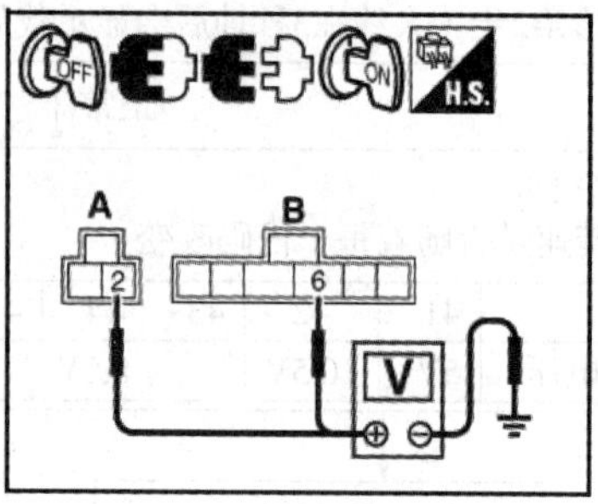 正常：蓄电池电压	正常 □ 不正常 □
	(3) 检查功率晶体管的接地电路 ①将点火开关转至"OFF"位置 ②检查功率晶体管线束接头和接地之间的导通性 ・正常：转至下一步 ・异常：修理线束或接头	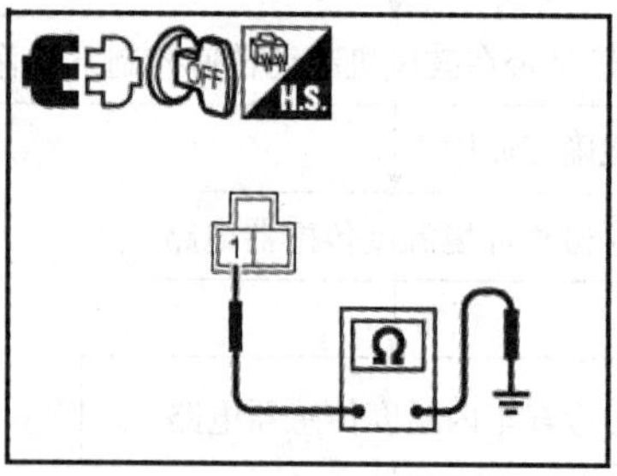 正常：导通	正常 □ 不正常 □
	(4) 检查自动放大器输出 ①重新连接功率晶体管接头 ②将点火开关转至"ON"位置 ③将风扇速度从 LO 转换到 HI，并使用示波器确认功率晶体管线束接头与接地之间的占空比。下表显示了正常的端口 8 驱动信号占空比 ・正常：转至下一步 ・异常： a. 风扇速度停留在速度 4，转至 7 步 b. 风扇速度停留在速度 1，转至 8 步	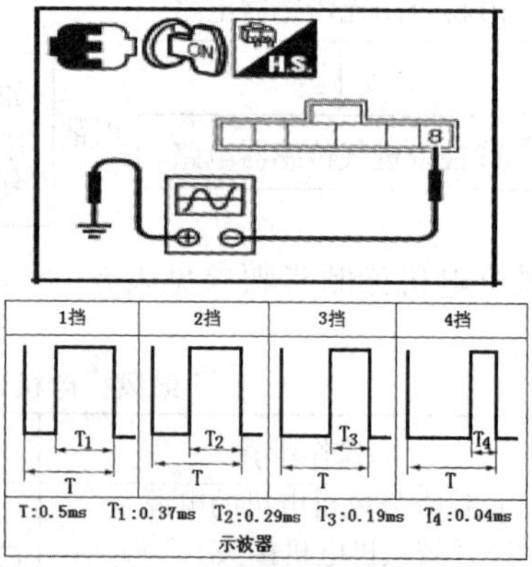 T:0.5ms T₁:0.37ms T₂:0.29ms T₃:0.19ms T₄:0.04ms 示波器	正常 □ 不正常 □
	(5) 检查鼓风机电机 ①将点火开关转至"OFF"位置 ②卸下鼓风机电机接头 ③检查鼓风机电机接头端口之间的导通性 ・正常：转至下一步 ・异常：更换鼓风机电机	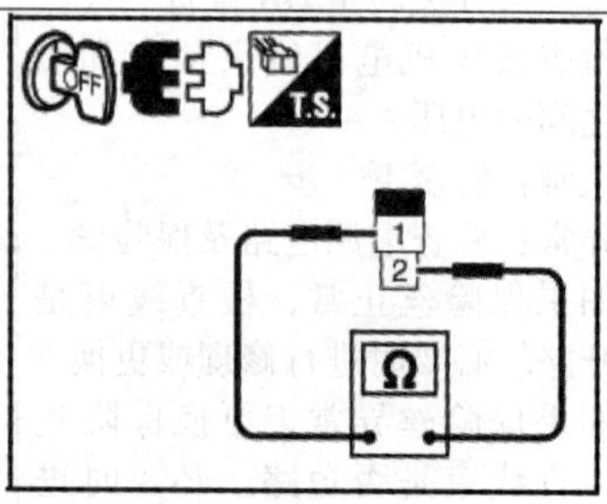 正常：导通	正常 □ 不正常 □

作业项目	操作步骤	操作要领图示	操作记录
检查鼓风机电机电路	（6）检查鼓风机电机与功率晶体管之间电路的导通性 检查鼓风机电机线束接头 A 与功率晶体管线束接头 B 之间的导通性 ·正常：转至下一步 ·异常：修理线束或接头	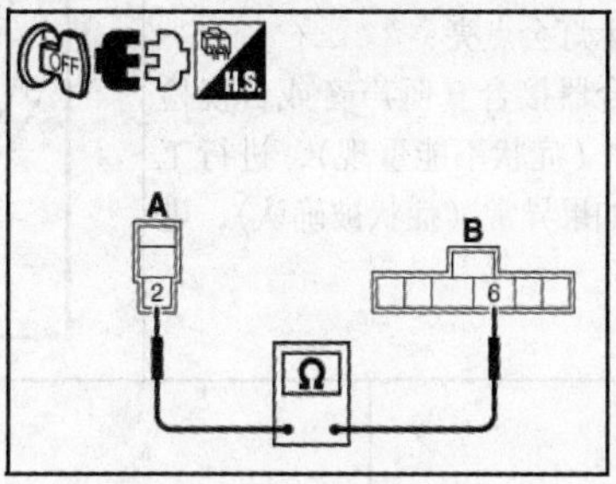 正常：导通	正 常 □ 不正常 □
	（7）检查自动放大器与功率晶体管之间的电路的导通性 ①将点火开关转至"OFF"位置 ②断开功率晶体管接头 ③断开自动放大器接头 ④检查自动放大器线束接头 A 与功率晶体管线束接头 B 之间的导通性 ·正常：更换功率晶体管 ·异常：修理线束或接头	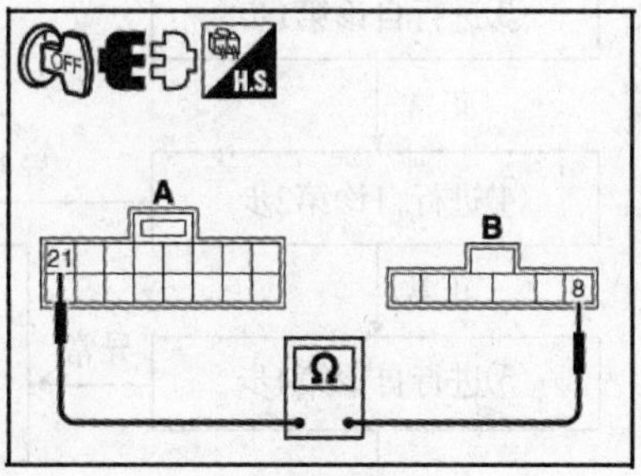	正 常 □ 不正常 □
	（8）检查自动放大器输出 2 ①将点火开关转至"OFF"位置 ②断开自动放大器接头 ③将点火开关转至"ON"位置 ④检查自动放大器线束接头和接地之间的输出信号 ·正常：更换自动放大器 ·异常：更换功率晶体管	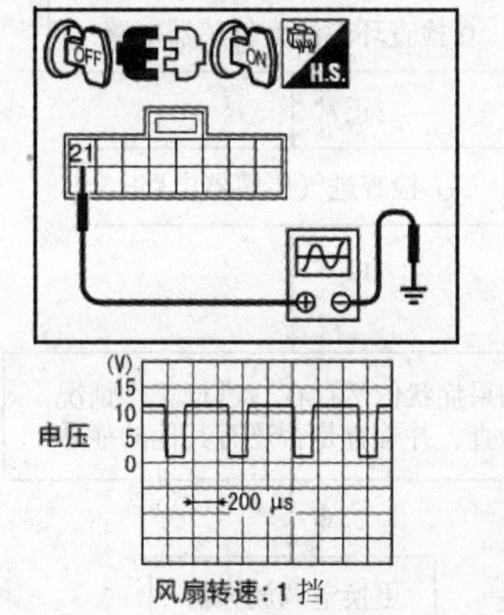 风扇转速：1 挡	正 常 □ 不正常 □

6. 电磁离合器电路检查

（1）症状：A/C 开关置于 ON 时，电磁离合器不能接合。

（2）检查流程：

①进行以下操作以确认症状 a. 按下“AUTO”和“A/C”开关 b. A/C 开关指示灯会点亮 确定压缩机离合器接合（听声音或目视检查），如果正常（症状不能重现），进行工作情况检查，如果异常（症状被确认），进行下一步	MODE AUTO TEMP OFF CLEAN AUTO 18℃

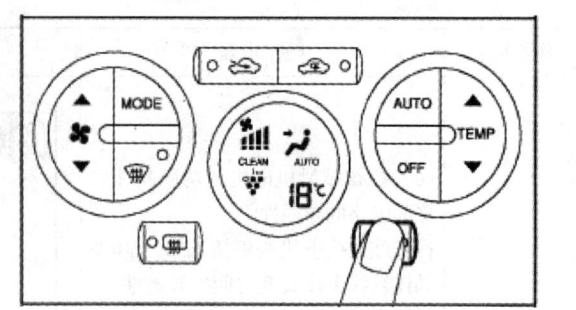

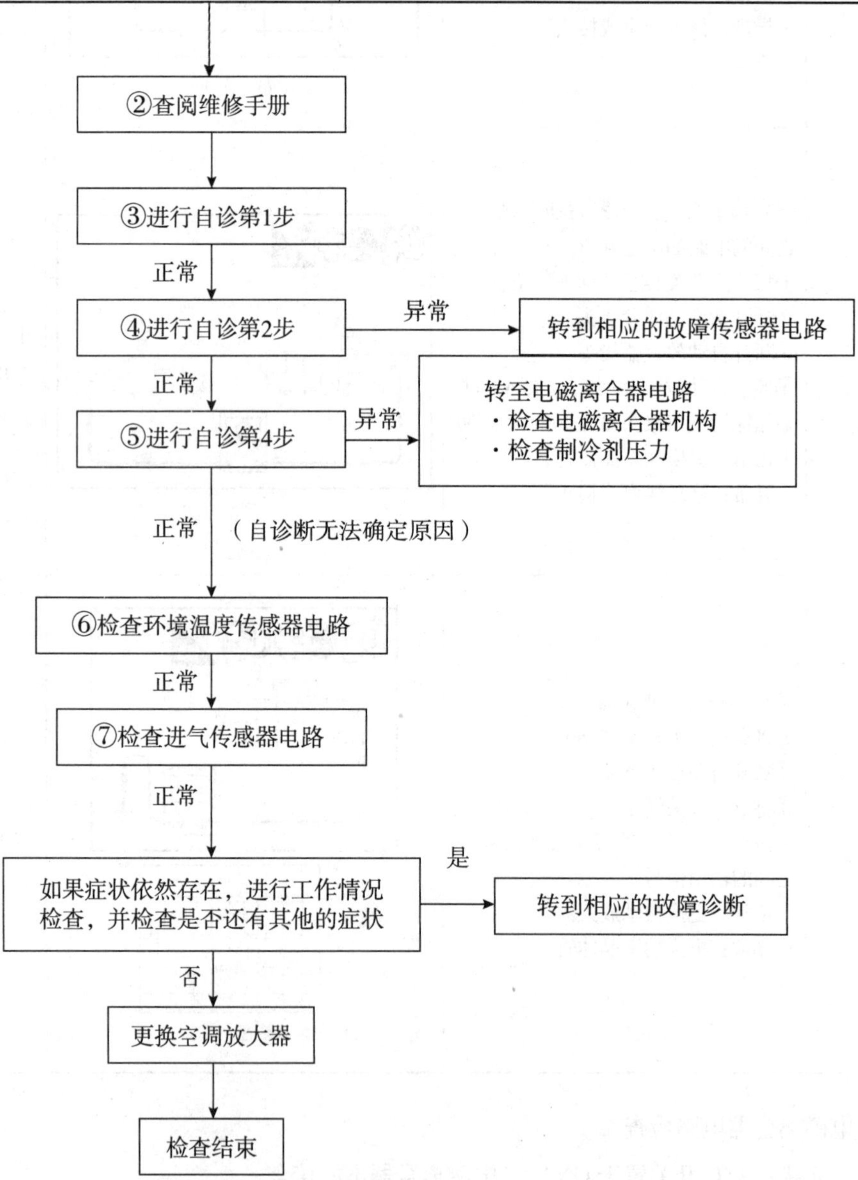

②查阅维修手册
③进行自诊第1步
正常
④进行自诊第2步
异常
转到相应的故障传感器电路
正常
⑤进行自诊第4步
异常
转至电磁离合器电路
·检查电磁离合器机构
·检查制冷剂压力
正常
（自诊断无法确定原因）
⑥检查环境温度传感器电路
正常
⑦检查进气传感器电路
正常
如果症状依然存在，进行工作情况检查，并检查是否还有其他的症状
是
转到相应的故障诊断
否
更换空调放大器
检查结束

（3）电磁离合器诊断步骤参见表 6－7。

表6-7		电磁离合器诊断作业表	
作业项目	操作步骤	操作要领图示	操作记录
检查电磁离合器电路	1. 检查进气传感器电路 检查进气传感器 ·正常：转至下一步 ·异常：进气传感器有故障，转至传感器电路检查（检查进气传感器电路故障）诊断步骤		正常　□ 不正常　□
	2. 进行自动激活测试 电磁离合器是否接合 ·是：使用 CONSULT-Ⅱ诊断仪转至第6步 不使用 CONSULT-Ⅱ诊断仪转至第7步 ·否：转至下一步		正常　□ 不正常　□
	3. 检查电磁离合器的电源 (1) 将点火开关转至"OFF"位置 (2) 断开压缩机接头 (3) 启动发动机 (4) 按下"AUTO"开关和"A/C"开关 (5) 检查压缩机线束接头和接地之间的电压 ·正常：转至第5步 ·异常：检查电源电路与10A保险丝 ·如果保险丝正常，检查线束是否开路，必要时进行修理或更换 ·如果保险丝异常，更换保险丝并检查线束是否有短路，必要时进行修理或更换	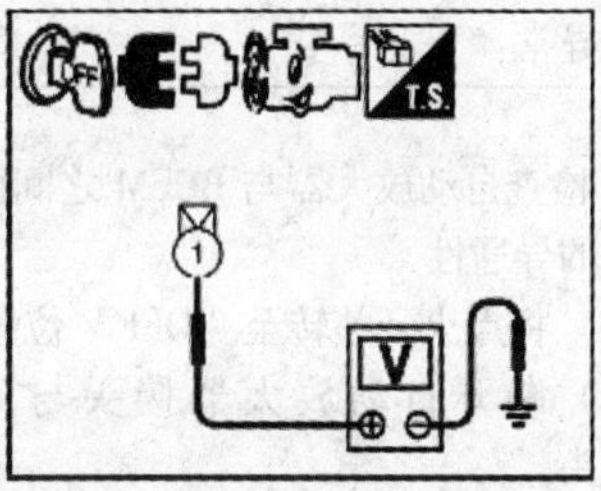 正常：12V	正常　□ 不正常　□
	4. 检查 IPDM E/R 与压缩机之间电路的导通性 (1) 将点火开关转至"OFF"位置 (2) 断开 IPDM E/R 接头 (3) 检查压缩机线束接头 A 与 IPDM E/R 线束接头 B 之间的导通性 ·正常：转至下一步 ·异常：修理线束或接头	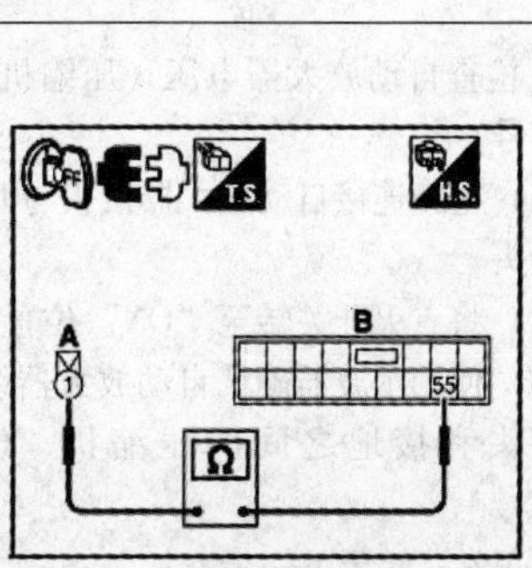 正常：导通	正常　□ 不正常　□

作业项目	操作步骤	操作要领图示	操作记录
	5. 检查电磁离合器电路 当用蓄电池电压直流电供应端口时，检查运转噪声 ·正常： (1) 更换 IPDM E/R (2) 进入自诊断程序功能确认步骤，并执行自诊断步骤 4，确认电磁离合器工作正常 ·异常： (1) 更换压缩机 (2) 进入自诊断程序功能确认步骤，并执行自诊断步骤 4，确认电磁离合器工作正常	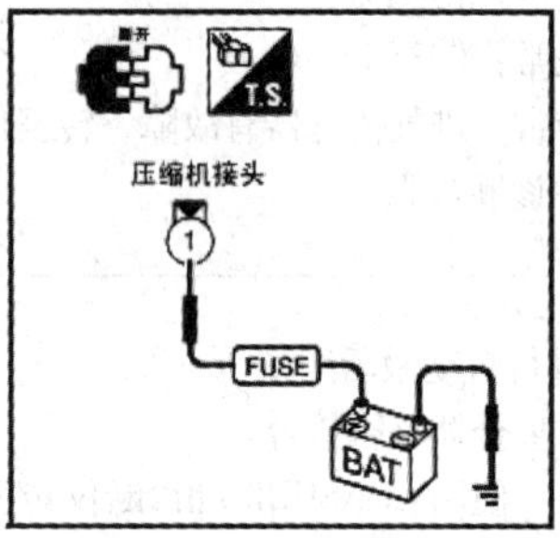	正 常 □ 不正常 □
	6. 检查 BCM 输入（压缩机"ON"）信号 使用 CONSULT－Ⅱ诊断仪检查压缩机 ON/OFF 信号 A/C SW ON：AIR COND SW ON A/C SW OFF：AIR COND SW OFF ·正常：转至第 9 步 ·异常：至下一步		正 常 □ 不正常 □
检查电磁离合器电路	7. 检查自动放大器与 BCEM 之间的电路的导通性 (1) 将点火开关转至"OFF"位置。 (2) 断开自动放大器接头与 BCM 接头 (3) 检查自动放大器线束接头 A 与 BCM 线束接头之间的导通性 ·正常：转至下一步 ·异常：修理线束或接头	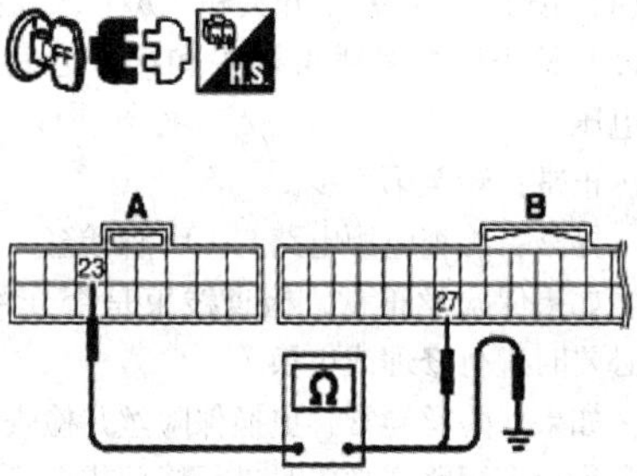 正常：导通	正 常 □ 不正常 □
	8. 检查自动放大器电压（压缩机 ON 信号） (1) 重新连接自动放大器接头与 BCM 接头 (2) 将点火开关转至"ON"位置 (3) 使用示波器确认自动放大器线束接头和接地之间的压缩机"ON"信号 ·正常：转至下一步 ·异常：更换自动放大器	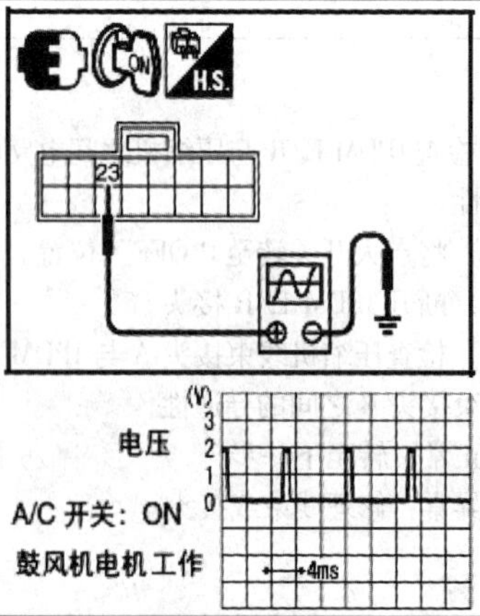	正 常 □ 不正常 □

作业项目	操作步骤	操作要领图示	操作记录
	9. 检查制冷剂压力传感器使用 CON-SULT–Ⅱ诊断仪 （1）启动发动机 （2）检查制冷剂压力传感器的电压 不使用 CONSULT–Ⅱ诊断仪 （1）启动发动机 （2）检查 ECM 线束接头和接地之间的电压 ·正常：使用 CONSULT–Ⅱ诊断仪转至下一步 不使用 CONSULT–Ⅱ诊断仪转至第 11 步 ·异常：转至传感器电路检查（制冷剂压力传感器故障诊断步骤）	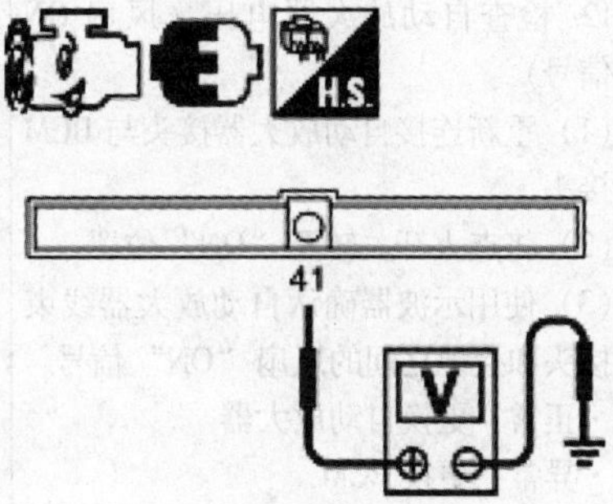 41 A/C 开关：ON（鼓风机电机工作） 正常：电压 1~4V	正　常 □ 不正常 □
检查电磁离合器电路	10. 检查 BCM 输入（风扇 ON）信号 使用 CONSULT–Ⅱ诊断仪检查风扇 ON/OFF 信号 FANSW ON：FAN ON SIG ON FAN SW OFF：FAN ON SIG OFF ·正常：转至第 13 步 ·异常：转至下一步		正　常 □ 不正常 □
	11. 检查自动放大器与 BCM 之间的电路的导通性 （1）将点火开关转至"OFF"位置 （2）断开自动放大器接头与 BCM 接头 （3）检查自动放大器线束接头 A 与 BCM 线束接头 B 之间的导通性 （4）检查自动放大器线束接头 A 和接地之间的导通性 ·正常：转至下一步 ·异常：修理线束或接头	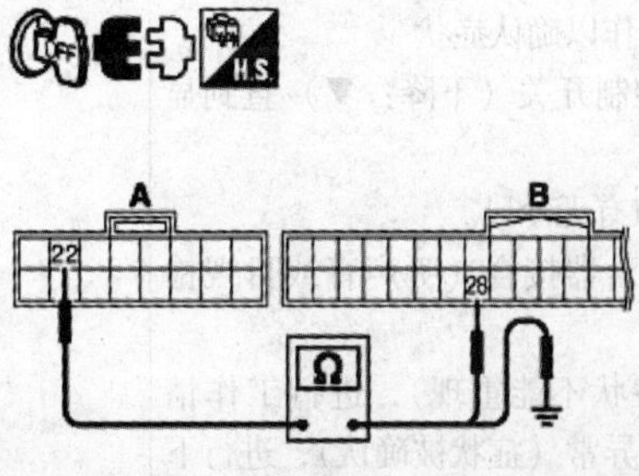 A　　　　B 22　　　　28 正常：22—28 导通　22—地　不导通	正　常 □ 不正常 □

续　表

作业项目	操作步骤	操作要领图示	操作记录
检查电磁离合器电路	12. 检查自动放大器电压（风扇 ON 信号） （1）重新连接自动放大器接头与 BCM 接头 （2）将点火开关转至"ON"位置 （3）使用示波器确认自动放大器线束接头和接地之间的风扇"ON"信号 ・正常：更换自动放大器 ・异常：更换 BCM	 输出波形 风扇转速 1 挡	正常　□ 不正常　□
	13. 检查 CAN 通信 使用 CONSULT－Ⅱ诊断仪进行 CAN 通信检测（自诊断） ・BCM——ECM ・ECM——IPDM E/R ・正常：检测结束 ・异常：修理或更换有故障的零部件		正　常　□ 不正常　□

7. 制冷不足

（1）症状：制冷不足

（2）检查流程：

①进行以下操作以确认症状 a. 按下温度控制开关（下降：▼）直到显示 18℃。 b. 检查排气口有无冷风。 确定压缩机离合器接合（听声音或目视检查） 如果正常（症状不能重现），进行工作情况检查，如果异常（症状被确认），进行下一步	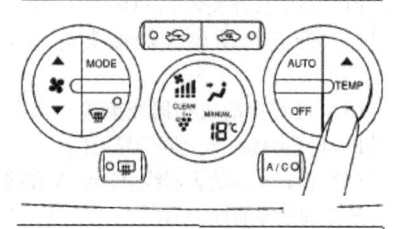

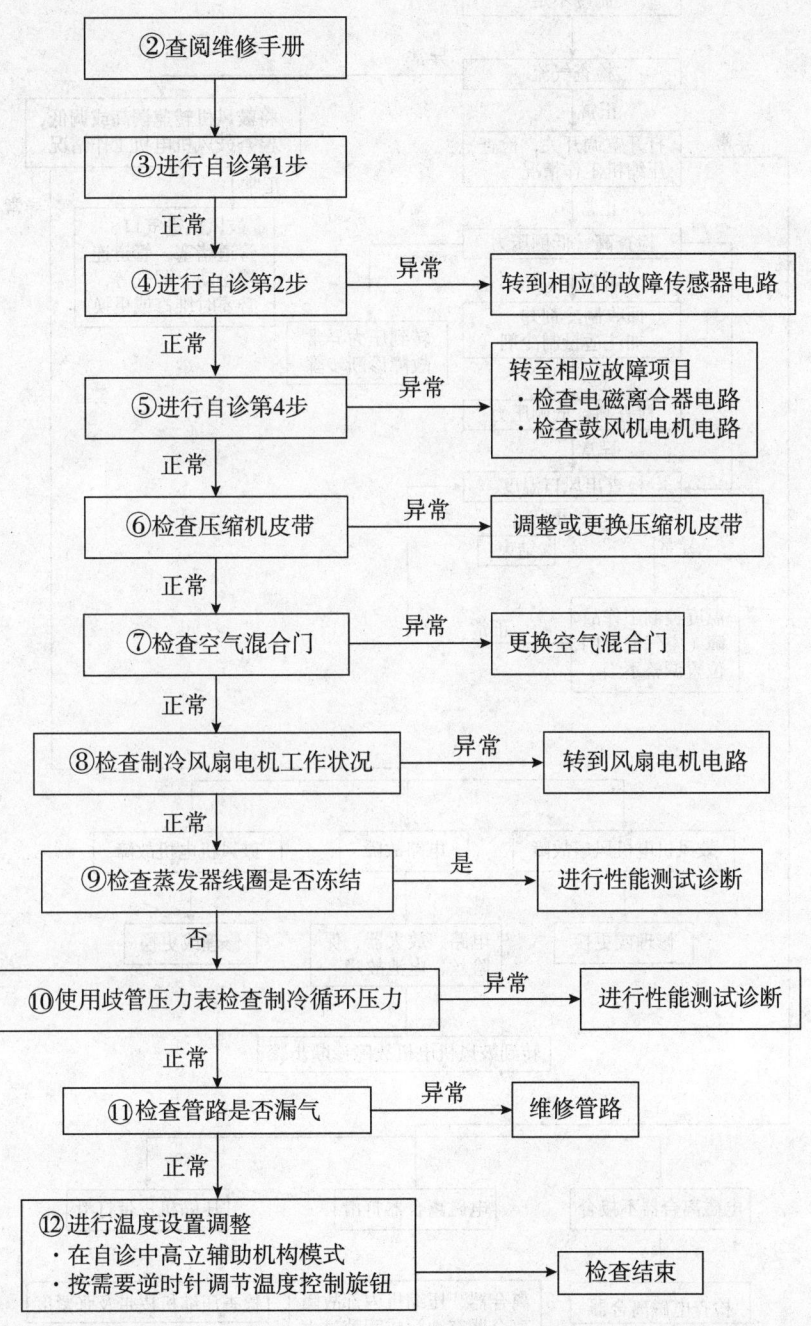

（3）性能测试诊断

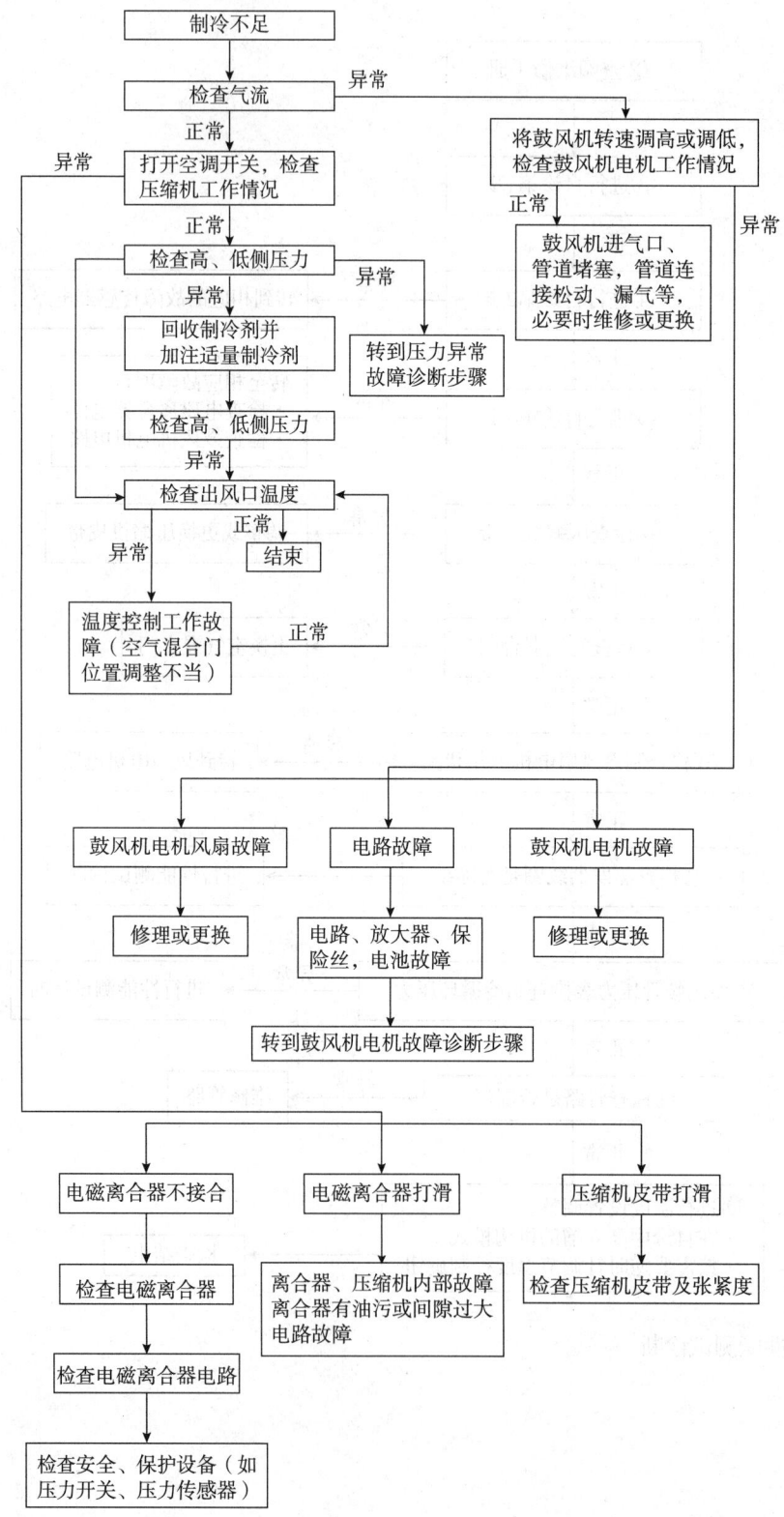

8. 制热不足

（1）症状：制热不足

（2）检查流程：

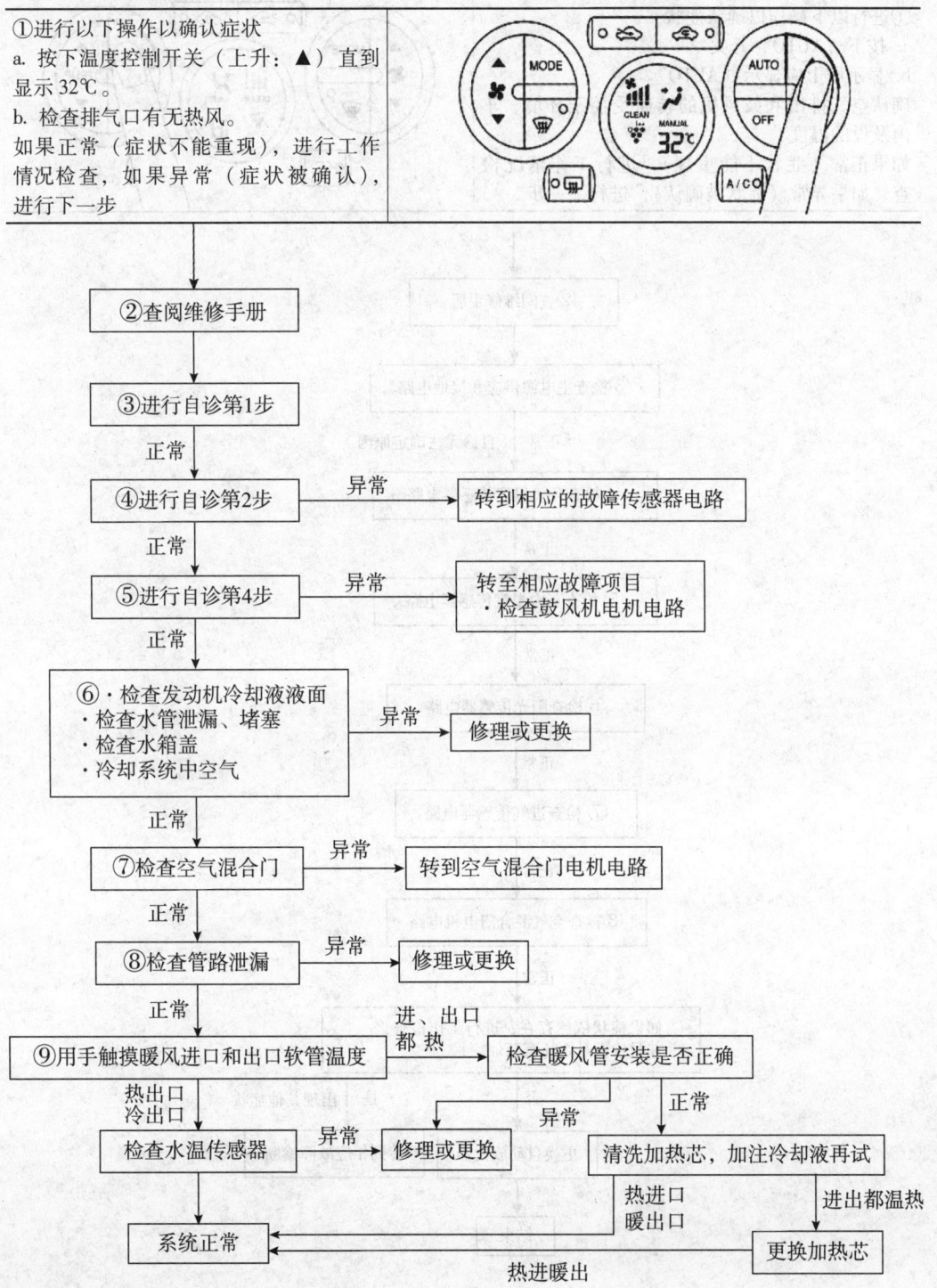

①进行以下操作以确认症状

a. 按下温度控制开关（上升：▲）直到显示 32℃。

b. 检查排气口有无热风。

如果正常（症状不能重现），进行工作情况检查，如果异常（症状被确认），进行下一步

②查阅维修手册

③进行自诊第1步

正常

④进行自诊第2步　异常→　转到相应的故障传感器电路

正常

⑤进行自诊第4步　异常→　转至相应故障项目

・检查鼓风机电机电路

正常

⑥・检查发动机冷却液液面

・检查水管泄漏、堵塞

・检查水箱盖

・冷却系统中空气

异常→　修理或更换

正常

⑦检查空气混合门　异常→　转到空气混合门电机电路

正常

⑧检查管路泄漏　异常→　修理或更换

正常

⑨用手触摸暖风进口和出口软管温度

进、出口都热→　检查暖风管安装是否正确

热出口／冷出口→　检查水温传感器　异常→　修理或更换

检查暖风管安装是否正确：异常→　修理或更换；正常→　清洗加热芯，加注冷却液再试

热进口暖出口→　更换加热芯

进出都温热→　更换加热芯

热进暖出→　系统正常

系统正常

9. 自诊断

（1）症状：不能进行自诊断

（2）检查流程：

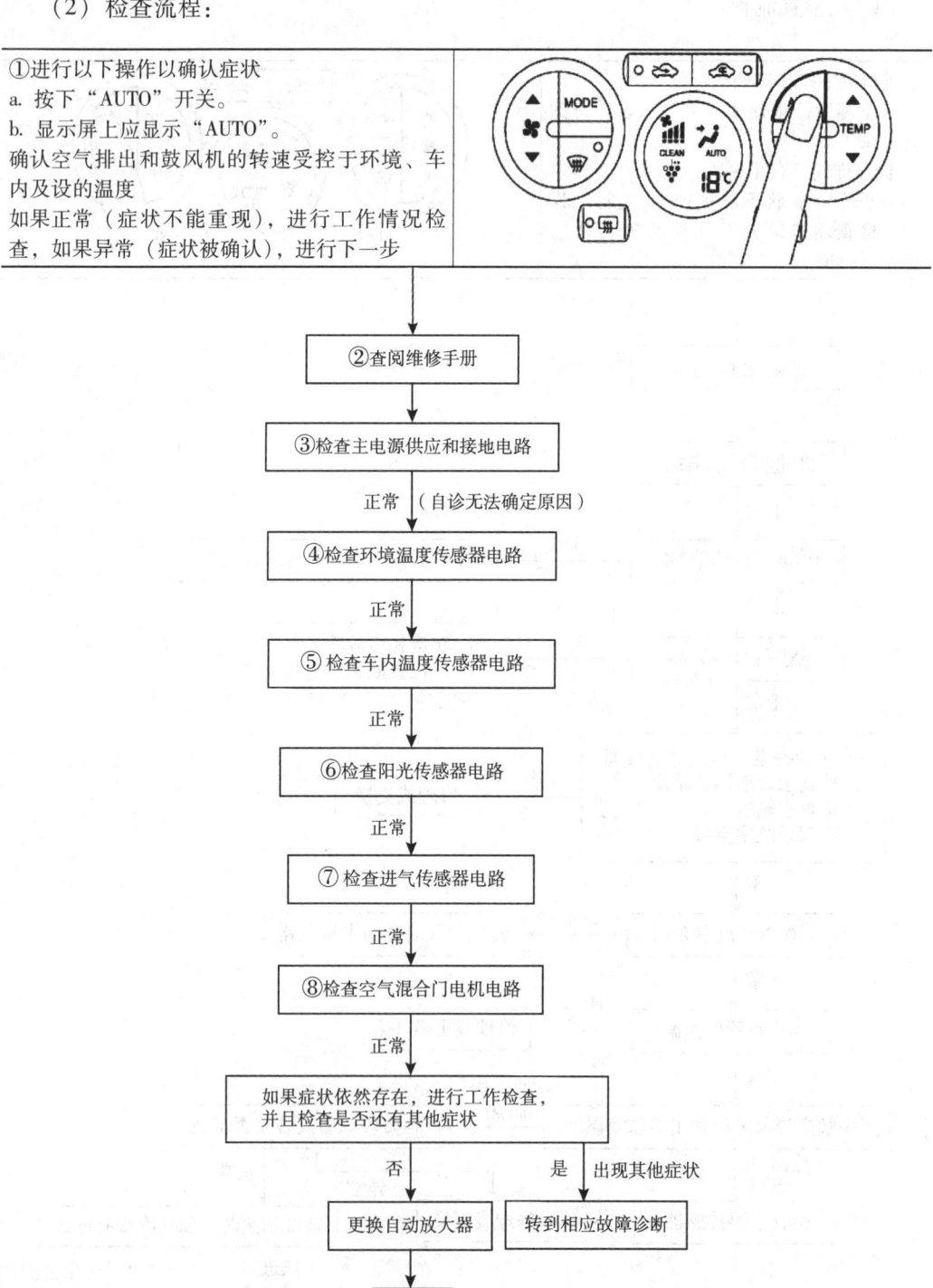

①进行以下操作以确认症状
a. 按下"AUTO"开关。
b. 显示屏上应显示"AUTO"。
确认空气排出和鼓风机的转速受控于环境、车内及设的温度
如果正常（症状不能重现），进行工作情况检查，如果异常（症状被确认），进行下一步

②查阅维修手册

③检查主电源供应和接地电路

正常 （自诊无法确定原因）

④检查环境温度传感器电路

正常

⑤检查车内温度传感器电路

正常

⑥检查阳光传感器电路

正常

⑦检查进气传感器电路

正常

⑧检查空气混合门电机电路

正常

如果症状依然存在，进行工作检查，并且检查是否还有其他症状

否　　　　是　出现其他症状

更换自动放大器　　转到相应故障诊断

结束

10. 记忆功能

（1）症状：记忆功能不起作用

（2）检查流程

①进行以下操作以确认症状 a. 按下温度控制开关（上升：▲）直到显示 32℃ b. 按 OFF 开关 c. 将点火开关转至"OFF"位置 d. 将点火开关转至"ON"位置 e. 按下"AUTO ON"开关 f. 确定设定的温度保持先前的温度 g. 按下"OFF"开关 如果正常（症状不能重现），进行工作情况检查，如果异常（症状被确认），进行下一步	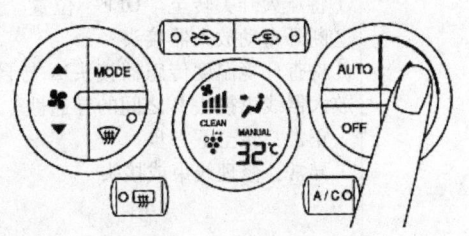

②查阅维修手册

③检查主电源供应和接地电路

正常

④更换自动放大器

⑤最终检查 转到自诊断确认流程，并进行自诊断步骤，确认显示代码20

11. 传感器电路检查参见表 6-8。

表 6-8　　　　　　　　　传感器电路检查作业表

作业项目	操作步骤	操作要领图示	操作记录
1. 检查环境温度传感器	（1）检查环境温度传感器与接地之间的电压 ①将点火开关转至"OFF"位置 ②断开环境温度传感器的接头 ③将点火开关转至"ON"位置 ④检查环境温度传感器线束接头和接地之间的电压 ·正常：转至下一步 ·异常：转至第 4 步	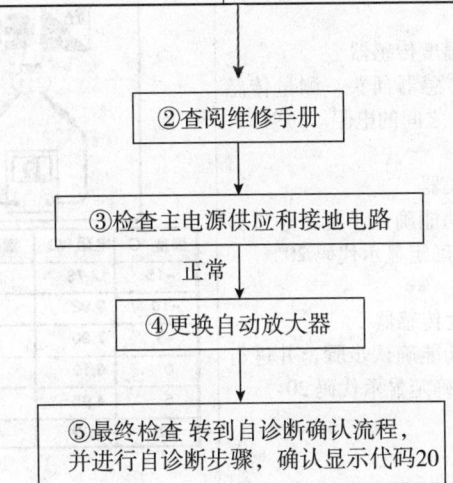 正常：电压 5 V	正　常　□ 不正常　□

作业项目	操作步骤	操作要领图示	操作记录
1. 检查环境温度传感器	（2）检查环境温度传感器与自动放大器之间电路的导通性 ①将点火开关转至"OFF"位置 ②断开自动放大器接头 ③检查环境温度传感器接头 A 与自动放大器线束接头 B 之间的导通性 ·正常：转至下一步 ·异常：修理线束或接头	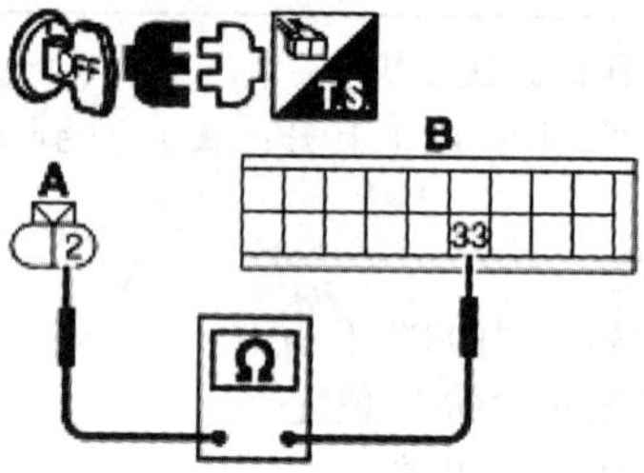 正常：导通	正　常　☐ 不正常　☐
	（3）检查环境温度传感器 断开环境温度传感器插头，测量传感器侧端口 1 与 2 之间的电阻。 ·正常： a. 更换自动放大器 b. 转至自诊断功能确认步骤，并进行自诊断步骤 2，确定显示代码 20 ·异常： a. 更换环境温度传感器 b. 转至自诊断功能确认步骤，并进行自诊断步骤 2，确定显示代码 20	 温度 ℃ / 电阻 kΩ / 温度 ℃ / 电阻 kΩ -15 / 12.73 / 15 / 3.24 -10 / 9.92 / 20 / 2.65 -5 / 7.80 / 25 / 2.19 0 / 6.19 / 30 / 1.81 5 / 4.95 / 35 / 1.51 10 / 3.99 / 40 / 1.27	正　常　☐ 不正常　☐
	（4）检查环境温度传感器与自动放大器之间电路的导通性 ①将点火开关转至"OFF"位置 ②断开自动放大器接头 ③检查环境温度传感器接头 A 与自动放大器线束接头 B 之间的导通性 ·正常： a. 更换自动放大器 b. 转至自诊断功能确认步骤，并进行自诊断步骤 2，确定显示代码 20 ·异常：修理线束或接头。	 正常：1—30 导通　1—地 不导通	正　常　☐ 不正常　☐

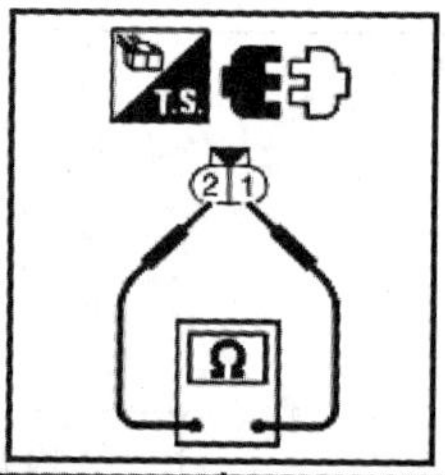

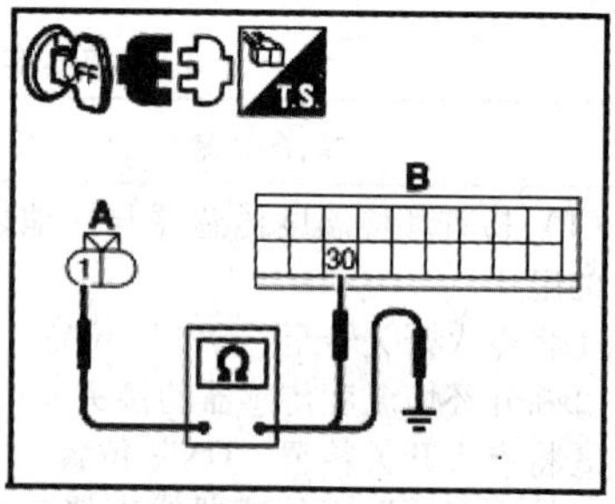

续　表

作业项目	操作步骤	操作要领图示	操作记录
	（1）检查车内温度传感器与接地之间的电压 ①将点火开关转至"OFF"位置 ②断开车内传感器接头 ③将点火开关转至"ON"位置 ④检查环境温度传感器线束接头和接地之间的电压 ·正常：转至下一步 ·异常：转至第4步	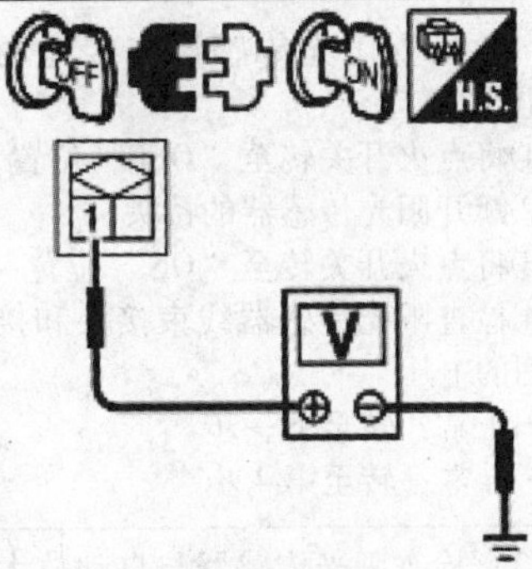 正常：电压5V	正常 □ 不正常 □
	（2）检查车内传感器与自动放大器之间电路的导通性 ①将点火开关转至"OFF"位置 ②断开自动放大器接头 ③检查车内传感器线束接头A与自动放大器线束接头B之间的导通性 ·正常：转至下一步 ·异常：修理线束或接头	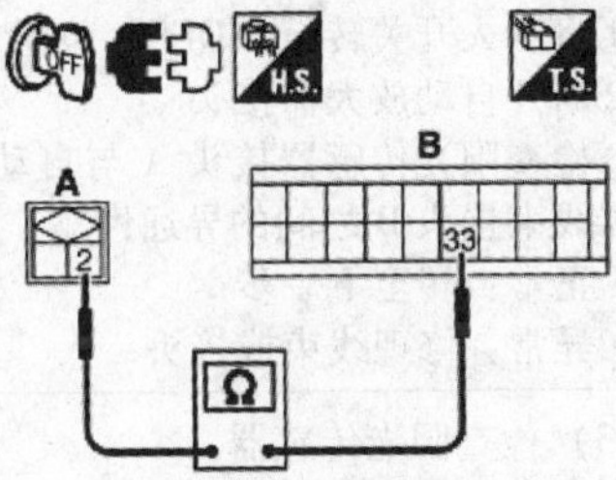 正常：导通	正常 □ 不正常 □
2.检查车内温度传感器	（3）检查车内传感器 断开车内温度传感器线束插头，测量传感器侧端口1与2之间的电阻 ·正常： a.更换自动放大器 b.转至自诊断功能确认步骤，并进行自诊断步骤2，确定显示代码20 ·异常： a.更换车内温度传感器 b.转至自诊断功能确认步骤，并进行自诊断步骤2，确定显示代码20	 { 温度°C / 电阻 kΩ 表格： −15 / 12.73 ; 15 / 3.24 −10 / 9.92 ; 20 / 2.65 −5 / 7.80 ; 25 / 2.19 0 / 6.19 ; 30 / 1.81 5 / 4.95 ; 35 / 1.51 10 / 3.99 ; 40 / 1.27 }	正常 □ 不正常 □
	（4）检查车内传感器与自动放大器之间电路的导通性 ①将点火开关转至"OFF"位置 ②断开自动放大器接头 ③检查车内传感器线束接头A与自动放大器线束接头B之间的导通性 ·正常： a.更换自动放大器 b.转至自诊断功能确认步骤，并进行自诊断步骤2，确定显示代码20 ·异常：修理线束或接头	 正常：1—28 导通　　1—地 不导通	正常 □ 不正常 □

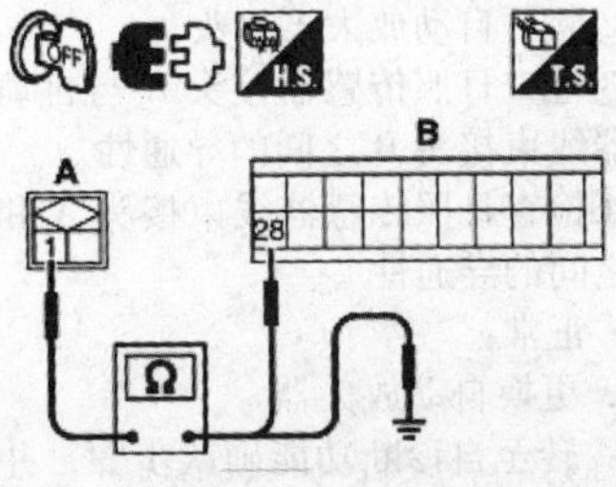

作业项目	操作步骤	操作要领图示	操作记录
	（1）检查阳光传感器与接地之间的电压 ①将点火开关转至"OFF"位置 ②断开阳光传感器的接头 ③将点火开关转至"ON"位置 ④检查阳光传感器线束接头和接地之间的电压 ·正常：转至下一步 ·异常：转至第4步	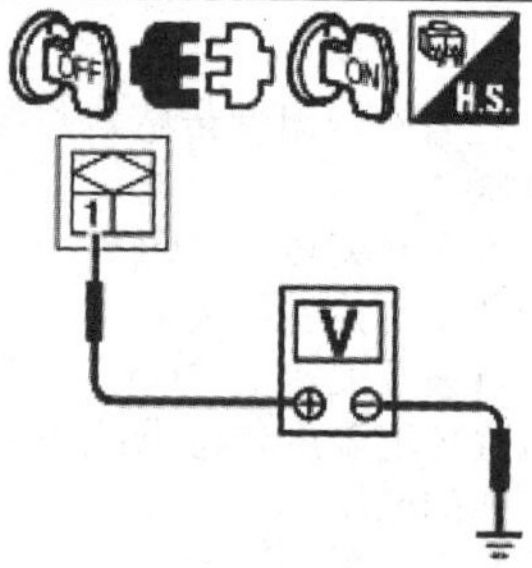 正常：电压5V	正常　□ 不正常　□
	（2）检查阳光传感器与自动放大器之间电路的导通性 ①将点火开关转至"OFF"位置 ②断开自动放大器接头 ③检查阳光传感器接头A与自动放大器线束接头B之间的导通性 ·正常：转至下一步 ·异常：修理线束或接头	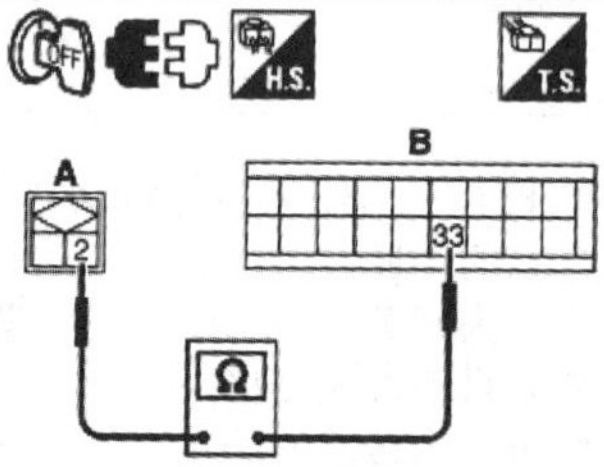 A　B 正常：导通	正常　□ 不正常　□
3.　检查阳光传感器	（3）检查阳光传感器 ①重新连接阳光传感器接头与自动放大器接头 ②测量自动放大器线束接头端口31与接地之间的电压 ·正常： a. 更换自动放大器 b. 转至自诊断功能确认步骤，并进行自诊断步骤2，确定显示代码20 ·异常： a. 更换阳光传感器 b. 转至自诊断功能确认步骤，并进行自诊断步骤2，确定显示代码20	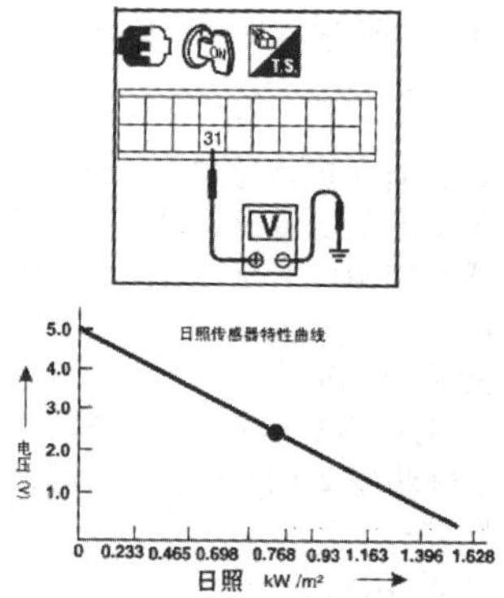 日照传感器特性曲线 电压（V） 5.0　4.0　3.0　2.0　1.0 0　0.233　0.465　0.698　0.768　0.93　1.163　1.396　1.528 日照　kW/m²	正常　□ 不正常　□
	（4）检查日照传感器与自动放大器之间电路的导通性 ①将点火开关转至"OFF"位置 ②断开自动放大器接头 ③检查日照传感器接头A与自动放大器线束接头B之间的导通性。 ④检查日照传感器线束接头A和接地之间的导通性 ·正常： a. 更换自动放大器 b. 转至自诊断功能确认步骤，并进行自诊断步骤2，确定显示代码20 ·异常：修理线束或接头	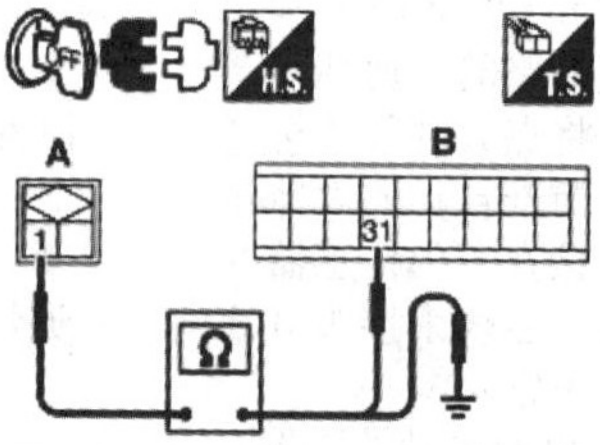 A　B 正常：1—31 导通　1—地 不导通	正常　□ 不正常　□

续 表

作业项目	操作步骤	操作要领图示	操作记录
4. 检查进气传感器	(1) 检查进气传感器与接地之间的电压 ①将点火开关转至"OFF"位置 ②断开进气传感器接头 ③将点火开关转至"ON"位置 ④检查进气传感器线束接头和接地之间的电压 ·正常：转至下一步 ·异常：转至第4步	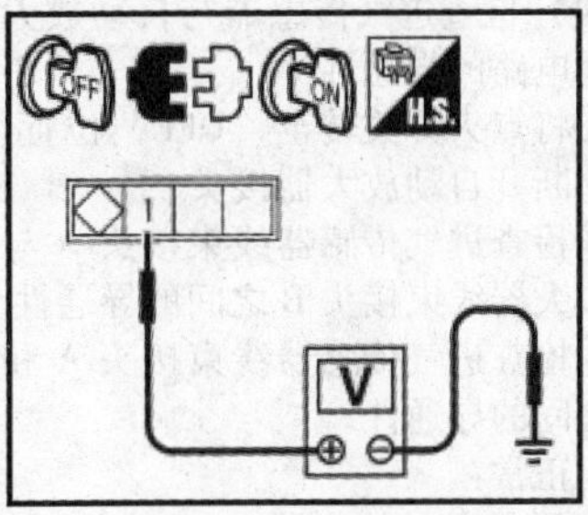 正常：电压5V	正 常 □ 不正常 □
	(2) 检查进气传感器与自动放大器之间电路的导通性 ①将点火开关转至"OFF"位置 ②断开自动放大器接头 ③检查进气传感器线束接头 A 与自动放大器线束接头 B 之间的导通性 ·正常：转至下一步 ·异常：修理线束或接头	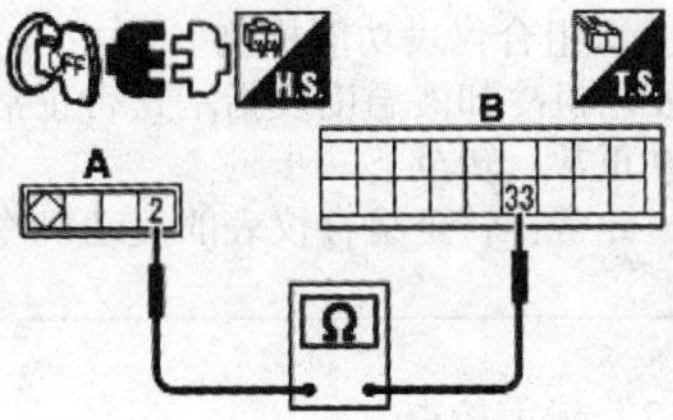 正常：导通	正 常 □ 不正常 □
	(3) 检查进气传感器 断开进气传感器线束插头，测量传感器线束侧端口1与2之间的电阻 ·正常： a. 更换自动放大器 b. 转至自诊断功能确认步骤，并进行自诊断步骤2，确定显示代码20 ·异常： a. 更换进气传感器 b. 转至自诊断功能确认步骤，并进行自诊断步骤2，确定显示代码20	 | 温度℃	电阻 kΩ	温度℃	电阻 kΩ | |---|---|---|---| | -15 | 12.34 | 15 | 3.15 | | -10 | 9.62 | 20 | 2.57 | | -5 | 7.56 | 25 | 2.12 | | 0 | 6.00 | 30 | 1.76 | | 5 | 4.80 | 35 | 1.47 | | 10 | 3.87 | 40 | 1.23 |	正 常 □ 不正常 □

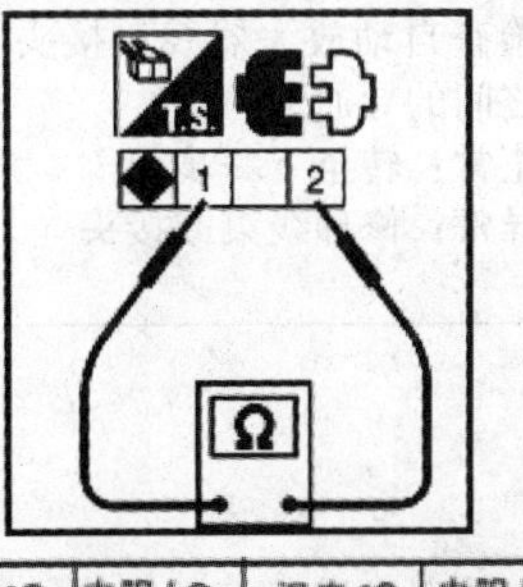

作业项目	操作步骤	操作要领图示	操作记录
4. 检查进气传感器	（4）检查进气传感器与自动放大器之间电路的导通性 ①将点火开关转至"OFF"位置 ②断开自动放大器接头 ③检查进气传感器线束接头 A 与自动放大器线束接头 B 之间的导通性 ④检查进气传感器线束接头 A 和接地之间的导通性 ·正常： a. 更换自动放大器 b. 转至自诊断功能确认步骤，并进行自诊断步骤 2，确定显示代码 20 ·异常：修理线束或接头	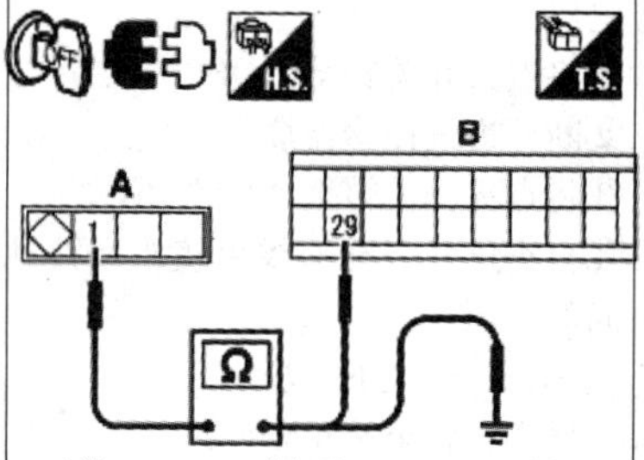 正常：1—29 导通　1—地不导通	正　常　□ 不正常　□
5. 检查发动机冷却液温度传感器	（1）组合仪表功能检测 发动机冷却液温度表指示是否正常 ·正常：转至下一步 ·异常：转至组合仪表的发动机冷却液温度信号检测		正　常　□ 不正常　□
	（2）线束检查 ①将点火开关转至"OFF"位置 ②断开自动放大器接头与组合仪表接头 ③检查自动放大器线束接头 A 与组合仪表线束接头 B 之间的导通性 ④检查自动放大器线束接头 A 和接地之间的导通性 ·正常：转至下一步 ·异常：修理线束或接头	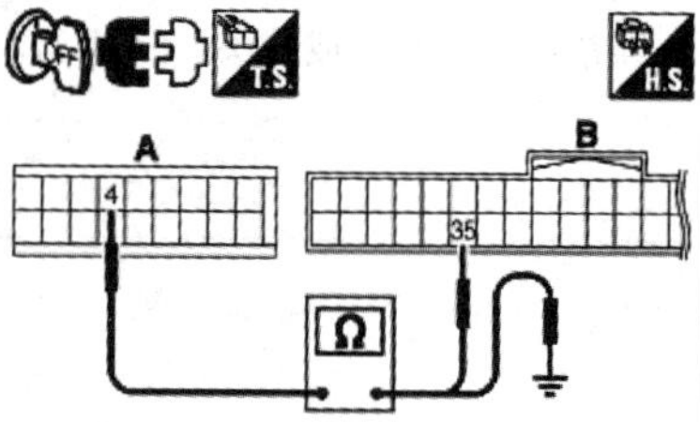 正常：4—35 导通　4—地不导通	正　常　□ 不正常　□
	（3）发动机冷却液温度信号检测 在暖机后，检查组合仪表线束接头与接地之间的电压波形 ·正常：更换自动放大器 ·异常：更换组合仪表	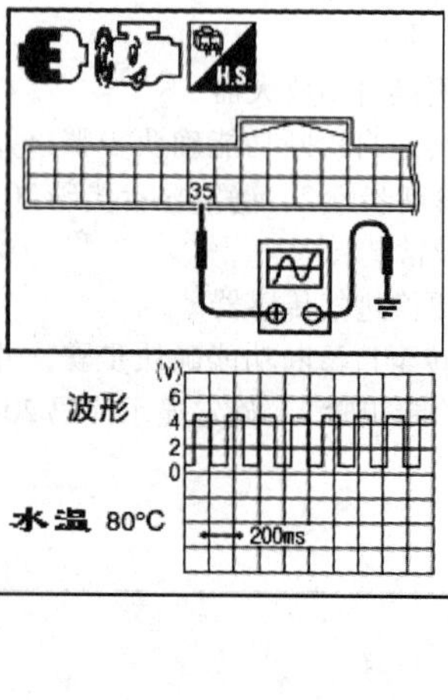 波形 水温 80℃	正　常　□ 不正常　□

【任务总结】

检阅相关维修资料，了解自动空调控制电路类型及结构特点，熟悉汽车自动空调控制电路故障特点和维修技术规范，掌握自动空调控制电路检修作业步骤和方法。通过分析故障具体原因，确定故障具体部位并排除自动空调控制电路故障。

检验内容	检验指标	总 评
汽车自动空调结构	1. 收集汽车自动空调相关信息 2. 汽车自动空调各部件的结构、功能、安装位置及控制原理 3. 自动空调控制方式	
检查任务完成情况	1. 说出自动空调结构组成 2. 描述汽车自动空调系统结构和主要部件的功能 3. 识读自动空调控制电路图 4. 检测各传感器电路	

参考文献

［1］潘伟荣．汽车空调［M］．北京：机械工业出版社，2002．

［2］莫振发．汽车空调检修［M］．北京：中国劳动和社会保障出版社，2007．

［3］严安辉，王长建．汽车空调系统检修［M］．上海：上海交通大学出版社，2011．